《원 마인드》에 쏟아진

래리 도시는 끊임없이 새로운 분야를 열어가는 개척자이다. 이 책에서 그는 과학과 영적인 지혜를 융합하여 완전히 통합된 원을 완성했다. 이 책은 '하나이면서 동시에 모든 것'이라는 고대 영적인 가르침의 전형을 보여준다. 나는 기쁜 마음으로 같은 길을 가는 동료 영혼, 래리를 껴안는다.
디팩 초프라 • 《바라는 대로 이루어진다》의 저자

이것은 위험한 책이다. 잘 계획했던 나의 한 주를 망쳐버릴 정도로 눈을 떼지 못하게 한 독서毒書였다. **찰스 포스터 • 옥스퍼드대학교, 그린템플턴대학 연구원**

최고의 걸작이다. 매우 흥미로우면서도 과학이 요구하는 엄격한 부분까지 만족시킨다. 나는 이 책이 정말 마음에 든다.
크리스티안 노스럽 • 의학박사, 《여성의 몸 여성의 지혜》의 저자

우리가 머리, 가슴, 영혼을 위한 진하고 든든한 영양분을 갈망할 때, 래리 도시는 단번에 열 가지 코스의 향연을 제공해준다. 이 호화로운 식사의 주요 재료들은 세계 영성의 지혜와 첨단과학의 새로운 발견들을 포함하고 있다. 바쁜 우리들을 고려해, 이 개념과 함의들은 맛있는 한입 음식으로 정성스레 준비되었다. 나는 한입 한입 모두를 음미했다. 당신도 그럴 것이다.
마릴린 슐리츠 • 순수지성과학연구소의 '창의적 프로젝트와 세계적인 문제' 대표

《원 마인드》에서 래리는 부드럽고 재기발랄하게, 그러나 위엄 있게 치유의 세계로 우리를 초대한다. 우리들이 삶과 죽음 가운데서 분리된 마음을 초월하여 우리를 연결시키는 마음을 포용하고 경험하기를 바라며. 이 책은 깊은 감동과 안심, 그리고 큰 도움을 준다. **제임스 고든 • 의학박사, 심신의학센터 설립자**

래리 도시는 심령현상이 존재한다는 것을 단순히 주장하는 것이 아니라, 그것이 '한마음'과 깊은 연결이 있음을 통해 논증한다. 이 책은 진중한 논지를 놀랄 만큼 생생한 개인의 체험과 연결시킨다. 오직 래리 도시만이 해낼 수 있는 작업이다. **루퍼트 셀드레이크 • 《세상을 바꿀 일곱 가지 실험들 Science Set Free: 10 Paths to New Discovery》의 저자**

원 마인드

모든 존재는 하나의 마음으로 연결되어 있다

ONE
MIND

원 마인드

래리 도시 · 이수영 옮김

김영사

원 마인드

1판 1쇄 인쇄 2016. 4. 1.
1판 1쇄 발행 2016. 4. 8.

지은이 래리 도시
옮긴이 이수영

발행인 김강유
편집 조혜영 | 디자인 지은혜
발행처 김영사
등록 1979년 5월 17일(제406-2003-036호)
주소 경기도 파주시 문발로 197(문발동) 우편번호 10881
전화 마케팅부 031)955-3100, 편집부 031)955-3250 | 팩스 031)955-3111

값은 뒤표지에 있습니다.
ISBN 978-89-349-7435-2 03180

독자 의견 전화 031)955-3200
홈페이지 www.gimmyoung.com   카페 cafe.naver.com/gimmyoung
페이스북 facebook.com/gybooks   이메일 bestbook@gimmyoung.com

좋은 독자가 좋은 책을 만듭니다.
김영사는 독자 여러분의 의견에 항상 귀 기울이고 있습니다.

이 도서의 국립중앙도서관 출판예정도서목록(CIP)은 서지정보유통지원시스템 홈페이지
(http://seoji.nl.go.kr)와 국가자료공동목록시스템(http://www.nl.go.kr/kolisnet)에서
이용하실 수 있습니다. (CIP제어번호 : CIP2016008188)

자신의 변화를 이끌어낼 수 있는 '마음으로의 모험'에
관심이 없는 사람은 이 책을 펴지 말라.
인간으로서 '나는 무엇인가'에 대한 새로운 관점 갖기를
시도하고 싶지 않다면 이 책을 읽지 말라.
그러나 만약 그럴 의향이 있다면,
이 흥분되고 설레는 길을 래리 도시와 함께하라.

로렌스 르샨

◇◇◇◇◇◇◇◇◇◇◇◇◇◇◇

차례

일러두기
이 책에서 'One Mind'는 '한마음'으로 번역하였음.

감사의 말

이 책을 마무리하던 막바지에 몇 가지 일이 일어났다. 그 일들이 내 마음에 빛을 비춰준 덕분에 나는 누구에게 감사해야 할지 알 수 있었다.

나는 지금 아내 바버라와 함께 뉴멕시코주 북부 생그리더크리스토 산맥의 산기슭에 산다. 책을 쓸 당시 코요테들이 자주 찾아왔는데, 마침 인간 마음과 동물 마음 사이의 연결에 관한 부분을 쓰고 있던 때라 특별히 흥미로웠다. 내 서재 창문으로 한 마리, 두 마리, 세 마리의 코요테가 나를 엿보고 있었고, 나는 컴퓨터로 향하던 얼굴을 들어 그 모습을 바라보곤 했다. 코요테들이 내 눈을 뚫어지게 응시하던 순간, 나는 그들이 원고 내용에 호기심을 갖고 내가 제대로 쓰고 있는지 지켜본다는 느낌을 받았다. 눈과 눈이 마주치는 몇 차례 순간이 지나고 그들은 느릿느릿 걸음을 떼며 사라졌다. 코요테들은 내 작업을 체크라도 하듯 이따금 다시 돌아왔다. 이것은 처음 있는 일이었다. 이 지역 코요테들은 수줍음이 많은 동물로 알려져 있다. 20년 넘게 이곳에서 살았지만, 그들이 이처럼 행동한 적은 한 번도 없었다.

그 뒤 차가운 눈이 내리던 어느 날이었다. 내가 글을 쓰는 동안 숨이 멎을 만큼 아름다운 살쾡이 한 마리가 창밖에 나타났다. 그 녀석은 어느새 벌렁 드러누워 털을 쓱쓱 다듬고 한 시간 동안 여기저기를 두리번거렸다. 이 또한 전에 없던 신기한 일이었다. 그뿐만 아니라 언제나 자기 땅인 것처럼 이곳을 차지하고 있던 새들과 사슴들도 때때로 찾아왔다.

이 생명체들은 더 큰 생명의 그물에서 온 사절단이라고 나는 생각한다. 그들은 자신들이 한마음의 한 부분이라는 것, 그러니 여기서 자신들을 빠뜨리지 말라며 내게 환기하려고 찾아온 것이다. 그들이 내게 신호를 보내는 것처럼 느껴졌다. 모든 살아 있는 생명을 인식하고 그들에게 감사하라고 말이다.

실제로 나는 그렇게 하고 있다.

특히 관대한 지원과 우정, 그리고 수년 동안 내게 조언을 아끼지 않은 출판 대리인 제임스 레바인에게 감사하며, 이 책에 집을 마련해준 헤이 하우스의 퍼트리샤 기프트에게도 감사함으로 무릎을 꿇는다. 편집자 피터 구자르디에게도 감사한다. 혼란스러운 원고에 질서를 잡아준 그의 놀라운 재능은 비할 데 없이 훌륭했다. 퍼트리샤, 피터와 함께 작업한 결과 이 책의 제목은 비로소 생명을 얻게 되었다. 우리는 정말 한마음이 된 것처럼 보였기 때문이다. 〈익스플로어: 과학과 치유 저널Explore: The Journal of Science and Healing〉의 동료들이 내게 전해준 지원에도 감사를 전한다. 또한 내가 중요하다고 생각하는 모든 주제에 관해 불평할 자리를 마련해준 저널의 발간인, 크리스 바움리와 엘스비어에게도 감사한다. 초벌원고에 대해 샴페인 토론을 열어주고 고마운 피드백을 해준 J 부부에게 감사를 전하며, 헤아릴 수 없을 만큼 소중한 조언을 나눠준 루퍼트 셸드레이크에게도 고마움을 전한다. 그 이후의 모든 실수는 내게서 나온 것이지 그들의 것이 아니다. 이제 가장 깊은 고마움을 전할 차례이다. 그 대상은 바로 자기 삶에서 일어나는, 몸을 넘어서는 비국소적 사건들을 계속해서 내게 전달해준 나의 독자들이다. 그중 많은 분들이 그동안 아무하고도 이런 체험을 나누어본 적이 없다고 했다.

그러나 수많은 정보와 영감을 준, 내가 감사해야 할 사람들을 생각할 때마다 나는 그저 당황스럽기만 하다. 일일이 이름을 부르기에 그들은 너무 많다. 만일 한마음이라는 이 주제가 유효하다면, 감사의 말은 더욱더 깊은 문제를 안겨준다. 각 개인의 마음이 지성의 집합영역에서 모두 모여 하나가 된다면, 누구에게 감사해야 할지 어떻게 안단 말인가? 어떤 생각, 공헌, 혹은 성취의 출처를 어떻게 추적할 수 있겠는가? 한마음에서 '출처, 기원'이라는 것이 무슨 의미가 있기나 한 것일까?

독일의 뛰어난 물리학자이자 철학자인 카를프리드리히 폰 바이츠체커Carl Friedrich von Weizs acker 경은 기원의 문제를 이해했다. 그는 말했다. "어떤 위대한 발견에서 우리는 종종 혼란스러우면서도 기쁜 경험을 맛보게 된다. '내가 아니야. 이것은 내가 한 일이 아니야.' 그러면서도 한편으로 그것은 나이다. 하지만 나의 에고가 아니라 (…)

더욱 광범위하고 포괄적인 나이다."[1] 위대한 발명가 토머스 에디슨은 말했다. "사람들은 내가 그것들을 만들었다고 한다. 하지만 나는 아무것도 창조하지 않았다. 나는 온 우주에서 영감을 얻었고, 그것을 표현해 낸 것뿐이다. 나는 무엇보다 단지 하나의 레코드판 또는 수신기였다. 생각은 정말 우리가 외부로부터 얻는 인상이다."[2]

그의 말은 바로 내가 경험한 바이다. 한마음에 관해 책을 쓰면서 나는 내가 그것의 일부임을 느꼈다. 때로는 내 생각이 나의 것이 아닌 것처럼 보이기도 했다. 생각은 보이지 않는 정보제공자, 지원자, 친구들, 조상들에게서 흘러들어 왔다. 자기 작품과 고독하게 싸우는 작가라는 고정관념은 당치도 않다. 나는 참으로 많은 도움을 받았다.

그래서 위대한 연결로 하나가 된 모든 분에게 감사의 마음을 전한다.

나의 형제와 누이인 개리와 베트의 영감이 없었다면, 이 책은 태어나지 못했으리라. 하지만 누구보다도 아내이자 나의 영원한 별인 바버라의 도움이 컸다. 그녀에게 바치는 사랑과 감사는 모든 페이지마다 보이지 않는 잉크로 새겨져 있다.

감사의 말
One Mind

마음과 의식에 관하여

1980년대 후반 나는 인도 뉴델리에서 의사들을 상대로 강의할 기회를 가졌다. 강의 내용은 마음과 의식이 건강을 좌우하는 유력한 요인이 될 수 있다는 증거에 관한 것이었다. 강의가 끝나고 토론이 이어졌을 때, 나이 든 한 의사가 자리에서 일어나 아주 정중하게 물었다. "도시 선생, 당신이 말하는 마음과 의식이 무엇인지 좀 더 자세히 말씀해주시겠소? 우리 인도 전통에서는 그 둘이 서로 다른 것이오. 의식에는 많은 수준이 있고, 마음에도 여러 상태가 있소. 당신이 말하는 마음과 의식이 어떤 것인지 알려주면 고맙겠소." 그 질문에 나는 어안이 벙벙해져서 불쌍하게도 말을 더듬으며 제대로 대답할 수 없었다.

엘리엇T. S. Eliot은 인도 철학자들에 관해 언젠가 이렇게 말한 적이 있다. "그들의 섬세함 앞에서 유럽의 위대한 철학자들은 초등학생처럼 보이게 된다."[1] 이 책에서 나는 그의 말처럼 초등학생같이 보일 수 있는 위험을 감수하기로 했다. 이렇게 솔직히 고백함으로써, 동양에서 발달한 세련되고 수준 높은 관점에 익숙한 독자들의 불평을 슬쩍 피해갈 수 있기를 희망해본다. 하지만 대다수 서양 독자들에게는 이런 의식의 분석이 당혹스럽게 느껴질 수 있으리라 생각한다. 불교의 가르침에는 의식의 경험적/세속적 차원인 카마로카Kamaloka에 54가지 상태가 있으며, 초월적 차원인 로쿠타라Lokuttara에는 40가지 수준이 있다는 말을 들으면, 아마도 서양인들은 머릿속이 휑뎅그렁하게 비는 기분이 들 것이다.[2] 만약 제대로 해냈다면 여러분은 내가 어떤 맥락에서 마음과 의식을 거론하는지 알 것이고, 만약 아니라면 나는 여러분의 비판을 들을 수밖에 없을 것이다.

어떤 개념들을 좁은 범위의 정의 안으로, 닫힌 궤적 속으로 몰아가는 것은 아마 잘못일 것이다. 몇몇 용어는 만일 적절하게 표현되기만 한다면, 의도적인 모호함 속에서 자유롭게 이리저리 흘러다녀도 좋을 것 같다. 이렇게 말하면 분명치 못함에 대한 핑계가 될까? 아니면 지혜로운 것일까? 독자 여러분의 판단에 맡겨본다.

이런 난점에도 앞으로 펼쳐질 책의 내용에서 의식의 모습을 따라잡고 싶어 하는 독자가 있다면, 그들을 위해 현대 인도의 저명한 철학자이자 의식연구가 중 하나인 라마크리슈나 라오K. Ramakrishna Rao의 개념을 소개하고자 한다. 서양의 많은 과학자와 철학자가 라오 교수의 관점에 동의하고 있다.[3]

인도의 전통에서 의식이란 자각의 경험 그 이상의 무엇이다. 의식은 모든 앎과 존재의 바탕에 놓여 있는 근본원리이다. 현현된 자각의 다양한 형태는 바로 개인의 마음에 반영으로 드러난, 의식의 이미지들이다. 인식의 구조는 의식을 낳지 않는다. 그것은 단지 의식을 반영할 뿐이다. 그리고 그 과정에서 의식을 제한하고 윤색한다. 근본적인 의미에서 의식은 자각의 근원이다. 다른 말로 하면, 의식은 여러 형태로 나타나는 자각일 뿐만 아니라, 자각을 가능하게 하는 어떤 것이기도 하다. 〈케나 우파니샤드Kena Upanisad〉에서는 의식이란 귀를 듣는 귀, 생각을 생각하는 생각, 말을 말하는 말, 호흡을 숨 쉬는 호흡, 눈을 보는 눈이라고 말한다. (…) 의식은 빛나는 것들을 빛나게 하는 빛이다.

의식을 마음으로 이해하려는 것은 쓸모없는 노력이다. 불교학자 앨런 와츠Alan Watts는 그런 노력은 눈으로 눈을 보려는 것이요, 이로 이를 깨물려는 것과 같다고 했다. ─ 모두 소용없는 도구라는 뜻이다.

사람들은 이 '도구의 문제'를 오래전부터 알고 있었다. 6세기경 중국의 현자 노자老子는 도道에 관해 이렇게 말했다. "표현될 수 있는 도는 영원한 도가 아니다. 정의할 수 있는 이름은 변함없는 이름이 아니다."[4] 도와 마찬가지로 의식 또한 그러한 것이다.[5]

1933년 봄, 물리학자 베르너 하이젠베르크Werner Heisenberg, 카를프리드리히 폰 바이츠체커와 닐스 보어Niels Bohr는 스키를 타며 휴가를 즐기기 위해 바바리아의 어느 허름한 산장에서 몇몇 친구를 만났다. 당시 하이젠베르크와 보어는 물리학의 세계무대에서 잘 알려진 사람들이었다. 하이젠베르크는 《물리학과 그 너머Physics and Beyond》에서 묘사한 대로, "오랜 친구들과 그저 행복한 휴일을 하루만 더" 보내려는 마음으로 모임을 주선했다. 그들 각자에게 일거리가 맡겨졌는데, 하이젠베르크는 요리사가 되었고 보어는 설거지를 맡았다. 책에 따르면, 어느 날 밤 저녁 식사를 마치고 설거지를 하면서, 보어가 원자실험 결과를 기술할 때 나타나는 언어상의 한계에 관해 토론을 시작했다고 한다.

보어가 말했다. "우리가 하는 설거지가 우리가 쓰는 언어와 꼭 같구먼. 물도 더럽고 행주도 더럽지만, 어떻게든 그릇이 깨끗해진단 말이야. 언어에서도 우리는 깨끗하지 않은 개념들과 명확하지 않은 한계에 묶인 논리의 형태로 작업해야만 하지. 하지만 우리는 어떻게든 그것을 사용해서 본질을 이해하는 데에 명료성을 이끌어오잖아?"⁶

보어와 하이젠베르크와 양자이론을 만든 사람들이 부딪힌 문제는, 그들의 실험결과에 견줄 만한 인간 경험이 없다는 것이었고, 그 결과 그것을 기술하는 데 적합한 언어가 존재하지 않는다는 것이었다.

단 하나이며 집합적인 한마음 안에서 개인의 마음들이 하나로 통합됨을 기술하려는 이 책의 목표 또한 저자의 언어라는 도구만으로는 만족스럽게 성취되지 못할 것이다. 우리는 더러운 물과 더러운 행주로 접시와 유리잔들을 깨끗이 닦으려 하고 있다. 아무튼 보어는 물리학자들이 그들의 '접시'를 꽤나 깨끗이 닦을 수 있으리라 믿었다. 그러나 깨끗한 것과 반짝반짝 윤이 나는 것에는 차이가 있다.

이런 이유로, 우리가 앞으로 나아가는 데에는 언어 이상의 무엇이 필요하다. 그래서 나는 이 책 전반에 걸쳐 종종 개인들의 경험에 의

존한다. '무작위 마니아randomania' 혹은 '통계광statisticalitis'에 시달려온 회의론자들은 종종 사람들의 경험을 단지 '일화'일 뿐이라고 비웃지만, 그런 경험들이야말로 개인의 마음과 한마음 사이의 상보성complementarity을 파악하는 데에 꼭 필요한 요소이다. 한 장의 그림이 천 마디의 말만큼 가치가 있다면, 개인의 경험 역시 천 장의 그림만큼이나 가치 있을 수 있다. 세계를 알고자 하는 우리의 시도에서 개인의 주관적 요소는 결코 제외될 수 없으며, 이 점은 과학의 시도에서도 마찬가지이다. 양자물리학의 주요 창시자인 막스 플랑크Max Planck는 이렇게 말했다. "과학은 자연의 궁극적인 신비를 풀 수 없다. 왜냐하면 우리 자신이 자연의 일부이고, 그런고로 우리 자신 또한 우리가 풀고자 애쓰는 바로 그 신비의 일부가 되기 때문이다."[7]

그러니 우리는 더러운 행주와 그 모두를 갖고 계속 나아가기로 하자.

전통의 힘을 믿지 말라.
비록 많은 세대와 많은 곳에서 그것들을 존중한다 하더라도
많은 이가 말한다고 해서 어떤 것을 믿지 말라.
옛 시대 현자들의 힘을 믿지 말라.
신의 영감을 받았다고 생각하면서 자신이 상상해낸 어떤 것을 믿지 말라.
스승들과 성직자의 권위에 의존하는 어떤 것도 믿지 말라.
잘 살펴보고 조사해본 다음에
스스로 시험해서 이치에 맞는다고 여겨지는 것과
그대와 다른 이들에게 유익한 것을 믿으라.

붓다, 《칼라마경》 중에서

이 책은 **한마음**One Mind의 개념에 관한 것이다. 한마음은 지성의 집합적이고 단일한 영역으로서, 모든 개인의 마음은 이것의 한 부분이다. 한마음은 당신과 내가 만나는 차원이며, 지금 당신이 이 책을 읽는 동안에도 우리는 여기서 만나고 있다.

20세기에 들어와 우리는 의식, 전의식, 잠재의식, 무의식, 집단의식, 집단무의식 등 세분된 마음의 하위 부분을 알게 되었다. 한마음은 이런 구분에 추가된, 정신세계를 조망하는 또 하나의 관점이다. 차이가 있다면, 한마음은 하위 부분이 아니라는 점이다. 한마음은 모든 개인

마음의 모든 정신 구성요소가 속해 있는, 전체를 아우르는 통합의 차원이다. 각 개인이 가진 작은 마음과 구분하기 위해 나는 한 마음을 대문자로 표기한다. (원서에서 'One Mind'로 표기하였음 – 옮긴이)

한마음이 왜 중요한가?

내가 이 책을 쓰는 이유는 한마음이야말로 이 세계를 집어삼키려고 위협하는 분리, 쓰라림, 이기심, 욕망, 파괴로부터 빠져나오게 해주는 길이라고 믿기 때문이다. 어느 한계점이 지나면 거기에서 벗어날 가능성이 더는 남지 않을지 모른다. 의식의 가장 높은 수준과 하나 됨을 느끼는 것은 우리 시야를 맑게 해주고, 도덕과 윤리의 동맥이 딱딱하게 굳는 것을 막아주며, 우리가 행동할 수 있게 영감을 불어넣어 줄 수 있다. 지금은 평범한 시기가 아니다. 용기가 필요하다. 우리가 누구인지, 우리의 기원과 운명, 그리고 우리가 뭘 할 수 있을지를 생각하는 데조차 용기가 필요하다. 나는 한마음을 철학적인 사고의 놀잇감으로 생각하는 게 아니다. 한마음은 한가하게 소일거리로 생각할 사치스러운 개념이 아니다. 발등에 불이 떨어져 있다.

심지어 인간은 비극적 사태에 직면하고도 자신을 속이고, 명백한 사실을 무시할 방법을 교묘히 꾸며낸다. 나와 아주 친했던 30대 초반의 한 환자가 있었는데, 그는 뛰어난 클래식 음악가였고 시립교향악단의 일원이었다. 불면증에 시달리다 나를 찾아온 그는 매우 지성적인 사람이었지만, 걸어다니는 병리학 교과서나 마찬가지였다. 그는 극도로 불안해했고, 비만과 당뇨를 앓는 데다가 골초였으며, 어떤 운동이든 모두 무가치하다고 여겼다. 내가 이완을 위해 뭘 하는지 물었을 때 그는 이렇게 말했다. "이완이라니, 그게 무슨 소리요?" 그의 가족력은 심장병과 당뇨병으로 얼룩져 있었다. 그의 아버지를 포함해서 남자들은 대부분 심장마비로 중년 초기에 일찍 사망했다.

정밀검사를 마친 후 나는 십중팔구 그에게 닥쳐올 일을 말해주었다. 통계학적으로 볼 때, 그가 스스로 대대적인 변화를 일으키지 않는 한, 재앙은 막을 수 없었다. 실제로 재앙이 눈앞에 다가와 있었다. 그는 내 말을 들으려 하지 않았다. "어머니는 90세가 넘도록 사셨어요. 아마도 나는 어머니의 유전자를 물려받았을 겁니다"라고 내게 항변했다. 그는 하나도 변하지 않았다.

일 년이 지난 뒤, 그는 심각한 심장발작을 일으켰으나 다행히 살아남았다. 그 일은 그의 잠을 깨우는 모닝콜이 되었다. 그가 생활방식을 완전히 바꾼 것이다. 그러자 체중이 줄었고, 당뇨병은 사라졌다. 그는 담배까지 끊었다. 또한 명상도 하고 피트니스를 즐기게 되었다. "나는 심장발작 덕분에 하루아침에 세상을 다른 식으로 보게 됐어요. 딱하게도, 어떻게 살아야 하는지를 배우기 위해 거의 죽음 가까이 가야 했죠." 그가 말했다.

대부분의 인간은 이 환자와 너무나 닮았다. 인간은 눈앞에 닥친 수많은 문제를 바라보면서도 현실을 부인한다. 전 지구적인 규모의 심장발작을 겪어야만 비로소 인간은 제정신이 들까? 인간을 현명한 방향으로 움직이게 하는 데 사실과 통계들은 분명 충분하지 못하다. 하지만 다른 길이 있다. 실존의 변화는 우리가 세상을 새로운 눈으로 보게 할 수 있다. 새로운 눈은 우리와 타인과의 관계, 우리와 지구 자체와의 관계를 재정립한다. 이런 실존적인 변화는 우리가 사는 방식을 급격하게 변화시킨다. 이것이 바로 한마음의 관점이다. 한마음으로 깨어나는 것만이 우리가 직면한 딜레마에서 벗어나는 **유일한** 길이라고는 말하지 않겠다. 하지만 한마음은 우리 모두 걸어갈 수 있는, 아주 유력한 하나의 길이다.

이 책이 작용하는 방식

이 책을 구성할 때, 어느 한 독자가 '지하철용'이라고 부른 것처럼, 나는 한 번에 다 읽을 수 있는 독립적인 단편의 연작으로 엮고자 했다. 이 연작물에는 흐름과 패턴이 있긴 하지만, 각 단편은 나름대로 한마음의 개념 안으로 들어갈 수 있는 하나의 진입지점 역할을 한다. 각 부분은 한마음이 인간의 삶 속에 발자국을 남겨놓는 특별한 방법을 하나씩 다루고 있다. 그러므로 각 단편은 책 전체의 주제가 될 수 있을 것이며, 또 종종 그렇게 되어왔다.

한마음의 개념이 그중 단 하나의 기초 위에서 도드라지기보다는 전체에서 골고루 힘을 얻을 수 있도록, 다양하고 넓은 범위의 현상들을 함께 관찰하는 것이 나의 전략이다. 철학자 실러Ferdinand Canning Scott Schiller가 "그토록 많은 사실을 포용하는 통합은 그중 어느 하나의 사실에만 의지하지 않으며, 어떤 의미에서는 그 모든 사실에서 점점 독립되어 간다"[1]라고 했듯이 말이다. 속담에도 이런 말이 있지 않은가. "하나의 화살은 쉽게 부러지지만, 열 개를 묶으면 단단하다."

나는 이 책을 과학자나 철학자, 혹은 의식연구에 몰두하는 내 동료들에게 읽히려고 쓴 게 아니라 일반독자들을 위해 썼다. 어린 시절 우리 모두 '제대로' 생각하는 법을 배우기 전에 그랬던 것처럼, 이 책은 아직도 경이로워하는 능력이 있는 평범한 사람들에게 맞추어져 있다. 하지만 어떤 부분은 다른 부분보다 좀 더 복잡하다. 그러니 어느 부분이 눈에 잘 들어오지 않는다면, 그 부분을 건너뛰길 바란다. 중요한 것은 전체의 그림이니까.

이런 다양한 관점을 만나는 가운데, 여러분은 아마도 자기 인생 속에서 한마음의 관점과 일치하는 듯 보이는 패턴들을 알아차리게 될 것이다. 그런 일이 일어날 때, 나는 독자 여러분의 체험담을 기쁜 마음으로 듣고 싶다.[2]

한마음과의 만남

우리가 한마음을 경험하는 길은 다양할 것이다. 사막 한가운데서 물을 마실 수 있는 오아시스, 그것을 한마음이라고 생각해보자. 나 홀로 그곳에 닿아 혼자만의 경험을 할 수도 있고, 거기서 다른 사람들이나 집단 혹은 군중을 만날 수도 있다. 이렇듯 우리가 한마음의 '물을 마실' 때 그 경험은 초월의 경험, 통찰, 창조적인 돌파 등으로 나타나면서 우리에게 개인적으로 영향을 주거나 아니면 계시나 예감처럼 설명하기 어려운 어떤 정보로도 다가올 수 있다. 어쩌면 한마음의 경험은 두 사람 혹은 더 많은 사람과 관련 있을 수 있다. 배우자, 형제자매, 쌍둥이, 연인 또는 개인들의 집단이 멀리 떨어진 곳에서 서로 감정과 생각 그리고 느낌을 공유하는 경우가 그렇다. 앞으로 보게 되겠지만,

이런 일은 인간이라는 종을 넘어서도 일어날 수 있다. 한마음의 사건은 끝없이 다양하지만, 모두 하나의 공통점을 가진다. 그것은 바로 그 모두에는 무한하고 확장된 자각이 개입되어 있다는 점이다.

한마음을 가늠하고 측정할 도구가 없음에도 우리는 한마음이 존재한다는 것을 어떻게 확신할 수 있을까? 이런 문제는, 우리가 실재한다고 믿긴 하지만 직접 측량할 수 없는 많은 것에도 해당한다. 예를 들어 사랑, 동정심, 애국심 또는 땅콩버터와 젤리 샌드위치를 좋아하는 것 등이 있다. 이런 상황에서 우리는 뭔가가 존재한다고 자신에게 입증하기 위해 비공식적으로 범주를 설정한다. 예를 들어 우리는 누군가가 충실한지 아닌지, 그 사람이 특정한 방식으로 행동하는지 아닌지를 측정한다. 만일 그 사람이 그런 식으로 행동한다면, 우리는 그가 정말 사랑할 줄 아는 사람이라고 가정한다. 측정도구가 없으므로 한마음에 대해서도 같은 접근법을 사용할 수 있다.

한마음이 존재한다는 것을 보여주기 위해 우리는 어떤 범주를 설정할 수 있을까? 서로 연결되고 서로 겹쳐지는 마음들은 일상의 삶에서 어떻게 나타나고 어떻게 보일까? 만약 개인의 마음이 한마음을 통해서 다른 모든 마음과 연결되어 있다면, 개인들은 어떤 종류의 경험을 하게 될까? 그 마음들은 자신이 더 큰 마음의 부분임을 어떻게 알 수 있을까?

한마음이 존재한다면 우리는 다음을 기대하게 될 것이다.

- 감각의 접촉 없이 멀리 떨어져 있는 다른 사람과 생각, 감정, 심지어 육체의 감각까지 공유할 수 있을 것이다.

• 보통의 수단으로는 얻을 수 없는, 이미 죽은 사람이 가지고 있던 지식을 자세히 설명해 보일 수 있을 것이다.

• 애완동물과 같은 다른 종의 생명체와 인간 사이에 원거리 대화가 이루어질 것이다.

• 양 떼, 물고기 떼와 같은 동물의 큰 무리가 고도로 조직화된 방식으로 행동함으로써, 공유되고 겹쳐지는 마음이라는 개념을 제시할 수 있을 것이다.

• 죽어가는 사람, 또는 건강한 사람조차 초월의 영역에 직접 가닿는 경험을 할 수 있다. 그 영역 속에서 당사자는 자신이 실제로는 무한한 시간과 공간인 더 큰 마음의 일부임을 깨닫는다.

• 정신적인 방법만으로 숨어 있는 대상이나 잃어버린 물체를 찾을 수 있으며, 또는 다른 누군가가 알고 있는 멀리 떨어진 장면을 감각의 접촉 없이도 세밀하게 지각할 수 있을 것이다.

이런 능력은 가정으로만 존재하는 것이 아니라 모두 실제이다. 이것이 정말 가능하다는 것을 앞으로 보게 될 것이다. 그리고 이런 능력이 존재하기 때문에 우리는 확고한 정당성을 가지고 한마음 또한 실제라고 추론할 수 있다. 또한 우리는 이론물리학, 철학, 음악 등의 다양한 분야에서 여러 세기에 걸쳐 한마음에 대한 믿음을 표현해온 수많은 창조적인 천재들에게서도 어느 정도 확신을 얻을 수 있다.

비국소적 마음

한마음에 관한 궁극적인 논의는 의식의 **비국소성**에 놓여 있다. 앞으로 이 용어의 의미를 탐구하게 되겠지만, 우선 간단히 말하면, 사실 개인의 마음들은 그저 개인적인 것만이 아니라는 말이다. 개인의 마음은 뇌나 몸 같은 특정한 공간에 국한되지 않고, 현재와 같은 특정한 시점에도 묶여 있지 않다. 마음은 시간과 공간에서 **비국소적**이다. 이 말은, 개인의 마음은 상자(뇌) 안에 가두어 서로 격리시킬 수 없으므로 마음 간의 분리는 환상이라는 뜻이다. 어떤 의미에서 모든 마음은 하나로 합쳐져 단 하나의 마음을 이룬다. 인류역사를 통틀어 뛰어난 과학자들을 포함한 많은 사람들이 이 사실을 깨달아왔다. 그중에는 "오직 하나의 마음뿐"이라고 선언한 노벨물리학상 수상자 에어빈 슈뢰딩거가 있으며, "깊은 심층에서 인류의 의식은 하나"라고 확언한 저명한 물리학자 데이비드 봄이 있다.

1989년, 나는 《영혼의 회복Recovering the Soul》이라는 책에서 "비국소적 마음nonlocal mind"이라는 말을 만들어냈다. 공간적·시간적으로 무한한 의식의 측면이야말로 바로 내가 믿는 것임을 표현하기 위해서였다.[3] 나중에 알게 되겠지만, 비국소적 마음은 '영혼'이라는 오래된 개념과 닮아 있다.

생 존

요즘 국회의원이나 언론인들은 한 주도 빠짐없이 국민이 삼류로 전락하고 있다고 흥분된 목소리로 경고한다. 여러 가지 원인을 거론하고 있지만, 그중 주요한 하나는 교육체계라고 한다. 우리는 자연과학 분야에서 뒤처졌는데, 그로 인해 경쟁이 점점 심화하는 세계 속에서 위험에 빠져들고 있다. 너무 늦기 전에 학교와 대학에서 과학, 기술, 공학, 수학 같은 줄기 영역에 집중해야 한다는 엄중한 경고를 받는 셈이다.

의사이자 연구가인 루이스 토머스Lewis Thomas보다 자연과학을 더 중시한 사람은 아마 없을 것이다. 그는 여러 해 동안 메모리얼 슬론케터링 암센터Memorial Sloan-Kettering Cancer Center에서 연구를 주도해왔다. 그러나 토머스는 과학이라는 상류에서 지혜의 원류를 찾는 일에 관심이 깊었다. 그는 과학이 이해를 얻기 위해 잠시 머물렀다가는 장소가 아님을 깨달았다. 그는 지식을 '하드' 사이언스와 '소프트' 사이언스로 분리하는 벽에서 구조활동을 벌인 일인 구조대였다. 〈뉴잉글랜드 의학저널New England Journal of Medicine〉에 발표한 광범위하고 재치 넘치는 논문에서 그는 자기 생각과 충돌하는 것이라면 그것이 무엇이든 논쟁으로 맞섰다. 그가 가장 좋아했던 주제 가운데에는 몽테뉴Montaigne와 말러Mahler가 있다. 검토대상에 오르지 않은 것은 아무것도 없었다. 심지어 그는 사후에 의식이 '생물권 신경체계' 안으로 돌아와 재활용되리라고 추측하기도 했다. 그가 말하길, 의식은 자연이 허비하기에는 너무나 가치 있는 존재이기 때문이라는 것이다. 이런 돌격은 몇몇 보수적인 과학자를 불신과 의심으로 둘러싸 그들의 머리를 멍하게 했고 숨을 헐떡이게 했다. 하지만 토머스는 자신이 하는 일이 무엇인지 알고 있었다.

토머스는 우리가 길을 잃었음을 알았고, 그 사실을 말하는 것을 두려워하지 않았다. 그는 우리 마음의 한계들이 일종의 지구적인 응급상황을 만든다고 믿었다. 그는 이렇게 썼다. "우리는 더 많이 알아야 한다. (…) 마음을 조사하는 일에서 이제 우리는 더 나아갈 수 없음을 안다. 조사할 것이 충분하지 않기 때문이다. (…) 우리에게는 더 많은 과학, 그리고 더 나은 과학이 필요하다. 이는 기술이나 오락을 위해서가 아니고, 건강이나 장수를 위해서도 아니다. 그것은 우리 문화가 **생존**을 위해 반드시 얻어야 할 **지혜의 희망**을 위해서이다.”4

멸종을 면하기. 멸종은 우리 사회가 직면하기를 바라지 않는 위협적인 개념이다. 냉전시대를 겪고 나서 많은 사람은 앞으로 부드러운 항해가 찾아오리라고 생각했지만, 지금 우리는 그렇지 않음을 잘 안다. 우리가 직면한 문제는 체계적이며 이미 넓게 퍼져 있다. 이 문제들은 핵의 공포처럼 극적인 것은 아닐지 모르지만, 그와 똑같이 치명적이다. 우리는 끊임없는 욕망과 마비된 의지, 흐려진 전망, 그리고 토머스가 소중히 여겼던 엄격한 과학을 향한 고집 센 무지 등에 사로잡혀 행동하기를 선택한다. 이런 까닭으로 우리 세계는 점차 쇠락하는 것이다.

우리에게는 심각한 장애가 있는 것이나 다름없다. 마치 합리적으로 생각하고 행동하는 능력을 통제하는 고위센터들이 손상되어 마비증을 겪듯이, 문화 전반에 걸쳐 우리는 행동장애를 갖고 있는 것처럼 보인다.

이 난관을 뚫고 나가게 해줄 것은 과연 무엇일까? 지구의 기후변화, 환경파괴, 환경오염, 가난, 기아, 인구과잉, 사막화, 물 부족, 멸종 등의 문제에서 벗어날 길을 꾀해야 한다는 목소리가 높아지고 있다. 하지만 토머스가 암시했듯이, 오늘날의 과학을 넘어서는 뭔가가 필요하다. 바로 “지혜의 희망” 말이다.

이는 어떤 지혜를 말하는 것일까? 그것은 분명 우리가 분리될 수 없는 지구생명의 일부라는 자각과 관련이 있다. 이런 자각이 없다면 과연 우리가 생존에 필요한 선택을 할 의지를 발휘할 수 있을지 모호해지기 때문이다. 우리는 자연에서 분리되어 존재할 수 없음을 잘 안다. 이 사실은 뉴스거리조차 안 되며, 한 세기 내내 환경과학의 주요 메시지가 되어왔다. 그럼에도 이 통찰의 거대한 중요성은 많은 부분이 무시돼왔던 것이 사실이다. 실제적인 지식과 더불어, 우리의 피를 끓어오르게 하고, 자기중심적인 자아 너머에 있는 뭔가와 연결해줄 그 무엇이 필요한 게 분명하다. 좀 더 적극적인 관심과 행동이 필요한 것이다.

이것이 바로 **한마음이 필수적인 이유**이다. 만일 모든 개인의 마음이 한마음을 통해 하나가 된다면, 우리는 어떤 수준에서 모든 생명과 친밀하게 연결될 것이다. 모든 마음이 한마음으로 하나가 되는 것에 관해서는 인상 깊은 증거가 있다. 이런 자각은 자기중심적 황금률을 "다른 사람이 당신에게 해주기를 바라는 것처럼 그들에게 하라"에서 "다른 사람들에게 친절하게 하라. 어떤 의미에서 그들은 바로 당신이기에"로 바꾸어놓을 수 있을 것이다. 역사를 통틀어 위대한 지혜전통의 임무는, 지성적인 개념뿐이었던 이 자각을 확신에 찬 느낌으로 변형시키는 것이었다. 그 확신은 우리가 삶을 수행하는 방식에 변화를 일으킬 수 있을 만큼 강렬해야 한다.

한마음의 깨달음은 승산 없이 역경과 맞서 싸우는, 분리된 개인의 고립과 좌절 너머로 우리를 데려간다. 이제 삶은 요람에서 화장터에 이르는 지루한 여행이 아니라 그 이상의 무엇이 된다. 다른 모든 마음과 하나 되는 느낌은 새로운 의미와 목적 그리고 가능성을 열어주며, 또한 모든 사물의 신성함을 느끼게 해준다.

우리는 거의 다 왔다. 토머스가 소중하게 여겼던 '지혜의 희망'이 우리 손에 닿아 있으며, 그가 요청한 '더 많은, 더 나은 과학' 역시 상당 부분 벌써 존재한다. 그것은 의식의 통합적·비국소적·우주적 형태의 증거라는 모습으로 드러나 있다. 나는 그것을 여러분에게 보여주려고 노력할 것이다. 앞으로 알게 되겠지만, 많은 **위대한** 과학자들이 이 개념을 받아들이고 있다.

공동연구소

인간이 직면한 도전은 너무 거대하고 전 지구에 걸친 방대한 것이어서, 사실 개인들의 노력이 어떤 변화를 가져다줄 수 있을지 알아보는 것은 쉽지 않은 일이다. 환경오염과 지구 기후변화 같은 환경문제를 한번 생각해 보라. 아내 바버라와 나는 20년 동안 유기농으로 텃밭을 가꾸고, 우리 집의 남쪽 지붕과 벽면 전체에 태양광 전지판을 붙여놓았다. 이런 대책들은 우리를 좀 더 기분 좋게 하고, 환경에 대해 책임지려는 우리의 결의를 보여준다. 하지만 거대한 규모의 체계 안에서 이런 것이 아무 소용없다는 느낌이 반복되면, 그 또한 무용지물이 되고 만다. 이는 마치 케네디 대통령이 장식판에 새겨서 책상 위에 놓아두었던 브레턴 피셔먼의 기도 문구와 같다. "아, 하나님, 당신의 바다는 너무나 크고 나의 배는 너무나 작습니다." 바버라와 내가 환경에 대한 노력을 1000배로 늘린다고 하더라도 여전히 왜소하고 보잘것없는 것으로 남을 것이다.

　환경활동가 캐럴린 라펜스퍼거Carolyn Raffensperger는 이렇게 썼다. "환경활동에 대중의 지원이 부족한 것에 관하여 나는 이렇게 추측한다. 환경문제에서 도덕적 패배감을 겪는 사람들이 많다는 것이다. 그들은 우리가 깊은 문제에 처했고 자신의 행동 역시 그 문제의 일부임을 안다. 하지만 누구라도 개인으로서는 거기에 대해 할 수 있는 일이 거의 없다."[5]《사람 목소리The Human Voice》의 저자 앤 카프는 저널리스트로서 〈가디언The Guardian〉에 이렇게 썼다. "이제 나는 가능한 한 모든 것을 재활용하고, 하이브리드자동차를 몰며, 난방을 줄인다. 그래도 뱃속 깊은 어딘가에서는 이것이 단지 '내가 안 그랬단 말이에요' 하며 나 자신을 면죄하기 위한 헛된 시도임을 알고 있다."[6]

　카프의 글을 읽어보자.

지구온난화에 관한 종말론적인 경고를 들으면, 사실 잠시 두려움이 일긴 하지만, 나는 곧 주의를 다른 데로 돌려버린다. 내가 기후변화 의심자보다 더 나쁜 기후변화 무시자일지 모른다는 생각이 든다.

무기력감은 회로 전체를 끊어버리는 퓨즈처럼 작용한다. 지구온난화에 맞서려고 어떤 조처를 하더라도, 내 짧은 열정의 분출을 아무리 잘 의도하더라도, 그것은 언제나 너무 작다는 느낌, 너무 늦었다는 느낌으로 끝난다. 극도로 위험한 지구 상황과 나 자신의 미약한 노력 사이에 벌어지는 불일치는 이를 비웃기라도 하듯 커다랗기만 하다.

카프는 자기 혼자만 그런 것이 아님을 알게 되었다. 그녀는 두 동료에게 지구온난화에 대한 그들의 태도를 물어보았다. 48세 남자 동료는 자신도 그에 관해 종종 생각하며 대기업의 역할에는 화가 난다고 했다. 하지만 자신의 개입에 관해서는 이렇게 말했다. "나는 정말 그것은 달걀로 바위치기라고 느껴요. 내가 왜 신경 쓰는지 모르겠어요." 57세 남자로 정치에 관여하는 또 다른 동료는 그저 흥미가 없어서 기후변화에 관해 거의 생각하지 않는다고 말했다. 그러나 계속되는 질문 공세에, 자신이 재활용하고 있고, 낡은 건물들을 보존하자는 탄원서에 서명했으며, 운전하고 있지 않지만 "나는 환경을 해치지 않는다"는 주장을 계속 유지할 수 없음을 곧 깨닫게 되었다고 털어놓았다.

문제를 인식하고 그것을 해결하기 위해 행동하면서도 한편으로는 자신의 행동이 적합하지 않음을 알게 됐을 때 우리는 무기력감에 빠진다. 이 무기력감은 무관심이 아니라 도덕적인 손상이자 영혼의 상처이며, 변화를 일으키려는 한 사람의 진실한 노력과 최선의 노력을 질식시키는 부적합함의 깊은 느낌이다. 그것은 우리가 문제를 악화시키는 것을 피할 수 없다는 자각으로 이루어져 있다. 우리가 죽어서 인생을 평가받을 때, 아마도 거의 대부분은 지구를 고갈시킨 사람으로 심판받을 것이다. 이런 자각은 라펜스퍼거가 "끊임없이 깎아내리는 침식, 느린 속도로 진행되는 가혹한 슬픔"으로 묘사한 그것이다. 우리는 전구를 바꿔 끼우고 난방과 냉방 온도를 조절할 수 있지만, 우리가 태어났다는 사실과 환경에 무지했던 지난날들은 지울 수 없다.

고립된 개인의 행동은 절대로 충분하지 않을 것이다. 우리는 개인의 행동에서 경험할 수 있는 냉혹한 슬픔을 우회하면서, 집단으로 조화롭게 일치하며 행동해야만 한다.

한마음 안으로 들어가라. 한마음 안에서 결합한 우리의 행동이 단지 산술급수적이 아니라 기하급수적임을 자각할 때 한마음의 힘이 드러난다. 한마음 안에서 1 더하기 1은 2가 아니고 여럿이다. 이런 자각은 개인의 행동이 일으키는 '느린 속도로 진행되는 가혹한 슬픔'을 덜어준다. 이것을 이해한 마거릿 미드Margaret Mead는 이렇게 썼다. "사려 깊고 헌신적인 사람들이 모인 작은 집단이 세상을 바꿀 수 있음을 의심하지 마라. 사실 그것이 역사상 세상을 바꾸어온 유일한 것이다."7

한마음의 일원으로서 우리는 계속해서 개인으로 행동할 수 있다. 하지만 우리가 공동의 자아를 더욱더 자각할 때, 연금술적인 과정은 고양된 상상력과 창조성이라는 형태를 띠고 찾아온다. 우리는 어느 그룹 일원의 것보다 크고, 그룹 일원들의 총합보다 더 큰 앎의 필드 안으로 들어간다. 그 결과물은 그린월드캠페인Green World Campaign의 창립자이자 CEO인 마크 바라시가 '공동연구소collaboratory'8로 부르는 그것이다. 우리가 예견하지 못했던 문제해결책들이 표면으로 드러난다. 우리는 더욱 상상력이 풍부해지고, 창의적으로 영감이 넘치며, 생산적이 되고, 자원이 풍부해지면서 혁신적인 사람으로 변모한다. 앞으로 알게 되겠지만, 한마음 안에서 한데 모인 두뇌 신경들은 개인의 두뇌들을 능가하여 작동한다.

우리는 잊혀버린 한마음 시민권을 되찾는 법을 배우고 있다. 제러미 리프킨은《공감의 시대The Empathic Civilization》라는 책에서 다음과 같이 말한다. "작동원리와 가설들이 네트워크 사고방식에 더욱더 적합한, 새로운 과학이 나타나고 있다. 옛 과학은 자연을 객관적 대상으로 바라보지만, 신과학은 자연을 관계로 본다. 옛 과학은 분리, 몰수, 해부, 축소 등으로 그 성격이 규정되는 데 반해, 신과학은 참여, 보충, 통합, 전체론holism 등의 성격을 지닌다. 옛 과학은 자연을 생산적인 것으로 만드는 데 전념했으나, 신과학은 자연을 지속 가능한 것으로 만들고자 한다. 옛 과학은 자연을 지배하는 힘을 추구했지만, 신과학은 자연과의 동반자 관계를 찾는다. 옛 과학은 자연으로부터의 독립에 가치를 부여했으나, 신과학은 자연에 다시 동참하는 것에 가치를 둔다."[9]

우리가 한마음을 만들 필요가 없다는 사실, 그것이 바로 한마음의 힘이다. 집합적인 한마음은 존재하기 위해 트위터나 페이스북을 통할 필요가 없다. 그것은 이미 **존재하고** 있다. 그것은 모든 것을 아우르는 의식의 차원이며, 우리는 이미 그것의 일부이다. 다만 우리는 고립된 개인성이라는 환상으로 하나 됨을 대체함으로써 우리의 소속을 잊어버린 것뿐이다. 자신도 모르는 사이에 개인성이 전부라고 잘못 믿게 된 것이다. 우리가 동전의 한 면밖에 보지 못하고 그것이 전부라고 믿는 것을 그만둔다면 어떻게 우리가 그토록 오랫동안 철저히 자신을 속일 수 있었는지 놀라게 될 것이다. 그리고 우리는 그 자각에 걸맞은 행동을 하기 시작할 것이다.

과학자들을 당황하게 한 운석

우리의 주요한 도전 가운데 하나가 바로 과학 그 자체라는 것은 모순으로 보인다.

과학자들은 종종 학생들과 대중이 과학에 무지하다고 헐뜯지만, 얄궂게도 과학자들 사이에도 과학에 대한 무지함이 똑같이 존재한다. 그것은 대부분 마음의 비국소적이고 통합적인 측면에 관한 실험증거들을 끈덕지게 무시하는 데에서 온다. 케임브리지대학의 노벨물리학상 수상자인 브라이언 조지프슨Brian Josephson은 이를 "병적인 불신"으로 불렀다.[10]

병적인 불신 탓에 많은 학식 있는 18세기 과학자들은 손에 잡힌 증거에도 불구하고 절대적인 확신에 차서 운석이 존재하지 않는다고 주장하였다. 산소를 발견한 앙투안 라부아지에Antoine Lavoisier가 프랑스 한림원에서 동료들에게 주장한 것처럼 "돌이 하늘에서 떨어질 리가 없다"는 이유에서였다.[11] 이런 편견의 결과, 어떤 과학자들은 아예 그 주제를 다루는 것조차 부끄러워했다. 촌스럽게 미신을 믿는다고 여겨질까 봐 그들은 빈의 왕립자연사박물관 등에 수집된 운석 전부를 내다버렸다. 1492년 알자스에 떨어진 280파운드의 운석 이외에 오늘날 1790년 이전 표본은 하나도 남아 있지 않다. 알자스에 떨어진 운석들은 지금 프랑스 북동부 엔시스하임Ensisheim 시청사에 보관되어 있다. 하늘에서 떨어진 돌들이 그곳에 남아 있는 까닭은 단지 병적인 불신자들이 들어올리기에는 너무 무거웠기 때문이다.[12]

도그마적인 관점들 역시 끈질기게 버티고 있다. 오늘날 당시의 운석에 해당하는 의식에 관해 많은 과학자가 주장하는 바는, 두뇌와 몸이라는 틀 밖에서는 의식이 나타날 수 없다는 것이다. 수많은 연구결과가 그렇지 않음을 암시하고 있는데도 말이다. '마음과 두뇌는 같다'고 주장하는 과학사회의 많은 유물론자 사이에서 공격적이고 오만하고 병적인 불신은 투우처럼 사냥감을 죽이는 스포츠가 되어버렸다. 이들은 우리가 앞으로 살펴볼 여러 종류의 정보들을 누가 가장 영리하게 비꼬면서 가장 잘 힐뜯는지를 서로 겨루는 것처럼 보인다. 이들 발견 중에는 많은 것을 설명해줄 승산이 있는 것이 다수임에도 그렇다. 이는 과학의 전통에 있어 불명예일 뿐만 아니라 위험한 게임이기도 하다. 왜냐하면 그것이 우리 생존에 필요한 '지혜의 희망'을 줄여놓기 때문이다.

우리에게 필요한 지혜가 성장해서 변화를 일으키려면, 과학자들은 자신의 말대로 실천해야만 할 것이다. 이 말은 실험의 결과로 발견된 사실이 그들을 어디로 안내하든 간에 그것을 따른다는 것을 의미한다. 그러므로 우리가 살아남아 번영하려면 평범한 사람들만 자기 역할을 잘 해내야 하는 게 아니다. 과학자들 역시 의식의 작동방식에 관하여 자신이 지지하는 생각을 보호하기 위해 실험결과물을 희생시키는 일을 멈춤으로써 제 역할을 다해야만 한다. 앞으로 보게 되겠지만, 이런 본보기를 보여준 뛰어난 인물들이 있다. 슈뢰딩거, 아서 에딩턴, 제임스 진스, 쿠르트 괴델, 그레고리 베이트슨, 데이비드 봄, 그리고 의식의 보편적이고 통합적인 관점을 지지해온 그 밖의 많은 사람이 이미 그 길을 열어주었다.

아인슈타인은 우리의 생존이 고립된 자아감각에서 모든 생명체를 포함하는 확장된 자각수준으로 옮겨가는 데에 달려 있다는 것을 명확히 보았다. 그는 말했다. "인간은 우리가 '우주'라고 부르는 전체 중 일부이며, 시간과 공간에 제한된 한 부분이다. 인간은 생각과 느낌을 다른 것에서 분리된 무엇으로 경험하지만, 그것은 일종의 의식의 착시현상이다. 이 환상은 우리에게는 하나의 감옥과 같다. 그것은 우리를 개인적인 결정과 몇몇 가까운 사람을 향한 애착에 한정해둔다. 우리가 할 일은, 자비심의 범위를 넓혀서 모든 생명과 아름다운 자연 전체를 껴안음으로써 우리 자신을 이 감옥에서 해방하는 것이다."[13] 그리하지 못한다면 지구 전체는 폐허가 될 위험에 빠진다. 아인슈타인은 1950년 트루먼 대통령에게 보낸 편지에 이렇게 썼다. "제3차 세계대전에서 사람들이 어떤 무기로 싸우게 될지 모르겠습니다. 하지만 제4차 세계대전에서는 분명 막대기와 돌멩이로 싸우게 될 것입니다."[14]

좀 더 단순했던 시대에는 한 사람이 개인적으로 어떻게 행동하는지는 지구 전체 건강과 인류 미래에 그다지 중요하지 않았다. 자연의 세계는 대규모 인간의 어리석음조차 중화하고 흡수해줄 완충장치를 갖추고 있었지만, 이제 그런 시대는 지났다. 우리가 잘못을 저지를 수 있는 여지는 점점 줄어들고 있다. 돌이킬 수 없는 티핑포인트(tipping point, 작은 변화들이 쌓여서 이제 작은 일이 하나만 더 일어나도 갑자기 큰 변화를 초래할 수 있는 지점-옮긴이)가 가까웠다고 믿는 과학자들이 많다. 우리는 이전 세대와 달리 마지막을 흘깃 볼 수 있게 되었다.

한마음의 개념은 과학적이고 철학적이며 영적이지만, 또한 대단히 실제적이기도 하다. 그것은 생존에 관한 것이며, 최고 형태의 실용적인 것이다. 또한 한마음은 더 좋은 자연의 천사들을 불러오는 것과 관련이 있다. 그것은 우리 자신과 미래세대의 안위를 위한 것이다.

에머슨과 나

이 책을 쓰는 동안 이따금 나는, 내가 왜 의식이 하나라고 믿게 됐을까 생각하곤 했다. 내 성장기와 그 뒤에 이어진 대학시절, 그리고 의료훈련 기간 동안 그 어느 것도 나를 이 방향으로 안내하지 않았다. 대다수 미국인처럼 나 역시 **개인**의 가치와 성취를 향한 신념 속에서 자라왔지만, 개인성을 강조하는 우리 문화의 한 부분은 아무래도 꼭 맞는 느낌이 들지 않았다. 말로 표현할 수는 없었지만, 꼭 필요한 뭔가가 빠져 있는 것 같았다.

내 주의를 끌어 나 자신을 한마음의 개념으로 향하게 한 가장 큰 영향은, 바로 일란성 쌍둥이로 자란 경험이었다. 쌍둥이 형제와 나는 어린 시절부터 지금까지 어떤 근본적인 수준에서 서로 의식으로 연결되어 있음을 느껴왔다. 이 연결된 느낌은 우리에게만 있는 독특한 것이 아니다. 많은 일란성 쌍생아가 이와 비슷한 느낌을 받는다.

내가 열여섯 살 때 중대한 사건이 일어났다. 그 일은 지금도 내 기억에 선명히 새겨져 있다. 우연히 랠프 에머슨Ralph Waldo Emerson의 에세이를 마주한 것이다. 그 발견은 어느 날 저녁, 텍사스주의 작은 도시 그로스벡의 청소년 오락장 에번스코너드럭Evans Corner Drug이라는 곳에서 일어났다. 그로스벡은 우리 농장과 가장 가까운 도시였는데, 그곳에서 젊은이들이 가장 끌렸던 것은 소다수 판매대였다. 판매대 근처에는 철사를 감아 만든 상품 진열장이 있었는데, 거기에 에머슨의 책이 꽂혀 있었다. 싸구려 추리소설들과 섞여 있던 에머슨의 책은 어지간히도 자리를 잘못 잡은 것처럼 보였지만, 어쨌든 나는 그 책에 꽂혀버렸다. 무심코 책의 첫 장을 열자, 이 글귀가 확 다가

왔다. 나는 충격을 받았다.

"모든 개인에게는 공통되는 한마음이 있다. 모든 사람은 항상 동일한 어떤 것 안으로 들어가는 입구이다. 이성의 올바름 안으로 한번 들어간 사람은 모든 소유에서 자유로워진다. 플라톤이 생각한 것을 그가 생각할 것이며, 현자가 느낀 것을 그도 느낄 것이다. 어느 때 어느 사람에게 일어난 일이라도 그는 모두 이해할 수 있다. 이 우주 마음에 닿은 사람은, 존재하는 모든 것과 일어날 수 있는 모든 것에 관여한다. 이 마음은 유일한 행위자이자 최고의 주권을 가진 행위자이기 때문이다."15

그 책은 그저 준비운동에 불과했다. 에머슨의 에세이 《대령大靈, The Over-soul》 역시 나를 강타했다. 에머슨이 말하는 대령은 "그 안에 모든 사람 하나하나의 특별한 존재가 함께 들어 있으면서 다른 모든 존재와 하나가 되는 통일성"이다. 그는 이렇게 설명한다. "우리는 연속적인 이어짐 속에 살고, 분리 안에서, 부분 속에서, 작은 조각 속에서 살고 있다. 그러는 동안에도 사람 안에는 전체의 영혼이 있고, 현명한 침묵과 우주적인 아름다움이 있다. 모든 부분과 조각은 영원한 **하나**에 동등하게 연결된다. 그 안에 우리가 존재하고 그 아름다움에 우리 모두 가닿을 수 있는 이 깊은 힘은, 단지 스스로 충만하고 매 순간 완벽할 뿐만 아니라 보는 행위와 보이는 대상, 보는 자와 보이는 광경, 주체와 객체가 하나가 되게 한다. 우리는 세상을 태양으로, 달로, 동물로, 나무로 하나하나씩 바라본다. 이 모두가 그것의 빛나는 일부분이지만, 전체는 바로 영혼이다."16

이 말은 텍사스의 시골청년에게는 대단히 과도한 것이었으나, 바로 그때 나는 문학의 작은 다이너마이트 한 조각을 구매한 거나 다름없었다. 그 뒤 몇 해 동안 여러 차례 이사하며 어디선가 잃어버릴 때까지 그 책은 나의 소중한 보물이었다.

대학시절, 의과대학과 대학원의 연구과정 동안에 나는 에머슨과의 만남을 잊어버렸다. 의학에서 직업을 찾던 동시대 젊은이들이 모두 그랬던 것처럼 나도 유물론적 세계관에 이끌려 들었고, 그 바람에 에머슨은 옆으로 밀려났다. 과도하게 과학적인 의학교육 속에서는 다른 어떠한 관점도 견뎌낼 수 없었다. 독선적이고 절대적인 자기만족의 신념이 퍼져 있었다. 물리학에 근거한, 모든 것을 설명해주는 이론이 손만 뻗치면 닿을 듯 가까이 있는데 누가 에머슨과 대령을 찾겠는가? 비록 몇 년간 물리학에 근거한 관점에 마음을 빼앗기긴 했으나, 내면 깊은 곳 어딘가에 나는 여전히 에머슨을 품고 있었다. 그때를 뒤돌아보면서 나는 이런 믿음을 갖게 되었다. 에머슨에 일찍 노출된 덕분에 마음과 의식의 유물론적 가짜해석에 완전히 항복하지 않을 면역이 형성되었다고 말이다. 그 면역은 평생 가는 것으로 증명될 것이다. 에머슨만이 나의 진화하는 관점에 유일하게 영향을 주었다는 말은 아니다. 다만 그는 진주를 자라게 하는, 진주조개 속 최초의 자극제였다.

고대와 현대의 한마음

한마음이라는 개념은 고대의 것이다. 그것은 고대로부터 내려오는 인류의 수많은 영적인 지혜들 가운데서 여전히 명예로운 신념으로 남아 있다. 모든 주요 종교의 내밀한 가르침은, 개인의 의식이 무한하고 절대적이고 신성한 근원이나 우주적인 근원에 포함되어 있고, 거기에서 양분을 공급받으며, 궁극에는 그것과 하나라는 것을 인식시킨다.[17] 인도의 가장 오래된 철학체계 중 하나인 상키아 학파는 아카샤 기록 (아카샤는 온 우주에 충만한 최초의 근원물질이라는 뜻의 산스크리트어로, 우주에서 벌어지는 모든 일이 거기에 기록된다고 함-옮긴이)이라는 개념을 널리 알렸다. 그것은 비물질적인 존재 차원에 암호화되어 기록된 정보와 지식의 압축판과 같은 것인데, 후대에는 신의 마음에 가까운 것으로 해석되고 있다.[18] 기록된 시기가 기원전 첫 밀레니엄의 중반까지 거슬러 올라가는 인도의 경전 《우파니샤드》는 "그대가 바로 그것이다tat tvam asi"라고 선언하는데, 그것은 인간과 신성이 하나라는 의미이다. 이와 유사하게, 기독교 전통에도 "하나님의 나라는 너희 안에 있느니라."[19] "너희 율법에 기록한 바, 내가 너희를 신이라 하였노라 하지 아니하였느냐?"[20] 라는 예수의 말씀이 있다. 그리고 몇 세기 전에 현자 헤르메스 트리메기스투스Hermes Trismegistus는 이렇게 말했다. "마음보다 더 신성한 것은 없고, 그 작용에서 마음보다 더 강력한 것 또한 없으며, 인간을 신에게 또 신을 인간에게 하나로 합치는 데에 마음보다 더 적합한 것 역시 없다."[21]

한마음의 개념이 고대에 뿌리를 두었다고는 해도, 그와 더불어 점점 현대의 것이 되어가고 있다. 나름의 방식으로 의식이 개인의 마음보다 더 크다는 인식을 확인해주는 책들이 꾸준히 쏟아지는 것을 우리는 한 세기가 지나도록 계속해서 목격하고 있다. 그런 예로서, 캐나다 정신과 의사 버크의 《우주의식Cosmic Consciousness》, 에머슨의 《대령》과 초월주의에 관한 에세이들, 윌리엄 제임스의 《종교적 경험의 다양성The Varieties of Religious Experience》, 아서 러브조이의《존재의 거대한 사슬The Great Chain of Being》, 카를 융의《원형과 집단무의식The Archetypes and the Collective Unconscious》, 에어빈 슈뢰딩거의《생명이란 무엇인가What Is Life?》《나의 세계관My View of the World》《마음과 물질Mind and Matter》 등을 들 수 있다. 더 가까운 시대의 예를 열거해보면 다음과 같다. 켄 윌버의《의식의 스펙트럼The Spectrum of Consciousness》, 피터 러셀의《글로벌 브레인The Global Brain》, 데이비드 로리머의《홀 인 원Whole in One》, 닉 허버트의《엘리멘털 마인드Elemental Mind》, 휴스턴 스미스의《포스트모던 마인드를 넘어서Beyond the Post-Modern Mind》, 데이비드 봄의《전체와 접힌 질서Wholeness and the Implicate Order》, 데이비드 달링의《영혼탐구Soul Search》, 로버트 G. 얀과 브렌다 J. 듄의《의식과 현실의 근원Consciousness and the Source of Reality》, 루퍼트 셸드레이크의《새로운 생명과학A New Science of Life》, 린 맥타가트의《필드The Field》, 어빈 라즐로의《아카샤 경험과 과학 그리고 아카샤 필드The Akashic Experience and Science and the Akashic Field》, 메나스 카파토스와 로버트 나도의《의식하는 우주-물리적 현실의 부분과 전체The Conscious Universe: Parts and Wholes in Physical Reality》, 딘 라딘의《의식하는 우주The Conscious Universe》와《마음의 양자 얽힘Entangled Minds》, 스테판 슈워츠의《무한으로의 열림Opening to the Infinite》, 찰스 타트의《유물론의 종말The End of Materialism》, 러셀 타그의《무한한 마음Limitless Mind》, 에드워드 F. 켈리와 동료들의《환원할 수 없는 마음Irreducible Mind》, 그 밖에도 많은 책이 있다.

한마음에 관해 다루는 책들이 이렇게 많다면, 우리는 왜 또 다른 책이 필요할까? 다른 목소리가 하나 더 끼어든다면 이 합창에 무엇을 보탤 수 있을까? 단지 내가 말할 수 있는 것은, 내 방식은 한 사람의 의사로서 접근하는 것이며, 사람들의 삶 속에 나타나는 모습을 바라보는 나의 관점에 한마음이 심오한 영향을 주었다는 것이다. 나는 인생의 많은 부분을 병원과 전쟁터에서 죽어가는 사람들과 함께했다. 수십 년간 그들의 기쁨과 근심, 두려움과 고통에 귀를 기울여왔다. 이들 중 많은 사람은, 마음이 작용하는 방식에 관해 그간 내가 배워온 지식을 뒤흔드는 경험들을 내게 보여주었다. 그 많은 경험은 의학, 생물학, 물리학, 심리학의 교과서에는 나오지 않는 것들이었다.

게다가 의사와 환자 사이에는 자신의 가장 깊은 생각과 경험을 나누게 하는 뭔가가 있다. 그 뭔가는, 자신이 가장 좋아하는 의사나 생물학자, 철학자나 수학자와 나누고 싶어 하는 어떤 것을 초월할 때가 많다. 그래서 나는 감히 이렇게 생각한다. 아마도 내가 그 합창에 뭔가 놓친 것이나 충분히 발설하지 않은 부분을 보탤 수 있으리라고.

물론, 단 하나이며 비국소적인 한마음은 오랫동안 철학자들과 시인들 사이에서 회자된 주제였다. 플라톤의 《향연Symposium》에서 아리스토파네스는 이렇게 말한다. "둘 대신 하나가 되는 것은 **인류의** 오래된 욕구를 표현하는 것이다. 그 이유는 인간의 본성이 본래 하나였고, 우리가 전체였기 때문이다. 그리고 전체가 되기를 열망하고 추구하는 것을 사랑이라 부른다."[22] 윌리엄 예이츠(1865~1939)의 말을 들어보자. "우리 마음의 경계는 늘 변하고 있다. 그리고 (…) 많은 마음이 서로서로 속으로 흘러들어갈 수 있다. (…) 그리하여 하나의 마음, 하나의 에너지를 창조하거나 드러낸다."[23] 비트 소설가이자 시인이며 《길 위에서On The Road》와 《달마행자들The Dharma Bums》의 저자인 잭 케루악(1922~1969)은 "공간의 비어 있음은 은총의 마음"이라고 일별 했다.[24]

신경학의 신화

과학에서 지배적인 관점은, 간이 담즙을 생성하듯이 뇌가 어떻게든 의식을 만들어낸다는 것이다.[25] 하지만 이는 단 한 번도 설명된 적이 없는, 증명되지 않은 가정이고, 거의 상상할 수 없고 직접 관찰된 적 도 없는 현상이다. 이런 신념의 상태는 과학이 아니라 단지 신경학의 신화neuromythology일 뿐이다. 에테르와 플로지스톤에 대한 신념, 물질과 에너지, 시간과 공간의 절대성 등과 같은 과학의 역사에서 오 랜 기간 버텨온 많은 신화처럼 이 신념 역시 여전히 고집스럽게 버티 고 있다. 오늘날의 신화는 의식의 존재를 위해 뇌가 필요하고, 뇌 밖 에서는 의식이 존재할 수 없다고 주장한다. 뇌는 분명히 개인적인 것 이므로 마음도 한 사람당 하나씩이어야 한다는 것이다. 그렇다면, 한 마음이 존재하려면 단 하나의 뇌가 있어야만 할 것이다. 이는 명백하 게 부조리하다.

그렇지만 의식의 본질은 여전히 신비로 남아 있다. 어바인캘리포니 아대학에서 인지과학을 연구하는 도널드 호프먼은 "의식의 과학적 연 구는 의식에 관한 과학이론이 전무하다는 당황스러운 처지에 놓여 있 다"라고 썼다.[26] 뇌와 같은 물질시스템에서 의식이 어떻게 일어날 수 있는지에 관해 ― 만일 정말 그렇다면 ― 하버드대학의 실험심리학자 스티븐 핑커는 이렇게 고백했다. "나로서는 도무지 알 길이 없죠. 그에 관해 선입관이 좀 있긴 하지만, 그것을 방어할 수 있는 대답을 어떻게 찾아야 할지 모르겠어요. 다른 누구라도 똑같은 처지입니다."[27] 의식의 기원에 관해 우리가 무지하다는 것을 인정하는 일은 중요하다. 그래야만 한마음 개념처럼 새로운 가능성의 문이 열릴 수 있기 때문이다. 순전히 물질적인 관점으로는 절대 문이 열리지 않는다.

이 모든 신비에는 우회로가 없다. 그러니 여러분은 판단을 잠시 미루고 나와 함께 나아가면서 미지 속으로 풍덩 뛰어들길 바란다. 우리는 좋은 동반자가 된 것이니까. 소설가이자 철학자인 올더스 헉슬리의 말을 들어보자. "나는 온통 신비의 편에 서 있다. 무슨 말이냐면, 신비를 설명하려는 어떠한 시도도 어리석다는 것. (⋯) 나는 **삶의 심오하고 헤아릴 수 없는 신비**를 믿는다. (⋯) 그것은 신성한 본질을 지닌다."[28]

루이스 토머스 역시 신비의 가까운 사촌인 무지를 인정하는 것이 중요하다고 인식했다. 20세기가 끝나갈 무렵 그는 이렇게 썼다. "내가 전적으로 확신하는 유일한 과학적 진리는 우리가 자연에 관해 참으로 무지하다는 사실이다. (⋯)"[29] 그는 계속해서 이렇게 말한다. "우리는 단 2세기 전에 순수한 이성으로써 모든 것에 관한 모든 것을 설명할 수 있었다. 이제는 공들여 쌓은 그 조화롭던 구조물이 우리 눈앞에서 무너져버렸다. 우리는 **입을 다물 수밖에 없다**."[30]

영국의 생물학자 루퍼트 셸드레이크는 훌륭한 책《해방된 과학 Science Set Free》에서 토머스가 말한 "입 다물 수밖에 없음"이 과학의 세계에서 스스로를 어떻게 표현해내는지 그 방법들을 조사했다. 그는 도그마로 굳어진 가정들 때문에 과학이 들어가지 못하는 영역을 탐험했던 것이다. 그런 도그마들은 과학을 제한할 뿐만 아니라, 인류의 미래에도 위험하다.[31]

오만함은 과학의 많은 영역에서 무지를 인정하지 못하도록 시야를 흐려왔다. 오만함 — 우리가 실제로 아는 것보다 더 많이 알고 있다는 확신—은 의식을 이해하는 데 심각한 장애물을 만들어냈다. 오만함 때문에, 과학자들은 몸을 넘어서는 마음의 비국소적인 측면을 이야기하는 거대한 규모의 연구집단에 귀를 기울일 수 없었다. 하늘에서 떨어지는 돌들의 예에서처럼, 그런 현상은 그저 일어날 수 없다는 거만한 주장 탓이다. 그런 현상은 일어날 수가 없다는 말도 안 되는 증거 때문에 그런 사례들은 불가능하다고 판정받고 폐기된다. 이 책에서는 폐기된 현상들을 다시 열어 증거를 조사할 것이다. 그 증거는, 의식이 완전히 국소적이고 뇌에 의해 만들어지며 또 뇌에 갇혀 있다는 현재의 가정에 도전하게 될 것이다.

과학의 많은 영역에 감염되어 있는 오만을 바로잡기 위해 어쩌면 우리는 불교 명상교사인 웨스 니스커Wes Nisker의 유쾌한 제안을 심각하게 받아들여야 할지 모른다. 그의 말을 들어보자. "만일 우리 모두 이따금 한자리에 모여 집회를 하고, 우리가 왜 살아 있는지 모른다고 인정한다면, 우리를 창조한 더 높은 존재가 있는지 누구도 확실히 알지 못한다고 인정한다면, 대체 여기서 무슨 일이 벌어지고 있는지 정말로 아는 사람이 아무도 없다는 것을 인정한다면, 얼마나 기분 좋을까 한번 상상해보라."[32]

무지 그리고 기회

과학연구에서는 뭔가의 작용기전에 관한 실마리를 잡기도 전에 그것이 작용한다는 사실을 알게 될 때가 많다. 특히 내 분야인 의학에서 더 그렇다. 그런 예는 수없이 많다. 염증과 통증에는 아스피린, 감염에는 페니실린, 말라리아에는 키니네, 통풍에는 콜히친, 전신마취제 등등. 기전에 관한 설명은 종종 나중에 나온다. 우리는 그런 설명을 기다리는 한편, 관련 메커니즘의 설명을 원하는 고집스러운 요구가 가져다주는 참견의 효과를 무시하지 않는다. 나는 전신마취 의사가 그 기전을 정확히 설명하지 못한다고 해서 전신마취를 거부하는 환자를 단 한 번도 본 적이 없다.

같은 의미에서, 나는 한마음에 관한 가정 또한 진지하게 받아들여져야 한다고 믿는다. 한마음의 개념은 우리가 그 메커니즘을 알기 때문에 작용하는 것이 아니다. 마음이 작동하는 방식에 관한 다른 가정들만큼 또는 그보다 더 잘 어떤 사실들을 설명해주기 때문에 그런 것이다.

미래세대는 언젠가 한마음의 작동을 설명하게 될 것이다. 어쩌면 그것은 어마어마한 문제여서 불가능할지 모른다. 지금의 우리는 한마음은 제쳐놓고라도 개인의 마음조차 설명하지 못하고 있다. 하지만 이미 언급했듯이, 우리의 무지는 하나의 기회이기도 하다. 의식에 관해 거의 모르기 때문에 우리는 마음의 보편적인 영역이 존재할 수 있는지를 감히 탐험할 수 있다.

어떤 이들에게는 한마음이 다락방에 숨어 지내는 미치광이 이모처럼 보일지 모른다. 존경하기에는 너무 기괴하고, 그에 관해 말하기에는 논란의 여지가 너무 많으며, 사람들 앞에 내보이기에는 너무 이상하다. 그러나 우리가 앞으로 조사할 증거들의 관점에서 본다면, 그녀는 이제 곧 계단을 내려와 손님들 앞에 충격적인 모습을 드러낼 준비가 되었다.

ONE
MIND

1부

한마음과의 만남

다른 이들을 구조하다

◇◇◇◇◇◇◇◇◇◇◇◇◇◇◇◇◇◇◇

2007년 1월 2일, 퇴역해군 출신의 50세 흑인 건설노동자 웨슬리 오트리Wesley Autrey는 오후 12시 45분쯤 어린 두 딸과 함께 맨해튼에서 지하철을 기다리고 있었다. 그는 일련의 사건에 휘말려 자신의 삶이 바뀌게 되리라고는 꿈에도 생각지 못한 채 거기에 서 있었다. 그 사건은 인간 마음의 본성에 관한 심오한 진리를 드러내줄 것이었다. 그는 캐머런 홀로피터Cameron Hollopeter라는 20세의 젊은이가 발작을 일으키는 것을 알아챘다. 젊은이는 가까스로 발걸음을 떼었지만, 비틀거리다가 플랫폼에서 두 레일 사이의 선로로 떨어지고 말았다. 오트리는 달려오는 열차의 불빛을 보았지만, 순식간에 결정하고 홀로피터를 꺼낼 시간이 충분하다고 생각하면서 선로로 뛰어내렸다. 그러나 그것은 불가능했다. 그걸 알아차리자마자 오트리는 홀로피터의 몸을 자기 몸으로 덮고 내리눌러서 선로 사이에 있는 1피트 깊이의 배수로 안으로 끼어들어 가게 했다. 열차 조종사는 멈추려고 애썼고 브레이크가 끼익 소리를 냈다. 하지만 벌써 다섯 칸의 지하철 차량이 두 사람 몸 위를 지나가버렸다. 일촉즉발의 순간이었다. 차량이 오트리 몸에 거의 닿아 그가 쓴 파란색 니트 모자가 기름으로 흥건히 젖었다. 지켜보던 사람들의 비명이 들렸다. 오트리는 사람들에게 소리쳤다. "우리는 괜찮아요. 근데 거기 위에 제 두 딸이 있어요. 아빠가 괜찮다고 알려주세요." 그러자 경탄하는 사람들의 환호성이 들려왔다.

뉴욕영화아카데미 학생이던 홀로피터는 병원으로 옮겨졌는데 그저 타박상만 입었을 뿐이었다. 오트리는 그 자신이 말한 것처럼 아무 문제가 없었으므로 병원 치료를 거부했다.

오트리는 왜 그렇게 했을까? 그는 〈뉴욕 타임스〉와의 인터뷰에서 이렇게 말했다. "내가 뭐 대단한 일을 한 것 같지는 않아요. 난 그저 도움이 필요한 사람을 본 것뿐이죠. 옳다고 느끼는 대로 했을 뿐입니다."[1] 그는 건설노동자로서 좁은 공간에서 일하는 것에 익숙했으며, 그래서 당시 그의 판단이 '잘 맞아떨어졌음'이 증명된 것이라고도 말했다.

오트리는 이례적으로 겸손했으나, 그렇다고 넘쳐나는 대중의 찬사를 피할 수는 없었다. 그는 하루아침에 유명인사가 되었고, 텔레비전의 아침 뉴스와 저녁 쇼프로그램에 출연했다. 선물이 쏟아졌다. 두 딸에게 장학금과 컴퓨터가 도착했고, 새 지프와 프로농구 자유관람권, 1년간의 뉴욕시 전역 무료주차권과 지하철 자유이용권 등이 찾아왔다. 〈타임〉은 그를 '2007년 세계에서 가장 영향력 있는 100인' 중 하나로 거명했다.[2] 그는 세계를 바꾼 사람에게 주어지는 'CNN 영웅'으로 명명되었고, 2007년 미 의회 국정연설에 초대되어 기립박수를 받았다.

왜 모든 위험을 감수하는가?

왜 어떤 사람은 다른 사람을 위해 기꺼이 위험을 감수하거나 자신의 목숨을 희생하려고 할까? 대답은 분명해 보인다. 그런 사람은 단지 곤궁에 처한 사람을 보살피려는 것이고 동정심이나 사랑을 느끼기 때문이다. 하지만 그것은 진화론을 믿는 생물학자들에게는 충분한 대답이 되지 못한다. 그들은 돌봄과 동정심과 사랑이 무슨 목적으로 일어나는지 알고 싶어 한다. 이런 감정으로 행동하는 것이 개인에게는 어떤 이득이 있다는 말인가?

진화론적 생물학의 견해에 따르면, 우리는 생존과 번식을 보장하는 방식으로 행동하게 유전적으로 프로그램되어 있다. 그러므로 동정심에서 나오는 행위는 유전자를 공유하는 가장 가까운 존재, 즉 형제자매나 친족, 또는 자신의 아이에게로 향하게 될 것이다. 왜냐하면 장기적으로 볼 때 그들을 돕는 것이 우리 자신을 유전학적으로 돕는 일이기 때문이다. 어쩌면 우리는 언젠가 그들의 보답을 받을 필요가 있어서 우리 동족에게 동정심을 보내는 것인지도 모른다. 이런 관점에서 본다면, 웨슬리 오트리의 행동은 생물학적으로는 이단이다. 그는 캐머런 홀로피터와 인종적으로나 사회적, 직업적, 혹은 문화적으로도 전혀 연결되어 있지 않았다. 오트리의 유전자는 백인 청년을 구하다가 목숨을 잃었다 해도 아무 이득을 얻지 못했을 것이다. 따라서 진화론적 생물학에 따른다면, 웨슬리 오트리는 지하철 플랫폼 위에 그대로 서서 캐머런 홀로피터를 그냥 혼자 놔두고 지켜보아야 했다.

어떤 이들은 오트리가 홀로피터를 구함으로써 이익을 얻었을 거라고 말할지 모른다. 실제로 그는 유명해졌고, 그의 두 딸은 장학금과 컴퓨터를 받았으며, 그 역시 상금과 다른 실질적인 이익을 얻었다. 그의 행동으로 인해 생활환경이 바뀌고, 그와 딸들의 삶이 더 편안하게 바뀌었으므로, 아마도 그가 한 행동에 유전적인 보상이 있었을 것이다. 하지만 오트리는 이런 일이 일어날 거라고 미리 알지 못했다. 또한 어떤 경우에라도 그것이 죽음을 무릅쓸 만한 가치가 있었을까? 분명 아니다. 이 위험한 상황에서 유전자를 보호하려 했다면, 오트리는 그의 행동이 자살행위나 다름없다고 생각했던 다른 모든 구경꾼처럼 딸들과 함께 플랫폼에 남아 있어야 했다.

다른 누군가가 되기

위대한 신화학자, 조지프 캠벨은 사람들이 왜 이기심 없는 행동을 하는지에 관심이 있었다. 독일 철학자 쇼펜하우어의 관점에 영향을 받은 캠벨은 책에 이렇게 썼다. "쇼펜하우어가 제기한 멋진 질문이 있다. '어떻게 한 사람이 타인의 고통과 위험에 그토록 깊이 관여하면서 자신을 보호하는 것을 잊어버리고, 심지어 자기 목숨을 걸고 자발적으로 타인의 목숨을 구하려고 할 수 있을까?' 쇼펜하우어는 타인을 위해 자신을 희생하는 것은 곤궁에 처한 사람과 자신이 하나라는 것을 깨달았기 때문에 일어난다고 믿었다." 우리는 결정적인 순간에 분리감을 완전히 넘어선다. 곤궁에 처한 사람이 느끼는 위험을 구조자가 똑같이 느낀다. 이전에 느꼈던 분리감은 시간과 공간 안에서 단지 사물을 경험하기 위한 기능일 뿐이었다. 우리는 분리된 것처럼 **보이고**, 종종 분리된 것을 **느끼지만**, 그 분리란 근본적인 것이 아니다. 사람을 돕기 위해 제 목숨을 걸 때, 우리는 위험에 처한 사람과 자신을 하나의 존재로 경험하기 때문에 본질에서는 분리된 타인이 아니라 자신을 구하는 것이다.

캠벨은 또 이렇게 썼다. "내 생각에 자발적인 동정심은 문화의 경계선을 뛰어넘는다. 만일 당신이 낯선 세계의 어떤 사람을 만난다면, 심지어 그가 당신이 전혀 동정심을 갖지 않는 인종이나 국가의 사람일지라도, 당신은 순간적인 반응으로 그가 곧 같은 인간임을 알아볼 것이다. 그리고 신화는 궁극적으로 그 단일한 존재, 인간 그 자체를 가리킨다."[3]

급박한 위험에 처한 이를 구하는 사람이 상대에게 민주당원인지 공화당원인지, 낙태에 반대하는지 아닌지, 지구의 기후변화에 관심이 있는지 없는지, 또는 대체의학을 좋아하는지 아닌지 묻는다는 이야기를 들어본 적이 없다. 위험에 처한 다른 사람에 대한 반응은 이러한 이슈들을 뛰어넘어 더 깊은 인간적인 반응을 향한다. 쇼펜하우어는 이 점을 자각했다. 그는 1840년 《도덕의 기초에 관하여On the Basis of Morality》에서 이렇게 썼다. "우주적인 자비심은 도덕을 보장하는 유일한 것이다.[4] 참된 내적인 존재는, 나의 의식이 오직 내 안에 진실하게, 그리고 알려진 것처럼, 모든 살아 있는 생명체 안에 실제로 존재한다. 산스크리트어로 '그대가 바로 그것이다'로 공식화된 이 자각은 모든 진실한, 즉 이기심 없는 도덕의 근본이 되는 자비심의 토대이다. 그리고 자비심의 표현은 모든 선한 행위 속에 드러난다."[5]

나는 웨슬리 오트리가 캠벨이나 쇼펜하우어의 책을 한 줄도 읽지 않았을 거라고 확신한다. 그는 그런 책을 읽을 필요가 없었으리라. 바로 그것이 중요한 점이다. 그가 지하철이 다가오는 선로 위에서 캐머런 홀로피터를 감싸 안았을 때, 그는 자신의 유전자를 보존하려는 모든 본능을 거부하고 있었다. 그는 우리 모두를 엮고 있었으며, 캠벨이나 쇼펜하우어와 같은 선각자들이 분명히 알아차렸던 단일성인 한마음의 품 속에 안겨 있었다. 그 결정적인 순간, 한마음의 관점에서 보면 웨슬리 오트리는 바로 캐머런 홀로피터였다.

추락한 헬리콥터

전 세계의 웨슬리 오트리 같은 사람들은 왜 그런 행동을 하는가, 하는 의문은 오랫동안 나를 매료시켜왔다. 이는 단순한 철학적 호기심이 아니다.

1968년과 1969년, 나는 베트남 오지에서 군의관으로 복무했다. 그곳은 유명한 텔레비전 시리즈에 나왔던 MASH(육군 이동 외과병원)보다 더 열악한 곳이었다. 나의 세계는 모래부대와 철조망으로 둘러쳐진, 최소한의 장비와 부상자를 나르는 헬리콥터를 갖춘 원시적인 구조대였다. 나는 오트리가 처했던 상황과 유사한 위기의 순간에 여러 번 휘말렸다. 위급한 사태에 빠진 청년을 구하기 위해 내 목숨을 거는 결정을 해야 할 급박한 순간들이었다.

1969년 10월의 어느 날, 내가 머물던 부대기지 가까운 곳에 헬리콥터 한 대가 추락했다. 나는 곧장 추락 장소로 달려갔다. 내가 도착했을 때, 한 무리의 군인들이 거꾸로 처박힌 헬리콥터를 에워싸고 있었다. 헬리콥터가 폭발할 수 있었으므로 안전거리를 유지했던 것이다. 조종사는 아직 의식이 있었으나 잔해 속에 갇혀 고통으로 신음하고 있었다. 나는 생각할 겨를도 없이 거꾸로 뒤집힌 비행체의 문을 뜯어내고 안으로 들어갔다. 그리고 조종사를 묶고 있던 안전벨트를 잘라내기 시작했다. 나의 의료진 중 하나가 나와 함께했다. 우리는 조종사를 잔해에서 끌어내 안전한 곳으로 이송했다. 그때 파열된 연료탱크에서 쏟아져내리던 제트엔진 연료 냄새가 지금까지 생생하다. 헬리콥터는 다행히 폭발하지 않았다. 나는 조종사의 고통을 덜어주기 위해 정맥에 모르핀을 주사했다. 그런 다음, 그를 구급 헬리콥터에 태워 의료진에게 보냈다. 이 일은 단지 내가 전쟁터에서 보낸 시기에 일어났던 여러 비슷한 사건 중 하나일 뿐이다.[6]

미국으로 돌아왔을 때, 나는 과거를 회상하며 깜짝 놀랐다. 베트남에 가기 전에 나는 가족과 내게 관심을 둔 사람들을 위해 절대 위험을 감수하지 않겠다고 맹세했다. 그런데 좀 전에 얘기한 헬리콥터 추락 같은 사건이 일어날 때마다 이런 나의 결심은 정글 속의 아침 안개처럼 흔적도 없이 증발해버렸다. 마치 그런 결심은 아예 존재한 적이 없었던 것처럼. 이런 결정적인 순간에는 의도적인 행위가 개입하지 않았다. 결과를 재보지도 않고 바로 행동에 옮겼던 것이다.

내가 왜 그렇게 행동했을까, 나는 의문을 품었다. 나 자신이 결코 위험을 감수하는 사람이라고 생각해본 적이 없었다. 의사로서 나는, 항상 모든 가능성에 대비하여 통제하고, 어떠한 것도 위험 속에 남겨두지 않으며, 모든 상황에 최대한 비판적인 이성을 적용하라고 교육받았다. 도대체 무슨 일이 일어난 것인가?

베트남에서 돌아온 지 1년쯤 지난 어느 날을 기억한다. 손에 닿는 대로 책을 읽던 나는 쇼펜하우어가 쓴 어떤 문장에 시선이 멈추었다. 위급한 순간에는 구조하는 사람의 의식이 위험에 처한 사람의 의식과 하나로 녹아든다는 것, 따로 떨어진 것이 용해되고 개인성이 뒤로 밀려나며, 분리가 극복되고 하나 됨이 현실이 된다는 것. 나는 그 문장이 전쟁터에서 일어났던 나의 불합리하고 위험한 행동을 설명해주고 있음을 단숨에 알아차렸다. 마치 베일이 벗겨진 것처럼 보였다. 지금까지 풀지 못했던 내 인생 파란의 시기에 관한 통찰이었다. 나에게 한마음은 이미 베트남에서 생생히 드러났다. 그것은 지금도 감사함에 내 온몸을 떨게 하는 고귀한 선물이었다.

조지프 칠턴 피어스는 《진화의 끝Evolution's End》에서, 성체sacrament라는 단어처럼 희생sacrifice이라는 단어가 '온전하게 한다'는 의미를 지닌다고 지적했다. 희생은 동물을 도살하는 것과 같은 부정적 의미를 암시하기도 한다. 그러나 희생이라는 단어의 본래 의미는 자신을 다른 사람에게 내어주는 경험에서 포착된다. 피어스는 이렇게 말했다. "전체가 되기 위해서는 모든 부분을 떠나야 한다. 전체는 부분들의 총합이 아니며, 전적으로 다른 상태이기 때문이다. 마이스터 에크하르트는 우리가 미지의 세계로 들어갈 때 뒤에 남겨지는 '모든 이름 붙여진 대상'에 관해 이야기했다. 모든 것이 거기에서 솟아나오는 단일한 하나를 발견하기 위해서 우리는 부분들을 넘어서고 다양성의 세계를 떠나야 한다."[7]

하지만 어떻게 해야 하는가? 9세기 인도 철학자 샹카라는 이렇게 썼다. "질병은 약의 이름을 부른다고 해서 치유되는 게 아니라, 그 약을 먹음으로써 치유된다. '브라만'의 이름을 염송함으로써가 아니라, 브라만을 직접 경험함으로써 해방이 일어난다. (⋯)"[8] 하나 됨의 원리에서도 마찬가지다. 우리는 쇼펜하우어, 캠벨, 그리고 이런 생각을 상세히 기술한 수많은 철학자의 글을 낱낱이 읽을 수 있지만, 경험 없이는 진짜가 되지 않는다. 거기가 바로 웨슬리 오트리와 같은 사건이 진입하는 곳이다. 우리의 존재를 다른 누군가의 존재와 하나로 만들어주는 생사를 가르는 순간들은, 모든 것을 하나로 결합하는 원리를 진짜인 것으로 만든다. 이러한 경험은 어떠한 말보다 더 설득력이 있다. 이런 에피소드들을 따른다면 우리는 책과 설교와 가르침을 던져버릴 수 있다. 왜냐하면 이제 우리는 그것을 알기 때문이다.

혹시라도 이런 자각을 깨우려는 노골적인 의도를 가지고 일부러 위험하게 살고 싶어진다면, 그런 생각은 버려라. 당신은 분명 성공하지 못할 것이며, 그 과정에서 목숨을 잃을 수도 있다. 우리를 겸손하게 하는 것은, 그런 하나 됨의 자각이 대부분 갑작스럽게 찾아오며, 위험한 순간이 아니라 가장 소박한 일상에서 찾아온다는 사실이다.

음악을 듣거나 지는 해를 바라보거나 아기의 웃음소리를 들을 때, 밥상을 차리거나 단순히 아무것도 하지 않을 때처럼 말이다. 자각을 촉발하는 경험의 스펙트럼은 참으로 다양해서, 그런 경험을 보장하는 공식을 찾으려는 사람은 누구나 실망하고 말 것이다. 이곳은 '노력 역전의 법칙The Law of Reversed Effort'이 끼어드는 영역이며 패러독스가 지배하는 곳이다. 그래서 불교의 가르침에서는 이렇게 말한다.

무언가를 잃을 때는 오직 그대가 그것을 찾아 헤맬 때뿐이다.
그대는 그것을 잡을 수 없다. 그러나 마찬가지로 그것을 제거할 수도 없다.
그대가 둘 다 하지 못할 때, 그것은 자신의 길을 계속 걸어간다.
그대가 고요히 있으면 그것은 말하며, 그대가 말하면 그것은 침묵한다.
(…)9

자기와 다른 사람의 구분이 사라질 만큼 다른 누군가와 완벽하게 동일시할 때, 우리는 한마음의 영역에 들어간 것이다. 그렇게 되면 자기중심적인 평범한 마음의 틀에서는 생각조차 할 수 없었던 행동을 할 준비가 된다. 우리의 미래는 이처럼 더 큰 관점을 우리가 기꺼이 수용하느냐 아니냐에 달려 있다. 오늘날 도움이 필요한 것은 지하철 선로에 떨어진 사람이나 추락한 헬리콥터만이 아니다. 전 세계와 그 안에서 살아가는 모든 존재가 도움이 필요하다. 한마음 안으로 들어가는 것이 이런 일들을 생각할 수 있게 하고 또 가능하게 한다.

02

한마음의 수호성자

◇◇◇◇◇◇◇◇◇◇◇◇◇◇◇◇◇◇◇

오스트리아의 물리학자 에어빈 슈뢰딩거는 20세기의 가장 뛰어난 과학자 가운데 하나이다. 1933년 슈뢰딩거는 파동역학의 발견으로 노벨상을 받았다. 그의 발견은 양자물리학의 핵심을 이룬다.

슈뢰딩거는 한마음을 믿었다. 그는 "마음은 본질적으로 하나이다. 마음의 수는 다 합쳐서 단 하나라고 나는 말할 수밖에 없다"라고 했다.[1] 한마음에 관한 슈뢰딩거의 통찰은 어떻게 시작된 것일까? 누군가의 개인적인 철학이 어떻게 형성되었는지 모든 방향을 집어내기란 어렵다. 그러나 슈뢰딩거의 전기를 쓴 월터 무어가 묘사한 것처럼, 분명히 제1차 세계대전이 일어나기 전과 후 그 몇 달이 슈뢰딩거의 관점에 큰 영향을 끼쳤을 것이다.

굶고 병들다 그리고 현명해지다

제1차 세계대전이 1600만 명의 사망자를 내고 휴전한 1918년 1월, 오스트리아 군대는 만신창이가 되어 굶어 죽어가고 있었다. 슈뢰딩거 가족이 살고 있던 빈의 상황은 형편없었다. 가족이 운영하던 사업은 무너졌고, 그의 가족은 처음으로 심각한 재정난을 맞았다. 슈뢰딩거의 외조모는 평화운동에 깊숙이 개입했다는 이유로 체포되어 반역죄로 기소되었다. 그의 어머니는 이전 해에 시술한 유방암 수술에서 회복 중이었으므로 여전히 허약하고 고통스러워했다. 당시 31세로 미혼이던 슈뢰딩거 역시 건강에 문제가 있었다. 1918년 8월, 그는 한쪽 폐끝부분에 염증 진단을 받았다. 결핵임이 분명했다. 왜냐하면 허약하고 영양실조인 도시 사람들 사이에 결핵이 전염되고 있었기 때문이다(1920년대에 슈뢰딩거는 스위스 아로사에 있는 요양원에 여러 차례 머물렀다. 슈뢰딩거는 그곳에서 파동방정식을 발견했고, 훗날 노벨상을 받았다. 그는 73세의 나이로 빈에서 사망했다). 먹을 음식이 너무나 부족해서 그의 가족은 때때로 수용소 급식시설에서 끼니를 때웠다.

1918~1919년 겨울, 전쟁 끝 무렵부터 사태는 더욱 악화되었다. 헝가리에서 오던 식량보급이 끊어졌고, 체코슬로바키아에서 들여오던 석탄 수입도 중단되었다. 수천 명의 빈 사람들이 기아와 추위로 죽어

갔다. 거리는 거지들로 가득했고, 넝마 쪼가리에 훈장을 주렁주렁 매단, 불구가 된 군인들이 곳곳에 깔렸다. 여자들은 시골에서 음식을 구걸했고, 빈의 숲에서는 사람들이 땔감으로 쓰려고 관목과 나무를 쓸어갔다. 하룻밤 사이에 수천 명이 식료품 배급소에 몰려들어 물건을 강탈하는 바람에 뒤에 남아 있던 여자들은 아무것도 얻지 못했다. 한번은 말이 길거리에 쓰러지자, 군중이 떼로 달려들어 순식간에 도살해 눈 깜짝할 사이에 고깃덩어리들을 들고 달아났다.

이런 격변의 시기에도 슈뢰딩거는 어떻게든 빈대학의 물리학연구소에서 이론물리학에 관한 집중적인 연구작업을 계속해나갔다. 탐구심은 더욱 강해졌다. 그는 이렇게 썼다. "나는 이제 쇼펜하우어와 함께, 또 그를 통해서《우파니샤드》의 가르침인 통일성의 교리에 커다란 열정으로 더욱더 친숙해지고 있다." 슈뢰딩거는 유럽과 동양 철학자들의 글 읽기를 기초로, 거기에 주석을 달며 자신의 노트를 하나하나 채워나갔다. 무어는 이렇게 적었다. "슈뢰딩거가 평생 일관되게 남아 있던 그의 철학의 기초를 형성한 것은 다뉴브 제국이 몰락하던 시기였다."[2]

다른 사람을 구조하는 것에 관한 1장의 논의에서 우리가 만난 쇼펜하우어는 비관주의 철학자로 알려졌다. 하지만 의미 없는 전쟁과 파괴의 4년 동안 온전히 고통과 혼란의 한가운데 있었던 슈뢰딩거에게 쇼펜하우어의 관점은 위안으로 다가왔을지도 모른다. 쇼펜하우어 철학의 영향은 참으로 컸다. 소설가 아서 케스틀러Arthur Koestler가 서양철학의 '외로운 거인'으로 부른 쇼펜하우어는 니체와 프로이트, 토마스 만Thomas Mann, 바그너 같은 많은 사람에게 영향을 끼쳤다.[3]

쇼펜하우어는 동양의 지혜, 특히 인도의 베단타와 《우파니샤드》를 존중했다. 그는 자신이 좋아했던 개의 이름을 '아트만'이라고 지었다. 아트만은 힌두어로 '모든 개인 속에 내재하는 우주의 영적 원리'를 부르는 말이다. 또 그는 침대 머리맡에 항상 힌두교 경전들과 금박을 입힌 거지 옷차림의 불상을 놓아두었다.[4]

전쟁으로 파괴된 도시 빈, 비참함이 넘치는 그 한가운데서 슈뢰딩거를 위로했던 쇼펜하우어의 관점 중 하나는 삶의 조화에 관한 이해였다. 한 존재의 모든 사건이, 인생을 관통하는 그 사람의 궤적에만 맞아떨어지는 게 아니라 동시에 다른 모든 개인의 인생 흐름과도 뒤섞이며, 심지어는 그가 모르는 다른 사람들의 인생드라마와도 하나로 섞인다고 쇼펜하우어는 말했다. 퍼즐처럼 한 덩어리로 뭉쳐진 다양한 삶 속에서 바라볼 때, 전체 패턴은 너무도 복잡해서 어떤 특정 개인의 이해를 넘어서 있다. 쇼펜하우어는 이렇게 말했다. "모든 것은 연결되어 있고, 상호 간에 조율된다."[5] 쇼펜하우어는 무질서와 외견상 무작위처럼 보이는 것에서 질서를 보았고, 그것은 위아래가 뒤집힌 슈뢰딩거의 세계에 의미를 부여해주었다.

오 직   한 마 음

슈뢰딩거는 자신이 읽은 핵심적 가르침들에 관해 깊이 생각했다. 그리고 자신의 언어로 그것들을 재구성했으며, 그것은 그의 여생을 지탱해준 기둥이 되었다.[6] 《나의 세계관 My View of the World》 《삶이란 무엇인가 What Is Life?》 《마음과 물질 Mind and Matter》 등과 같은 책에서는 '단 하나의 마음'이라는 개념을 구축하고자 애썼다. 그 개념 속에서 의식은 초개인적·우주적·집합적이고, 시간과 공간에서 무한하며, 그러므로 영원불멸이다. 인간의식이 단일하다는 관점을 수용하면서 슈뢰딩거는 그 자신이 "산술적 패러독스"라고 부른 것을 깨달았다. 비록 겉보기에는 수십억의 분리된 마음이 있는 것처럼 보이지만, 사람들이 지닌 세계관은 서로 상당히 일치한다는 것이다. 이것을 적절하게 설명할 수 있는 것은 단 하나뿐이라고 그는 말했다. '마음, 혹은 의식의 단일성'이 그것이다. "다양성은 단지 외관상일 뿐이며, 실제로는 오직 한마음만 존재한다."[7]

슈뢰딩거는, 우리가 의식의 본질에 대한 합의된 최면상태, 집합적인 환상을 겪고 있다고 믿었다. 그는 이렇게 썼다. "우리는 인간 존재의 개인성이 몸의 내부에 위치한다고 생각하도록 전적으로 강요받아 왔다. 그것이 몸속에서 발견될 수 없음을 배우고 나면 너무도 놀라워 의심과 주저함을 일으킨다. 우리 인간은 그 사실을 받아들이기를 너무나 꺼린다. 우리는 의식적인 개인성이 사람의 머릿속에 있다고 생각하는 데에 이미 익숙하다. 아마도 두 눈의 중심점에서 1~2인치 뒤로 떨어진 곳에 있다고 말해야 할 것이다. (…) 우리가 개인성의 위치, 의식적인 마음의 위치를 몸속으로 잡는 것은 단지 상징적이며, 실질적인 사용을 위한 보조수단일 뿐이라는 사실을 고려하기란 몹시 어려운 일이다."[8]

슈뢰딩거 관점에서 핵심적인 요소는 마음의 불멸성이었다. 그는 또 이렇게 적었다. "나는 그것을 파괴될 수 없는 **마음**이라 부르기로 한다. 마음은 독특한 시간표를 가지기 때문이다. 즉 마음에는 언제나 지금뿐이다. 정말로 마음에는 이전과 이후가 없다. 오직 지금밖에 없으며 그것은 기억과 기대를 포함한다.[9] (…) 현재의 단계에서 우리는, 물리학 이론은 시간상으로 마음이 파괴될 수 없다는 사실을 암시한다고 확언할 수 있을 것이다. 나는 그렇게 믿고 있다."[10]

슈뢰딩거의 전일주의holism가 미치는 영역이 얼마나 멀리까지 뻗어 있는지 안다면 많은 서양인은 충격을 받을 거였다. 그는 이 점을 인식했으나 그렇다고 해서 뒤로 물러서진 않았다. 그는 주장했다. "평범한 사람에게 이것은 상상할 수 없는 일로 보이겠지만, 당신과 당신처럼 의식 있는 다른 존재는 모두가 모두 안에 있다. 그러므로 당신이 사는 이 삶은 단지 전체 존재의 한 부분일 뿐만 아니라, 어떤 의미에서는 **전체** 그 자체이기도 하다. 다만 이 전체는 단 한 번 만에 조망할 순 없다. 알다시피, 이것이 바로 인도 브라만들이 신성하고 신비한 공식으로 표현하는 '그대가 바로 그것이다'이다. 또는 이런 말로 표현되기도 한다. '나는 동쪽에도 있고 서쪽에도 있다. 나는 위에도 있고 아래에도 있다. 나는 이 전체세계이다.'"[11]

슈뢰딩거에게 이런 시각은 공상적인 철학이 아니고, 철저하게 실제적인 것이었다. 쇼펜하우어에 공명하며, 그는 다른 사람들과 하나 되는 일체감이 이타주의와 영웅주의를 포함한 "도덕적으로 가치 있는 모든 행위의 바탕에 깔렸다"고 선언했다.[12] 타인들과의 하나 됨 안에서, 개인은 자신이 선하다고 믿는 목적을 위해 목숨을 걸고, 누군가의 생명을 구하려고 자기 생명을 내놓으며, 설령 그것 때문에 자신의 고통이 커진다고 해도 낯선 이의 고통을 덜어주고자 자선을 베푼다.

모두와의 합일감은 과학자로 살아가는 슈뢰딩거의 일상생활 속에 스며들어 있었다. 제대로 수행하기만 한다면 과학연구는 신의 마음을 헤아리는 일에 가깝다. 슈뢰딩거는 이렇게 썼다. "과학은 게임이다. (…) 얼마나 많은 법칙을 신이 영원히 정해놓은 것인지, 우리의 정신적인 타성이 얼마나 많은 것을 일으킨 것인지 그건 분명하지 않다. (…) 아마도 그 점이 이 게임의 가장 흥미로운 부분일 것이다. 바로 여기에서 우리가 자신과 신 사이에 놓인 가상경계에 맞서 싸우기 때문이다. 그 경계는 아마 존재하지 않을 것이다."[13]

슈뢰딩거가 자신의 양자물리학 해석과 베단타 사이에서 본 것은 갈등이 아니라 조화였다. 그의 전기를 쓴 무어는 이렇게 설명한다. "1925년 물리학의 세계관은 우주를 상호작용하는 물질 입자들이 모여서 만들어진 거대한 기계로 보았다. 이후 몇 년간 슈뢰딩거와 하이젠베르크와 그들을 따르는 사람들은 분리될 수 없는, 중첩된 확률진폭의 파동에 근거한 우주를 만들어냈다. 이 관점은 베단타의 '하나 안에 있는 모든 것'이란 개념과 완전히 일치한다."[14]

하지만 단지 베단타와만 일치하는 것은 아니다. 슈뢰딩거는 올더스 헉슬리에 동의하면서 그의 위대한 저서 《영원의 철학The Perennial Philosophy》을 인용했다. 이 책은 세계 주요 종교들의 비의적인 부분을 다룬 신비적인 문집이다.[15] 이런 점을 살펴볼 때, 슈뢰딩거는 "모든 신비주의자는 같은 언어로 말한다. 그들은 같은 나라에서 왔기 때문이다"라는[16] 관점에 원칙적으로 동의함을 알 수 있다. 만일 베단타가 없었더라면 그는 다른 전통에서 자신의 관점을 확인했을 것이다. 별은 떠오르지 않는다. 지구가 기울어져 도는 탓에 별이 시야에 나타나는 것이다. 위대한 진리 역시 마찬가지이다. 진리는 항상 존재하면서, 진리가 보이게 하는 우리의 움직임을 기다리고 있다.

한마음의 수호성자

동양철학에 관한 그의 모든 통찰에도 불구하고 슈뢰딩거는 절대 '영적인 물리학자'는 아니었다. 그는 현자인 척 꾸며대지 않았다. 다른 사람들과의 관계에서는 인격적인 결점이 분명히 드러났고, 인간관계가 동요를 일으킬 때도 잦았다. 무어는 이 부분을 섬세하게 묘사한다.

그는 자신의 신념과 행동을 진실로 합치시키는 데는 성공하지 못했다. 《바가바드 기타Bhagavad-Gita》는 구원의 길에 세 가지가 있다고 가르친다. 헌신의 길, 노력의 길, 지식의 길이 그것이다. 타고난 기질과 어린 시절의 환경 탓에 에어빈은 이중 지식의 길을 따르도록 되어 있었다. 지성은 그에게 길을 열어주었으며, 평생 우아한 저작들을 통해 베단타의 신념을 표현했다. 그러나 그는 인도인이 마하비트라 부르는 사람으로 남아 있었다. 마하비트란, 이론은 알지만 제 삶에서 그 이론의 실천을 자각하지 못한 사람을 말한다. 《찬도갸 우파니샤드》에 이런 말이 있다. "나는 언어를 아는 마하비트이다. 그러나 아트만을 아는 마하비트는 아니다."[17]

자, 좋다. 슈뢰딩거는 분명히 그 자신이 길이 아니며, 다만 길을 가리키는 사람이라는 것에 동의할 것이다. 그의 불완전함에도 우리가 사는 이 세계는 그와 같은 더 많은 수의 과학자들을 활용할 수 있을 것이다.

만약 물리학자 가운데 한마음의 수호성자가 있다면, 아마도 에어빈 슈뢰딩거가 수호성자일 것이다.

코타리 교수와 내가 인도에 진 빚

개인적인 기록. 나 또한 인도에 빚을 지고 있다.

1988년 뉴델리의 간디평화재단에서 마하트마 간디 기념 강의를 위해 나를 초대했다. 초대 주선자는 한 번도 만난 적이 없는 코타리 교수 D. S. Kothari였는데, 20세기 들어 가장 잘 알려진 인도 물리학자 가운데 하나였다. 그는 통계열역학 연구와 백색왜성 이론 덕분에 세계적인 명성을 얻었다. 초대일정에는 마하트마 간디가 1920년 아메다바드에 설립한 구자라트비다피트대학에서의 강의가 있었고, 뉴델리에서 코타리 교수와 함께 지내는 시간도 있었다.

코타리 교수는 내가 인도로 떠나기 전에 자신의 대표적인 논문인 〈원자와 자아〉[18]를 한 부 보내왔다. 이 논문은 영성과 물리학과 의식 사이의 관계를 분석하고자 했던 나의 노력에 큰 도움이 되었다. 그의 생각은, 지성과 직관과 경험이 빈틈없이 하나로 용해된 그 무엇에서 흘러나오는 것처럼 보였다. 그것은 분명 한 사람의 심오한 이해에서 우러나오는 목소리였다. 그의 인간애와 유머는 내가 "코타리 교수님, 명상하십니까?"라고 물었을 때 드러났다. 당시 80대였던 그는 이렇게 대답했다. "아, 아뇨! 이제 명상 좀 해보려고 하고 있어요!"

코타리 교수는 내가 1981년에 쓴 《공간, 시간, 그리고 의학 Space, Time & Medicine》[19]을 읽어봤다고 했다. 이 책에서 나는 마음과 몸, 의식과 치유의 관련성을 탐구했고, 이런 현상들이 물리학에 나타나고 있는 지식의 새 영역과 어떻게 연결될 수 있을지를 탐구했다. 하지만 이 모든 것이 간디평화재단에 무슨 흥미가 있단 말인가? 코타리 교수는, 간디의 비폭력에 대한 신념이 나의 전제와 일치한다고 설명해주었다. 내가 주장한 전제는, 건강과 장수에서 의식이 강력한 요인이 된다는 것이었다. 간디의 아힘사ahimsa는 모든 생명에 대한 비폭력 원칙이다. 현대의약과 수술과정의 다소 폭력적인 효과에 비하면, 의식은 건강을 향한 궁극적인 비폭력 접근법으로 간주될 거라고 그는 말했다. 그러므로 간디의 관점과 연결성이 있다는 것이었다.

당시 나는 또 다른 책인 《영혼 회복하기Recovering the Soul》를 집필 중이었다. 이 책에서는 '비국소적 마음'[20]이 시간과 공간에서 무한하며, 그러므로 불멸이고, 그래서 영혼이라는 오래된 개념과 닮았다고 주장했다. 나는 이런 개념들에 대해 확실성을 갖지 못한 채 머뭇거리고 있었다. 내가 살펴본 바로는 의학에서 비국소성의 개념을 마음에 적용한 사람은 그때까지 아무도 없었기 때문이다. 코타리 교수는 내가 든든한 기초 위에 서 있다는 것, 의식이 비국소적이고 무한하며, 그러므로 불멸이고 영원하며 하나라는 관점을 자신도 공유하고 있음을 확인해주었다. 이 생각들을 탐구하면서 많은 시간을 보내는 동안, 그는 내가 탐험을 계속해나갈 수 있도록 확신을 심어주었다. 나는 그에게 결코 갚지 못할 빚을 졌다.

1993년 코타리 교수는 베개 밑에 《바가바드 기타》 한 권을 끼어놓은 채 자택에서 평화롭게 숨을 거두었다.

03

한마음의 경험들

◇◇◇◇◇◇◇◇◇◇◇◇◇◇◇◇◇◇◇

한마음은 자유롭게 사용할 수 있고 저장용량이 무한한, 보이지 않는 비물질적 클라우드 컴퓨팅(데이터를 컴퓨터 저장장치 대신 인터넷 공간에 두고 언제 어디서나 인터넷에 접속하여 받아서 쓰는 방식–옮긴이) 플랫폼과 유사하다. 모든 마음이 하나의 전체로서 이미 비국소적으로 접속되어 있어서 라인으로 연결할 필요가 없다. 거리나 장소 또한 문제가 되지 않는다. 거트루드 스타인Gertrude Stein이 고향 캘리포니아 오클랜드에서의 사라져버린 어린 시절에 대해 "거기에는 거기라는

게 없어요"라고 이야기했듯이.[1]

그러나 우리는 한마음을 경험할 때 이런 사건들을 보고, 만지고, 느끼는 평범한 3차원의 생활언어로 묘사하는 경향이 있다. 이는 몇몇 이유로 당연한 일이다. 먼저 인간의 뇌는 초월적인 비물질 현상을 이해하는 데 적응이 잘 되어 있지 않기 때문이고, 또 하나는 생물학적인 생존과 관련 있지 않은 경험은 대부분 걸러내기 때문이다. 그래서 한마음 안으로 깊이 가라앉아 겉보기엔 멀리 떨어진 사람과 직접 대면하듯 만날 때, 우리는 이 경험을 원격감응이라고 이름 붙이는 경향이 있다. 보통은 일종의 지지직거리는 진동을 상상하게 마련이다. 한 장소에서 다른 장소로 우편물을 전달하고 그 사이를 연결해주는 '우주 속달우편'이 어떤 소리나 진동을 만들어낼 거라고 상상하는 것이다. 먼 곳의 상황에 관한 정보를 얻게 될 때는 보통 그것을 뭔가에 의해 중개된 원격투시라고 생각한다. 만일 의도된 행동으로 환경에 어떤 정보를 투입했을 때 그것이 원격치유와 같은 원격효과로 나타난다면, 보통 우리는 '먼 거기'에서 그 사건을 일으키려고 뭔가를 보냈을 것으로 생각한다. 그러나 거기에는 거기라는 게 없다.

나는 이 다양한 현상을 뇌-몸 너머의 사건이라 부른다. 2009년《예감의 힘The Power of Premonitions》이라는 책으로 전국을 돌며 북투어를 하는 동안, 한마음을 경험한 사람들의 이야기가 쏟아져 들어왔다. 거의 모든 사람이 경험담을 갖고 있었다. 내가 서점 이벤트에서 말을 마치고 나면, 으레 한 무리의 사람들이 청중이 적어지기를 기다렸다가 살며시 다가와서 말하곤 했다. "내 경험을 말해도 될까요?" 그러고는 종종 이렇게 말을 잇는다. "이 경험은 평생 아무에게도 이야기하지 않았어요." 이런 이야기에는 오명이 따라붙는 경우가 많아서 그동안 주저했던 것이다. 실제로도 이상한 사람으로 낙인찍힐까 봐 말하기를 꺼리는 사람이 많다. 여기에 내가 들은 이야기들을 좀 옮겨보기로 한다.

일련의 숫자

미국 동부해안에 사는 한 중년여성은 수천 마일 떨어진 반대편에 살고 있던 아들이 심각한 위험에 처했다는 강렬한 느낌을 받았다. 무시하려고 애썼으나, 느낌은 오히려 점점 더 강해졌다. 그때 의미를 전혀 알 수 없는 일련의 숫자가 갑자기 떠올랐다. 문득 그 번호로 전화를 걸어봐야겠다는 생각이 들었다. 그녀가 전화를 걸자, 아들이 사는 멀리 떨어진 도시의 대형병원 응급실과 연결되었다.

"무엇을 도와드릴까요?" 어느 간호사가 전화를 받았다.

"잘 모르겠어요. 그냥 아들이 걱정돼서요" 하며 그녀는 말을 더듬었다.

"아들이 누구시죠?"라고 간호사가 묻자 그녀는 아들의 이름을 말했다.

"아, 네, 그분은 몇 시간 전에 응급실로 들어갔어요. 스미스 박사님이 막 치료를 마치고 나왔습니다. 바꿔드릴게요. 박사님이 결과를 알려주실 거예요."

곧 스미스 박사가 전화를 받았다. 박사는 당황해하고 걱정하는 응급실 환자의 어머니에게 말했다. "아드님은 자동차사고를 당하셨어요. 심각한 부상이 있었지만, 괜찮아질 거라고 말씀드릴 수 있어서 기쁩니다."

다른 도시에서도 거의 똑같은 일이 있었다. 그녀 역시 갑자기 아무 이유 없이 어린 딸이 걱정되기 시작했다. 그녀에게도 뒤섞인 숫자들이 보였고, 그 번호로 전화를 걸었을 때 자동차사고를 당한 딸이 치료받던 응급실과 연결되었다.

집요한 친구

엔지니어인 한 젊은이는 지인이 조종하는 전용비행기를 타고 남아메리카로 날아갔다. 대학 졸업 후 한 번도 만나지 못한 친구를 방문하는 길이었다. 며칠 후 다시 미국으로 돌아갈 때가 되자, 그의 친구가 호텔 방으로 찾아와 비행기를 타지 말라고 말렸다. 전날 밤 꿈을 꿨는데, 비행기가 추락해서 탑승자 전원이 죽었다는 것이었다. 얘기를 들은 엔지니어가 친구에게 예감이 터무니없다고 말하면서 곧 말다툼이 벌어졌다. 말다툼이 몸싸움으로까지 이어지자 그의 친구는 엔지니어를 때려눕혀 꼼짝 못 하게 했다. 친구는 비행기의 이륙시간이 지날 때까지 그를 놓아주지 않았다. 엔지니어는 격하게 화를 냈다. 이제는 추가비용을 들여 일반항공편을 이용해 돌아가야 했기 때문이다. 그러던 참에 실제로 그 전용기가 추락해 탑승자 전원이 사망했다는 소식을 듣게 되었다.

2009년 6월 1일, 내가 북투어를 하는 동안, 프랑스항공 447편이 대

서양에서 추락하여 탑승객 216명과 승무원 12명이 전원 사망하는 사고가 일어났다. 추락 직후 암스테르담 근교에 사는 스테판 반 오스라는 중년남성이 네덜란드 텔레비전 방송에 나와 인터뷰했다. 반 오스는 추락한 항공편의 예약을 취소했던 사람이었다. 뭔가 좋지 않은 일이 일어나리라는 예감을 받은 그의 친한 친구가 반 오스에게 말하길, 그 항공기를 타면 살아서 집에 돌아오지 못할 거라고 했다고 한다. 친구의 예감을 믿고 예약을 취소했던 반 오스는 살아남아 그 이야기를 전하고 있었다.[2]

암은 바로 여기 있어요

한 여성은 유방암에 걸리는 꿈을 꾸었다. 걱정된 그녀는 다음 날 의사를 찾아갔다. 꿈에서 보았던 암의 위치인 왼쪽 유방 위쪽의 특정한 지점을 손가락으로 가리키며 "바로 여기예요" 하고 그녀가 말했다. 하지만 그녀는 응어리를 느낄 수 없었으며, 의사 또한 그러했다. 유방암 검진용 X선 촬영도 정상으로 나왔다. 모두 정상이니 자주 검사하면서 지켜보자고 의사가 확신을 주었으나, 그녀는 만족하지 못했다. "내가 꾼 꿈 중에서 가장 생생했어요." 그녀는 이의를 제기했다. "바로 이 지점에 유방암이 있었단 말이에요." 그녀가 계속 주장하자 의사는 어쩔 수 없이 외과전문의에게 생체조직검사를 의뢰했다.

　"근데 어디를요? 거기엔 아무것도 없는데요." 외과의가 반대했다.

　"그녀가 가리키는 곳을 그냥 조직검사를 해봅시다." 담당의사가 말했다.

며칠 후 병리학 의사가 검사결과를 가지고 담당의사를 호출했다. "지금껏 내가 본 것 중에서 가장 미세한 유방암이로군요" 하고 그가 말했다. "느낄 수 없었을 텐데요. 아무런 증상도 없었을 거고요. 어떻게 찾아냈죠?"

"내가 찾은 게 아닙니다. 환자가 찾았죠. 꿈에서 말입니다." 의사가 대답했다.

파멸에 대한 암시

1972년 12월, 미국의 한 사업가가 니카라과를 방문했다. 그는 수도인 마나과에 일주일째 머물고 있었고, 한 주 더 머물려던 참이었다. 그런데 갑자기 도시를 떠나야 한다는 급박함이 느껴졌다. 일찍 떠나버리면 사업상 거래가 깨질 수 있어서 사실 그리한다는 건 말도 안 되는 일이었다. 그러나 충동이 너무 강렬했기에 그는 최대한 빨리 그곳을 떠나야겠다고 결심했다. 그는 곧 짐을 챙겨 공항으로 달려간 뒤, 가장 빠른 항공편으로 그 나라를 탈출했다. 하지만 떠난 지 두 시간 만에 일어난 사건의 소식을 듣기 전까지는 자신의 행동이 어리석다고 느꼈다. 12월 23일 오전 12시 29분, 진도 6.2의 지진이 도시 중심부 밑에서 발생했고 한 시간 동안 강한 여진이 두 번 더 일어났다. 5,000명이 죽고 2만 명이 부상했으며, 25만 명이 집을 잃은 재난이었다. 그가 머물던 호텔은 붕괴되었다.

무너진 다리

2007년 8월 1일, 미네소타 미니애폴리스에 사는 한 중년여성은 혼잡한 퇴근 시간에 집으로 돌아오고 있었다. 퇴근길은 늘 똑같았고 너무나 익숙해서 눈을 감고도 운전할 수 있다고 그녀는 말했다. 그런데 이번에는 왠지 다른 길로 가야겠다는, 설명할 수 없는 충동이 그녀의 익숙함에 균열을 냈다. 어디로든 다른 길로 가면 시간이 훨씬 더 걸린다는 걸 잘 알기에 그녀는 충동을 무시하려고 애썼다. 하지만 그 느낌이 너무 강렬해서 그녀는 방향을 바꾸어 다른 길로 향할 수밖에 없었다. 집에 도착하기 전, 라디오에서 뉴스가 흘러나왔다. 그녀가 하루에 두 번씩 규칙적으로 지나다니는 미시시피강 I-35W 다리가 붕괴되어 강으로 떨어졌다는 뉴스였다. 13명이 사망하고 145명이 다쳤다고 했다. 너무 놀란 그녀는 차를 세우고 한참을 진정하고 나서야 다시 운전할 수 있었다.

미리 알고 있던 비서

대형 시립병원의 내과병동에서 비서로 일하던 한 젊은 여성은 한 가지 사실을 깨닫기 시작했다. 근무하는 동안에 어느 환자가 심장마비 같은 응급상황을 겪을지 그녀 자신이 미리 안다는 것이었다. 그녀는 의료훈련을 받지 않았고 환자와 직접 접촉하지도 않았지만, 자신의 예감이 알려지면 웃음거리가 되거나 해고될 것이라 생각했다. 자신과 같은 시간에 근무하는 한 간호사가 이런 일에 관심이 있음을 알게 됐을 때, 그녀는 그녀와 친구가 되었고 결국 그 사실을 털어놓았다. 근무가 시작될 때마다 그녀는 특별히 주의를 기울여야 할 환자가 누구인지 간호사에게 넌지시 알려주곤 했다. 그녀는 틀린 적이 거의 없었다. 몇 년 동안 그녀와 간호사는 비밀을 지켰고, 그 덕분에 많은 환자의 생명을 구할 수 있었다고 확신했다.

거대한 파도

1991년 초, 테네시주 댄드리지에 사는 마릴린 윙클러와 남편 데이비드는 카리브해 세인트루시아섬으로 휴가여행을 떠나기로 했다.[3] 그들이 휴가를 떠난 사이 15개월 된 딸 케이트는 시어머니가 와서 돌봐주기로 했다.

　세인트루시아의 마리곳베이 호텔에 짐을 풀고, 부부는 22피트 길이의 모터보트 수상택시를 타고 해안도시 수프리에르로 향했다. 거기서 점심을 먹을 계획이었다. 해안선을 따라 50분간 여행하는 동안 날씨는 완벽하게 평온했다. 폭풍 같은 건 전혀 예보되지 않았다. 그런데 윙클러는 이상하게도 보트 바닥을 흘낏 내려다보더니 녹슨 못 같은 작은 파편들을 집어서 배 밖으로 던졌다. 윙클러는 이 파편들을 탄환이라고 상상했는데, 머지않아 이 상상은 보트가 난파될지 모른다는 강박관념으로 바뀌었다. 그토록 걱정할 뚜렷한 이유는 어디에도 없었다. 그녀는 배 위에서 지내는 데 익숙했으며, 수영도 잘했고 날씨도 아주 좋았다.

　그녀는 무심결에 계속 동쪽을 바라보며 수평선을 살폈다. 다른 보트들을 찾아보았으나 한 대도 보이지 않았다. 수프리에르에 가까워지자 현지인 조타수 그레고리와 현지인 선원 스탄이 암초를 가로지르는 지름길로 들어가자고 결정했다. 암초를 돌아 먼 바다에서 수프리에르만으로 진입하려던 원래 계획을 바꾼 것이었다. 그러나 윙클러는 지름길로 들어가는 게 잘못임을 본능적으로 알았다. 그래서 남편에게 소리치기 시작했다. 조타수 그레고리에게서 키 손잡이를 빼앗아 지름길에서 벗어나라고 소리쳤다. 그들은 그녀를 비웃으며 성차별적인 말을 던졌다. 윙클러는 자신이 직접 키를 잡아야겠다는 충동이 일었지만, 간신히 참고서 마치 응급상황에 대비하듯이 방수가방에 소지품을 하나하나 챙겨 넣기 시작했다. 다시 주변을 둘러보았지만 여전히 근처에 다른 보트는 하나도 없었다.

지름길 안으로 반쯤 들어갔을 때쯤, 거대한 파도가 느닷없이 나타났다. 파도는 보트를 20피트 높이의 물마루 위로 들어올려 거꾸로 뒤집은 다음, 360도 회전시켜 물 위로 떨어뜨렸다. 보트는 산산이 부서졌다. 윙클러의 표현을 빌리면, 보트는 쪼개져서 "이쑤시개들"이 되었다. 윙클러와 스탄은 30피트 수면 아래로 가라앉았다. 윙클러는 그때 마치 시간이 가만히 멈춘 듯했다고 기억했다. 태양의 아름다운 빛줄기가 수면 아래로 쏟아져내리는 것을 보았을 때 그녀는 완벽한 평화를 느꼈다. 그러다가 갑자기 케이트 생각이 났다. 케이트가 "엄마" 하고 부르는 소리를 종소리만큼이나 분명하게 들었다. 윙클러는 그때 가슴 뒤쪽에서 자신을 끌어올려 수면 위로 밀어올리는 두 손을 느꼈고, 곧이어 헤엄치기 시작했다. 수면 위로 솟아오른 뒤, 위치를 파악하려고 해안선 쪽을 바라보았다. 세 남자가 모두 수면 위로 올라와 있는 모습이 보였다. 그녀는 다시 다른 배를 찾아보았지만, 역시 하나도 보이지 않았다. 그때 몇 야드 떨어진 거리에서 기다란 회색빛 수염을 단 초로의 어부가 난데없이 나타났다. 그는 헤엄치는 윙클러를 자기 보트로 침착하게 인도하면서 손을 내밀어주었다. 그 어부는 그들을 수프리에르로 데려다주었고, 도착한 뒤에는 현지인들이 그들과 함께 병원까지 가주었다. 가는 도중에 폐에 들어간 물을 뱉어내야 했기 때문에 자주 멈출 수밖에 없었다. 병원까지 걷는 길은 쉽지 않았다. 키잡이 그레고리는 코가 부러졌고, 데이비드는 두피가 찢어져 스무 바늘을 꿰매야 했다.

살아 있다는 기쁨과 함께, 다음 날 그들은 비행기를 타고 집으로 향했다. 밤늦게 테네시에 도착한 그들은 어머니에게 난파되었던 이야기를 전했다. 그런데 설명을 더 하기도 전에 어머니가 어린 케이트 이야기를 꺼냈다. 전날 유아용 의자에 앉아 점심을 받아먹던 케이트가 느닷없이 이렇게 말했다고 했다. "엄마 아빠가 물에 빠지고 있어!" "아빠는 머리에서 피가 나." 또 케이트는 물에 상어가 있다고도 말했다 한다. 윙클러는, 상어를 보진 못했지만 바닷물에 피가 흥건한 것으로 미루어보아 어쩌면 상어가 있었을지도 모르겠다고 생각했다. 윙클러의 말에 의하면, 당시 성장단계로 봤을 때 케이트는 말을 거의 하지 못했다고 한다. 게다가 15개월 인생 전부를 스모키 산맥에서 보내며 바다에 간 적이 없었으므로 상어가 무엇인지도 몰랐을 거라고 했다. 하지만 윙클러는 자신이 바닷속에서 들었던, 케이트가 "엄마" 하고 부르던 소리를 전혀 의심하지 않는다.

윙클러의 재난에 대한 예감은 몇 가지 점에서 특히 주목할 만하다. 예감이 너무 강렬해서 그녀는 일이 일어나기 전에 다른 이들에게 말했으며, 그에 대비했다. 2,000마일이나 떨어져 있던 그녀의 아이도 부모에게 일어나는 일을 알고 있었던 것 같다. 그래서 윙클러가 거의 익사하려던 순간, 엄마를 불렀던 모양이다. 그런데 윙클러가 자신을 들어올린 것처럼 느꼈던 두 손은 무엇일까? 또 난데없이 나타나서 그들을 구조한 초로의 어부는 누구일까? 왜 그의 배는 그들의 보트처럼 난파되지 않았던 것일까?

일화인가 아니면 연구사례인가

사람들의 삶은, 통제된 실험실에서 행하는 실험처럼 펼쳐지지 않는다. 대부분 자연스런 삶의 흐름 속에서 평범하지 않은 사건들이 일어난다. 그것이 이례적이고 단 한 번뿐이라서 묵살한다면 그건 어리석은 일이다. 이야기에 대한 사람들의 의심은 도가 지나친 행위일 수 있다. 에든버러대학의 철학자이자 의식연구가인 존 벨로프는 "회의론이 반드시 현실적인 마음을 보여주는 증표일 필요는 없다. 그것은 지성적인 비겁함의 증표일 수도 있다"라고 말했다.[4]

의학의 세계에는 오래전부터 전해오는 말이 있다. "사람들의 이야기가 만약 마음에 들지 않으면 그것을 일화라고 부르고, 마음에 들면 연구사례라고 부른다."

일화인가? 아니면 연구사례인가? 여러분이 결정하기를.

04

한마음은 무한한 크기의
거품 덩어리가 아니다

◇◇◇◇◇◇◇◇◇◇◇◇◇◇◇◇◇◇

모든 개인의 마음이 더 큰 마음의 부분이라면, 한마음 안에서 모든 정신활동이 한데 뒤섞여 아무 특색 없는 혼돈 속으로 혼합되지 못하게 막는 것은 무엇일까? 우리가 한마음, 즉 몸 너머의 경험들에서 보게 되는 특수성과 개별성은 무엇 때문일까? 멀리 떨어져 있는 자녀가 심각한 어려움에 부닥친 것을 감지한 어머니가, 사고를 당한 사람이 남의 아이가 아니라 자신의 아이인 것을 어떻게 아는 것일까?

내가 이 책에서 자주 인용하는 심리학자 조지프 칠턴 피어스는 특수성의 문제를 깊이 생각했다. 그는 분리감이 단순한 환상일 뿐이라는 뉴에이지New-Ageism의 생각에 확고하게 반대했다. 그는 "우리의 모든 사고는 실제로는 하나이고, 우리가 가지는 분리감은 단지 환상이라는 가정은 터무니없다"라고 썼다.

또한 그는 이렇게 썼다. "아주 특별한 상황에서는 여러 사고가 상호교환될 수 있는 수준이 있다. 그리고 그렇게 되지 못하는 수준도 있다." 이것은 다행한 일이다. 그 덕분에 우리는 70억 동료 지구인에게서 끊임없이 흘러나오는 생각의 홍수에 빠져들지 않게 되니까. 하나의 입자에서 생긴 변화가, 아무리 멀리 떨어져 있다 해도 멀리 떨어진 입자에 즉각적이고 동등한 변화를 일으킨다는, 아원자입자들 사이의 얽힌 상태(양자 얽힘-옮긴이)에 관한 발견에 견주어, 피어스는 그런 입자 사이의 연결성을 지배하는 규칙이 있다고 관찰했다. 만약 그렇지 않다면 세상은 모두 뒤섞여 엉망진창이 될 것이다. 피어스는 말했다. "입자들이 모두 묶여 있는 게 아니다. 그렇게 되면 그저 아무 입자도 묶여 있지 않은 상태만큼이나 커다란 혼돈이 될 것이다.[1] (…) 바탕을 이루는 전체에 대한 우리의 직관은 동질의 덩어리로 용해되는 것을 암시해서는 안 된다."[2] 왜냐하면 우리 마음 하나하나는 용해되어 동일한 것이 되지 않으며, 특수하고 개별화된 한마음의 사건들이 그대로 보존되기 때문이다. 한마음은 깐깐하다. 자식을 염려하는 어머니는, 모든 아이가 아닌 **자신의** 아이와 연결될 수 있다. 마음은 모든 전기시스템이 아닌 특정한 전기장치에 영향을 줄 수 있다. 원격투시자는 전 지구의 모든 풍경이 아닌 **특별한** 장면에 연결될 수 있다.

우리가 한마음을 근원으로 부르든, 모든 것이나 전체로 부르든, 또는 절대자, 우주, 순수존재, 신, 알라, 주파수대, 집단무의식, 홀로그램 영역, 아카샤 기록으로 부르든, 아니면 다른 어떤 것으로 부르든 간에 그것은 특색 없는 무한한 크기의 거품 덩어리가 아니다. 한마음은 우리 삶 속에서 독특한 방식으로 모습을 드러낸다. 이는 어떻게 가능한 것일까?

내가 유용하다고 생각하는 이미지는 한마음이 우리 몸의 줄기세포 같다는 것이다. 줄기세포는 다능성多能性을 지닌다. 즉 줄기세포는 몸의 어떤 특별한 세포라도 될 수 있다는 말이다. 하지만 줄기세포 스스로가 무작위로 아무 세포나 되는 것은 아니다. 그것은 부름에 응한다. 줄기세포는 특정한 방식에 적극적으로 관여하지 않는 미분화된 세포이지만, 일단 부름을 받으면 **특별한** 타입의 세포로 변모한다. 심장, 피부, 내장, 혈액 등 몸의 필요에 따라 다른 형태로 변하는 것이다.

줄기세포처럼 모든 것의 원천인 한마음 또한 지시와 요청을 기다린다. 이것이 바로 한마음에서 나오는 정보가 무작위적이 아니라 각자에게 알맞게 극도로 개별화되는 이유이다. 그러므로 패턴, 특수성, 개별성은 우리 삶 속에 한마음이 드러나는 방식을 특징짓는다. 한마음은 개인과 상황의 필요성, 소망, 욕구와 의도에 응답한다. 한마음은 대학자나 레오나르도 다빈치 같은 예술가, 아인슈타인 같은 과학자의 생각과 지식을 지어낼 수 있다. 한마음은 불의 발견과 수레바퀴의 발명을 이루게 할 수 있으며, 〈모나리자〉 그림의 아름다운 구도와 원소의 주기율표, 공기보다 무거운 비행기가 뜨는 원리를 드러내 줄 수도 있다. 한마음의 창조적인 가능성은 무한하다.

한마음은 위에서 보았듯이 경고해주는 기능도 있다. 자연재해나 질병을 꿈을 통해 미리 알려줌으로써, 스스로 자기 자신을 드러낸다. 마치 더 큰 지식의 틀에서 나오는 듯 보이는 이런 계시는 상당히 흔한 일이다.

작가 데이비드 그랜은 《잃어버린 도시 Z The Lost City of Z》에서 하나의 예를 들었다. 이 책은 1900년대 초기에 아마존 밀림을 탐사한 영국의 전설적인 탐험가 퍼시 포셋의 모험을 상세히 다룬 소설이다. 치명적인 감염, 다양한 포식자, 굶주림, 사고, 정신착란, 적개심 많은 부족에 의한 살해 등과 같은 가혹한 환경에서 죽을 가능성은 크다. 하지만 포셋에게는 거의 모든 죽을 가능성을 피할 수 있는 불가사의한 능력이 있었다. 포식자들을 피하는 그의 능력은 놀라웠다. 한번은 살무사를 피해 건너뛰고 나서 일기장에 이렇게 적었다. "다른 무엇보다 나를 놀라게 한 것은 내 무의식적 마음과 즉각적인 근육반응이다. (…) 다리 사이로 확 하고 나타나기 전까지 나는 그 살무사를 보지 못했다. 그러나 '내 안의 사람'이 ─그렇게 불러도 좋다면─ 제때에 그것을 보았을 뿐만 아니라, 살무사의 공격 높이와 거리를 정확히 판단해서 내 몸에 그에 상응하는 명령을 내렸던 것이다!"[3] 이런 종류의 앎은 종종 '제6감' 혹은 '천리안'이라고 부르는데, 이런 식의 이름 붙이기만으로는 그것을 제대로 설명할 수가 없다. 비국소적 마음, 즉 경계 없는 비국소적 자각이라는 개념은 이런 앎을 설명하는 또 하나의 다른 관점이다. 이 설명 또한 한마음을 전제하게 만든다.

줄기세포를 몸에서 분리하려는 것은 어리석은 일이다. 줄기세포의 행동과 운명은 몸과 너무도 친밀하게 얽혀 있어서 줄기세포 자체가 바로 몸이기 때문이다. 그와 마찬가지로 인간의 의식을 정보의 근원인 한마음에서 분리하려는 것 역시 현명한 일이 아니다. 분리된 근원이란 없다. 우리가 근원이며 근원이 우리이다. 우리는 시간도 없고 공간도 없는 영역을 함께 차지하고 있다.

한마음 안에는 모든 가능성, 모든 정보의 형태가 서로 중첩되어 **잠재력**으로 존재하는 듯 보인다. 그것들은 경험의 세계에서 실제성으로 변형되기 위해 어떤 촉발을 기다리고 있다. 이것이 물리학자들이 즉각 인식할 수 있는 이미지이다. 사실 중첩이라는 개념은 양자물리학에서 그들이 채용하는 것이라서 그렇다. 대다수 물리학자는, 양자 수준에서 측정이 이루어지기 전에, 입자는 이론적으로 가능한 모든 상태에 있다고 믿는다. 이 상태에서 진짜로 존재하는 것은 없다. 다만 '중첩'되어 모두 한꺼번에 공동으로 존재하는, 잠재력들의 앙상블만 있을 뿐이다. 측정이나 관찰이 일어나면 이 잠재력들은 수학적인 기술인 '파동함수의 붕괴'를 겪고, 슈뢰딩거의 유명한 사고실험에 나오는 고양이처럼, 가능한 여러 형태 중 오직 하나의 모습만 드러낸다. 측정, 즉 관찰은 유령 같은 잠재력을 진짜로 만든다. (물리학에서는 다른 해석도 있다. 어떤 물리학자들은 양자 수준에서 관찰한 뒤 모든 가능성이 실현되지만, 우리가 지각하는 것은 그중 단 하나라고 믿는다. 양자측정 이론의 이른바 다중세계 혹은 평행우주 해석이 그것이다.)

그러나 한마음 안에서 잠재력을 실제의 것으로 변형하게 하는 것은 **측정**이 아니라 **필요**이다.

얽힘과 비국소성

연결성을 설명하려 할 때 떠오르는 또 하나의 유력한 이미지는 얽힘이다. 얽힘 역시 양자물리학 세계에서 나온 개념이다.[4] 어떤 대상을 설명할 때 다른 하나 또는 추가적인 여러 대상을 고려하지 않고서는 온전히 기술할 수 없다면, 그 대상을 얽혀 있다고 말한다. 마치 분리되어 떨어져 있는 존재들이 단일한 시스템을 이루는 것과 같다. 얽힘은 과거 30년간 여러 차례의 실험으로 입증되었으며, 대다수 물리학자가 자연의 기초적인 특성으로 받아들이고 있다.[5]

얽힘의 효과를 일으키는 메커니즘이 비국소성이라고 생각한다. 물리학자 닉 허버트에 따르면 "비국소적 연결은 공간의 교차 없이, 또 붕괴나 지연 없이 하나의 위치를 다른 위치와 연결"한다. 이런 연결은 식별할 수 있는 세 가지 특성을 보인다고 허버트는 말한다. 그것은 **매개물이 없고**(관련된 연결 신호가 없음), **감소되지 않으며**(거리가 멀어져도 연결 강도가 약해지지 않음), **즉각적이다**(자발적임).[6]

얽힘과 비국소성이 암시하는 바는 놀랍다. 너무 놀라워서 어떤 과학자들은 대단히 믿기 어려워한다. 거기에는 아인슈타인도 끼어 있다. 그는 비국소적 연결을 "멀리서 일어나는 으스스한 행동"이라고 놀려댔다.[7] 하지만 그는 반론에서 오류를 범했고, 믿기지 않는 그런 행동은 실제로 일어나고야 말았다. 물리학자 메나스 카파토스와 과학사학자 로버트 네이도는 《의식하는 우주: 물리적 현실의 부분과 전체 The Conscious Universe: Parts and Wholes in Physical Reality》라는 책에서 이렇게 말했다. "우주는 가장 기초적인 수준에서 입자들의 방대한 그물로 존재할 수 있는데, 입자들은 아무리 먼 거리라도 에너지나 정보 전달 없이 순식간에 건너 서로 접촉할 수 있다."[8]

멀리 떨어진 입자들이 비국소적 연결과 얽힘을 보여주기 위해서는 적어도 한 번은 접촉한 적이 있어야 한다. 빅뱅 이론에 따르면, 우주의 모든 물질은 본디 "아주 뜨거운 한 점"의 물질 에너지 안에 농축되어 붙어 있었다. 그 물질 에너지의 한 점이 약 145억 년 전에 폭발하여 지금 우리가 보는 우주가 된 것이다.[9] 만약 빅뱅 이론이 유효하다면, 태초의 접촉인 비국소적 연결의 요건은 애초부터 충족되어 있었던 것이다.

최근에 와서야 과학자들은 얽힘이 원자와 아원자입자들의 미시세계에 국한된다는 것을 믿게 되었다. 그러나 오늘날 얽힘은 생명체의 생물학적 특성이라는 것이 증명되었다. 여기에는 우리 인간도 포함되는 듯이 보인다. 이 1부에서 이 점을 살펴볼 것이다.[10]

얽힘이 우리가 한마음 안에서 보게 되는 연결성을 설명할 수 있을까? 의식연구가 딘 라딘은 그러리라고 믿는다. 계몽적인 책 《얽힌 마음Entangled Minds》에서 그는 우리가 이 책에서 살펴보는 뇌 너머의 다양한 경험, 즉 한마음의 경험들을 설명하면서, 얽힘이 정신 수준에 어떻게 적용될 수 있는지를 보여주었다.

홀로그램

홀로그램은 개인의 마음들과 한마음의 관계를 예시할 때 도움을 주는 또 하나의 비유이다. 1980년대에 런던 버크벡대학의 이론물리학 교수이자 뛰어난 물리학자였던 데이비드 봄은 그의 고전적인 책《전체와 접힌 질서Wholeness and the Implicate Order》에서 "접힌 질서"라는 개념을 발전시켰다. 봄은 전 우주를 설명하는 방법으로서 접힌 질서를 제안하였다. 그것의 본질적인 요점은 온 우주가 각각의 부분 안에 어떤 식으로 접혀 있으며, 또 각 부분은 전체 안에 접혀 있다는 것이다. 봄은 "나누어지지 않은 전체에 관해 어떤 즉각적인 지각의 통찰을 도와줄 도구"로서 홀로그램을 제안했다.[11] **홀로그램**은 '전체를 기록한다'는 뜻의 그리스어에서 따온 말이다. 홀로그램의 각 부분은 전체 홀로그램을 재구성할 만큼 충분한 정보를 담고 있다. 각 부분이 실제로 '전체를 기록하는' 것이다.

홀로그램은 인드라망의 비유와 놀랄 만큼 유사하다. 인드라의 그물이라는 개념은 3세기에 대승불교 학파에 의해 발전하였다. 인드라신이 이 세상을 만들 때, 각각의 매듭마다 반짝이는 보석이 달린 그물, 또는 거미줄로서 세계를 창조했다. 그물은 무한한 차원을 지녔기에, 보석의 수도 무한했다. 하나하나 반짝이는 보석의 표면에는 그물 안의 다른 모든 보석이 비쳐 보였다. 그 무한한 반사효과는 상호투과, 상호연결, 그리고 우주 모든 현상의 동시적 상즉(相卽, mutual identity) 원리를 상징했다.[12]

접힘

봄은 홀로그램 말고도, 부분과 전체의 접힘을 예시하고자 더 간단한 예를 들었다. 끈적끈적한 액체가 들어 있고, 그것을 아주 천천히 '저을' 수 있는 기계적인 회전장치가 장착된 투명한 그릇을 생각해보라. 그 액체에 용해되지 않는 검은 잉크 한 방울을 넣은 다음 회전장치를 가동하면, 잉크는 액체 전체로 뻗어나가는 가느다란 실처럼 변하고, 마침내는 액체 전체에 무작위로 퍼진 회색빛 음영으로 보일 것이다. 그런데 이때 만일 회전장치가 거꾸로, 즉 반대방향으로 돈다면, 그 변형은 본래대로 돌아가면서 잉크 방울이 재구성되어 갑자기 다시 나타날 것이다. 잉크 방울은 무작위로 퍼져 있는 것처럼 보였으나 그 개별성을 잃지 않았던 것이다.[13] 같은 식으로, 개인적인 마음은 한마음 안에 접혀 있는 것처럼 보이더라도 개별성을 유지한다.

데이비드 봄은 20세기에 가장 저명한 물리학자 중 한사람이었다. 과학의 정통성을 향해 두려움 없이 도전하는 것으로 유명했고, 그의 관심은 철학, 심리학, 종교, 생물학, 그리고 의식의 본질에까지 많은 영역으로까지 뻗어나갔다. 그는 엄격한 현대물리학의 길과 개인적인 경험들을 통해 단일한 의식이라는 개념에 도달했다. 영적인 스승 지두 크리슈나무르티와 나눈 대화는 수천 사람에게 영감을 불어넣었으며, 지금도 여전히 책으로 만날 수 있다.[14]

봄과 나는 치유에서의 마음의 역할에 관해 의견을 주고받으면서 서로 조금 알게 되었다. 한 번은 작고 친밀한 모임에서 만났는데, 복도에서 대화하면서 인류의 미래에 관해 그의 의견을 물었다. "우리가 잘해내리라 생각하십니까?" 그는 골똘히 생각하며 잠시 가만히 있더니 이렇게 대답했다. "예, 가까스로요."

카오스와 프랙털

대안이 많을수록 결과물은 더 불확실하다.

불확실할수록 정보전달의 잠재력은 더 향상된다.

_로이 라크만 Roy Lachman 외[15]

개인의 마음이 한마음 안에서 어떻게 합쳐지는지를 설명하는 하나의 모델이 놀라운 원천에서 솟아올랐다. 그 원천은 카오스 이론과 프랙털이라는 수학 영역이다.

1975년, 수학자 브누아 망델브로Benoit Mandelbrot는 **'부서진'**이라는 의미의 라틴어에서 프랙털이라는 용어를 만들어냈다. 거기서 골절, 파손이라는 단어도 파생된다. 프랙털 구조에서는 유사한 패턴들이 점점 작아지는 것이 반복된다. 프랙털은 크리스털 결정의 성장, 액체의 난류 현상, 은하의 형성과 같은 카오스 현상이나 부분적인 무작위 현상을 묘사하는 데 사용됐다. 프랙털 패턴들은 구름, 해안선, 눈송이, 크리스털, 혈관망, 파도, DNA, 심장박동 리듬, 꽃양배추와 브로콜리 같은 채소, 산맥, 강줄기, 단층선 등 자연의 모든 수준에서 발견되었다. 수학자들과 프랙털 예술가들이 컴퓨터로 만드는 놀랄 만큼 아름다운 패턴들 덕분에 프랙털 예술은 이제 일상다반사가 되었다.

산타크루즈 캘리포니아대학의 수학자 랠프 에이브러햄은 카오스 이론의 대가이다. 카오스 이론은 초기 조건에 극도로 민감한 역동시스템을 다룬다. 이것은 이 체계들이 어떻게 행동할지 장기적으로 예측하는 것이 일반적으로 불가능하다는 의미이다. 가장 잘 알려진 예는 날씨와 '나비효과'이다. 나비효과에 따르면, 중국에서 일어난 나비의 날갯짓이 미국 어딘가에서 토네이도를 촉발한다고 생각할 수 있다.

프랙털은 서로 닮지 않은 사물들이 함께 모이는 "거품투성이의 넓은 지역"이라고 에이브러햄은 말한다.16 그는 자연에서 프랙털이 나타나는 모습을 보여주기 위해 모래해변의 예를 든다. 지도상에는 해안선이 선명해 보이지만, 가까이서 육지와 바다의 경계를 보면 분명한 구분이 사라져버린다. 해변에서는 물이 모래 안에 있고 모래는 물 안에 있다. "육지에서 바다로의 전이가 하나의 프랙털이다." 에이브러햄은 말한다. "그것은 공간적으로 카오스다. 그것이 자연이다. 은하수는 하늘의 모래해변이다. 그것 또한 자연이다. 자연은 우리에게 기하학과 카오스 이론을 가르쳐준다."

에이브러햄은 '마음 안의 프랙털'과 '세계혼 안의 프랙털'이 있다고 믿는다. 그는 정상적인 정신에서 깨어 있는 자각, 무의식 등 마음의 구성요소 사이의 경계는 "정신 구성요소 사이에 일종의 다공성多孔性을 허용하고 그래서 서로 통합하게 해주는 밀집한 프랙털"이라고 말했다. 이것은 그가 건강한 심리의 작용을 설명하는 '모래해변 모델'로 부르는 것이다. 건강하지 않은 마음에서는 "경계들이 콘크리트벽이나 철의 장막처럼" 될 수 있다. 그런 일이 벌어지면 마음의 고립된 구성요소들은 의사소통할 수 없으며, 그 결과 정신영역들이 분열되고 고립되는 다중인격장애가 나타날 수 있다. 이런 상황을 에이브러햄은 **다중인격 디스카오스**dischaos, 즉 카오스결핍증후군이라고 정의했다.

카오스결핍이라는 뜻의 디스카오스는 사회와 세계의 차원에서도 일어난다고 에이브러햄은 말한다. 그것은 "우리 사회의 집단의식과 무의식에 장애를 일으킬 수 있다. (…) 그래서 (철의 장막처럼) 경계들이 너무 단단하면 문제들이 일어날 수 있다." 에이브러햄은 밀집해 있고 거품이 많은 프랙털 경계가 "문화의 안정성과 지속성 혹은 개인의 건강에 필요하다"고 이야기한다. 그것은 개인들의 마음 **안에서**, 그리고 지구의 70억 개인의 마음 **사이에서** 상호연결, 의사소통, 통합을 위해 필요하다. 그와 반대로 경직된 경계들은 의사소통의 흐름, 관용과 이해를 막아버려서, 결과적으로 개인들과 지구사회의 분열을 낳는다.

불행하게도 우리는 점점 투과가 어려워지는 경계를 세움으로써 우리 사회의 프랙털을 제거하는 과정에 있는 듯 보인다. 에이브러햄이 적었듯이, "우리 문화는 벽으로 둘러싸인 요새에 과도한 주의를 기울여왔다. (…) 도시 주변에는 콘크리트벽이 있고, 문과 집들은 잠겨 있으며, 건물 주변에는 감시장치, 은행 현금인출기에는 비디오카메라가 설치되어 있다". 폐쇄적 공동체들은 안전이라는 이름으로 서로를 분리한다. 스칸디나비아어로 '전쟁'을 뜻하는 단어에서 온 총기gun는 미국 내에서 미국인의 숫자만큼이나 많다. 점령자들과 99% 사람들은 1% 사람들로부터 점점 멀어져가고 있음을 느낀다. 의회에서 상호 간 예의는 사실상 사라졌다. 통기성 없고 투과성 없는 경계들이 이처럼 만연한 적은 없었다.

하지만 에이브러햄처럼 **위대한 연결** 속에서 어떻게 하면 우리가 서로 만날 수 있는지 그 방법을 아는 사람들이 여전히 있다. 댈러스 텍사스대학의 예술 및 인문학 교수인 프레더릭 터너Frederick Turner는 우주적인 한마음 안에서 개인의 마음들이 통합되는 길을 프랙털 과학에서 발견하였다. 그는 자신의 책《자연 종교Natural Religion》에서 잠깐의 경이로움으로 우리를 가득 채우는 시각적 경험이 "마음을 기절하게 하여 몽롱해지게 한다"고 했다. 예를 들자면 강렬한 예술작품이나 입이 떡 벌어지는 일몰 광경 같은 것이다. 터너가 말하길, 그런 순간에는 "섬세한 조율이나 조정"이 뇌에서 일어날 수 있고, 거기에서 "신의 마음을 끌어오는 이상한 끌개"가 개인의 마음에 영향을 주어, 개인의 마음은 "우주 마음 그 자체의 프랙털 미니어처"가 된다.[17]

'마음을 기절하게 하는' 수없이 많은 방법이 있다. 나중에 우리는 고도로 창의적인 사람들을 통해 배우게 될 것이다. 그들이 어떻게 초월적인 한마음으로 깨어나기를 방해하는 습관, 판에 박힌 행동, 관습의 디스카오스 효과, 프랙털을 제거하고 마비시키는 효과를 극복해냈는지 그 방법을 탐사할 것이다.

베르겐벨젠의 립스틱

1945년 4월 15일, 영국 군대가 독일 베르겐벨젠 포로수용소를 해방했을 때, 200개의 움막 속에는 포로 4만 명이 살아 있었다. 1만 명의 시신 또한 함께 발견됐는데, 대다수는 티푸스와 굶주림으로 사망했다. 독일 경계병들은 감염이 두려워 시신매장을 거부했고, 피골이 상접하여 남아 있던 포로들은 그럴 힘이 없어서 시신들은 수용소 주변에 무더기로 쌓인 채 부패하도록 내버려져 있었다.

영국 군인들은 충격을 받았다. 자기 눈을 믿을 수 없을 정도였다.

죽음의 악취에 압도된 그들은 구역질하기 시작했다. 유럽 전역에서 나치스에 맞서 싸운, 강하게 단련된 군인들이 어린아이처럼 울었다. 하지만 결국 그들은 일하러 나섰고, 불도저로 시신들을 무덤 안으로 밀어넣었다. 그중 어딘가에는 어린 안네 프랑크가 있었다. 그녀는 1942년 일기에 유대인들이 잡혀가 독가스로 살해되고 있다고 썼다.

4월 28일, 모든 매장이 끝났다. 날마다 500여 명의 수용자들이 계속해서 죽어나갔지만, 적어도 주변에 널려 있던 시체는 더 이상 보이지 않았다. 그 결과 사기가 진작하였다. 음식이 공급되고, 거의 모든 수용자는 DDT 분말로 이를 잡았다. 그들의 몸은 깨끗해졌으며, 훈증으로 옷들을 소독했고, 감염된 오두막들은 화염방사기로 불태웠다.

《세계를 놀라게 한 5일간Five Days That Shocked the World》이라는 책에서 위에서 묘사한 내용을 제공한 니콜라스 베스트는 그 다음에 일어난 일을 이렇게 기술하고 있다.

한 천재적인 사람이 수용소에 립스틱을 들여왔다. 거대한 위탁화물이 막 도착했다. 원한다면 베르겐벨젠의 여성 누구나 입술을 칠할 만큼 충분한 양이었다. 수많은 사람이 입술을 칠하며 한때 여성이었던 자신의 행복한 기억을 회상했고, 언젠가 다시 그렇게 되리라고 생각했다. 립스틱은 막대한 사기 진작 효과를 가져왔다. 수용소 여성들에게 그것은 삶과 죽음만큼이나 커다란 차이였다.[18]

영국 왕립의학부대의 제11야전구급대 지휘자인 머빈 고넌 중령은, 1945년 베르겐벨젠을 해방했던 영국의 첫 군인들 사이에 끼어 있었다. 그는 자신의 일기에 립스틱 효과를 좀 더 구체적으로 묘사했다.

대단히 많은 양의 립스틱이 도착한 것은 영국 적십자가 도착한 직후였다. 서로 아무 관련이 없었겠지만 말이다. 그건 우리 남자들이 원했던 게 전혀 아니었다. 우리는 다른 것을 원하며 비명을 질러댔는데, 대체 립스틱은 누가 요청했는지 모르겠다. 누가 그랬는지 정말로 알아내고 싶다. 그것은 순수한 천재에게서 나온 영특한 행동이었다. 수용자들에게 립스틱보다 더 큰 역할을 한 건 없으리라 믿는다. 여자들은 침대 시트도 잠옷도 없이 침대에 누워 있었지만, 진홍빛 입술을 하고 있었다. 어깨 위에 담요 하나만 걸치고 돌아다니면서도 입술은 빨갛게 칠해진 것을 보았다. 나는 시체 검시 테이블에서 손에 립스틱을 꽉 쥔 채 죽은 여성을 보았다. 립스틱을 가져다준 누군가는 그들이 다시 진정한 사람으로 살 수 있게 해준 것이다. 그들은 더는 팔에 새겨진 숫자로서 존재하는 게 아니라 외모에도 관심을 가질 줄 아는 한 명의 사람이었다. 립스틱은 그들에게 인간성을 되돌려주기 시작했다.[19]

립스틱이 살아나고 싶은 결의를 회복하게 하고 결국 생명을 구하게 되리란 것을 그 누군가는 어떻게 알았을까? 익명의 누군가는 고통받으며 굶어 죽어가는 포로들의 마음과 긴밀하게 하나가 되어, 눈에 보이는 것 너머를 볼 수 있었던 것이다. 나는 이것이 일등 한마음 사건이라고 말하고 싶다.

베르겐벨젠의 공포는, 사람들 사이의 연결이 절단되고 '다른 부류'는 인간 이하로 취급한 탓에 일어났다. 립스틱 사건은 마음들이 위대한 연결 안에서 하나로 만날 때 발생할 수 있는 일종의 돌파구이다. 이런 양극단의 사건은 인간이 할 수 있는 최악과 최선, 천사와 악마를 비춰주는 거울이다. 그것은 하나 됨과 공통성과 한마음 의식이, 단순히 철학적인 훌륭함으로 그치는 것이 아니라, 우리가 악행으로 타락하는 것을 막기 위해 꼭 필요한 것임을 보여준다. 그것들은 절대 벽에서 떼어내서는 안 될 거울이다.

누가 관리하는가?

한마음을 조종하는 것은 누구일까, 아니면 무엇일까? 누가 정보의 마개를 열었다 닫는 것일까? 아마도 기독교인에게 그것은 차별 없는 허공에서 형상과 질서를 창조한 하나님일 것이다. 힌두교인들에게 그것은 우주의 창조 과정을 펼치는 샤크티와 시바 사이의 상호작용이다. 물리학자 봄에게 그것은 '감추어진' 질서와 그것이 펼쳐져서 보이고 만져지고 들리고 느껴지는 '드러난' 질서이다.[20] 양자에 매혹된 우리 시대에 그것은 파동함수와 보이는 세계를 낳는 관찰자 사이의 상호작용이다.

언어를 넘어서

현대의 이론 시장에는 의식의 작용을 설명하는 모델이 많이 진열돼 있다. 누구나 자신이 좋아하는 모델을 소리치며 팔러다니는 것처럼 보인다. 하지만 어느 지점에 이르면 얽힘이든, 비국소성이든, 홀로그램이든, 접힌 질서든, 그 어떤 설명이라도 소용없게 된다. 위대한 지혜 전통의 신비적인 측면을 대표하는 현자들은 한결같이 말했다. 이해가 자라나면 절대를 묘사하는 모든 언어를 결국 넘어서게 된다고. 우리 같은 일상적인 존재가 주목하는 이름과 형상은 오히려 방해가 되고, 더는 중요하지 않게 된다. 그래서 14세기 독일의 기독교 신비주의자 마이스터 에크하르트는 "침묵만큼 신과 닮은 것은 없다"고 말했다.[21]

토머스 키팅 신부는 에크하르트의 말을 확언했다. "침묵은 신의 첫 말씀이며, 나머지는 모두 그것의 빈약한 번역이다."[22] 힌두 전통에서 스와미 비베카난다는 "구도자의 침묵은 가장 큰 소리의 기도이다"라고 했다.[23] 선불교의 격언에는 "말하는 자는 모른다. 그리고 아는 자는 말하지 않는다"는 말이 있다. 그러나 침묵은 단지 입을 다물고 있는 것 이상을 의미한다. 입을 다무는 일은 돌멩이도 할 수 있다. 침묵은 더 높은 형태의 앎이 들어올 장소가 창조되었음을 의미한다. 신비주의자들은 이 침묵의 통로가 신과의 합일에 꼭 필요하다고 생각했다. 합일은 한마음, 전체, 절대, 근원 안으로 완벽하게 흡수되는 것이다. 그 상태에서 언어는 사라져버리고 존재가 그 자리를 대신 차지한다. 신경외과의사 이븐 알렉산더가 치명적인 뇌수막염으로 임사체험을 겪다 이 상태에 들어갔는데, 그때 그는 그저 이렇게 말했다. "도무지 믿을 수가 없군."[24] 그가 경험한 경이로움과 그에게 주어진 지혜는 말없이 전달되었다. 언어는 필요하지 않았다. 마이스터 에크하르트가 표현했듯, "어떤 본성도 없이 존재하는 것이 신의 본성이다."[25] 여기서는 어떤 묘사도 불가능하다. 어떤 말도 필요하지 않다.

05

응시받는 느낌

◇◇◇◇◇◇◇◇◇◇◇◇◇◇◇◇

한번은 윈스턴 처칠이 자신의 정치적 적수에 관해 이야기한 적이 있다. "때때로 그자는 더듬거리며 진실을 말하기도 하지만, 곧이어 황급히 정신을 차리고는 아무 일 없다는 듯이 하던 일을 계속하지."[1] 우리가 한마음과 조우하는 현상도 종종 이와 같다. 그런 현상이 진짜이고 우리의 행동을 잠시 멈추게 하지만, 우리는 그에 주의를 기울이지 않을 때가 많다.

누군가가 지켜보고 있는 느낌이 그 한 예이다. 뒤로 흘낏 보거나 고개를 돌려보면 다른 사람의 눈과 만나는 경험은 대다수가 갖고 있다. 이 현상을 광범위하게 연구해온 영국의 생물학자 루퍼트 셀드레이크는 유럽과 북미 지역 성인과 아동의 70~97%가 이런 경험을 한 적이 있다고 보고했다.[2] 또한 이 현상은 다른 방향으로도 작용하는 것처럼 보인다. 다른 사람을 응시함으로써 그 사람이 뒤돌아보게 하여 자신의 응시와 마주치게 할 수 있다고 보고하는 사람들이 있기 때문이다. 이런 경험은 공공장소에서 가장 빈번히 일어난다. 신호등 앞에서 기다리고 서 있을 때, 길거리에서, 음식점과 술집에서 등등.

셀드레이크는 이처럼 떨어져 있는 사람의 원격응시 감지능력을 '제7감'이라고 명명했다. 그는 제7감이 텔레파시와 예감을 포함한다고 생각했다. 그런데 왜 '일곱 번째'일까? 셀드레이크에 의하면, 그 이유는 이들 능력이 일반적인 제5감의 범주와는 다른 곳에 속하는 것처럼 보이고, 또 전기, 자기, 열감을 감지하는 능력처럼 동물에게 있는 제6감과도 다르기 때문이다.[3]

떨어져 있는 사람이 폐쇄회로 텔레비전 장치를 통해 바라볼 때조차 응시를 감지해낼 수 있음을 보여주는 실험이 많다. 종종 이 감각은 응시를 받는 사람의 피부 전기전도율에 발생하는 변화와 연관이 있다. 두 사람 사이에 마음에서 마음으로 직접 연결되는 의식의 겹침이 일어나는 것으로 보인다. 두 마음이 일순간 하나가 되는 것처럼 떨어져 있는 마음이 연결되는 것이다.

이 현상은 특히 전쟁 중에 흔하게 일어난다. 베트남 전쟁 당시 군의관이었던 나는 특수부대를 포함하여 전투보병들과 가까이 접촉했다. 이들 대다수는 자신의 생존이, 적군 병사들이 지켜보고 있다고 경고하는 자신의 예리한 감각 덕분이라고 생각했다.

루퍼트 셸드레이크는, 1951년 말레이 반도 반테러 작전에서 구르카족 정찰대를 이끈 윌리엄 카터의 경험을 보고했다.[4] 당시 카터의 정찰대는 적군이 막 버리고 떠난 캠프를 만났다. 정찰대가 그곳을 조사하고 있을 때 카터는 누군가가 자기를 지켜보는 듯한 으스스한 느낌을 경험했다. 마치 뭔가가 자신의 목덜미를 움켜쥐는 듯한, 심각한 위험의 느낌이 함께 있었다. 뒤를 돌아보자 20야드쯤 떨어진 곳에 적군 병사 하나가 보였다. 그는 카터를 쏘려고 장총을 겨누고 있었다. 카터는 즉시 둘 중 하나는 죽게 될 것을 알았다. 카터가 먼저 총을 쐈다. 카터는 응시를 느끼는 감각의 존재를 의심하지 않는다. "그게 아니었으면 오늘 내가 살아 있지 못했겠지요."[5]

사느냐 죽느냐 하는 전투상황에서 응시받는 느낌의 경험이 자주 일어나는 것은, 이 능력의 기능 중 하나가 생존임을 암시한다. 위험을 느끼는 능력이 있는 생명체는 살아남을 가능성이 크고, 그래서 자손을 낳게 되며, 그것은 우리에게 생물학적으로 긴요한 일이다.

감시원과 경찰 등 다른 사람들을 지켜보는 일을 전문으로 하는 사람과 인터뷰를 계속해나가는 가운데, 셸드레이크는 그들 대부분이 이런 감각이 진짜라고 확신하는 것을 발견했다. 어떤 이들은 감시자가 잘 숨어 있더라도 자신을 지켜보고 있음을 안다고 보고했다. 용의자들은 종종 뒤돌아보며 경찰이 탄 차를 노려보곤 한다. 탐정들은 때때로 그들이 추적하는 사람을 너무 자주 응시하지 않도록, 혹은 일부러 그의 등을 바라보도록 훈련받는다. 용의자가 자극받아 뒤돌아보지 않도록 하기 위해서이다. 용의자를 멀리서 쌍안경으로 감시하는 경우에도 종종 이런 대비가 필요하다.

한 미군 해병대원이 셸드레이크에게 1995년 보스니아에서 저격수로 활동한 자신의 경험을 말해주었다. 그는 소총에 달린 망원경으로 테러리스트들을 겨눌 때 그들이 그것을 알고 있다고 느꼈다. "최후의 순간이 오기 1초 전, 목표물이 왠지 나와 눈을 마주치는 것처럼 보이곤 했어요. 1마일 떨어진 곳이었지만, 그들이 어떻게든 내 존재를 감지했다고 확신합니다. 그들은 불가사의한 정확성을 가지고 그렇게 느꼈고, 그 결과 내 시선 쪽을 바라본 겁니다."[6]

유명인을 몰래 찍는 사진사도 유사한 경험을 보고했다. 몇백 미터 떨어진 거리에서 사진이 찍히는 유명한 사람들도 뒤돌아보며 카메라 렌즈를 응시할 때가 많다. 사냥꾼과 야생동물 사진작가들도 비슷한 일을 보고한다. 무슨 이유에서인지 모르지만, 동물들도 망원경이나 카메라를 향해 머리를 돌린다. 마치 추적자의 마음을 읽기라도 하듯이 말이다.[7]

이곳 뉴멕시코주 북부의 여름 동안 나는 사무실 밖에 벌새의 먹이통을 놓아둔다. 평소 책상 위에 쌍안경을 갖다놓고, 벌새 한 마리가 먹이통에 날아와 앉으면 재빨리 쌍안경을 집어들고 확대하여 관찰한다. 벌새는 거의 항상 몇 초 이내로 날아가 버린다. 하지만 쌍안경을 들지 않고 그냥 맨눈으로 흘낏 보면서 새를 응시하지 않으면, 새가 훨씬 오랫동안 먹이통 주변을 돌아다니는 것처럼 보인다. 이는 과학적이지는 않지만 내가 몇 년간 계속해오는 관찰의 하나이다.

반려동물을 키우는 어떤 사람들은, 자고 있는 개나 고양이를 응시함으로써 그들을 깨울 수 있다고 믿는다며 루퍼트 셸드레이크에게 보고했다.[8] 많은 사람은, 반려동물이 자신들의 눈을 보지 못할 때도 자신들이 지켜보고 있음을 감지할 수 있다고 믿는다.[9]

그들의 보고는 '그저 이야기일 뿐'일까? 그것은 이야기임이 분명하다. 그러나 이 이야기들은 사람들이 멀리 떨어진 누군가의 응시를 감지할 수 있음을 보여주는 수많은 연구와 실험의 지지를 받고 있다. 이 연구들이 멀리 있는 마음들의 합치와 상호작용과 연결성을 보여주는 강력한 증거라고 모두 말한다. 마음이 뇌 안에 갇혀 있다는 가설이 일반적으로 받아들여지고 있지만, 이 연구는 그와 다르게 시공간 상에서 비국소적인 확장된 마음의 개념을 지지해준다.

이 현상들이 인간과 동물 모두에게서 발생한다는 사실이 중요하다. 만일 어떤 능력이 여러 다른 종에 걸쳐 분포한다면, 이것은 그 관찰이 '먹히는 과학'이 되는 데에 크게 이바지한다. 자연의 세계에서 고립된 현상이 아닌, 보편화한 원리를 관찰했다고 여겨지기 때문이다.

우리는 차츰차츰 자연과 멀어져왔다. 그런 까닭에 이런 현상들이 얼마나 넓게 퍼져 있는지 인식하는 데 점점 더 어려움을 겪는다. 오늘날 아이들은 자연으로 나가 직접 야생과 만나는 것보다 텔레비전에서 〈**동물의 왕국**〉을 볼 가능성이 더 크다. 삶의 순간마다 자연과 생명에 친밀히 접촉했던 우리 선조들의 경험과 비교해보라. 그들은 크든 작든 뭇 생명과 공유하는 의식의 현실을 당연하게 여겼다. 그 의식은 시간과 공간의 한계를 모르는 의식, 모든 살아 있는 존재가 함께 참여하는 한마음이었다.

그들은 하나처럼 움직인다

◇◇◇◇◇◇◇◇◇◇◇◇◇◇

매년 봄가을이면 그들이 이동한다. 그들의 광대한 무리는 눈이 닿을 수 있는 한 멀리까지 펼쳐져 있다. 그들의 수가 얼마나 많은지 정말 아는 사람은 아무도 없다. 그들은 무수히 많다. 대략 어림잡아 보면, 5,000만에서 1억 5,000만 정도 된다. 그들이 달리면 땅이 진동하면서 묵직하게 우르르 소리를 낸다. 그들이 다니는 길에 있는 모든 생명에게 그들이 오고 있음을 알려주는 소리이다. 그들은 주기적으로 길을 멈추고 쉬면서 먹이를 먹고, 밤에는 잠이 든다. 그런 다음 새벽 동이 트면 지평선을 향해, 그리고 수천 년간 그들을 손짓하며 불러온 목적지를 향해 새 여정을 시작한다. 그들은 바로 **바이슨 바이슨**Bison bison, 즉 웅장한 아메리카들소이다.

추운 날 아침에는 그들이 내쉬는 숨이 거대한 안개구름을 형성한다. 구름은 어마어마한 무리 위에 마치 후광처럼 떠 있다. 그것을 신호로 여기는 사냥꾼들은 들소 떼를 찾아나선다. 들소들은 하나의 유기체처럼 하나의 의지로 움직인다. 집단의 마음이 지배할 때는 개체가 위험을 주의 깊게 시험하거나 가늠할 수 없으므로 하나의 의지로 인해 많은 수가 죽는다. 강에 다다르면, 무리를 이끌던 들소들은 망설이면서도 물속으로 용감히 뛰어들어 보이지 않는 깊은 구덩이와 수렁은 없는지 살핀다. 하지만 그들을 뒤따라오던 소 떼는 리더들을 밀쳐서 수렁과 모래구덩이 속으로 빠뜨려버린다. 그 결과 수천 마리가 죽을 수 있다. 거대한 무리가 갖는 불굴의 단일화된 마음에 희생되는 것이다. 북미 인디언은 들소의 마음을 읽는다. 인디언은 집단을 하나의 유기체로 만드는 본능을 이해하고, 그 지식을 활용해서 들소 떼를 몰아 절벽 아래로 떨어뜨린다. 와이오밍 척워터Chugwater 강변의 절벽들과 몬태나의 팰리세이즈 절벽들이 그곳이다.[1]

수많은 개체의 들소 떼를 만나면 사람들은 할 말을 잊는다. 1871년 5월, R. I. 도지 대령은 왜건을 몰고 캔자스 남서부의 아칸소강을 따라 자라 요새Fort Zarah에서 라니드 요새Fort Larned로 가고 있었다. 그는 지상에서 가장 거대한 동물의 무리와 마주쳤다. 여름 풀을 찾아 텍사스에서 북쪽으로 이동하는 웅장한 들소 떼였다. 마리 산도스는 고전적인 책《버팔로 사냥꾼 The Buffalo Hunters》에서, 자라 요새에서

라니드 요새 사이의 34마일 가운데 25마일이 "버팔로 떼의 거대한 검은 담요"로 덮여 있었다고 기술하였다. 포니 록(미국 캔자스주 바턴 카운티에 있음 — 옮긴이) 꼭대기에서 도지는 거의 모든 방향으로 10마일까지 뻗어 있는, 빽빽하게 움직이는 동물 떼를 볼 수 있었다. 이 무리를 본 다른 사람들은 그 크기가 가로로 25마일, 세로로 50마일 정도이며, 한 지점을 지나는 데 5일이 걸린다고 말했다. 이 특별했던 들소 떼 하나만 해도 어림잡아 그 수가 400만에서 1200만 정도 된다고 한다.[2]

들소 떼는 그때 한가하게 움직이고 있었다. 그러나 두 달 전 도지 대령이 버팔로들과 만났을 때는 사정이 달랐다. 거기서는 목숨을 잃을 뻔했다. 바람이 세차게 몰아치는 추운 어느 날, 도지 일행은 텐트와 트럭들을 한곳에 모아 강어귀 만곡부에 캠프를 쳤다. 모닥불이 꺼지고 보초 외에는 모두 잠든 때, 도지는 희미하긴 해도 우르르 하면서 깊이 울리는 소리를 들었다. 소리가 어디서 나는지 곧 깨달았다. 거대한 버팔로 무리가 캠프를 향해 빠르게 밀려오고 있었다. 도지는 그 무리가 둘로 나누어지거나, 아니면 캠프를 짓밟고 지나가 그들 모두 땅속에 파묻히리라는 것을 알았다. 그는 보초와 세 사람을 더 불러 모아, 돌진해오는 들소들과 캠프 사이에 섰다. 들소들이 30야드 거리쯤 다가왔을 때 그들은 소총의 방아쇠를 최대한 빨리 당기면서 소리를 질렀다. 한 마리가 쓰러졌지만, 다른 들소들은 계속 달려왔다. 남자들은 발밑에서 땅이 진동하는 것을 느꼈다. 총에 맞아 더 많은 들소가 쓰러졌다. 이제는 아무 희망이 없어 보이던 순간, 우르르 몰려오던 무리가 약간 갈라지기 시작했다. 그러고는 조금 더 벌어지더니 마침내 그들을 벗어났다. 캠프의 한쪽은 30피트, 다른 쪽은 75피트를 비켜서 지나간 것이다. 자고 있던 사람들은 돌진하는 동물의 천둥 같은 소리와 총소리에 깨어 두려움에 떨면서 꼼짝 못 하고 서 있었다. 하마터면 끝장날 뻔했던 것이다.

북미 인디언은 돌진하는 버팔로들을 볼 때 평원에서 일어나는 가장 위험한 일 중 하나로 여긴다. 그들은 캠프를 치든 이동하든 항상 마을 앞에 멀리 정찰대를 둔다. 정찰대는 귀를 땅에 대고 주의 깊게 들음으로써 달려오는 소 떼의 거리와 방향을 확인할 수 있다.

철도가 서쪽으로 뻗어나감에 따라 철도 기관사들은 이 위험을 몸으로 겪으며 배웠다. 사납게 달려오는 들소들은 자신들의 길을 막는 모든 것에 돌진하는데, 기관차나 트럭 역시 예외가 아니었다. 앞장서던 동물들은 뒤에서 떠밀려 차량에 뛰어든다. 그 과정에서 많은 수가 죽지만, 기차도 고통을 겪기는 마찬가지이다. 달려드는 들소 때문에 일주일에 두 번꼴로 기차가 탈선하자, 기관사들은 안전거리에서 멈추어 동물들이 지나가게 하는 것을 배우게 됐다.[3]

들소 떼의 행동은 물론 고립된 패턴이 아니다. 고도로 통합된 움직임은 다른 네발짐승들과 함께, 저 유명한 아프리카영양의 집단이동에서도 나타난다고 알려졌다. 이런 패턴들은 큰 몸집의 포유류에게서만 나타나는 것은 아니다.

아메리카 대륙에 일찍 정착한 백인들은 나그네비둘기Passenger Pigeon, 학명 *Ectopistes migratorius*의 고도로 조직화된 집단행동을 보고했다. 이 새의 이름은 '지나간다'는 뜻의 프랑스어 'passager'에서 왔다. 콜럼버스가 신대륙에 도착했을 무렵, 장차 미국의 땅이 될 그곳에는 그 수가 30억에서 50억으로 추정되는 새들이 있었는데, 넷 중 하나는 나그네비둘기였다. 수백만에 달하는 거대한 새 떼가 정착지 위를 날아가면서 사람들을 집 안으로 몰아넣을 정도의 충분한 배설물을 쏟아부었다. 《1491년》의 작가 찰스 만은 그 새들이 너도밤나무 열매와 도토리 등 다양한 야생 견과류를 먹고 산다고 자기 책에서 밝혔다. 그러나 새들은 밀, 귀리, 옥수수 같은 곡물도 좋아해서 경작지들을 너무 자주 망가뜨렸다. 마침내 퀘벡의 주교는 1703년 그 종을 공식적으로 추방하라는 명령을 내렸다. 하지만 비둘기들은 알아듣지 못하는 것 같았다. 결국 제재는 일어나지 않았다.

19세기 초반에는 나그네비둘기가 너무나 많았으므로 그것이 멸종하리라고 상상한 사람은 거의 없었다. 하지만 1850년, 나그네비둘기 수는 눈에 띄게 줄어들었다. 소수의 자연보호 활동가들은 비극이 일어나고 있음을 알았지만, 멸종을 막으려던 그들의 노력은 실패로 끝났다. 마르타 워싱턴의 이름을 딴 최후의 나그네비둘기 마르타는 1914년 9월 1일 신시내티 동물원에서 마지막 순간을 맞이했다. 마르타의 몸은 얼음 안에 냉동되어 스미스소니언 협회(과학지식의 보급향상을 위해 1846년 워싱턴 D.C.에 창립된 학술협회-옮긴이)로 수송됐고 거기서 박제로 만들어졌다. 박물관에 소장된 마르타는 일반인에게는 공개되지 않는다.

나그네비둘기의 멸종 100주년은 2014년이었다. 나그네비둘기 프로젝트Project Passenger Pigeon 같은 조직은 '모든 연령의 사람들을 위한 광범위한 현지 및 국제 프로그램, 전시회, 교육 커리큘럼, 그 밖의 재미있는 활동 등을 통해' 그 사건을 기념하려 준비하고 있다.4 이

단체의 주요 목표는 사람들을 깨워 미래에 그런 파국을 막을 방법을 찾게 하는 것이다.

집단행동에 가장 숙달된 새 중 하나는 찌르레기이다. 거대한 집단을 이루어 움직이는 그들의 곡예는 일종의 공중 발레처럼 우아하다. 겨울 동안 영국에서는 저녁만 되면 수천 마리의 찌르레기가 먹이사냥을 마치고 오트무어로 돌아온다. 오트무어는 영국 남동부에 자리잡은 400에이커 넓이의 습지초원이다. 작은 무리는 머머레이션 murmuration이라고 부르는 더 큰 무리와 하나로 합쳐진다. 그때 그들은 자연에서 가장 우아한 배열의 하나를 이루며 소용돌이치듯 회전한다.[5]

청어 같은 거대한 물고기 떼도 비슷한 집단행동을 보여준다. 특히 포식자에게 쫓길 때면 숨 막히는 통일성을 이루며 휘감아돈다.

생명체들이 집단행동을 보일 때는 생각 없이 맹목적으로 움직이는 것일까? 아니면 더 큰 무엇이 개입하는 것일까?

코끼리 한 마리가 죽으면, 종종 그 무리가 죽은 코끼리 주변에 모여들어 며칠간 머물면서 마치 정말로 슬픔과 애도를 경험하듯이 행동한다. 코끼리들은 이동하기 전에 죽은 코끼리를 땅에 묻고 나중에 다시 그 자리를 찾아와서 뼈들을 사랑스럽게 어루만진다고 알려졌다. 데이비드 앨더턴은《동물의 비탄: 동물은 어떻게 애도하는가Animal Grief: How Animals Mourn》에서, 동물행동학자들이 볼 때 진짜 애도하는 것으로 보이는 행동은 개와 말과 고릴라들 속에서 관찰됐다고 밝히고 있다.

어느 '까치 장례식'의 보고를 들여다보자. 길에서 차에 치어 죽은 까치 한 마리가 있었는데, 약 40마리의 까치 떼가 주변에 모여들었다고 한다. 새를 치어 죽인 자동차가 그곳으로 돌아왔을 때, 까치들이 떼 지어 달려들어 그 차를 거의 길 밖으로 내몰았다.[6]

　유사한 예로, 한 남자가 달걀을 훔쳐가던 까마귀 한 마리를 총으로 쏘았다. 며칠 지나지 않아 남자의 집은 30여 마리의 까마귀로 포위됐는데, 새들은 며칠 동안이나 둘레를 돌며 그 집을 에워쌌다. 그 뒤로 남자는 까마귀 사냥을 영영 포기해버렸다.[7]

집단지성

동물, 새, 물고기 집단은 어떻게 단 하나의 존재인 것처럼 조화로운 방식으로 일치된 행동을 할 수 있을까? 가장 잘 알려진 설명은, 1980년대 인공지능과 로봇공학 연구자들이 소개한 '집단지성' 혹은 '집단이론'이다. 이 개념에 따르면, 집단 안에서 한 개체단위는 서로 간에 그리고 주변 환경과 국소적으로 상호작용한다. 개체가 어떻게 행동해야 하는지를 지시하는 중앙통제가 없더라도, 개체 간의 국소적이고 때로는 무작위적인 상호작용이 어떻게든 일어나고 또 지성적인 집단행동으로 이어져 나타난다는 것이다. 다른 말로 바꾸자면, 개체는 특별히 영리하지 않지만, 집단은 그렇다고 할 수 있다. 집단이론은 네발짐승과 새, 그리고 물고기가 떼를 짓는 것, 개미가 군락을 이루는 것, 벌집과 박테리아의 성장과 같은 자연현상에 적용되어왔다.[8] 집단이론은 실제로 생활에도 응용되었다. 항공기 운항에 가장 좋은 발권 및 탑승 방식, 항공편을 공항게이트에 할당하고 화물트럭을 배치하는 가장 효과적인 방법을 결정하는 데 이 이론이 사용되었다. 또 과학자들은 곤충군집의 행동을 모방한 단순한 규칙을 이용하여, 로봇집단 혹은 '군집'을 위한 소프트웨어를 개발해왔다. 이런 소프트웨어의 목표는 응급처치 요원이 위험에 처할 수 있는 구조작업과 위험한 임무를 로봇에게 수행하게 하는 것이다. 과학자들은 언젠가 로봇군집이 화성 표면을 탐사할 날이 올 것으로 예견하고 있다.[9]

네발짐승, 새, 물고기 또는 곤충들이 군집을 이룰 때, 그들은 어떻게 하는 것일까? 만일 청어 떼 가운데 어떤 개체도 전체 그림을 갖고 있지 않다면, 어떻게 눈 깜짝할 사이에 한 개체인 것처럼 방향을 바꿀 수 있을까? 집단이론 연구가들은 어느 개체도 책임지지 않는 게 열쇠라고 말한다. 명령을 내리는 '대장'은 없다. 만약 대장이 있다면, 군집 전체에 명령을 퍼뜨리는 데 시간이 걸릴 것이다. 대장으로부터 내려오는 명령 대신, 비교적 단순한 규칙들이 복잡한 행동을 관장하는 것이다.

1986년 컴퓨터 그래픽 연구가인 크레이그 레이놀즈가 그 스스로 "보이드boids"로 부른 단순한 프로그램을 만들어 이들 규칙을 탐사했다. 그의 시뮬레이션에서 일반적인 새와 같은 물체, 즉 보이드는 각자 다음 세 가지 지시를 받는다. (1) 보이드들 가까이 몰려들지 말 것, (2) 근처 보이드들의 평균적인 방향으로 날 것, (3) 근처 보이드들과 가까운 거리를 유지할 것. 그가 컴퓨터 스크린에서 프로그램을 작동하자 놀랍게도 살아 있는 듯한, 예측할 수 없는 군집의 움직임이 나타났다.[10]

하지만 생명체는 왜 이런 규칙을 따르는 것일까? 그리고 애초에 왜 거대한 군집을 이루는 것일까? 생물학이 건네주는 표준적인 대답은, 그렇게 하면 생존에 유리하다는 것이다. 동물들이 군락을 이루면 포식자를 식별할 눈을 많이 얻게 된다. 공격받을 때는 조직화된 집단행동으로 포식자를 교란할 수 있다. 개체로서는 짝을 찾고, 먹이를 발견하고, 이동방향을 따라잡는 데 유리하다. 집단구성원으로서 개체는 혼자 고립해 있을 때보다 살아남아서 번식할 가능성이 더 크다.

아, 모든 것이 그렇게 단순하면 좋으련만. 이 문제는 집단지성을 연구하는 과학자들 사이에서도 여전히 간단하지 않다. 이 현상은 "그것을 가장 잘 아는 생물학자들에게도 기적처럼 보인다"고 〈내셔널 지오그래픽〉의 필자 피터 밀러는 말한다. 오랫동안 야생의 자연에 살면서 생명체들을 가까이 관찰하는 생물학자들은 집단이론의 깔끔한 공식들이 종종 무언가를 놓치고 있다며 의심한다.

2003년에 야생생물학자 카스텐 호이어Karsten Heuer와 그의 부인 린 앨리슨은 5개월간 12만 3,000마리의 포큐파인 카리부(순록의 한 종류 – 옮긴이) 떼를 따라 1,000마일 이상을 추적했다. 순록 떼는 캐나다 북부 유콘 지방의 겨울 서식지에서 알래스카 국립야생보호지대의 분만구역으로 이동 중이었다.[11] "말로 표현하기 어렵지만, 순록 떼가 이동 중일 때는 마치 구름 그림자가 들판을 따라 지나가는 것 같지요. 아니면 수많은 도미노가 한꺼번에 동시에 넘어지면서 방향을 바꾸는 것과도 같아요." 호이어가 말했다. 하나의 도미노가 바로 옆의 도미노를 치면 줄을 이어 도미노들이 차례로 넘어진다. 고전적인 원인과 결과의 법칙인가? 꼭 그런 것만은 아니다. 호이어는 이렇게 말한다. "모든 개체는 이웃하는 옆 동물이 무엇을 할지 아는 것처럼 보였다. 그리고 그 이웃은 도미노처럼 그 옆으로, 또 그 옆으로 이어졌다. 예감이나 반응은 없었다. 원인도 결과도 없다. 그냥 그랬을 뿐이다."[12]

이런 이야기는 생물학자들을 미치게 한다. 고전생물학에는 원인과 결과를 우회하는 '그냥 알기'가 설 자리가 없다. 생물학자가 '그냥 알기'에 가장 근접한 것은 본능의 개념이다. 본능은 특별한 행동으로 향하는, 생명체에 내재하는 경향이다. 이들 고정된 행동패턴은 배워서 아는 게 아니라 타고난 것이다. 이론가들 대다수는, 본능적 행동을 이끄는 정보가 개체의 신경계에 하드웨어로 내장되어 있고, 부모의 DNA에 저장되어 있어서 자손에게 전해진다고 믿는다. DNA가 원인이며 본능의 행동은 그 결과인 것이다.

호이어와 앨리슨 같은 동물행동학자들이 관찰한 '비인과적' 현상처럼, 트집잡을 수 있는 작은 예외들을 조사하기 전까지는 집단지성과 본능이 유의미하다. 나는 감각정보에 의존하지 않는 원시-한마음인 집합적 지성의 가능성을 제안한다. 그것은 아마도 네발짐승 무리와 새들의 군락, 그리고 물고기 떼 속에서 작용할 것이다.

집단마음?

우리가 보아왔듯 생물학자들은 집단행동을 감각정보로 설명하려고 애썼다. 하나의 개체가 바로 옆의 개체로부터 감각정보를 얻어낸 뒤, 이 과정이 집단 전체로 뻗어나간다는 식이다. 이런 설명은 어떤 종류의 집단지성도 필요하지 않게 만들어버린다. 또는 집단지성의 불필요성을 말하는 사람도 있다. 하지만 레이놀즈의 보이드들처럼 컴퓨터로 처리되는 모델들에는 문제가 있다. 영국 생물학자 루퍼트 셸드레이크는, 평면 컴퓨터 스크린 위에서 벌어지는 일은 3차원의 진짜 새 떼 행동과는 거의 관련이 없다고 말한다. 셸드레이크의 말에 따르면, 2차원 모델들은 "생물학적으로 나이브"하다.[13] (순진하고 생각이 얕다 - 옮긴이)

1984년 유타대학의 생물학자 웨인 포츠는 워싱턴주 북서부에 있는 퓨젓사운드만灣에서 큰 민물도요 떼가 선회하는 움직임을 필름에 담았다.[14] 초고속 카메라의 재생속도를 늦추자 이웃 개체 사이의 행동변화가 1,000분의 15초 이내에 일어날 수 있음을 발견하였다. 이런 변화들은 한 마리 새에서, 또는 무리 안의 작은 집단 어디에서든지 시작될 수 있고, 거의 동시적인 파동으로 전체에 퍼져나간다. 다음으로 포츠는 실험실에서 민물도요가 얼마나 빨리 자극에 반응하는지를 실험했다. 그 결과 민물도요가 빛의 번쩍임에 놀라 반응을 시작하는 데에는 평균 1,000분의 38초가 걸린다는 것을 알아냈다. 이것은 새들이 비행방향을 바꾸기 위해 이웃들에게서 오는 시각적인 신호에 의존할 수 없음을 의미했다. 방향변화는 실험실에서 입증된 반응시간보다 훨씬 빠르기 때문이다. 그런데도 포츠는 개체들이 실제로 시각적으로 반응한다고 결론지었다. 이때 이웃들에게 반응하는 것이 아니라, 군락 전체를 하나로 통과하는, 그가 "작전파동maneuver wave"이라고 부른 것에 반응한다고 했다. 포츠는 이렇게 설명한다. "이렇게 빠른 전달은, 사람들이 합창할 때 일어나는 것과 아주 유사한 방식으로 얻어지는 것 같다. 개체는 작전파동이 다가오는 것을 관찰하여 그 파동의 도착과 함께 자신의 실행이 동시에 일어나도록 타이밍을 맞춘다."

그러나 셸드레이크는 그게 아닌 것 같다고 말한다. 합창단원은 앞이나 옆은 볼 수 있지만, 뒤에서 일어나는 일은 보지 못한다. 합창단 모델을 군락에 적용하려면, 새에게는 거의 지속적인 360도의 시야가 필요하다. 하지만 새들은 그런 것을 갖고 있지 않다. 그들이 어떻게 뒤에서 다가오는 파동에 거의 즉각적으로 반응할 수 있겠는가? 그러려면 머리 뒤에 눈이 달려 있어야 한다. 올빼미처럼 눈이 앞에 달려 있든, 기러기, 오리, 도요새, 찌르레기처럼 눈이 옆에 달려 있든 360도 시야를 가진 새는 하나도 없다고 셸드레이크는 말한다.

다른 어떤 일이 일어나고 있는 것일까? 셸드레이크의 말에 따르면, "수십 년간 많은 자연연구가들은 조류군락의 방향전환이 그토록 빨리 일어나는 것이 '집단사고'나 텔레파시 때문인 것 같다고 추측해왔다." 셸드레이크는 이렇게 썼다. "내 가정은, 새 떼가 집단필드, 형태발생장을 통해서 원격감응방식으로 조직돼 있다는 것이다."[15] 그는 획기적인 책들인 《생명의 신과학A New Science of Life》《과거의 현존 The Presence of the Past》《응시받는 느낌 The Sense of Being Stared at》 등에서 형태발생장의 성질을 논의한다. 형태발생장은 행동과 사고를 형성하는 영향력의 확장된 필드라고 그는 가정한다. 그것은 비국소적으로 작동하고 시간과 공간에 구애받지 않는다. 형태장은 오랜 진화와 자연의 선택과정에서 형성되었다. 형태장은 새 떼나 다른 생명체의 집단행동에서 시각이나 다른 감각들의 중요성을 배제하지 않는다. 다만, 시각 하나만으로 또는 다른 어떤 신체감각만으로는 집단적 움직임의 일치를 설명할 수 없다는 것이다.

멀리서 보면 마치 하나의 유기체처럼 보이는 물고기 떼의 일치된 움직임을 설명하기 위해, 보이드 같은 2차원적인 컴퓨터 모델들이 개발되었다. 물고기들이 보여주는 가장 멋지고 장엄한 광경은 이른바 '순간확산'이다. 물고기 떼가 포식자의 공격을 받으면 각각의 물고기는 중심에서 바깥쪽으로 쏜살같이 달아나서, 물고기 떼는 마치 폭발하는 것처럼 보인다. 그러한 전체의 확산이 천분의 20초 안에 일어날 수 있다고 셸드레이크는 기록하고 있다. 이 현상 역시 단순한 감각만으로는 설명할 수 없다. 신경의 자극이 물고기의 눈에서 뇌로, 그다음에 근육으로 이동한다고 보기에는 너무나 빠르게 현상이 일어나기 때문이다.

또 물고기는 밤에 무리를 짓기 때문에 시각이 중요할 수가 없다. 실험실에서 흐린 콘택트렌즈를 착용시켜 일시적으로 눈을 멀게 했을 때도 물고기들은 여전히 무리에 합류하여 자기 위치를 유지할 수 있다. 컴퓨터 모델들은 물의 압력변화도 이용해왔다. 물고기 몸을 따라 쭉 나 있는 옆줄은 압력에 민감한 기관으로, 물의 압력변화를 감지한다. 아가미 있는 곳까지 옆줄이 절단되더라도 물고기는 정상적으로 무리 짓기를 계속한다.

셸드레이크는 새와 물고기뿐만 아니라 흰개미, 말벌, 꿀벌 같은 사회적 곤충들의 조직화한 행동을 설명하기 위해서, 필드와 같은 감각 외적인 집단지성이 필요함을 보여주는 증거를 찾는다. 그것은 위험에서 달아나는 소 떼, 사냥에 나선 늑대 무리, 그리고 인간 군중, 축구팀, 혹은 가족집단 등의 집단행동 역시 설명해줄 것이다. 형태장은 집단 구성원들이 보통의 감각을 넘어서 의사소통하는 방법으로, 오랜 시대를 거쳐 진화해왔다고 그는 생각한다.

"우리가 텔레파시의 진화론적인 근거를 찾을 수 있는 곳은 사회집단의 형태장"이라고 셸드레이크는 기술한다. 텔레파시란 말이 완고한 유물론자들의 조롱과 비웃음을 사겠지만, 셸드레이크의 관점에서 볼 때 거기에 도깨비처럼 이상한 것은 아무것도 없다. 정말로 그것은 당연하다. 비감각적 의사소통은 먹고 먹히는 야생의 자연 속에서 어떤 생명체라도 개발할 수 있는 능력이다. 단순하게 말하면 그것은 생존에 필요한 것이다. 그것이 생존을 돕고, 그 결과 번식을 도와주게 되므로 생물의 유전적 구조 속에 받아들여졌고, 시간이 지나면서 종 전체에 걸쳐 작용하게 되었을 것이다. 그런 능력은 거의 확실히 무의식 수준에서 진화해왔다. 의식적인 분석과 결정은 시간이 걸리는데, 그렇게 되면 포식동물을 피하지 못하기 때문이다. 이렇게 볼 때, 텔레파시 또는 비국소적 자각은 거의 모든 인간의 무의식 속에 어느 정도 존재한다고 말할 수 있다. 회의론자들의 내면에도 말이다.

셸드레이크의 형태장은 한마음에 구조와 특이성을 부여해준다. 형태장은 특정한 생명체의 필요에 맞추려는 진화적 압박을 통해 진화해왔으므로 종에 따라 특별할 수 있다. 그래서 찌르레기 떼의 형태장은 물고기 떼의 형태장과 다르다. 흰개미와 같은 사회적 곤충들은 그들 자신만의 필드를 가진다. 그들은 대단히 복잡한 통로와 방과 환기시설을 갖춘 10피트 높이의 정교한 서식처를 건설할 줄 안다. 어느 흰개미든 단 한 마리도 구조물 전체의 설계계획은 파악하지 못하겠지만, 전체로서의 군집은 알고 있다. 말벌이나 꿀벌 떼도 역시 복잡한 구조물을 짓지만, 그 방법은 다르다. 아마도 일반화된 '곤충' 형태장의 안내뿐만 아니라 좀 더 특별한 '말벌' 혹은 '꿀벌' 형태장의 안내를 받는 것 같다.

그러나 한마음은 종에 따라 전적으로 특별하지는 않다. 말하자면 한마음 정보는 '종을 뛰어넘을' 수 있다. 겹치기가 흔히 일어난다. 그래서 부모와 자식 간, 쌍둥이, 연인, 치료사와 환자 사이에서만 사고와 의도의 비국소적 교환이 일어나는 게 아니라 다른 종들 사이에서도 그것이 광범위하게 발견된다. 예를 들어 잃어버린 동물들이 아주 먼 낯선 곳에서 믿기지 않을 정도로 어려운 장애물을 가로질러 주인을 찾아오는 것. 그것은 감각의 단서나 기억으로는 설명되지 않는다.

감정이입, 동정심, 돌봄 그리고 사랑은, 인간에게 원거리 의사소통의 윤활유가 될 때가 많다. 아마 다른 동물에게도 마찬가지일 것이다. 셸드레이크는 말한다. "텔레파시는 제7감의 특성이다. 이것은 집단구성원이 다른 개체들의 움직임과 활동에 응답하고 그들의 감정과 필요와 의도에 응답할 수 있게 해준다. 텔레파시로 전달되는 느낌에는 두려움, 경고, 흥분, 도움 요청, 특정한 장소에 가기 위한 부름, 도착이나 출발의 예감, 고통과 죽어감 등이 포함된다."16

다른 종 간 원거리 의사소통의 예를 들 때 셸드레이크는 동물애호가로 유명한 엘리자베스 여왕을 거론한다. 그녀가 가장 좋아하는 취미의 하나는 노픽 카운티의 저택, 샌드링엄 하우스에서 사냥개를 훈련하는 것이다. 샌드링엄의 관리인들은 여왕이 도착한다는 통보를 따로 받을 필요가 없다고 말한다. 개들이 알려주기 때문이다. "여왕님이 정문에 도착하는 순간, 개집에 있는 개들이 모두 짖기 시작하죠. 정문이 800m나 떨어져 있는데 말입니다." 수석 사냥터지기 빌 멜드럼이 말했다. "개들이 어떻게 알아내는지 우리는 몰라요. 다른 사람이 올

때는 안 그러거든요."[17]

이는 동물과 인간 사이의 제7감 연결 속으로 곧장 탐험해 들어가도록 우리를 안내한다.

07

동물과 인간의 한마음

◇◇◇◇◇◇◇◇◇◇◇◇◇◇◇◇◇

인간과 동물의 마음은 한마음 안에서 하나가 될 수 있을까?

남아프리카의 생물학자요, 동물행동학자이자 모험가인 라이얼 왓슨은 몇 년 동안 훌륭한 저작으로 내게 자양분을 공급해준 학자이다. 그는 이렇게 썼다.

종의 경계를 넘어가는, 그리고 서로 근본적으로 다른 유기체들이 서로의 생각을 빌려오도록 허용하는 패턴이나 지식의 흐름이 있으리라 생각한다. (…) 생물학자로서 나는, 특히 어떤 자연의 순환주기에 깊이 잠길 때면, 시간이란 없고 공간의 한계도 없으며 내 정체성의 제한에서 자유로운 의식을 종종 자각한다. 이런 상태에서 나는 사물을 아주 명료하게 지각하고, 거의 삼투압으로 흡수하는 것처럼 정보를 얻을 수 있다. 이런 순간에 나는 뭔가 훨씬 더 거대한 것, 마음의 전체 생태계의 일부가 될 때 곧바로 찾아오는 지식과 함께 있다. 그 경험은 문자 그대로 경이롭다.[1]

왓슨이 옳다는 주목할 만한 증거가 있다. 의식에 관해서는 종 사이의 경계가 중요하지 않다는 것이다.

양치기 개 보비

1920년대 보비라는 이름의 두살배기 개가 전국적인 감동을 불러일으켰다. 보비는 영국 원산의 양치기 개인 콜리였다. 보비의 주인은 오리건주 실버턴에서 레스토랑을 운영하던 프랭크 브레이저 부부로, 보비가 길을 잃었을 때 그들은 인디애나에서 휴가를 즐기고 있었다. 개를 찾으려는 분투에도 불구하고 브레이저 부부는 끝내 절망하고 말았다. 상심한 부부는 보비를 다시 만나리라는 기대를 접고 서쪽으로 다시 여행을 시작했다. 그런데 6개월 후 오리건에 있는 부부의 레스토랑에 보비가 야윈 모습으로 나타났다. 보비는 레스토랑 2층의 주거공간으로 올라가 침대로 뛰어오르더니 프랭크 브레이저의 얼굴을 핥으며 잠을 깨웠다.

믿기지 않는 일이었다. 〈실버턴 어필〉 신문이 이 이야기를 싣자 전국 신문들이 앞다투어 소식을 전하면서 이야기가 빠르게 퍼져나갔다. 오리건 휴먼소사이어티는 브레이저 부부의 주장을 조사하기 시작했다. 그들은 사람들을 인터뷰하면서 보비의 귀향길을 재구성했다. 그 길은 대략 2,800마일로 추정되었고, 여정의 대부분은 추위가 극심하던 겨울에 이루어졌다. 보비는 주인이 오리건으로 돌아온 길을 뒤따르지 않고, 한 번도 본 적 없고 하나도 친숙하지 않은 곳을 지나 멀리 돌아오는 길을 택하여 여행했다. 개가 했으리라고는 상상할 수 없는 일이었다. 주인 부부는 독특한 무늬와 상처들을 보고 그 개가 보비가 맞는지 확인할 수 있었다.

보비는 유명인사가 됐다. 메달과 금으로 된 목줄과 영국, 프랑스, 오스트레일리아, 미국 등 각지에서 선물을 받았다. 보비에게 브리티시 컬럼비아아주의 밴쿠버시에 들어갈 수 있는 출입증이 교부되었고, 포틀랜드 부동산중개인협회는 설비가 완벽하게 갖춰진 미니어처 방갈로를 보비의 집으로 쓰도록 선물했다. 작가 찰스 알렉산더는 《위대한 양치기 개, 보비Bobbie: A Great Collie》라는 책을 써서 도드미드앤드컴퍼니Dodd, Mead, and Company 출판사에서 1926년 출간했다.[2] 보비는 〈서부에서 부르는 소리The Call of the West〉라는 무성영화에도 출연했는데, 오리건 역사박물관의 자료보관실에 그 필름이 남아 있다. 1927년 보비가 죽었을 때 오리건 동물애호가협회에서는 장례를 치러주었고, 포틀랜드 시장이 추도연설을 했다. 일주일 후에는 23편의 할리우드 영화에 출연한 독일 셰퍼드 린틴틴이 보비의 무덤에 화환을 바쳤다. 개에게서 개에게로 전해진 화환이었다.[3]

나는 몇 년에 걸쳐 많은 청중과 함께 비국소적 원격지식을 논의할 기회가 있었는데, 그때 종종 집으로 돌아오는 동물들을 예로 들었다. 보비와 그와 유사한 사례를 통해 비평가들로부터 가장 자주 듣게 되는 설명은 고도로 발달한 후각임을 나는 알게 됐다.

어느 날 워싱턴 D.C.의 스미스소니언협회에서 강의하던 때였다. 청중 가운데 한 남성이 토를 달면서 내 말을 가로막았다. "페로몬이에요!" 확신에 찬 목소리였다. "개가 주인에게서 나오는 페로몬을 감지한 거죠. 바람은 서부에서 동부로 더 우세하게 붑니다. 그 개는 그저 페로몬이라는 화학적 신호를 따라 오리건까지 쭉 갔던 겁니다." 페로몬은 포유류와 곤충들이 만들어내는 화학물질이다. 미세한 농도로 주변 환경에 분비되어 동종의 구성원 사이에 성적인 끌림을 유발하는 역할을 한다.

"거의 3,000마일이나 되는데요?" 내가 물었다. "게다가 다른 종 사이에서 말입니까? 3,000마일이면 페로몬이 거의 다 희석됐을 텐데요. 그렇게 생각하지 않으세요?" 청중 중에 또 한 남자가 이번에는 다른 설명을 들고 일어나 맞장구쳤다. "순전히 우연한 일입니다." 그는 반어법의 기미가 전혀 없이 말했다. "그 개는 뜻밖의 행운으로 오리건에 있는 집을 찾았던 거죠." 내가 말했다. "인디애나에서 서부로 가면 집이 아주 많아요. 우연히 집을 찾을 확률은 대단히 낮습니다." 두 남자 모두 자기 생각을 너무 확신한 나머지 내 말에 꼼짝도 하지 않았다. 나는 마음과 마음 사이의 의사소통보다는, 아무리 타당성이 없고 통계적으로 가능성이 없어 보이더라도 어떤 것이든 설명을 더 좋아하는 사람들이 많다는 사실을 다시 한 번 상기하게 됐다.

보비는 어떻게 2,800마일이나 떨어진 전혀 모르는 지역을 가로질러 집으로 돌아오는 길을 찾아냈을까? 한마음으로 가정하면, 동물의 마음과 주인의 마음은 더 큰 마음의 일부이므로 그들 사이에 정보공유가 가능했으리라고 생각할 수 있다. 보비의 주인이 그 길을 알았다면, 그 지식은 보비에게도 알려질 수 있다는 말이다. 하나에서 다른하나로 소통하는 분리된 두 마음이 아니라 본질적으로 하나의 단일한 마음이었다. 이런 지식공유는 사람들 사이든 아니면 동물과 사람사이든, 거의 항상 사랑과 돌봄, 연민과 연관된다. 이 과정은 항공기가무선통신 신호를 따라 멀리 있는 공항을 찾아가는 것과 아주 비슷한방식으로 보비가 '집'으로 올 수 있게 해주었다. 차이가 있다면, 보비에게는 전기 신호가 없었고, 항공기와 공항은 감정을 중개할 필요가없다는 점이다.

보비의 사례는 독특하지 않다. 시간과 공간을 넘나들며 작용하는 인간-동물 사이의 연결성이 존재한다는 것을 보여주는 예는 수없이 많다. 그런 연결은 사람들이 끊으려 해도 잘 끊어지지 않는다. 보도에 따르면, 독일의 고양이 미노슈는 휴가를 보내던 가족과 떨어진 뒤 61일동안 1,500마일을 여행해서 집으로 돌아왔다.[4] 이와 유사한 사례들이계속해서 수없이 보도되고 있다. 물론 그중 몇몇은 비슷하게 생긴 동물로 판명 나 고려할 가치가 없겠지만, 모두 그런 것은 아니다. 돌아오는 동물들이 목줄이나 이름표를 달고 있거나 특별한 흔적으로 확인되는 사례가 흔하다.

특히 집으로 돌아오는 동물들이 멀리 떨어진 사람의 신체적·감정적 필요에 응답하는 것처럼 보이는 사례들이 흥미롭다. 제1차 세계대전에 참전했던 아일랜드 병사 이야기가 좋은 예다. 그는 아내와 작은 개 프린스와 함께 1914년 런던의 해머스미스에 삶의 터전을 마련했다. 그 후 남편은 전쟁터에 투입된 최초의 부대와 함께 프랑스로 파병됐다. 그는 얼마간의 복무를 마치고 휴가를 얻어서 가족을 방문할 수 있었다. 그런데 그의 휴가 기간이 끝나자 프린스는 수심에 잠겨 모든 음식물을 거부했다. 그러고는 어느 날 사라져버렸다. 병사의 아내는 열흘 동안 필사적으로 개를 찾아 나섰으나 소용없었다. 결국 아내는 남편에게 편지를 써서 그 소식을 알려야겠다고 결심했다.

그런데 그녀는 깜짝 놀랄 소식을 듣게 되었다. 개가 빗발치는 포탄을 헤치고 아르망티에르(프랑스 최북단 국경 가까이에 있는 도시로 제1차 세계대전의 격전지-옮긴이)에 있는 남편의 참호 속으로 찾아왔다는 소식이었다. 프린스는 런던의 거리와 영국 시골길 70마일을 통과하고, 차를 얻어 타 영국해협을 가로질렀고, 프랑스 땅 60마일을 여행한 다음, 50만 영국군 가운데 자기 주인의 냄새를 찾아냈다. 그것도 마지막 1마일 정도는 폭발하는 수많은 포탄의 지독한 냄새를 무릅써야 했으며, 그중 많은 포탄은 최루가스로 채워져 있었다.[5]

우연의 일치를 넘어서

보비와 같은 사례에 관한 고전적인 연구로는 듀크대학의 J. B. 라인 박사와 샐리 라인 페더 박사의 연구가 있다.[6] 그들은 원격의 비국소적인 앎을 암시하는 동물행동을 다섯 가지 범주로 기술했다.

1. 자신과 자기 주인에게 임박한 위험에 대한 반응

2. 멀리 있는 주인의 죽음에 대한 반응

3. 주인이 돌아오는 것을 예감하는 것

4. 집으로 돌아오기

5. 추적하기(익숙하지 않은 지역, 때론 전혀 모르는 장소에서 주인을 찾아내기)

이들 범주 중에서 가장 놀라운 것은 아마도 추적하기일 것이다. 추적하기가 일어났음을 증명하기 위해 네 가지 주요범주가 쓰인다.

1. 목격자들의 신뢰성

2. 기형, 상처나 이름표 등을 통한 동물의 신원 확인

3. 사례의 세부내용이 얼마나 설득력 있고 일관성 있는가

4. 뒷받침하는 증거(예: 또 다른 목격자들)

라인과 페더는 이들 범주에 해당하는 54건의 개, 고양이, 새 사례를 발견했다.

어떤 동물들이 해낸 일은 너무도 놀라워서, 뇌 너머의 의식을 의심하는 사람들이 쉽게 무시해버릴 것이 분명했다. 1995년 6월 유럽에서 열린 비둘기 경주 동안에 일어난 일을 생각해보라. 영국 노섬벌랜드에 사는 데이비드 두걸의 암비둘기는 프랑스 보브와에서 집으로 날아오리라고 생각되었지만, 그 대신 남서쪽으로 날아가 북아프리카 해안에 도착했다. 두걸의 암비둘기는 거기서 에솔리 모하메드가 소유한 모로코의 비둘기집에 정착했다. 10월에는 그 비둘기의 조카뻘인 비둘기가 두걸의 집에서 1,600마일을 날아가 그의 이모와 합류했다.

"에솔리에게서 또 한 통의 편지를 받았을 때, 그 사실을 믿을 수가 없었어요." 두걸이 말했다. "첫째 비둘기가 돌아오지 않았을 때 우리는 그다지 놀라지 않았어요. 그때 날씨가 아주 나빴기 때문에 새의 귀소 본능에 영향을 줄 수 있거든요. 하지만 조카 새의 경우는 설명할 방법이 없어요. 그 아이는 태어난 지 겨우 몇 주밖에 안 돼서 그때 막 날기 시작했거든요." 두걸은 작은 새가 전 세계 모든 비둘기집 중에서 유일하게 이모가 정착한 집을 찾아냈다는 사실에 너무 놀랐고, 두 마리 새를 모두 모로코에 머물게 하였다.[7]

전설적인 인물, J. B. 라인은 이런 경우 인간이 지금까지 보여준 것보다 훨씬 더 큰 초능력이 필요하다고 했다.[8] 그것은 또 회의론자들을 '우연의 일치'라는 해명으로 달려가게 하는 사례이다. 물에 빠진 사람은 지푸라기라도 잡으려고 아주 절박한 심정이 되기 때문이다.

귀가하는 주인

때로 집으로 돌아오는 사람이 동물이 아니고 주인인 때도 그렇다. 셸드레이크는 주인이 집에 돌아올 때 반려동물이 아는 것처럼 보인다고 강하게 주장한다. 그는 동물의 주인들이 믿는 것에 증거를 제공하기 위해 5년간 세심하게 실험했다. 그 믿음은, 시간과 공간 모두 멀리 떨어져 있는 인간-동물 사이에 작용하는 결속이 있다는 것이다. 주인이 돌아오는 시간을 다양하게 바꾸고 택시를 타는 등 귀가수단을 여러 가지로 바꾸며 속이려 애썼지만, 개는 여전히 알아차리고 주인이 나타나기 몇 분 전에 문이나 창문 앞에 서서 기다리고 있었다.

이런 현상은 집에 주인이 돌아오는 시간을 아는 사람이 아무도 없을 때도 일어났다. 셸드레이크가 발견한 것은 그의 도발적인 책《주인이 돌아올 때를 아는 개들: 그리고 설명할 수 없는 동물들의 다른 힘 Dogs That Know When Their Owners Are Coming Home: And Other Unexplained Powers of Animals》의 주제가 되었다.[9]

개들은 또한 주인이 돌아오지 않을 때도 그것을 알아차린다. 조엘 마틴과 윌리엄 J. 번스Birnes가 그들의 책《대통령들의 유령The Haunting of the Presidents》에서 기술한 바에 따르면, 1865년 4월 14일 저녁 링컨 대통령이 워싱턴 D.C.에 있는 포드 극장에서 암살당하기 직전, 링컨의 개가 "포드 극장의 막이 올라감과 거의 동시에 정신없이 날뛰었다. (…) 보통 때는 조용하고 온순하던 개가 생명에 위협을 느껴 두려움에 사로잡힌 것처럼 갑자기 미친 듯이 짖어대기 시작했다. 그러고는 주인인 대통령을 찾아 관저 주변을 돌며 광란의 질주를 시작"했다. 개의 흥분은 가라앉지 않았다. 백악관 직원 중 그 개를 진정시킬 사람은 아무도 없었다. 개는 계속해서 복도를 따라 달리다가 마침내 멈추어 서서 고개를 뒤로 젖히고 울부짖기 시작했다. 뭔가 끔찍한 일이 일어났고 대통령이 위험에 처했다는 생각이 모두의 마음에 일어났다.

생태학적 타당성

실험실에서 동물들을 연구할 때가 많다. 하지만 그곳은 자연의 서식지가 아니다. 그러므로 실험실이, 동물들 속에 한마음이 현현하는 것을 방해하거나 소멸시킬 수 있다는 사실은 놀랍지 않다. 동물의 초능력에 관해 폭넓은 저술활동을 해온 캘리포니아 훔볼트주립대학의 철학 및 여성학 교수 수전 J. 암스트롱은 "사실 초능력은 지나치게 통제되고 분석적인 불모의 환경에서는 억제될 수 있다"고 말했다.[10] **생태학적 타당성**이라는 용어는 암스트롱의 시사점을 표현하기 위해 자주 쓰이는 말이다. 조사되는 대상이 실제 자연에서 일어나는 모습 그대로, 왜곡되지 않는 방식으로 연구가 수행돼야 한다는 의미이다.

암스트롱은 공식적인 실험뿐 아니라 단순한 관찰과 사례보고들의 가치 또한 신뢰한다. 그녀는 "실험과 비실험의 증거가 서로 도와줄 수 있다"고 말했다. "사례보고들이 이토록 풍부하다는 사실이 대단히 놀랍다. 사례들이 이렇게 많으면 개별적인 보고들의 부족한 점을 보완할 수 있다."[11]

암스트롱은 인간과 다른 동물 종 사이의 감정연결이 먼 거리에서 작동할 수 있음을 보여주는 예를 기술했다. 1970년대 후반 그녀에게는 코커스패니얼 사냥개 한 마리와 잉꼬 두 마리가 있었다. 개가 잉꼬들을 해칠 거라는 아무런 증거가 없었으므로 그녀는 거실에서 자유롭게 날아다니게 새들을 풀어놓았다. 그러나 어느 날 오후, 정원을 가꾸려고 밖으로 나갔을 때, 말로는 표현할 수 없는 대단히 폭력적인 감각을 갑자기 느꼈다. 거실 안으로 달려가 보니 개가 잉꼬 한 마리를 잡아먹으려고 막 털을 뜯고 있던 참이었다.[12]

생각을 공유하기?

개와 고양이를 기르는 사람들은 흔히들 반려동물이 자신의 기분을 감지할 수 있다고 말한다. 더 나아가 많은 이는 동물들이 때때로 자신의 생각과 의도를 파악할 수 있다고 주장하기도 한다. 루퍼트 셸드레이크가 영국 북서부의 애완동물 주인들을 조사한 바에 따르면, 개 주인 53%와 고양이 주인 33%는 동물이 자신의 생각이나 말 없는 명령에 응답한다고 생각하며, 비슷한 비율의 사람들은 자신의 반려동물과 때때로 텔레파시가 통한다고 생각하고 있었다.[13] 네덜란드의 다큐멘터리 영화제작자 르네 스헬테마Renee Scheltema를 예로 들어보자. 그녀의 수상작 다큐멘터리 〈뭔지 모르는 일을 미지의 뭔가가 하고 있다Something Unknown Is Doing We Don't Know What〉에서 그녀는 자신의 고양이가 동물병원에 가기로 예약된 날이면 아침마다 어디론가 사라져 숨는다고 말했다. 하지만 그녀는 고양이에게 그런 행동을 유발하는 단서를 하나도 찾아내지 못했다.[14]

연구를 위한 암시

이러한 관찰은 중요한 의미가 있음을 암시한다. 동물에 관한 연구는 이 의미를 진지하게 고려해야 한다. 한마음 안에 인간과 그 밖의 다른 종들이 모두 포함된다면, 동물은 실험자의 기분을 감지하고 그에 따라 행동을 바꾸지 않을까? 주인이 언제 돌아오는지 아는 개들에 관한 셸드레이크의 실험은 적절한 예가 된다. 셸드레이크는 반려동물의 확장된 자각과 인간-동물 간 비국소적 원거리 의사소통 능력에 관한 견해에 마음이 열려 있다. 이 능력을 시험하기 위한 그의 주의 깊은 실험은 지속해서 긍정적 결과를 산출해내고 있다. 하지만 이들 발견을 특별히 파헤치는 데 열성인 회의론자 한 사람은 셸드레이크의 실험결과를 재현할 수 없다고 주장한다.[15] 그러나 한마음의 존재를 가정하면 이런 일을 이해할 수 있게 된다.

내가 만일 실험대상인 개라면 나도 그런 사람에게 협조하지 않을 것이다. "개가 당신 얼굴을 바라본 다음 당신에게 오지 않으려 한다면, 집에 가서 당신의 양심을 살펴봐야만 한다"는 우드로 윌슨 대통령의 말이 뜻하는 바가 바로 그것이다.[16]

생사가 달린 일

'사람이 개를 구하고' '개가 사람을 구한' 보고사례는 무수히 많다. 우리는 개들을 돌보고 개들은 은혜를 갚는다. 이들 중 많은 사례가 생사문제와 결부되어 중요하다. 개든 사람이든 구조하는 쪽이 늘 살아남는 것은 아니다. 앞에서 우리는 왜 어떤 사람이 극도의 위험에 처한 타인을 구하기 위해 자기 목숨을 거는지 의문을 던져보았다. 이미 살펴보았듯이, 신화학자 조지프 캠벨과 철학자 아르투르 쇼펜하우어는 위기의 순간 두 개인의 마음이 합쳐져 단일한 마음이 된다는 의견을 제시했다. 분리된 두 개체의 마음이 하나가 된다는 것이다. 의식의 관점에서 볼 때, 이는 구조자가 다른 개체를 구하는 것이 아니라 자기 자신을 구하는 것임을 시사한다. 동물이 인간을 구조하고, 인간이 동물을 구조하는 일이 흔하게 일어난다는 사실은 이와 동일한 과정이 작용하리라는 것을 보여준다. 한마음이 사람들만 하나로 이어주는 것이 아니라 사람들을 반려동물과도 연결해준다는 것이다.

때로 반려동물과 주인 마음 사이의 친밀한 연결은 말 그대로 정말 가깝고 밀접한 것 같다. 헨리 라이더 해거드 경의 경험을 예로 들 수 있다. 그는《솔로몬왕의 금광King Solomon's Mines》을 쓴 영국 소설가로, 그의 검은 리트리버 사냥개 봅과 관련된 경험을 했다.

1904년 7월 10일 자정이 조금 지났을 무렵, 잠자리에서 꿈을 꾸던 라이더 해거드는 곧 숨이 멎을 것만 같아서 안간힘을 쓰다가 비명을 질렀다. 아내가 깨우자 그는 흐느끼며 상처 입은 동물처럼 낑낑거리는 소리를 냈다. 그는 아내에게 그때의 감각이 어땠는지 말해주었는데, 우울함에서 시작하여 살려고 몸부림치는 느낌으로 발전했다고 했다. 꿈의 생생함은 점점 더 강렬해졌다. 사랑하는 사냥개 봅의 몸 안에 자신이 갇혀 있는 느낌이 들었다. "나는 우리 늙은 개 봅이 물가의 관목 덤불 사이에 옆으로 누운 것을 봤소." 그는 말했다. "나의 인격이 어떤 신비로운 방식으로 개의 몸에서 위로 일어나는 것 같았소. 그는 부자연스러운 각도로 머리를 들어올려 내 얼굴과 마주했다오. 봅은 내게 말하려고 애썼으나 소리로는 뜻을 전달하지 못해서 딱히 뭐라 정의할 수 없는 방식으로 자신이 죽어가고 있음을 내 마음에 전달했소."

라이더 해거드는 아내에게 집 가까이에 있는 습지에 대해 그림 그리듯 이야기했다. 나흘 후 그는 집에서 1마일쯤 떨어진 곳에서 봅의 사체를 발견했다. 봅은 웨이벌리 강에 떠 있었다. 봅은 두개골이 파열되고 앞다리가 부러지는 끔찍한 부상을 당했다. 수의사는 아마도 7월

9일 밤부터 3일 이상 물속에 있었을 것으로 추정했다. 두 명의 철도 노동자는 아마도 그 개가 기차에 치였을 거라고 말해주었다. 그들은 해거드가 꿈을 꿨던 그 시각에 기차가 다리 위에서 봅을 치었을 것으로 추정했다.[17]

그와 반대되는 사례, 즉 동물이 주인의 죽음을 애도하는 현상을 보여주는 방대한 문헌이 있다. 가장 유명한 사례 중 하나는 그레이프라이어스의 보비이다. 보비는 스카이 테리어종의 개로 영국에서 충성심의 상징이었다. 1858년 야경꾼 경찰이었던 개의 주인 존 그레이가 결핵으로 세상을 떠나, 에든버러 올드타운의 그레이프라이어스 커크야드에 묘비석도 없이 묻혔다. 보비는 그 후 14년간 주인의 무덤을 지켰다고 전해진다. 먹이를 먹을 때 말고는 한 번도 자리를 뜨지 않았다고 한다. 어떤 사람의 설명에 따르면, 묘지 경비원이 친구가 되어 보비에게 음식을 주었다 하고, 또 다른 사람들은 보비가 근처 식당에서 열렬한 애호가들에게 밥을 얻어먹었다고 전한다. 1872년 보비가 죽음을 맞이했을 때 묘지는 성지로 봉헌된 상태여서 그 안에 묻힐 수 없었다. 그 대신 보비는 그레이프라이어스 커크야드의 남문 안쪽에 묻히게 되었다. 그곳은 존 그레이의 무덤에서 멀지 않았다. 보비는 이후 유명해져, 보비가 죽은 다음 해인 1873년 앤절라 버넷 쿠츠 남작부인이 보비를 기념하여 에든버러의 조지 4세 브리지 남쪽 끝에 실물 크기의 동상과 분수대를 건립하게 했다. 본디 그 분수대는 사람이 물을 마실 수 있는 윗부분과 개를 위한 아랫부분으로 만들어져 있었다.

콜리 개 보비와 라이더 해거드의 봅, 그리고 그레이프라이어스의 보비, 이 세 마리의 개는 서로 다른 방식으로 인간 마음과 동물 마음이 한마음 안에서 하나로 합쳐질 수 있음을 잘 보여준다.

하나 됨은 각각 다른 모습으로 현현하고 있다. 콜리 보비의 경우, 먼 거리를 가로질러 집으로 돌아오는 길을 아는 주인의 지식이 동물과 공유되고 이해된 것처럼 보였다. 헨리 라이더 해거드는 봅이 부상으로 죽을 때 그의 리트리버 개로 존재한 듯 보였다. 그레이프라이어스의 보비는 죽은 주인과 떼려야 뗄 수 없는 연결로 하나가 되어, 14년간이나 주인의 무덤 곁에서 그의 죽음을 애도한 것처럼 보였다. "우리는 사랑하는 반려동물이 죽을 때 몹시 슬프다는 것을 압니다. 우리의 반려동물 또한 그들이 사랑하는 누군가가 죽으면 똑같은 느낌이 드는 모양입니다"라고 캐나다에서 개를 기르는 저널리스트 나오미 케인이 말했다. '개들과 그들의 캐나다인들'에게 헌정된 웹사이트 dogsincanada.com에 글을 올리면서 그녀는 계속 말했다. "인간과 동물 사이의 결속은 쌍방향이다. 우리의 개들은 우리가 애정이라고 해석하는 행동만 하는 게 아니다. 우리의 동물들은 우리의 사랑에 보답하고, 진실한 우정에서 오는 기쁨과 슬픔을 함께 나눈다."[18]

짐 해리슨이 받은 도움

널리 호평받는 작가이자 시인인 짐 해리슨은 개를 잘 다룬다. 일 때문에 뉴욕에 머무는 동안 그는 미시간에 있는 아내에게 전화를 걸었는데, 그녀의 기분이 좋지 않았다. 영국 종인 이웃의 새 사냥개들이 눈보라 속에서 사라져 온종일 보이지 않았기 때문이다. 해리슨은 그 개들을 '우아한 생명체'라고 부르며 함께 사냥해왔기에 특히나 더 걱정

됐다. 그들은 기온이 영하로 떨어지는 야외에서 밤을 보내는 일에 익숙하지 않았다. 그래서 주인인 해리슨의 친구 닉은 개들이 죽지나 않았을까 염려했다. 그날 밤 해리슨은 뉴욕에서 몹시 유별나게 생생한 꿈을 꾸었다. 꿈에서 그는 세 마리 개가 걸어간 길을 보았다. 개들은 한 친구의 무덤을 가로질러, 늪지와 얼어붙은 시냇물을 건너, 미시간 호수에 닿아 있는 울창한 숲속으로 나아갔다.

다음 날 아침 해리슨은 전날 밤 꾼 꿈을 별 의미 없는 것으로 생각하고 무시해버렸다. 개들이 어디로 사라졌는지 알고 싶어 하는 마음에 꾼 꿈으로 생각한 것이다. 그는 라구아디아 공항을 떠나 오후 중반쯤 집에 도착했다. 개들은 여전히 행방을 알 수 없었다. 그는 따뜻하게 차려입고 꿈에서 본 묘지를 향해 8마일가량 차를 몰다가 너무도 놀랐다. 세 줄의 발자국이 죽은 친구의 무덤을 가로질러 간 흔적이 있었기 때문이다. 그는 꿈에 나타난 방향대로 2마일을 더 운전했다. 아무것도 보이지 않았다. 그러나 그가 경적을 울리자 커다란 눈더미 뒤에서 세 마리 개가 튀어나왔다. 개들은 체온을 따뜻하게 유지하려고 눈더미 속에 몸을 파묻고 있었던 게 분명했다. "개들은 나를 보자 무척 반가워했죠. 하지만 아무 일 없었다는 듯 차에 올라탔답니다." 해리슨이 말했다.[19]

해리슨은 "과학자들은 이런 경험을 '일화'로 부르고, 그래서 믿을 수 없다 하고 아마도 헛욕 좋은 것으로 생각하겠지만, 나는 뭔가 도움을 받습니다. 그것이 일화일 뿐이라도 상관없거든요. 나는 아코마 푸에블로(뉴멕시코주 미국 원주민 부족과 120m 높이의 메사 절벽 위에 자리잡은 그들의 마을을 부르는 말-옮긴이)의 멋진 시인인 사이먼 오티즈

Simon Ortiz를 더 믿는 편입니다. 그는 '진실이란 없으며, 오직 이야기가 있을 뿐'이라고 말했죠."[20]

모든 종에 있는 착한 사마리아인들

한마음이 만일 인간만이 아니라 모든 종을 포괄한다면, 다른 개체를 구조하는 행동은 개들 이외에 다른 모든 감각 있는 존재 사이에서도 일어나리라고 예상할 수 있다. 실제로 그런 일들이 일어나고 있다. 서로 다른 종 사이에 일어나는 구조행위는 너무나 흔한 일이어서, 자비심의 행위는 신화학자 조지프 캠벨이 말한 것처럼 문화만 뛰어넘는 게 아니라 종의 경계 또한 넘어선다.

동물을 구조하는 동물들. 2008년 3월 어미와 새끼 고래는 뉴질랜드 북섬 동부에 있는 마히아 해변에 밀려왔다가 다시 바다로 돌아가지 못하고 있었다. 구조하던 사람들은 한 시간 반 동안 그들을 바다로 돌려보내려고 시도했지만 결국 실패했다. 고래들은 방향을 잃고 사주沙柱에서 더 많은 시간을 꼼짝 못 하고 있었다. 구조하는 이들과 고래 모두 지쳐 있었다. 사람들은 고래들이 천천히 고통 속에 죽어가는 것을 막아보려고 안락사가 필요하다고 믿기 시작했다. 그때 이 지역에서 수영하는 사람들에게 잘 알려진 큰돌고래Bottlenose Dolphin 모코가 나타났다. 모코는 두 고래에게 다가가서 해변을 따라 200야드 정도 나 있는 얕은 물길을 지나도록 이끌고는, 바다로 나갈 수 있는 해협으로 안내했다. 두 마리의 향유고래를 구조한 뒤 모코는 다시 해변으로 돌아가서 수영하는 사람들과 어울려 놀았다.

"나는 고래 말도, 돌고래 말도 할 줄 모릅니다." 야생동물 감시관 맬컴 스미스는 말했다. "하지만 분명히 뭔가가 일어나고 있었죠. 고래 두 마리가 태도를 완전히 바꾸었거든요. 처음에는 꼼짝 않고 괴로워하더니 나중에는 기꺼이 돌고래를 따라 곧장 해변으로 갔고 얕은 물을 지나 바다로 나갔지요. 그 돌고래는 우리가 실패한 일을 해냈습니다. 몇 분 만에 상황이 종료됐어요." 그는 또 이렇게 덧붙였다. "그래서는 안 되는 거였겠지만, 사실 나는 나중에 돌고래를 따라 바다로 들어가서 등을 토닥거려주었지요. 그날 구조를 정말 잘해주었으니까요."[21]

2011년 3월 플로리다의 마르코섬에서 터보라는 이름의 도베르만종 한 마리가 콘크리트벽의 가장자리에서 바다 쪽으로 떨어져서는 혼자서 다시 벽 위로 올라올 수 없었다. 터보는 15시간 동안 사투를 벌였으나 결국 탈진해서 저체온증에 빠지고 말았다. 그때 돌고래들이 도착했다. 돌고래들은 소리를 내며 소동을 벌여 근처에 있던 샘과 오드리 달레산드로 커플의 주의를 끌었다. 두 사람은 보트에 짐을 싣던 중이었다. 결국 샘이 바다로 뛰어들어 개를 물 위로 뜨게 해주었다. "돌고래들이 정말로 야단법석을 떨었어요. 돌고래들이 아니었으면 저는 개를 보지 못했을 겁니다." 샘이 말했다. 커플이 911을 불러 소방대가 도착해서 그 무거운 개를 차가운 물에서 건져올렸고, 마침내 주인을 찾아주었다.[22]

사람을 구조한 동물들. 사람을 보호한 돌고래 이야기는 고대 그리스까지 거슬러 올라가는데, 지금도 돌고래는 여전히 그렇게 하고 있다.

2007년 8월 28일 24세의 서퍼 토드 엔드리스는 캘리포니아 몬터

레이 근처의 마리나 스테이트 비치에서 12~18피트의 거대한 백상아리한테 공격을 당했다. 경고도 없이 들이닥친 백상아리는 세 번이나 공격해서 그의 오른쪽 다리를 찢고 등을 난도질했다. 그때 청백돌고래 한 무리가 갑자기 나타나 그를 둥글게 둘러싸며 원을 만들었다. 돌고래들은 상어가 가까이 오지 못하게 막아 엔드리스가 해안에 닿을 시간을 벌어주었다. 그의 친구는 응급구조대를 불러 엔드리스가 헬리콥터로 병원에 수송될 때까지 살아 있도록 도와주었다. 병원에서 수술을 받은 엔드리스는 비록 재활치료 중이었지만, 6주 후 바다로 돌아올 수 있었다. 그는 돌고래들이 자기 목숨을 구해주었다고 믿는다.[23]

이와 비슷한 사건이 전 세계에서 보고되었다. 2004년 10월 뉴질랜드의 오션 비치에서 일어난 일을 들여다보자. 47세의 베테랑 인명구조원 호위즈Howes와 세 명의 여성 인명구조원이 해안에서 100m 떨어진 곳에서 수영훈련을 하고 있었다. 그때 일곱 마리의 청백돌고래 떼가 빠른 속도로 다가와 그들을 몰아갔다. 돌고래들이 '정말로 이상하게' 행동했다고 호위즈는 말했다. "돌고래들은 우리 주위에 바싹 다가와 원을 그리며 돌고, 꼬리지느러미로 물을 튀겼어요." 헤엄쳐서 그 그룹에서 빠져나가려던 호위즈는 바로 옆에서 10피트나 되는 거대한 백상아리 한 마리를 보았다.

상어가 두 젊은 여성을 향해 움직이기 시작했다. 그중 하나는 열다섯 살인 호위즈의 딸 니시였다. 그러자 돌고래들은 40분간 네 명의 인명구조원 둘레를 돌며 보호했다. 그들 주위에 혼란스러운 보호막을 쳤던 것이다. "지느러미와 돌고래 등과 사람들 머리가 뒤섞여 있었죠."호위즈가 말했다. 돌고래들의 맹렬한 활동이 구조대 보트의 시선을 끌었다. 보트가 가까이 다가오자 상어는 떠났다. "돌고래들은 속수무책인 상황에서 도움을 주는 것으로 알려졌어요." 오클랜드대학 생물학과의 로셸 콘스탄틴 박사가 말했다. "그것은 이타적인 응답이고, 청백돌고래가 특히 그런 행동으로 유명하죠."[24]

세계적인 시선을 끈 유사한 사건이 2009년 7월 중국 북동부의 하얼빈 폴러랜드에서 열린 프리다이빙 대회 중에 일어났다. 다이버들은 흰고래가 들어 있는 20피트 깊이의 수영장에서 잠수장비를 갖추지 않은 채 숨을 오래 참는 경기를 하고 있었다. 물은 아주 차가운 북극 온도로 냉각되어 있었다. 26세의 다이버 양윤은 잠수하는 동안 완벽한 상태를 유지했지만, 수면 위로 다시 올라오기 위해 발을 차야 했을때 다리에 쥐가 나서 움직일 수 없었다. 얼어붙을 만큼 차가운 온도 탓이었다. 윤은 가라앉고 있었고 거의 익사 직전이었다. 윤은 이렇게 말했다. "숨이 막히고 내 몸이 더 깊이 가라앉기 시작했어요. 이제 죽는구나 생각했죠. 그때 아래쪽에서 나를 수면 위로 밀어올리는 놀라운 힘을 느꼈습니다."[25] 밀라라는 이름의 흰고래가 그녀를 구해준 것이다. 사람들과 아주 친숙한 그 고래는 윤의 다리를 입에 물고 수면 위로 헤엄쳤고, 결국 그녀를 안전하게 들어올려 살려냈다.

이런 사건들은 해양동물에만 국한되지 않는다. 2007년 8월, 40세의 스코틀랜드 농부 피오나 보이드가 헛간으로 송아지 한 마리를 몰아넣으려고 애쓸 때, 갑자기 어미 소가 송아지의 울부짖는 소리를 듣고 공격해왔다. "제일 먼저 깨달은 건 내가 땅에 쓰러져 있다는 것이었어요. 내가 죽었다고 생각했죠." 보이드는 이렇게 보고했다. "기어

가려고 할 때마다 어미 소가 나를 다시 밟아 눕혔어요. 도와줄 사람이 아무도 없었죠. 나는 겁에 질렸어요. 다른 소들이 몰려올까 봐 두려웠습니다. 종종 그런 일이 벌어지거든요." 만약 그랬더라면 그녀는 짓밟혀 죽었을 것이다. 보이드는 소의 발굽으로부터 자신을 보호하기 위해 몸을 공처럼 둥글게 말았다. 그러는 사이, 근처에서 풀을 뜯던 그녀의 말 케리가 갑자기 소에게 달려들어 그 덕분에 보이드는 안전한 곳으로 민첩하게 기어나올 수 있었다. 그녀는 열다섯 살의 말이 자기 목숨을 구해주었다고 확신하고 있다.[26]

여덟 살의 서부로랜드고릴라 빈티주아는 1996년 8월 갑작스럽게 세계적인 호평을 얻었다. 한 비디오카메라에 찍힌 장면 때문이었는데, 시카고 교외의 브룩필드동물원에서 빈티주아가 세 살배기 남자아이를 구하는 장면이었다. 어머니를 앞서 달려가던 남자아이가 콘크리트 절벽 너머로 기우뚱하더니 비명을 지르며 18피트 아래 영장류 구역 안으로 떨어졌다. 빈티주아는 스와힐리어로 '햇살의 딸'이라는 뜻이다. 그때 빈티주아는 새끼고릴라를 등에 업고 있었지만, 의식불명의 아이에게로 느긋하게 다가갔다. 그러고는 아이를 안아올려 부드럽게 문 가까이로 옮겨주었다. 그러자 동물원 관리인들과 응급의료진이 남자아이를 되찾아왔다. 심지어 빈티주아는 마치 다른 고릴라들에게서 아이를 지키려는 것처럼 돌아서서 막고 서 있었다.

위급한 상태로 로욜라대학 의학센터로 긴급 후송된 아이는 다행히 회복되었다. 전 세계의 리포터와 방송인들이 브룩필드로 몰려들었다. 상금과 바나나들이 뒤따라왔고, 정치가들도 합세했다. 퍼스트레이디 힐러리 클린턴은 시카고의 민주당 전당대회 연설에서 빈티주아의 이름을 거명하며 이렇게 말했다. "빈티는 전형적인 시카고 사람입니다. 겉으로는 터프하지만 그의 안에서는 가슴이 빛나고 있습니다."[27]

꿀벌에게 알리기

꿀벌은 인간역사에서 가장 존경받는 생명체 중 하나이다. 고대 근동과 에게 문명에서는 꿀벌을 자연세계와 지하세계를 연결해주는 신성한 곤충으로 여겼다. 무덤 장식에 꿀벌이 등장하고, 때때로 무덤을 벌집 모양으로 짓기도 했다. 델피 신전의 여사제는 종종 꿀벌로 불리기도 했고, 아폴로의 예언능력은 세 꿀벌 처녀에게서 왔다고 전해진다. 이집트 신화에 따르면, 태양신 라의 눈물이 사막의 모래에 떨어졌을 때 꿀벌들은 거기서 자라났다. 힌두교 사랑의 신인 카마데바의 활시위는 꿀벌로 이루어졌다. 꿀벌은 변형된 의식상태와 관련이 있다. 발효된 벌꿀 음료인 벌꿀 술은 크레타섬 사람들을 취하게 한 포도주보다 더 오래된 고대 술이었다. 메로빙거 왕조 사람들에게 벌꿀은 불멸과 부활을 상징했다.[28]

역사의 어느 시점에 '꿀벌에게 알리는' 고대의 풍습이 생겨났는데, 그것은 벌을 치는 주인이 언제 죽었는지를 벌들에게 알려주는 것이었다. 영국 왕 조지 6세가 죽었을 때 "벌 치는 사람들이 존경을 표하기 위해 머리에 스카프를 두르고 벌들에게 가서 왕의 죽음을 알렸다."[29] 간혹 벌집을 검은 크레이프 천으로 두를 때도 있다. 벌집을 다른 곳으로 옮기지 않으면 벌들이 주인의 죽음을 따라 함께 죽으리라고 믿는 경우도 있다. 다른 버전으로는, 벌집을 돌려놓기만 하면 된다는 풍습도 있다. 이 풍습은 지금도 여전히 넓게 퍼져 있다.

1961년 잉글랜드 슈롭셔의 구두수선공이자 우편배달부였던 샘 로저스가 죽자, 자녀들은 14개나 되는 그의 벌집을 돌며 꿀벌들에게 아버지의 죽음을 알렸다. 1961년 4월 보도에 따르면, 로저스 묘지에 친척들이 모인 직후, 1마일 이상 떨어진 그의 벌집에서 수천 마리의 벌들이 날아와, 꽃이 핀 근처 나무들을 무시한 채 주인의 관 위와 주위에 내려앉았다고 한다. 30분쯤 지나자 벌들은 벌집으로 돌아갔다.[30]

존 그린리프 위터(1807~1892)가 쓴 만가 형식의 시 〈꿀벌에게 알리기〉가 생각난다.

(…) 그녀가 꿀벌들에게 떠나버린 한 사람의 이야기를 전하네.
우리 모두 언젠가 떠나야 하는 여행!
(…) 늙은 남자는 앉았고, 하녀는 여전히
몰래 들락날락하는 꿀벌들에게 노래 부르네.

그녀의 노래는 그때 이후로
내 귓가에 늘 쟁쟁거리네.
"집에 있거라, 어여쁜 벌들아, 날아가지 말아라!
주인님 메어리는 죽어서 가버리셨다!"[31]

2005년, 익명의 어느 양봉가는 그의 '꿀벌에게 알리기' 경험을 인터넷에 올렸다. 그는 낡은 민속학 서적에서 탄생과 죽음과 결혼 등 가족 내에서 일어나는 중요한 사건들을 꿀벌에게 알려야 하며, 알리지 않으면 화를 입는다는 말을 읽었다. 처음에 그는 이 경고를 심각하게 받아들이지 않았다. 그런데 어머니의 장례식을 마치고 돌아오는 길에, 꿀벌들이 벌집을 비워두고 어딘가 다른 데로 가버린 것을 알았다.

한 친구가 그에게 벌들을 보태주었고(민간전승에 따르면 꿀벌은 돈을 주고 사면 안 된다), 그 뒤 몇 년 동안 주기적으로 찾아와서 꿀을 따갔다. 그러던 어느 날 친구가 병이 들어 죽게 됐다. 양봉가는 친구의 장례식에 참석했지만, 몇 년 전 어머니의 죽음 때와 마찬가지로 그의 삶에서 중요했던 이 사건을 꿀벌들에게 알리지 않았다. 그리고 이전 사건 때처럼 다시 한 번 벌집이 비어버린 것을 발견했다.

이번에도 그는 또 다른 친구의 도움으로 다시 양봉을 시작했는데, 친구는 몇 년간 사업파트너가 돼주었다. 그러던 어느 날 이 친구 역시 갑자기 잠자리에서 죽음을 맞이했다. 마침내 '감을 잡은' 그는 이번에는 반드시 꿀벌에게 친구의 죽음을 알리겠다고 다짐했다. 하지만 장례식과 관련된 여러 일로 바쁘게 지내다 보니 좀처럼 짬을 낼 수 없었다. 꿀벌들은 또다시 집을 버리고 떠나버렸다.

"그러나 그다음에 일어난 일은 다른 어떤 것보다 내게 강한 확신을 심어주었다"고 그는 썼다. 그의 친한 친구 하나는 치명적인 바이러스 때문에 세 살배기 아들을 잃었고, 가족은 깊은 슬픔에 잠겼다. 장례식은 모두에게 비극이었다. 장례식이 끝나갈 무렵 꿀벌 한 마리가 교회당 안으로 날아들었다. 애도하는 사람들이 모두 보는 앞에서 꿀벌은 관을 향해 날아갔다. 그러고는 몇 분 동안 관을 장식한 꽃들 주위를 윙윙거리며 돌아다녔다. 이제 모든 사람의 눈이 벌에 집중했다. 벌은 관 주위를 점점 더 큰 원으로 돌더니, 아주 천천히 세 명의 유족에게 날아가 그들의 머리 위에서 원을 그렸다. 꿀벌은 동생의 죽음에 특히 더 괴로워하는, 다섯 살 된 누나의 머리 위에 오랫동안 머물렀다. 아이의 누나는 두려워하지 않고 벌을 올려다보았다. 벌은 아이의 얼굴 가까이 날아가 다시 제자리를 맴돌았다. 여자아이는 거기에 매료된 것처럼 보였다. 한참이 지나자 벌은 교회당 밖으로 날아갔다.

익명의 양봉가는 이렇게 썼다. "옛날 어떤 문화에서 말하기를, 꿀벌은 젊은이의 영혼이고, 그가 죽을 때 입에서부터 날아 나온다고 했다. 모든 문화가 꿀벌을 존경과 경이로움으로 대했으며, 어떤 경우에는 숭배하기까지 했다. 나는 내가 꿀벌들을 사랑하고 그리워한다는 것을 안다. 비록 더는 시골에 살지 않지만…. 사람들은 J. K. 롤링이 무슨 생각으로 호그와트 마법학교 교장의 이름을 덤블도어로 지었을까 궁금해한다. 덤블도어는 꿀벌을 부르는 고대영어 이름이다."[32]

모든 종류의 인간과 동물 사이의 친밀한 연결, 그리고 우리가 동물과 나누는 사랑과 애정은 많은 이에게 이런 결속이 죽음 이후에도 이어지리라는 희망을 품게 했다. 이것은 무리한 억지가 아니다. 만약 정말로 비국소적이라면 그것은 시간에서도 한계가 없다. 미국의 작가 윌 로저스는 말했다. "천국에 개가 없다면, 나는 죽을 때 개가 있는 곳으로 가고 싶다."[33] 마크 트웨인도 이렇게 말했다. "개는 신사이다. 나는 사람의 천국 말고 개의 천국에 가고 싶다."[34] 어떤 사람들은, 우리 인간이 잃어버린 순수하고 아주 정직한 상태를 동물들은 갖고 있다고 확신한다. 샤를 드골은 말했다. "사람을 알게 될수록 나는 개를 더 사랑하게 된다."[35] 우리에게 《피너츠Peanuts》를 선사해준 만화가 찰스 슐츠는 이렇게 묘사했다. "평생 그는 좋은 사람이 되려고 애썼다.

그러나 실패할 때가 많았다. 결국 그는 인간일 뿐이었기 때문이다. 그는 개가 아니었던 것이다."[36] 반려동물들이 비국소적 영역으로 들어가는 통로가 될 수 있다고 알려주는 사람들도 있다. 소설가 밀란 쿤데라는 이렇게 썼다. "개들은 파라다이스로 우리를 연결해준다. 그들은 악이나 질투나 불만을 모른다. 어느 멋진 날 오후, 개와 함께 언덕 위에 앉아 있으면 에덴동산에 다시 돌아온 것 같다. 그곳에서는 아무것도 하지 않아도 지루하지 않다. 그것은 지루함이 아니라 평화였다."[37]

이쯤에서 고양이 애호가들이여, 실망하지 말라. 개들이 헤드라인을 주로 잡고 있긴 하지만, 생명을 구한 고양이들의 사례보고 또한 아주 많다. 고양이들은 화재와 독사들과 다른 포식동물들에게서, 또 위험한 저혈당 증세와 당뇨 혼수상태에서 사람들을 구조해왔다. 어떤 고양이는 간질 발작을 미리 예견할 수 있다. 오하이오에 사는, 휠체어 신세를 지는 한 남자는 자기 고양이 토미에게 911 응급전화를 거는 법을 가르쳤다. 그 고양이는 실제상황에서 전화를 걸어 주인의 목숨을 구했다.[38] 로드아일랜드 재활의학센터의 고양이, 오스카는 실패 없는 정확성으로 환자의 죽음을 예지한다. 오스카는 환자가 죽기 6시간 이내에 그의 침대 위로 올라가 몸을 웅크린다.[39]

마크 트웨인은 말했다. "모든 신의 피조물 중에는 목줄로 노예 삼을 수 없는 유일한 동물이 있다. 그것은 고양이다. 만약에 사람이 고양이와 교배할 수 있다면 사람은 발전하겠지만, 고양이는 더 나빠질 것이다."[40] 그리고 레오나르도 다빈치에게 우리는 마지막 말을 바친다. "가장 작은 고양이조차 완벽한 예술품이다."[41]

08

원자 그리고 쥐들

◇◇◇◇◇◇◇◇◇◇◇◇◇◇◇◇◇◇◇

노벨물리학상 수상자인 리처드 파인먼은 한때 이렇게 확언했다. "동물이 하는 모든 일은 원자가 한다."[1] 이 언명은 보통 동물의 행동이 궁극적으로 원자, 분자, DNA 그리고 유전자에 의해 일어남을 의미할 때 쓰인다. 그러나 파인먼의 관찰은 패러독스처럼 유물론을 확인하는 대신, 의식의 뇌 외적 측면을 긍정한다. 왜냐하면 원자를 구성하는 아원자입자들이 얽힘이라 불리는 괴상한 특성을 보여준다는 사실을 이제 우리가 알기 때문이다. 얽힘은, 일단 입자들이 접촉하면 그 이후에 아무리 멀리 떨어지더라도 서로 연결을 지속하는 행동이다. 이 연결성은 놀라우리만치 친밀하다. 하나에서의 변화는 즉각적으로 그리고 동일한 정도로 다른 하나에서의 변화와 상호 연관된다.

어떤 연구가들은 아원자입자들의 얽힌 행동이 사람 사이에 일어나는 원격연결의 밑바탕이 된다고 믿는다. 캘리포니아 노에틱사이언스 연구소의 수석연구가 딘 라딘은 선구적인 책《얽힌 마음》에서 이 가능성을 상세히 탐구한다. 라딘은 "우리 마음이 물리적으로 우주와 얽혀 있을 가능성을 진지하게 생각해보자"고 제안한다.[2] 그는 얽힘이란 인간 수준에서 마음 사이의 연결성을 말해주는 비유 이상의 어떤 것임을 강력히 암시하는 수많은 실험을 검토한다. 만일 파인먼이 옳다면, 즉 동물이 하는 모든 일을 원자가 한다면, 그는 자기도 모르게, 무한하고 단일한 마음의 바탕이 되는 메커니즘을 간접적으로 설명하는 셈이다.

표준 물리학 교과서들은 현재의 과학지식을 따라잡지 못한다. 그 교과서들은 벽돌, 뇌, 동물 등 중간 크기의 세계와 행성, 별, 은하 등 거대한 세계가 뉴턴법칙과 아인슈타인의 상대성원리에 의해 기술되는 고전물리학의 영역이라고 계속해서 말하고 있다. 하지만 아원자입자와 원자 수준까지 내려가면 고전물리학이 이상한 양자행동으로 바뀌어버리는 보이지 않는 경계가 나타난다. 이때 양자행동은 양자역학이 제공하는 틀에 의해 지배된다.

세상은 변한다! 2011년 6월 〈사이언티픽 아메리칸Scientific American〉은 표지에 작은 입자들로 이루어진 사람의 머리 이미지를 게시하고, "양자세계에서 살기-소규모 물리학이 큰 세계에 '무시무시한' 힘을 발휘하다"라는 표제를 달았다. 옥스퍼드의 물리학자 블라트코 베드럴Vlatko Vedral은 잡지의 주요 기사에서 이 호들갑스런 내용을 다음과 같이 설명하고 있다.

지난 몇 년간 실험주의자들은 점점 더 많아지는 거시적인 시스템에서 양자효과를 관찰해왔다. 본질적인 양자효과인 얽힘은 살아 있는 유기체를 포함하는 친밀한 체계에서만이 아니라 거대한 체계에서도 일어날 수 있다. 비록 분자의 흔들림이 얽힘을 방해하리라고 예상할 수는 있지만 (…) 10년 전까지만 해도 실험주의자들은 양자행동이 거시적인 규모에서도 지속된다고 확언하지 못했다. 그러나 오늘날 그들은 일상적으로 그렇게 하고 있다. 이 효과는 지금까지 어느 누가 추측했던 것보다 더 광범위하게 퍼져 있다. 양자효과는 우리 몸의 세포 안에서도 작용할 것이다. (…) 우리는 단순히 가장 작은 규모에서만 문제가 되는 미미한 것으로 양자효과를 기술할 수가 없다. (…) 얽힘은 주요한 행동인 것이다.[3]

얽힘의 확장에는 한계가 없는 것처럼 보인다. 물리학자 데이비드 머민이 보여준 것처럼, 양자얽힘은 본디 양자상태에 관련된 입자 수와 함께 기하급수적으로 커진다. 그리고 이들 얽힌 입자들의 수는 이론상 한계가 없다.[4] 물리학자 메나스 카파토스Menas Kafatos와 과학사학자 로버트 나도는 그들의 책《의식하는 우주: 물리적 현실의 부분과 전체》에서 이렇게 말한다. "만일 그렇다면, 가장 기초적인 수준에서 우주는 에너지나 정보 전달 없이 시간과 공간을 초월해서 서로 접촉해 있는 입자들의 광대한 거미줄이 될 수 있을 것이다."[5]

우리가 이 책에서 탐험하는 뇌-몸 밖의 다양한 현상이, 마침내 양자 수준에서의 얽힘으로 설명될는지는 아무도 모른다. 지금까지 우리가 아는 것은 이것이다. (1) 아원자입자들은 얽혀 있다. 일단 접촉했다가 분리되면, 아무리 멀리 떨어지더라도 하나에서의 변화는 즉각적으로 그리고 동일한 정도로 다른 하나에서의 변화와 상호연관된다. 이들 원격의 비국소적 연결은 의심의 여지가 없으며, 일련의 실험들로 입증되어 현대물리학 법칙의 일부로 받아들여지고 있다.[6] (2) 인간도 얽혀 있는 것처럼 행동한다. 사람들은 멀리 떨어져서, 심지어 전 지구적인 거리에서도 생각과 느낌과 신체적 변화를 공유할 수 있다. 이런 현상은 수십 년에 걸쳐 수많은 실험을 통해 증명되었다.[7]

하지만 우리는 조심해야 한다. 양자얽힘이 인간얽힘과 정말로 같은 것인지 알지 못하므로 우리는 아직 양자얽힘이 인간얽힘을 **일으킨다**고 말할 수는 없다. 어쩌면 우리는 우연한 언어적 상관관계를 다루고 있는지도 모른다. 하지만 우리는 (3) 생물학적 유기체 시스템 안에서의 얽힘에 반대한 옛 주장들이 완전히 틀렸다는 것을 알고 있다.[8] 그러므로 '자연법칙을 어기기' 때문에 뇌-몸 너머의 현상이 불가능하다는 회의론자들의 지루한 경고는 이제 논란 없이 무시할 수 있을 것이다.

한편 우리는 마음껏 궁금해할 수 있다. 아원자입자들의 양자얽힘이 위대한 연결, 즉 한마음 안에서 가장 장엄한 표현을 찾는 통일성의 원시적이고 기본적인 전조라는 사실이 드러날지도 모른다. 영국의 천체물리학자 아서 에딩턴 경은 현대물리학의 불확정성원리를 언급하면서 이렇게 말했다. "뭔지 모르는 일을 미지의 뭔가가 하고 있다."⁹ 우리는 지금 뇌-몸 너머의 현상과 그 현상이 가리키는 한마음을 탐험하고 있기에, 이것은 아주 훌륭한 모토이다. 이 문구는 겸손만이 아니라 경이와 놀람도 표현하고 있다. 소크라테스는 경이가 지혜의 시작이라고 했다. 그는 더 나아가, 아마도 눈빛을 반짝이며, 이렇게 말했다. "경이 속에서 그대가 아무것도 모른다는 것을 알면 그대는 세상에서 가장 현명한 사람이 된다."¹⁰

설치류의 공감

진화생물학자 리처드 도킨스의 영향력 있는 언명,《이기적 유전자The Selfish Gene》는 1976년 초판이 출간되어 세계적인 베스트셀러가 되었고, 지금도 계속 널리 읽히고 있다. 도킨스의 기본 전제는 우리가 알든 모르든 미생물에서 인간에 이르기까지 모든 생명체가 우리의 유전자들에 봉사한다는 것이다. 유전자의 유일한 목적은 생존과 번식이다.¹¹ 유전자들은 엉큼한 사기꾼이다. 이타심, 동정심, 사랑 등 우리가 경험하는 모든 고귀한 감정 역시 가장한 이기심이다. 이런 감정들은, 도킨스의 말로는, "유전자의 무자비한 이기심의 법칙"을 교묘하게 표현하는 것이다.¹² 만일 타인들 혹은 우리 자신에게서 정말로 이타적인 행동을 보더라도 속아서는 안 된다고 도킨스는 조언한다. 겉보기에는 이타심인 듯한 모든 사례가, 바탕에 깔린 이기심을 드러내주는 세 가지 범주 중 하나 혹은 그 이상에 해당한다. 세 범주는 혈연선택, 상호이타성, 집단선택 등이다. 여기서는 이 주제를 상세히 다루지 않기로 하자. 옥스퍼드의 학자 찰스 포스터는 훌륭한 책《이타적 유전자 The Selfless Gene》에서 꾸밈없는 언어로 이를 자세히 다루고 있다. 이 책은 도킨스가《이기적 유전자》에서 택한 방향 가운데 많은 부분을 강력하게 논박한다.

도킨스의 요점은 자연 속의 착한 천사들이 사실은 전혀 천사가 아니라는 것이다. 그들은 생존하고 번식하기 위해서라면 어떤 것에도 굴하지 않는 욕심 많고 자기중심적인 생물학적 힘이다. 이것이 사회에 암시하는 바는 심각하다. 도킨스는 이렇게 말한다. "만일 당신이 나처럼 개인들이 공동이익을 위해 관대하게 이타적으로 협력하는 사회를 건설하고 싶어 한다면, 생물학적 자연으로부터는 거의 도움을 받지 못하리라는 것을 알기 바란다."[13]

그게 다란 말인가?

대학에서 교육받던 시절, 나는 쥐 실험에서 험난한 출발을 겪었다. 보호장갑을 끼고 쥐를 부드럽게 다루었지만, 한 실험에서 특별히 반항하는 표본한테 심하게 물렸던 것이다. 당시 나는 쥐들을 꽤 좋아했지만, 그 공격 이후로는 쥐 실험에 시큰둥해졌다. 아, 어느 정도 겨우겨우 설치류를 용서했건만, 집게손가락에 난 상처를 볼 때마다 쥐에 대한 반감이 다시 살아났다. 내가 이 이야기를 꺼내면 동물의 권리를 옹호하는 친구들은 언제나 '그거 쌤통이라는' 듯한 미소를 짓는다. 그들은 늘 쥐의 편을 드는데, 거기에는 어떤 정당성이 있다. 그들이 옳다.

하지만 최근에 나는 실험실 쥐들과 관계를 회복했다. 그것은 심각한 질병에서 갑자기 저절로 치유되듯 예기치 않게 일어났다. 2011년 12월 명망 높은 과학잡지 〈사이언스 Science〉에 실린 한 실험을 읽었을 때, 마침내 쥐에 대한 나의 애정이 돌아왔다. 그 연구는 선천적으로 내재하는 공감이 존재한다는 강력한 증거를 제시하면서 생물학자 도킨스의 눈을 손가락으로 푹 찔러버렸다. 그 실험은 포유류의 유전자 수프에는 이기적이지 않은 유전자가 하나 또는 그 이상이 반드시 있다고 제시한다.

이 실험은 시카고대학의 신경과학자와 심리학자 팀이 수행했다.[14] 그들의 목표는 비영장류 포유동물에 진짜 공감하는 행동이 존재하는가를 결정하는 것이었다. 이 실험에서는 한 쌍의 실험용 흰쥐가 대상이었다. 연구자들은 투명한 플라스틱 튜브 안에 갇혀 있는 쥐와 함께 자유로운 쥐 한 마리를 통 안에 놓아두었다. 튜브 한쪽 끝에는 밖에서 열 수 있는 문이 있었다. 자유로운 쥐는 비어 있는 튜브를 넣어둘 때와 비교해서 우리 안의 동료가 튜브에 갇혀 있을 때 더 흥분한 행동을 보였다. 실험이 며칠째 반복되자 자유로운 쥐는 튜브 문을 열고 동료를 풀어주는 법을 배웠다. 문을 열기는 쉽지 않은 일이었으나, 기술을 습득할 때까지 노력을 계속했다. 문 여는 법을 발견하고 난 이후로 자유로운 쥐는 다른 쥐가 갇혀 있는 튜브가 투입될 때마다 즉시 문을 열려고 했다.

연구자 중 한 사람이 이렇게 설명했다. "우리는 쥐들을 어떤 식으로든 훈련하지 않았다. 그들은 뭔가 내면적인 것에 동기를 부여받아서 배운 것이다. 우리는 문 여는 법을 보여주지 않았고, 사전에 그들은 문을 여는 상황에 노출되지도 않았다. 그리고 그 문을 열기란 쉽지 않다. 하지만 그들은 계속해서 노력했고 마침내 문을 열 수 있었다."[15]

순수한 감정이입이 연관된 것처럼 보인다. 예를 들어, 투명한 플라스틱 튜브 안에 장난감 쥐가 갇혀 있을 때는 자유로운 쥐가 문 여는 고생을 하려 하지 않았다. 그리고 그 쥐들은 문을 열면 동료가 다른 방으로 들어가게 될 때도 문을 열어주었다. 이것은 쥐의 행동이 단순히 짝이나 친구를 찾기 위한 것이 아님을 보여준다. 게다가 자유로운 쥐에게 2개의 튜브를 주고 한쪽에는 동료 쥐를, 다른 쪽에는 쥐가 가장 좋아하는 초콜릿 조각을 넣어뒀을 때, 초콜릿 튜브보다 동료가 갇힌 튜브를 먼저 여는 경향이 더 강했다. 자유로운 쥐가 초콜릿 조각을 먼저 꺼냈지만, 먹지 않고 있다가 다른 동료를 구한 다음 초콜릿을 나누어 먹은 경우도 있었다.

신경심리학 교수 페기 메이슨은 말했다. "너무나 흥미로웠습니다. 동료를 돕는 것이 초콜릿에 맞먹는 일이라니요. 그 쥐는 맘만 먹으면 초콜릿을 챙겨놓고 독차지할 수도 있었지만, 그렇게 하지 않았어요. 우리는 충격을 받았답니다."[16] 시카고대학 연구팀은 쥐들의 행동을 담은 비디오를 유튜브에 올려 수천의 조회수를 기록했다. 쥐가 동료를 구출하기 위해 단호히 힘쓰는 모습과 갇혀 있던 쥐가 풀려난 뒤에 코를 비비고 쓰다듬고 장난치면서 동료와 함께 있는 기쁨을 나누는 모습은 보는 이의 마음을 사로잡는다. ('쥐들의 공감과 친사회적 행동 Empathy and Pro-Social Behavior in Rats'이라는 비디오를 이 주소에서 만날 수 있다. http://www.youtube.com/watch?v=WzE0liAzr-8)

ONE
MIND

2부

한마음에 대한 연구

09

뇌 너머의 마음

뇌는 생각을 만들어내지 않는다. (…)
전선이 전류를 발생시키지 않는 것처럼.[1]

폴 브런턴

—

폐가 공기를 숨 쉬는 것처럼 뇌는 마음을 숨 쉰다.

휴스턴 스미스

◇◇◇◇◇◇◇◇◇◇◇◇◇◇◇◇◇◇

한마음을 반대하는 주된 근거는 의식이 어떻게든 뇌에 의해 만들어
지고 그러므로 뇌에 국한된다는 뿌리 깊은 신념이다. 뇌가 두개골 안
에 들어 있으므로 마음도 그래야 한다는 것이다. 과학은 이 신념을 얼
마나 많이 지지하고 있을까?

미국의 행동심리학자 칼 래슐리는 먹이보상을 추구하는 것처럼 특
별한 일을 수행하도록 쥐들을 훈련했다. 그런 다음 쥐 뇌의 특별한 부
위에 손상을 입혀 그것이 행동의 지속성에 미치는 영향을 조사했다.

쥐들에게 수백 번 실험했으나 그는 기억을 관장하는 단일한 장소를 찾는 데 실패했다. 그는 자신의 발견을 이렇게 요약했다. "신경계 안의 어느 곳에서도 기억흔적의 독립된 장소를 찾아낼 수 없다."[2] 래슐리는 기억이 쥐 뇌의 특정한 영역에 위치하지 않고 대뇌피질 전체에 퍼져 있다고 결론지었다. 이것은 쥐의 뇌 안에서 "기억이 모든 곳에 있으며 특별히 어느 곳에도 있지 않다"는 패러독스 같은 결론에 도달한다.

당신의 뇌는 얼마나 필요한가?

래슐리의 실험과 같은 수많은 실험은 더욱더 근본적인 질문을 불러일으켰다. 뇌와 기억의 관계만이 아니라 뇌와 일반적인 의식과의 관계에 관한 의문이 그것이다. 그 도전 중 일부는 정말로 진지하다. 〈당신의 뇌는 정말 필요한가?〉라는 도발적인 제목의 기사에서 영국의 신경학자 존 로버는 '정상적인 정신활동에 손상되지 않은 대뇌피질이 필요한가'라는 의문을 제기한다.[3] 로버는 수두증(hydrocephalus, 뇌척수액의 과도한 증가로 인한 뇌실의 비정상적인 확장상태)이 있는 수많은 환자를 컴퓨터단층촬영으로 검사한 결과, 그중 많은 사람이 정상이거나 정상 이상의 지적인 기능을 한다는 것을 발견했다.

전통적인 과학에서는 뇌의 역할에 의문을 갖는 것조차 여전히 신성모독으로 간주한다. 의식은 뇌의 작동으로 일어나는 뇌의 창발적인 특성이며, 순수하고 단순한 것이라고 생각한다. 그러나 우리는 의식의 기원에 관해 정말로 무엇을 아는가? 존경받는 많은 철학자와 과학자는 우리가 이 질문의 해답을 전혀 모른다고 말한다. 노벨상을 받은 신경생리학자 로저 스페리는 비슷한 견해를 밝히며 이렇게 말한다. "의식과 관련 있다고 추측하는 뇌의 가장 중심적인 과정은 이해가 잘 안 된다. 지금으로써는 우리의 이해를 한참 넘어서 있으므로 그 본성을 상상하는 것조차 내가 알기로는 할 수 있는 사람이 아무도 없다."[4] 노벨물리학상 수상자 유진 위그너도 이에 동의하며 이렇게 말한다. "우리는 현재 물리화학적 과정을 마음의 상태와 어떻게 연결해야 할지 전혀 알지 못한다."[5] 그리고 이름난 잡지 〈네이처Nature〉의 편집자였던 존 매덕스 경은 이렇게 썼다. "의식이 무엇으로 구성되어 있는가 (…) 하는 것은 (…) 수수께끼이다. 지난 세기의 신경과학의 놀라운 성과에도 (…) 우리는 한 세기 전과 마찬가지로 아직 의식과정을 전혀 이해하지 못하는 것 같다."[6]

이 위대한 미지의 관점에서 볼 때, 뇌가 마음을 만든다는, 그리고 마음이 뇌에 국한된다는 널리 퍼진 가정은 의문을 향해 열리게 된다. 그리고 이 의문은 대안의 시나리오들을 향해 문을 연다.

의식의 수신기, 뇌

과학자들이 마음과 뇌가 하나의 동일한 것이라고 가정하는 데는 많은 이유가 있다. 뇌가 신체적 외상이나 발작 등으로 손상을 입으면 결과적으로 정신활동에 이상이 생길 수 있다. 비타민 결핍과 영양결핍도 사고과정에 장애를 일으키며, 환경독소들 또한 마찬가지이다. 뇌의 종양과 감염은 정신활동을 완전히 파괴할 수 있다. 이런 효과들을 보면, 마음과 뇌가 본질적으로 동일하다고 가정하는 것이 이치에 맞는 것처럼 보인다.

하지만 이런 관찰 중 어느 것도 뇌가 마음을 만든다거나 마음이 뇌 안에만 있다는 것을 증명할 수는 없다. 텔레비전 장치를 생각해보라. 우리는 물리적으로 텔레비전을 망가뜨려 화면의 영상을 파괴할 수 있다. 하지만 그런다고 해서 텔레비전이 실제로 영상을 만든다는 것이 증명되지는 않는다. 그와 달리, 우리는 영상이 텔레비전 밖에서 오는 전자기 신호 때문에 생기며, 텔레비전은 단지 그 신호를 받아 증폭하여 화면에 보여준다는 것을 안다. 텔레비전이 신호 자체를 만들어내지는 않는 것이다.

뇌가 마음의 원인이 아니고 마음의 매개역할을 한다는 기본적인 개념은 고대로부터 존재해왔다. 2000년 전 히포크라테스는 〈신성한 병에 관하여〉라는 글에서 뇌를 '의식의 전달자' 그리고 '의식의 해석자'로 묘사했다.[7]

1890년대에 옥스퍼드의 철학자 퍼디낸드 실러는 "물질은 의식을 상자에 가두어서 의식을 조절하고 **제한하고** 억제하기 위해 교묘하게 계획된 기계"라고 말했다. 더 나아가 그는 이렇게 주장했다. "물질은 의식을 만드는 것이 아니라 의식을 제한하고 어떤 한계 안에 의식의 힘을 국한한다. (…)" 뇌종양에서 의식의 현현은 영향을 받지만, 의식 자체는 소멸하지 않는다고 실러는 의견을 제시했다. 그는 또 우리가 설명할 필요가 있는 것은 기억보다는 망각에 관해서라고 말했다. 뇌의 한계만 아니라면 완전한 기억이 가능할 것으로 그는 믿었다.[8]

1927년에 노벨문학상을 받은 프랑스 철학자 앙리 루이 베르그송은 뇌가 생존과 번식에 필요하지 않은 요소들을 배제하면서 마음을 제한하고 특정한 방향으로 쏠리게 한다고 믿었다. 그의 관점으로 보면, 뇌는 '삶에 주목하는 기관'이면서 동시에 더 넓은 자각을 막는 장애물이다.[9] 실러처럼 그도 기억이 뇌 밖에 있으며, 유기체의 생물학적 필요에 중요하지 않은 것은 실용적인 목적에 의해 대부분 걸러져서 버려진다고 생각했다.[10] 그는 뇌의 질병에서 기인하는 기억의 손상은, 기억을 찾아내고 의사소통하는 데에 건강한 뇌가 필요하다는 것을 가리킬 뿐이며, 기억이 오직 뇌 안에만 있다는 증거는 아니라고 말했다.[11]

심리학자 윌리엄 제임스도 의식에 관해서는 실러와 베르그송의 관점과 생각이 유사했다. 1898년 하버드대학의 잉거솔 강연Ingersoll Lecture에서 그는 트라우마, 흥분제, 독성, 발육지체 등 뇌의 물리적 손상은 기억이나 의식을 망가뜨리고 사람의 생각을 뒤죽박죽으로 만들 수는 있지만, 그것이 반드시 뇌의 생성기능을 증명하는 것은 아니라고 인정했다. 그는 뇌와 마음 사이에 다른 기능적인 관계가 있을 수 있다고 주장했다. 석궁의 방아쇠에서 발견되는 허용기능과 렌즈, 프리즘, 피아노 건반이 갖는 전달기능 등이 존재할 수 있다. 제임스는 말했다. "나의 전제는 이제 이겁니다. 생각이 뇌의 기능이라는 법칙을 생각할 때 우리는 생성기능만을 생각할 필요가 없다는 것입니다. **우리는 허용기능이나 전달기능 역시 고려해야 합니다.** 그리고 그것은 평범한 심리생리학자들이 빠뜨리는 부분입니다."[12]

제임스는 악마의 대변자 역할을 하면서 이의를 제기했다. 뇌가 마음을 생성한다는 가정이 더 간단하고 과학적으로 더 엄밀한가? 경험과학의 견해에서 제임스는 이런 이의가 아무 중요성이 없다고 대답했다. 우리가 관찰하는 모든 것은 뇌 상태와 마음 상태 사이에 수반되는 변형 혹은 연관성이다. 제임스는 존경할 만한 과학의 격언을 빌어 말한다. "연관성은 인과관계가 아니다." 밤은 항상 낮을 뒤따라온다. 연관성은 100%이다. 하지만 그렇다고 해서 낮이 밤을 일으키는 원인임을 의미하지는 않는다.

기적을 믿지 않는 것을 뽐내는 과학자들이 많다. 그러나 제임스는 만일 의식이 정말로 뇌에 의해 만들어지는 거라면, 그것은 "우리가 이해하는 한, 생각이 '저절로 생성된다'고 하거나 '난데없이 무無에서 창조되었다'고 말하는 것만큼이나 위대한 기적일 것이다"라고 말했다. 그는 계속 이어갔다.

그러므로 뇌가 의식을 생성한다는 이론은 그 자체로서 다른 어떤 이론보다 더 간단하거나 믿을 만하지 않다. 그것은 단지 더 대중적일뿐이다. 그러므로 평범한 유물론자가 누군가에게 다른 어딘가에서 생성된 의식을 뇌가 어떻게 제한하고 어떤 형태로 한정하는 기관이 될 수 있는지 설명하라고 도전한다면, 그 사람은 단지 (…) 역으로 유물론자에게 뇌가 어떻게 난데없이 의식을 생성하는 기관이 될 수 있는지 설명하라고 요구하면 된다. 그래서 논쟁의 목적에서는 두 이론이 정확히 맞수가 되는 것이다.[13]

1954년 《지각의 문The Doors of Perception》에서 의식의 본질에 관해 쓴 올더스 헉슬리는 신경계의 기능이 생성적이기보다는 "배제적"이라는 생각을 지지했다. 우리가 일상에서 지속하여 만나는 중요하지 않은 정보, 쓸모없는 정보를 배제함으로써 신경계가 우리를 보호한다는 것이다. 그렇지 않다면, 원칙적으로 각 개인은 우주에서 일어나는 모든 것을 기억할 수 있어야 할 것이다.

"우리 각자는 잠재적으로 전체마음이다." 헉슬리는 이렇게 말한다. "하지만 우리가 동물인 만큼, 우리의 일은, 모든 것을 무릅쓰고 생존하는 것이다. 생물학적으로 살아남기 위해서 전체마음은 뇌와 신경계라는 깔때기와 감소밸브를 통해 축소되어야만 한다. 좁아지는 깔때기의 다른 쪽 끝에 다다르면 전체마음은 미미하게 똑똑 떨어지는 의식의 물방울이 된다. 그 물방울이 이 특별한 지구행성 표면 위에서 우리가 살아남도록 도와주는 것이다." 역사를 통틀어 어떤 사람들은 뇌의 감소밸브 기능에 어느 정도 도전하는 법을 배웠다. 그것은 헉슬리 자신이 배웠듯 영적인 훈련, 최면, 약물 등을 통해서 가능했다.[14]

신경정신 과학자 피터 펜윅은 임사체험(臨死體驗, Near-Death Experience) 분야에서 영국의 선도적인 권위자이다. 그와 그의 부인 엘리자베스는 영국, 스코틀랜드, 웨일스 전역에서 350건의 상세한 임사체험 보고를 확보했다. 그들의 발견은 《빛으로 드러난 진실The Truth in the Light》이라는 책에 잘 나와 있다. 의식과 뇌 작용을 많이 아는 신경과학 전문가의 눈을 통해 저술된 책으로, 강하게 흥미를 끄는 역작이다.

산소결핍, 약물, 이산화탄소의 증강, 엔도르핀 등 임사체험을 설명하기 위한 다양한 가정을 체계적으로 조사한 다음, 펜윅은 이 모든 메커니즘이 그것을 설명하기에 부족하다는 결론을 내렸다. 그는 이렇게 썼다.

분명히 임사체험을 매개할 뇌구조가 있어야만 한다. 그리고 그 구조들은 아마도 신비경험을 매개하는 것과 동일한 구조물일 것이다. (…) 하지만 주요한 문제가 여전히 미해결로 남는다. 어떻게 이런 일관성 있고 고도로 구조화된 경험이 때때로 무의식상태에서 일어나는가 하는 것이다. 무의식상태에서는 무질서한 뇌에 조직화된 사건들의 순서배열을 요구하는 것이 불가능하다. 무질서한 뇌에서 어떻게 조직화된 경험이 일어날 수 있는지 설명해줄 근본적인 연결고리를 과학이 놓치고 있다고 결론짓거나, 아니면 어떤 형태의 경험들은 초개인적이다, 즉 그 경험들은 뇌에 불가분하게 묶여 있지 않은 어떤 마음에 의존한다고 결론내려야만 한다.[15]

펜윅은 뇌가 어떻게든 의식을 전달하지만 생성하지는 않는다는 가정을 진지하게 고려한다. 위에서 살펴보았듯이, 전달이론의 바탕에는 뇌 밖에 어떤 의식의 형태가 존재한다는 가정이 깔려 있다. 뇌는 이 근원에 접속해서 그것으로부터 정보를 받고 또 변조한다. 펜윅은 기억이 부분적으로 뇌 안에 머물지만, 기억의 큰 부분은 뇌 밖에 저장된다고 말한다. 이런 의식의 외부저장고는 뇌와 몸의 죽음을 넘어 살아남을 것이다. 이는 또한 많은 사람이 자신이 더 큰 전체의 일부라고 느끼는 이유를 설명해줄 수 있을지 모른다.

펜윅은 이 모델이 갖는 문제점을 인정하며 이렇게 말한다. "우리는 현재로써는 뇌와 마음을 이런 방식으로 연결해줄, 혹은 기억이 뇌 밖에 저장되게 해줄 메커니즘을 알지 못한다는 어려움에 봉착해 있다."[16] 펜윅은 덧붙여 말한다. "전달이론이 갖는 또 다른 약점은 비록 그것이 옳다고 하더라도 실험으로 증명하기가 어렵다는 점이다. 마음이 뇌를 통해 전달되므로 뇌기능이 방해를 받으면 전달 또한 방해를 받아 마음의 장애가 발생한다고 전달이론은 주장할 것이다. 하지만 마음이 뇌 안에 있고 마음이 뇌의 기능이라고 주장할 때도 유사한 논리가 동등하게 사용될 수 있다. 그럴 때도 뇌기능의 장애가 마음의 장애를 생성할 수 있는 것이다. 이 두 가지 가능성을 쉽게 분별할 수 있는 실험은 없다."[17]

비록 의식에 관한 모든 이론이 사변적이라 해도 전달이론은 뚜렷한 장점이 있다. 전달이론은 먼 거리에서 신체감각의 매개 없이 정보를 얻는 우리의 능력을 확인하는 경험데이터를 수용할 수 있다. 전달이론은 조금만 땜질해서 고치면 한마음 개념과 일치한다.

어떤 땜질이 필요한가? 그중 하나는 의식의 전달이론이라는 이름이 잘못됐다는 것이다. **전달**Transmission이라는 말은 '건네보내다'라는 뜻의 라틴어에서 왔다. 원격의 비국소적 경험 동안 실제로 어떤 것이 보내진다는 증거는 없으며, 거기엔 그럴 만한 이유가 있다. 증거들이 보여주듯 의식이 정말 비국소적이라면, 그것은 시간·공간에서 무한하고 어디에나 존재한다. 그러므로 의식이 없는 곳은 없다. 이 말은 어떤 것도 A에서 B로 전달될 필요가 없음을 의미한다. 그것은 이미 거기에 있다. 게다가 의식이 정말로 비국소적이라면 의식이 뇌 밖에 저장된다는 생각은 무의미하다. 뭔가를 저장한다는 것은 그것을 가둔다는 뜻이다. 그런데 비국소성의 본질은 국한되지 **않는** 것, 즉 국소성의 부재이다. 그러므로 의식의 비국소적 모델에서 의식이 어떻게 전달될지, 두개골 외부의 기억저장고가 어디에 있을지 고민할 필요가 없다. 비국소성 자체가 이런 의문을 쓸데없는 것으로 만들기 때문이다.

'전달'은 고전적인 기계적 세계관에서 나온 개념이다. 비국소적 현상에 적용하면 그것은 의식의 본질에 관해 오도하는 인상을 준다. 그러나 전달이론은 뇌 기반의 의식 이미지를 넘어서 한층 더 개선된 것이다. 그 이론이 뇌에 갇혀 있던 의식을 해방해주었기 때문이다. 언젠가 우리가 비국소적 현상을 쉽게 생각하고 말할 수 있을 때, 우리는 고전적 세계관에 기초한 부적절한 용어에 오염되지 않고 홀로 설 수 있는 어휘를 창조하게 될 것이다. 그때까지는 아마도 임시로 적절히 사용한다는 것을 강조하기 위해 '전달'이란 말을 따옴표 안에 넣어야 할 것 같다.

한마음을, 그리고 마음과 뇌의 관계를 조금이라도 이해하려 한다면 우리는 국소적이 아니라 비국소적으로 생각하는 법을 배워야 한다. 그러지 않으면 우리는 단순히 비국소적 세계에 적용되지 않는 문제들을 영원히 뒤쫓게 될 것이다.

10

불멸과 임사체험

당신이 정말 신의 일부라면
어떻게 죽음을 두려워할 수 있는가?
V. S. 라마찬드란[1]

—

사람들이 지키는 유일한 비밀은
불멸이다.
에밀리 디킨슨[2]

◇◇◇◇◇◇◇◇◇◇◇◇◇◇◇◇

젊은 스테인드글라스 예술가 멜렌 토머스 베네딕트는 1982년에 임사체험을 했다. 베네딕트는 수술이 불가능한 뇌종양으로 죽어가고 있었다. 병원에서는 항암 화학요법을 권했으나 남은 시간 동안 가능한 한 최상의 삶을 유지하고 싶었던 그는 화학요법을 거절했다. 그는 건강보험이 없어서 말기암 환자를 위한 호스피스에 들어가 18개월 동안 그곳에 있었다. 어느 날 그는 새벽 4시 반쯤 깨어났는데, 그날이 자기가 죽을 날임을 알았다. 그래서 호스피스 간호사에게 그것을 알렸고,

그들은 최소한 6시간 동안 그의 죽은 몸을 건드리지 않고 그대로 놔두는 것에 동의했다. 왜냐하면 베네딕트가 "죽을 때 온갖 재미있는 일이 벌어진다"는 말을 책에서 읽었기 때문이다.[3] 갑자기 그는 몸 밖에 나와 있는 경험을 하게 됐다. 그는 파노라마처럼 넓은 360도 시각으로 장엄하게 반짝이는 빛을 보았는데, 그가 평생 본 것 중 가장 아름다운 광경이었다. 그 빛은 근원이나 더 높은 초월적 자아로 향하는 통로인 것 같았다. 그는 나중에 이렇게 말했다. "그냥 그 안으로 들어갔어요. 그 빛은 참으로 압도적이었습니다. 우리가 늘 원하던 사랑과 같았어요. 치유하고 돌보고 회생하게 하는 사랑이었습니다."[4] 그런 다음 그 빛은 절묘하게 아름다운 인간영혼의 만다라(mandala, 기하학적 무늬들로 이루어진 둥근 모양의 그림-옮긴이)로 변했다.

베네딕트는 동료 인간에 대한 모든 부정적인 판단과 냉소적인 태도가 긍정적이고 희망적인 관점으로 변하는 것을 느꼈다. 그는 위대한 빛과 대화를 나누었다. 그리고 의식의 흐름을 타고 은하를 통과했고 온 우주 전체를 흘낏 보았다. 빅뱅 이전, 우주창조 이전의 순간에 있는 것처럼 느껴졌다. 그의 의식은 무한히 확장되었다. 죽음은 없고 오직 불멸만이 존재한다는 깨달음이 그에게 찾아왔다. 이런 확신 속에서 전 과정이 반대의 순서로 저절로 일어나 그는 몸으로 다시 돌아왔다.[5]

호스피스 간호사는 그가 살아 있다는 것을 보여주는 아무런 활력 징후가 없음을 알았다. 혈액의 압력이 감지되지 않았고, 증폭 청진기로도 심장박동을 들을 수 없었으며, 심장박동 모니터는 직선을 그리고 있었다. 그녀는 그의 몸을 그대로 놓아두기로 한 약속을 존중해주었다. 그의 몸이 뻣뻣해지기 시작했다. 그러던 중 그가 갑자기 깨어났다. 그는 외부의 빛을 보며 일어나서 그리로 가려고 애쓰다가 침대에서 굴러떨어졌다. 간호사는 쿵 하는 소리를 듣고 바닥에 떨어져 있는 그를 발견했다.

3일이 지나자 그는 정상으로 돌아왔고, 이전에는 한 번도 느껴보지 못한 새로운 느낌이 들었다. 그는 호스피스에서 퇴원했다. 3개월 후, 한 친구가 병원에 가서 진단을 다시 받아보라고 권했다. 뇌 정밀검사가 다시 시작되었다. 정밀검사 전후를 비교·분석한 의사는 이렇게 말했다. "이제 여기에 아무것도 없군요." 베네딕트가 행복하게 응답했다. "정말요, 기적인가요?" "아뇨. 이런 일들이 종종 일어나죠. 자연적 소멸이라고 부르고요." 의사가 시큰둥하게 대답했다. 그러자 "하지만 기적이었어요. 다른 사람은 안 그런지 몰라도 나는 크게 감동했습니다" 하고 베네딕트가 이야기했다.[6]

결정적인 질문

베네딕트가 근원 또는 상위자아 안으로 용해되고, 거기서 인간영혼의 절묘하게 아름다운 집합체를 본 것과 같은 체험은, 임사체험자들 사이에서 반복하여 일어나는 주제이다. 이런 패턴은 고대에서부터 존재해왔다. 기원전 300년경 저술된 플라톤의 《국가론 The Republic》에 나오는 에르의 전설처럼 모든 시대의 예술과 문학에는 그런 보고들이 단편적으로 등장한다. 플라톤의 이야기에 나오는 에르라는 이름의 한 전사가 싸움터에서 죽음을 맞이했다. 열흘 뒤 그의 죽은 몸이 수습되었을 때, 에르의 몸은 전혀 썩지 않고 있었다. 이틀 후 화장터 장작더미 위에서 깨어난 그는 사후에 하늘로 올라갔던 여행을 묘사한다. 그는 많은 동반자와 함께 경이로운 느낌을 체험했고, 그가 보아온 어떤 것보다 더 밝은 무지갯빛 빛줄기를 보았으며, 많은 신을 만났다.[7]

임사체험 일부분을 이루는 근원, 영혼, 상위자아라는 개념은 한마음을 확인해준다. 카를 융은 이렇게 표현했다. "철저하게 개인적인 본성인 즉각적인 의식 외에도 (…) **모든 개인 안에는 동일한, 집합적이고 우주적이며 초개인적인 본성**의 2차 심령체계가 존재한다."[8]

우리의 유물론적인 문화에서 육체의 죽음 이후에 살아남는 영혼을 믿는다는 것은 죽음과 소멸을 두려워하는 사람들을 위한 비겁한 위안으로 여겨질 때가 많다. 그러나 이런 비판을 넘어 살펴봐야 할 두 가지 주요한 이유가 있다.

첫째, 많은 사람에게 이 일반적인 신념은 건강을 위해 중요하다. 카를 융은 이렇게 말한다. "의사로서 나는 영원불멸에 대한 신념을 강화하려고 모든 노력을 기울인다."[9] 그리고 "인간에게 결정적인 질문은 그가 뭔가 무한한 것과 연결되어 있는가 아닌가이다. 이는 인생의 실상을 잘 보여주는 강력한 질문이다. 무한성이 참으로 중요한 것임을 알 때에만 우리는 실제로 중요하지 않은 온갖 종류의 목표와 헛된 것에 주의가 묶여버리는 것을 피할 수 있다. (…) "[10] 으스스한 책《1984년》을 쓴 조지 오웰은 여기에 동의한다. "우리 시대의 주요한 문제는 개인의 불멸성에 대한 신념이 쇠퇴하는 것이다."[11]

둘째, 과학계 내에서 견해가 변화하고 있다. 죽으면 의식이 끝난다는 생각은 이제 당연한 것으로 받아들여지지 않는다. 뛰어난 물리학자 데이비드 봄은 말했다. "궁극에는 모든 순간이 참으로 하나이다. (…) 그러므로 지금이 영원이다. (…) 나를 포함해서 모든 것은 매 순간 영원 안으로 죽고 다시 태어나고 있다."[12] 존경받는 프랑스 물리학자 올리비에 코스타 드 보르가르는 물리학과 수학에서 "모든 곳에 편재하는 '집단무의식'의 존재"를 확인해주는 증거를 발견한다. 집단무의식은 시간을 초월해 있고 불멸인 한마음에 가까운 것으로 의심받고 있다.[13]

버지니아대학의 정신과 의사 이안 스티븐슨은 전생을 기억하는 아이들의 사례를 수없이 보고해왔다. 그들의 이전 존재에 대한 서술은 조사·확인되어 환생이 사실임을 강력하게 암시했다.[14] 영국의 천문학자이자 작가인 데이비드 달링은《영혼탐구Soul Search》라는 대담한 책에서 이렇게 말한다. "죽음이 우리를 기다리고 있다. 하지만 거기에 소멸의 위협은 더는 없다. 죽음은 몸과 뇌와 자아의 끝을 의미할 수 있다. 하지만 바로 그 때문에 더 넓은, 시간을 초월한 의식으로 돌아가는 것임을 뜻할 수 있다. 이것을 알면 진리의 빛 속에서 모든 두려움이 용해되어 사라진다. 자아는 환상이므로, 자아의 상실은 아무것도 아니다."[15] 특히 그중에서도 임사체험에서의 생존을 확인해주는 증거가 있는데, 미국 인구의 상당한 비율이 그런 증거를 보고하고 있다. 이런 추세를 설득력 있게 묘사한 책으로는 철학자 크리스 카터의《과학과 임사체험Science and the Near-Death Experience》과 심장병 전문의 핌 반 롬멜의《삶 너머의 의식: 임사체험의 과학Consciousness Beyond Life: The Science of the Near-Death Experience》이 있고, 그 밖에도 다른 책이 아주 많다.

불멸 알레르기

임사체험에서 나타나는 불멸의 가능성이 많은 사람에게 위안과 희망을 가져다주는 한편으로 다른 사람들을 격앙시키기도 한다. 하나의 예를 들자면 의학계를 주도하는 어느 의과대학의 한 신경학자는 임사체험이 뇌의 특정 부위에서 일어나는 물리적 과정일 뿐이라며 필사적으로 폭로를 시도한다. 또한 그는 죽음 이후의 생존을 말하는 것이 비윤리적이라고 생각한다. 그의 말을 들어보자.

사람들은 이런 경험이 뇌 밖에 의식이 존재할 수 있다는 증거라고 말하기를 좋아한다. 죽음 이후에 살아 있는 영혼 같은 것 말이다. 나도 그것이 사실이기를 바란다. 그러나 그것은 신앙의 문제이다. 거기에 대해서는 어떤 증거도 없다. 다르게 주장하는 사람들은 거짓희망을 만들어내기 위해 거짓과학을 사용하고 있다. 나는 그것이 오도하는 것이며 궁극적으로는 잔인하다고 생각한다.16

하지만 어디에 잔인함이 있다는 말인가? 그렇지 않다는 증거들이 무수히 많은데도 육체가 죽으면 존재 역시 완전히 끝난다고 사람들에게 확신시키는 것이야말로 정말 잔인하다고 나는 생각한다. 뇌가 심하게 손상되더라도 마음이 대단히 정확하게 작동할 수 있다는 현저한 증거를 무시하는 데에 잔인함이 있다. 의식이 시간상의 무한함과 불멸성을 암시하면서 비국소적으로 시공간의 제한을 넘어 작동한다는 것을 보여주는, 주의 깊은 연구자들의 풍부한 연구결과를 어떤 권위가 무시할 때마다 잔인함이 일어나는 것이다. 이 신경학자가 주장하는 것처럼 거짓된 희망을 주는 데에 잔인함이 있는 게 아니라, 과학적인 기록을 오독함으로써 희망을 빼앗고 불필요한 고통을 조장하는 데에 잔인함이 있다.

2011년 나는 편지 한 통을 받았다. 사랑하는 딸이 19세에 세상을 떠난 이후 위로를 찾고 있던 부모가 보내온 편지였다. 그들의 딸은 선천성 심장병을 앓았고 몇 차례 수술을 받았으며 짧은 인생 동안 많은 고통을 감내했다. 부모는 유명한 임사체험 폭로자의 책을 읽고 그에게 편지를 써서 딸이 사망 후에 생존해 있을 가능성이 조금이라도 있는지 물었다. 그는 이렇게 대답했다. "저는 희망을 많이 드리지 못합니다. 저 자신도 몇 년밖에 남지 않았습니다."

그들을 울적하게 만드는 대답이었다. 부부는 내가 이 대답을 어떻게 생각하는지 알고 싶어 했다. 나는 그들에게 내 생각을 말했다. 인간 의식의 어떤 부분은 시공간에서 무한하고, 파괴될 수 없으며, 불멸인 것이 분명하다고 말이다. 또 딸의 의식이 여전히 존재하며 영원을 통해 존재할 것으로 믿는다고도 했다. 그러면서 그들에게 내 말을 그냥 믿지는 말라고 부탁했다. 그들은 내 결론의 근거를 이루는 수많은 연구의 과학적 증거들을 읽어야만 한다. 나는 이 책에서 언급하는 근거 중 몇몇을 그들에게 알려주었다. 내가 그렇게 한 이유는, 의식의 비국소적이고 무한한 차원을 지지하는 증거들이 너무나 많아서 그들이라면 쉽게 자기 결론에 도달할 것이기 때문이었다. 그리고 그것은 아마도 그들이 조언을 구했던 폭로자의 음울한 판결과는 반대되는 결론일 것이다. 부부는 현명한 사람들이다. 남자는 컴퓨터 전문가이고, 부인은 변호사이다. 그들은 나를 포함해서 다른 어떤 사람의 판단도 그냥 받아들이지 않고 스스로 자기만의 판단을 내릴 수 있을 것이다.

영혼 같은 것에 대한 믿음을 지적인 나약함으로 여기는 사람들이 늘 있게 마련이다. 고故 버트런드 러셀 경은 한때 이처럼 신랄하게 말했다. "죽으면 나는 썩을 것이고, 나의 자아 중 어느 것도 살아남지 않을 것이라고 믿는다."[17] 나는 러셀이 옳았다고 생각한다. 그의 육신은 분명 썩었고, 그의 자아는 아무것도 남지 않았다. 하지만 그것이 결코 끝은 아니다. 우리는 육체와 자아 이상의 무엇이다. 의식의 요소는 시간상 무한하며 더 큰 무엇, 한마음의 일부이다.

대장균 덕분에 천국의 증거를?

우리는 아마도
죽음이 결국 그렇게 나쁘지 않음을
재발견하기 직전에 와 있는 것 같다.[18]
_루이스 토머스 M. D.

베스트셀러 《나는 천국을 보았다Proof of Heaven: A Neurosurgeon's Journey into the Afterlife》의 저자 이븐 알렉산더 박사는 이에 동의할 것이다.[19] 지난 25년간 하버드 의과대학 및 부속병원에서 신경외과 전문의로 일해온 그는 두 권의 교재와 200부에 가까운 과학논문을 저술했으며, 뇌작용연구 분야에서 인정받는 전문가이다. 그는 정신적 외상, 감염, 뇌종양, 뇌졸중, 동맥파열로 인한 혼수상태로 고통받던 수많은 환자를 치료해왔다. 그러나 이 모든 것에도 불구하고 2008년

11월 10일 이른 시간에 발생한 한 사건 앞에서 그는 아무런 대비가 되어 있지 않았다. 그날 그는 혼수상태에 들어갔다. 인공호흡기가 부착되고 정맥 내에 항생물질 투여가 시작됐다. 문제는 대장균에 의한 흔하지 않은 형태의 뇌수막염이었다. 대장균은 최근 식중독을 일으키는 것으로 알려진 박테리아이다. 알렉산더의 상태는 급격히 악화되었다. 의료팀은 죽음을 예상하고 그의 아내와 두 아들에게 가망이 별로 없다고 말했다. 그런데 예상과는 반대로 그가 살아났다. 7일째 되던 날 인공호흡 튜브를 제거하자 그는 "고마워요" 하고 말했다. 그해 11월 10일에서 17일 사이에 어떤 일이 일어났고, 그것이 그의 삶을 바꾸어놓았던 것이다. 이 기간에 그는 임사체험을 겪었다. 그 경험은 뇌와 의식에 관해 그가 안다고 생각한 모든 것을 무너뜨려버렸다.[20]

알렉산더의 임사체험은 일상의 깨어 있는 자각보다 정말 더 '실재감 있고, 극도로 또렷하고 생생했다.' 그는 그것이 너무나 '충격적이고' 현실감 있어서 '말로 형용할 수 없다'고 생각했다. 그 경험은 몇 단계로 이루어져 있었다. 첫 광경은 '그저 흐리고 탁한' 가운데 얼굴 하나가 이따금 나타났다. 그다음엔 '아름답고도 아름다운 빙빙 도는 멜로디'가 들려왔다. 알렉산더는 '수백만의 찬란한 나비들 중에서 한 마리 나비의 날개 위에 찍힌 점'이 되었다. 그의 옆에는 날개 위로 '너무나 아름다운 소녀'가 앉아 있었다. 그 소녀는 '일종의 농부 옷 같은, (…) 복숭아색과 오렌지색과 파우더블루(회청색)가 섞인 너무나 아름다운 옷'을 입고 있었다. 그녀는 한마디 말도 하지 않으면서 이런 메시지를 전하고 있었다. "당신은 사랑받고 있어요. 당신은 영원히 소중한 존재예요. 당신이 잘못할 수 있는 것은 아무것도 없답니다. 걱정할

게 아무것도 없어요. 모든 것이 당신을 돌볼 겁니다." 메시지 안에는 그가 그곳에 머물 수 없다는 자각도 포함되어 있었다. 그는 지상의 존재로 돌아와야 했다.

알렉산더는 '신성의 현존'을 알아차렸다. 그것은 '신성의 강력한 힘' 같은 것이었다. 그는 말한다. "나는 아주 멀리 넘어서 있었어요. (…) 모든 인간의 의식 너머로. 거기엔 정말 단 하나의 의식이 있었습니다." 알렉산더는 한마음 안으로 들어간 것이었다. 그는 무한히 유지되는 것으로 시간을 경험했다. "우리는 항상 모든 것에 순서를 정하고 그것을 직선 형태로 배열해서 묘사하려고 하죠. 그건 정말로 먹히지 않는 짓입니다." 그가 말했다.[21]

임사체험 이후 그는 이런 사건과 관련 있는 책들에 몰입함으로써 자신에게 무슨 일이 일어난 것인지 이해하려고 애썼다. 책을 읽으면서 회의론자들이 이런 일들을 무시하기 위해 반복적으로 사용해온 논박들을 참을 수 없었다. "사람들이 묘사하는 초월적인 현실은 (…) 이산화탄소와 산소를 말하는 수준처럼 극도의 단순함으로는 설명할 수 없습니다. 그건 그냥 안 되는 겁니다. 내가 장담하지요." 그는 이렇게 덧붙였다. "그건 어떠한 약물체험과도 완전히 다릅니다. 나에게 찾아와서 '아, DMT(디메틸트립타민, 환각제의 일종으로 중추신경을 자극함. 영혼의 분자라고 불림-옮긴이) 경험인 것처럼 들리는군요' 또는 '케타민(전신마취제로 분류되며, 환각과 혼란을 일으킬 수 있음-옮긴이) 체험인 것 같군요'라고 말하는 사람들이 많습니다. 전혀 아닙니다. 그런 것은 근처에도 못 옵니다."

알렉산더 박사는 그의 분야에서 최상위에 있는, 나무랄 데 없이 완벽한 자격을 갖춘 과학자이다. 그는 정당한 회의론의 가치는 인정하지만, 미리 형성된 편견으로 가득 찬 회의론은 인정하지 않는다. 그는 이렇게 말한다. "과학자들은 종교의 광신도처럼 도그마와 신념에 중독되는 경향이 있다. 그래서 우리는 아주 조심하면서 뒤로 한걸음 물러나 진리를 알고자 해야 한다. (…) 의식에 관해서 우리의 원시적인 모델들이 갖지 못한 무언가가 일어나고 있다. 그것은 내가 이전에 알던 것보다 훨씬 더 심오하다."

대장균 덕분에 알렉산더 박사는 다시 돌아올 수 없는 문을 통과해 들어갔다. 그는 이렇게 말한다. "내 경험은, 뇌의 여과 메커니즘이 제거될 때 여기 지상 영역에서 내가 갇혀 있던 의식을 초월한, 아주 놀랄 만큼 강력한 의식이 드러나기 시작한다는 것을 명확하게 보여주었다. 그것은 정말로 놀랍다. 그리고 그것이 바로 우리가 설명할 필요가 있는 것이다. 수없이 많은 임사체험자들이 이것에 관해 말해왔다."

그러나 임사체험은 천국에 들어가기 위해 바늘귀를 통과하는 하나의 방법일 뿐이다. "누구나 임사체험을 해야 할 필요는 없다"고 알렉산더 박사는 말한다. "수천 년에 걸쳐 일어났던 수많은 신비체험이 있다. 그 체험들도 동일한 메커니즘의 한 부분이다." 그가 옳다는 것을 우리는 곧 보게 될 것이다.

1975년 정신과 의사 레이먼드 무디[22]가 《삶 이후의 삶Life After Life》을 출간하면서 임사체험이 대중문화 무대 위에 등장하였다. 그 후 이 체험은 수많은 책과 기사와 인터뷰 속에서 이미 회자되었다. 알렉산더 박사의 체험에서 새로운 것은 알렉산더 그 자신이다. 의학계를 주도하는 신경전문의이자 뇌작용 분야의 전문가인 한 사람이 뇌-

몸을 넘어선 사건을 옹호하고, 의식이 인간 뇌와 독립해서 존재한다고 열정적으로 선언하는 경우는 흔치 않다. 그의 주장은 과연 성공할까? 어떤 이들에게는 먹히고 있지만, 모두에게 그런 것은 아니다. 그의 의사 중 몇몇이 이미 무시하면서 말하고 있다. "아, 네네. 당신은 아주 많이 아팠었죠."

그러거나 말거나. 과학적으로 '입증됨'이라는 것 역시 늘 바뀐다. 물리학자 막스 플랑크도 과학의 이론들이 장례식을 치를 때마다 과학은 바뀐다고 말했다. 모든 사람을 다 설득할 필요는 없다. 미국인의 18%는 아직도 태양이 지구 둘레를 돈다고 믿고 있다.[23] 지구가 납작하다고 믿는 사람들도 여전히 존재한다.[24] 그러나 그렇다고 해서 사실이 바뀌지는 않는다. 알렉산더는 낙관적이다. 그는 말한다. "의식에 대한 새로운 관점이 이 세상을 멋진 방식으로 바꿀 거라고 나는 생각한다. 과학과 영성이 손에 손잡고 하나로 합쳐지리라는 것, (…) 그리고 사람들이 존재의 참 본성을 이해하도록 도우리라는 것, 이에 대해 나는 매우 희망적이다. 앞으로 나아감에 따라, 부수적인 효과로서 우리가 세상에서 보게 될 인간애, 은총과 조화가 어마어마하게 확장될 것이다. (…) "

수백만의 임사체험

미국, 오스트레일리아, 독일에서 조사한 바에 따르면, 인구의 4~15%가 임사체험을 겪은 적이 있다고 한다.[25] 네덜란드에서 수행된 대규모 연구는 심장박동 정지를 겪고 사망진단을 받은 사람들의 18%가

임사체험을 보고했다고 밝히고 있다.[26] 1980년대의 갤럽여론조사는 대략 1,300만 미국인들이 임사체험을 한 것으로 추산했다.[27] 한 연구는 통계학적으로 미국에서 매일 800명에 가까운 사람들이 임사체험을 한다고 밝혔다.[28] 이런 경험의 유효성을 의심하는 사람들이 보유한 대비책은, 그것이 병들어 죽어가는, 산소결핍과 기능이상으로 망가진 뇌의 마지막 혈떡임이라고 말하는 것이다. 그러나 최근에 와서 이런 '설명'은 점점 더 설 자리가 없어지고 있다. 그런 경험은 죽음이 임박한 사람들뿐만 아니라 건강한 사람들에게도 일어나고 있음이 밝혀졌기 때문이다.

1992년 임사체험연구국제협회IANDS, the International Association for Near-Death Studies는 회원들에게 임사체험 계기를 묻는 설문지를 보냈다. 협회는 229명에게서 응답을 받았는데, 23%가 병원에서 죽어갈 때, 40%가 심각한 질병이나 신체적 트라우마를 겪는 도중, 37%는 죽음이나 질병, 또는 트라우마와 관계없이 겪었다고 대답했다. 이 조사에서 가장 낮은 비율을 차지한 것은 죽음의 문턱까지 간 사람들의 체험이었다.[29]

하지만 건강한 사람들이 겪은 유사임사체험이 거의 죽어가던 사람이나 심각하게 아픈 사람들의 체험과 같은 것일까? 코네티컷대학의 심리학자 케네스 링은 같다고 믿는다. 링은 임사체험 분야에서 가장 존경받는 연구가 중 한 사람이다. 그는 말한다. "임사체험에 전형적으로 나타나는 영적인 통찰을 얻기 위해 누구나 죽음 가까이 갈 필요는 없다. (…) 더욱이 체험 이후에 따라오는 변화들은 (…) 역시 죽음이 임박하지 않아도 일어날 수 있다. (…) 무엇이 그 체험을 촉발하는가는 중요하지 않다. 체험 도중에 일어나는 일이 중요한 것이다."[30]

낸시 클라크는 이를 알고 있을 것이다. 그녀는 펜실베이니아여자대학에서 세포학을 전공한 뒤, 어느 주요 대학에서 세포학을 강의하며 암 연구를 했다. 은퇴 후에는 임사체험에 관한 저술과 강의에 헌신하고 있다. 클라크는 과학에 능숙하며 과학적인 방법을 숭배하다시피 한다. 그녀는 임사체험 같은 것을 찾아다닐 사람이 아니다.

1960년대 초, 레이먼드 무디가 《삶 이후의 삶》[31]이라는 책으로 임사체험을 서양문화의 무대 위에 올려놓기 한참 전에, 클라크가 아들을 낳던 도중 사망진단을 받았다. 심한 고혈압, 부종, 경련 등을 일으키는 임신중독증이 문제였다. 그녀는 의식을 잃었으나, 여전히 무슨 일이 일어나고 있는지 알고 있었다. 아래로 자신의 육체가 보였다. 빛의 근원이 그녀에게로 흘러들어 가는 것도 보였다. 그녀는 자신의 마음을 가득 채우는 황홀경과 평화와 사랑을 느꼈다. 그러는 동안 간호사가 그녀의 가슴을 두드리며 "돌아와요, 낸시, 돌아와요!" 하고 말하는 것을 보았다. 간호사는 곧 "아들을 낳았어요" 하며 말을 이었다. 클라크는 몸으로 돌아가겠다고 결정했다.

그러나 너무 늦었다. 그녀는 영안실의 차가운 금속표면 위에 누워 얼굴에 천이 덮인 채로 의식을 회복했다. 그녀가 얼굴의 덮개를 치우자, 옆에 놓인 바퀴 달린 들것 위에 천에 덮인 또 다른 몸이 보였다. 그녀는 다시 의식을 잃었다. 다음번에 깨어났을 때 그녀는 병실에 있었다.

알 수 없는 일이었다. 그녀는 임사체험에 관해 들어본 적이 없었고, 그에 관해 말하는 사람도 없었다. 임사체험이란 용어가 아직 만들어지기 전이었다. 경험한 것을 의사에게 말하면 정신병동에 갇힐지 모른다는 두려움에 그녀는 입을 닫았다. 의사는 뭐가 잘못됐었는지 이야기 나누기를 거부했다. 그녀의 어깨를 두드리며 그는 "앞을 보고 살아가라고, 뒤돌아보지 말라고, 다 잊으라고" 재촉했다. 그녀는 그의 말을 따랐고 38세가 될 때까지 단 한 사람에게도 발설하지 않았다. 그해, 완벽한 건강상태로 강의하며 암 연구를 하던 중, 그녀는 이전과 거의 같은 경험을 다시 겪었다. 그녀는 연단에 서서 죽은 친구를 위해 추도문을 읽고 있었다. 그때 갑자기 그 빛이 다시 나타난 것이다. 육체는 계속 정상적으로 기능하고 추도문 읽기는 지체 없이 진행되었지만, 동시에 그녀는 몸을 벗어나 그녀 자신이 '신의 빛'이라고 부르는 다른 차원으로 들어가는 감각을 느꼈다. 그녀는 장대한 아름다움과 황홀경, 그리고 지극한 행복을 경험했다. 한 번도 느껴본 적 없는 조건 없는 사랑이 쏟아지듯 내려왔다. 그녀에게 자신의 인생 전체를 다시 돌아보는 경험이 찾아왔다.

클라크는 "따로 떨어져 있는 자아라는 환상이 저절로 녹아서 사라지는 것"을 느꼈다. "나는 변형된 무한한 의식으로 모든 이와 모든 것을 사랑했다." 그녀는 "신의 사랑과 하나로 녹아들었고 텔레파시 같은 의사소통이 일어났다." 그녀가 추도문을 읽어주던 죽은 친구가 보였다. 친구는 그녀의 손을 잡으며 곁에 서서 자기에게 아무 문제가 없고 아주 행복하다고, 슬퍼할 이유가 전혀 없다고 말해주었다. 그녀는 연단에 서 있는 낸시의 몸으로 돌아오고 싶지 않았다. 하지만 자신이 경험한 것을 다른 이들에게 전해야 하는 사명이 맡겨졌음을 알았기에 다시 몸으로 돌아왔다. 그녀는 자신이 '궁극의 지식'에 닿았다는 것을 감지했으니 사명을 완수할 수 있으리라 느꼈다. "나는 과거, 현재, 미래의 알아야 할 모든 것을 알았다. 과거와 현재와 미래에 언어로 발화되거나 글로 기록되는 모든 말과 생각이 내게 전해져왔다." 하지만 그 지식 전부를 기억하는 건 허락되지 않았음을 나중에 이해하게 되었다. 오직 그 일부만 허락되었던 것이다. 그녀는 이렇게 썼다. "이것은 다른 모든 임사체험자도 보고하고 있으며, 30년 넘게 진행해온 과학연구에 나타나는 고전적이고 보편적인 유사성이다. 오랜 기간에 걸쳐 연구자들 사이에 이 공통의 맥락이 드러난 것이다."[32]

클라크는 한마음의 영역 안으로 들어갔다. 거기에서는 모든 지성과 정보가 만나므로 우리 역시 모든 지식에 접속할 수 있다. 그녀의 경험은 우리가 이 책의 소개하는 말에서 보았던 에머슨의 통찰과 같다. "모든 개인에게는 공통되는 한마음이 있다. 모든 사람은 항상 동일한 것 안으로 들어가는 입구이다. (…) 플라톤이 생각한 것을 그가 생각할 것이며, 현자가 느낀 것을 그도 느낄 것이다. 어느 때 어느 사람에게 일어난 일이라도 그는 모두 이해할 수 있다. 이 우주 마음에 닿은 사람은, 존재하는 모든 것과 일어날 수 있는 모든 것에 관여한다. (…)"[33]

이런 황홀경 상태에서 15분이 지나고 클라크는 육체로 돌아왔다. 몸은 여전히 추도문을 읽고 있었다. 추도식이 끝난 후 몇몇 사람이 다가오더니 그녀가 말하는 동안 그녀의 몸 가장자리 주위가 온통 하얗게 빛났다고 말해주었다.

비록 자신의 경험을 다른 이들에게 전하라는 영감을 받기는 했지만, 클라크는 커다란 장애물을 마주하게 됐다. 그녀가 미쳤다고 생각한 친구들은 그녀 곁을 떠나버렸다. 가족조차 그녀의 말을 믿지 않았으며, 자신에게 일어난 일을 전할 때마다 사람들에게 조롱을 받았다. 근본주의자인 한 개신교 목사는 아예 그 일을 말하지 말라며 금지했다. 목사 말로는, 사탄이 빛의 천사로 가장한 채 그녀를 통해 일하는지도 모른다는 것이었다. 그녀는 말한다. "솔직히 나도 누군가가 이런 이야기를 하면 못 믿었을 거예요." 그러나 그녀는 이들의 비판에 위축되지 않았다. "회의론자들과 거부하는 사람들도 언젠가는 초월의 영역에 들어올 겁니다." 그녀는 말한다. "그들은 결국 내가 말하려는 것이 사실임을 스스로 발견하게 될 것입니다."[34]

이러한 초월적 경험 중에 일어난 일을 제대로 전달하지 못하면 때때로 심각한 갈등이 생기기도 한다. 한 여성이 클라크에게 보고한 내용이다. "나는 처음에도 많은 사람에게 이야기하지 않았어요. 이제는 들을 준비가 된 사람들에게만 말합니다. 남편과는 그 경험 이후에 이혼했습니다. 그는 이렇게 말하곤 했죠. '당신은 더 이상 내가 결혼했던 사람과 같은 사람이 아니야.'"[35] 또 다른 여성은 임사체험 이후 "모든 게 평탄하지만은 않았다. 남편은 나를 정신이상자로 생각했을지 모른다. 아니면 나와 이혼하고 자유로워지기 위해 그렇게 핑계를 댔는지도 모르겠다"고 말했다.[36]

자기 경험을 글로 쓰고 강의하는 동안, 클라크는 자신의 추도식 연단사건과 비슷한 경험을 한 사람들로부터 102건의 보고를 수집했다. 변형적인 경험을 했을 때, 그들은 전혀 죽음 가까이 가지 않았고 건강했으며 나이는 22~93세였다. 어떤 이들은 종교가 있었고, 어떤 이들은 영적이지만 종교는 없었으며, 또 어떤 이들은 불가지론자이거나 무신론자였다. 그들의 경험은 아무 예고 없이 저절로 일어났다. 그 경험을 하기 전에 사람들은 휴식이나 일하는 도중이었거나 놀이하던 중, 기도나 명상 중, 운전 중, 꿈꾸던 중, 텔레비전 보던 중, 비행기 타고 가던 중, 전화로 대화하던 중이었다. 클라크와 마찬가지로 이 경험에서 나왔을 때 그들에게는 삶의 목적과 의미가 새롭게 다가왔고, 연결된 느낌과 모두에 대한 조건 없는 사랑이 찾아왔다. 그들은 모두 전형적으로 이 경험을 인생에서 가장 중요한 사건으로 묘사했다.[37]

클라크는 임사체험이라는 용어가 사람들을 오도할 수 있다고 믿는다. 그녀 자신이야말로, 그런 경험은 완벽하게 건강한 사람에게도 일어날 수 있음을 보여주는 살아 있는 증거이기 때문이다. 그녀는 이 관점을 지킬 수 있는 좋은 위치에 있다. 그녀가 사망판정을 받았을 때와 또 건강하게 세포학 교수와 암연구가로 활동하고 있을 때도 같은 경험을 했기 때문이다. 그녀는 퉁명스럽게 말한다. 이런 경험에는 "아무런 차이가 없어요."

연구자들도 이에 동의한다. 최근에 그들은 임사체험을 세분화했다. 클라크가 출산 중에 겪은 임사체험에 추가하여 그녀가 연단에서 겪은 유사임사체험이 있다. 또 다른 형태는 공사체험fear-death experience이다. 이것은 임박한 죽음에 대한 극심한 두려움과 관련이 있다. 등산 중의 실족이나 끔찍한 자동차사고처럼 정말 죽을 것만 같은 상황에 직면했던 사람들이 이런 공사체험을 보고한다. 다른 범주로는 근사체험nearing-death experience이 있다. 이는 시간을 오래 끄는 불치병 때문에 서서히 죽어가는 과정에서 일어날 수 있다.[38]

클라크는 주목을 받을 만하다. 그녀의 경험은 50년이라는 긴 기간에 걸쳐져 있다. 그녀는 임사체험이란 용어가 쓰이기 한참 전에 이미 사망판정을 받고 고전적인 임사체험을 겪었다. 이 사실은 기대와 암시가 그녀의 체험을 채색했을 가능성을 배제해준다. 그리고 20년의 세월이 지나고 추도식에서 추도문을 읽는 도중 그녀는 건강한 사람으로서 또 한 번의 동일한 경험을 했다. 그녀는 이런 사건을 부인하던 서양문화가 수백만 미국인이 겪은 일종의 임사체험을 인정하는 쪽으로 변하는 것을 목격해왔다.[39]

"절대 털어놓고 싶지 않은 사람"

미국의 의사들은 이러한 보고들을 받아들이는 데 여전히 어려움을 느낀다. 그 결과 낸시 클라크처럼 많은 임사체험자들은 자신의 경험을 의사에게 털어놓는 걸 여전히 꺼리고 있다. 이런 사건들이 실제보다 분명히 적게 보고되는 것을 보면 이를 알 수 있다.

　네덜란드의 저명한 심장병 전문의 핌 반 롬멜은 그의 베스트셀러 《삶 너머의 의식: 임사체험의 과학》에서 환자들 대부분이 이런 사건에 침묵하는 이유를 논했다.[40] 그는 1994년에 약 300명이 참석했던, 미국의 어느 대학병원에서 열린 임사체험 콘퍼런스를 묘사했다. 몇몇 프레젠테이션과 개인 체험발표가 끝난 후 의사 한 사람이 일어나 말했다. "나는 25년간 심장병 전문의로 일했지만, 여태껏 진료하는 동안 이런 말도 안 되는 이야기는 한 번도 들어본 적이 없어요. 이 모두가 완벽한 허튼소리라고 생각합니다. 단 한마디도 못 믿겠어요." 그때 다른 한 남자가 일어서서 말했다. "나는 당신의 환자 중 한 사람입니다.

몇 년 전에 나는 심장마비로 죽었다가 살아났고 임사체험을 했어요. 그리고 당신은 내가 체험을 털어놓을 마지막 사람이었을 겁니다."[41]

임사체험을 놓고 의사와 환자의 의사소통이 단절되는 것은 통탄할 일이다. 그러나 문을 닫는 사람은 의사들만이 아니다. 앞에서 보았듯이 클라크의 가까운 가족도 그녀를 믿으려 하지 않았다. 그리고 출산 중의 임사체험을 털어놓았을 때 그녀는 친구들을 잃고 말았다. 그들은 모두 그녀가 제정신이 아니라고 생각했다.

이러한 보고들이 받아들여질 때 우리가 무엇을 얻을 수 있는지를 보여주는 예가 있다. 97세의 한 여자분이 클라크가 임사체험에 관해 쓴 신문기사를 읽고 클라크에게 전화를 걸어왔다. 연로한 여성은 클라크에게 자신도 출산 중에 임사체험을 했으나 아무에게도 말하지 않았다고 했다. 말하기가 두려웠다고 하면서 눈물을 흘렸다. 클라크가 그녀와 함께 우는 동안, 그녀는 자신의 변형체험을 이야기했다. 클라크는 이렇게 보고한다. "그녀는 나에게, 혼자서만 간직하고 살아온 긴 세월 끝에 이야기를 털어놓게 돼서 이제는 평화롭게 영원히 눈감을 수 있을 것 같다고 말했다. 그녀의 가슴에 축복이 있기를. 나는 그녀를 평생 잊지 못할 것이다. 다른 사람들도 같은 경험을 했음을 알고 그녀가 받은 확증을, 그리고 마침내 그녀가 미쳤다는 판단을 받지 않고서도 다른 인간 존재에게 그런 이야기를 할 수 있었음을 나는 영원히 잊지 못하리라."[42]

공유임사체험

건강한 사람들의 유사임사체험과 비슷한 것으로 공유임사체험 shared-death experience이 있다.

정신과 의사 레이먼드 무디는 《초자연현상: 사후세계를 추구하는 나의 삶Paranormal: My Life in Pursuit of the Afterlife》이라는 책에서 이렇게 말한다. "공유임사체험은 임사체험과 유사하다. 그러나 그것은 죽어가는 사람에게 일어나는 게 아니라 사랑하는 사람이 죽어간다고 할 때 그 가까이 있는 이가 경험하게 된다. 이런 영적인 경험은 한 사람 이상 여럿에게 일어날 수 있으며, 임사체험과 아주 비슷하다."[43]

1970년대에 레이먼드 무디가 이 사건에 관해 처음 듣게 된 것은 제이미슨 박사에게서였다. 그녀는 조지아의과대학의 교수였다. 제이미슨은 심장발작을 일으킨 어머니를 찾아가서 심폐소생술을 시도했지만 아무 소용이 없었다. 제이미슨은 어머니가 죽은 것을 알고 망연자실해 있다가 갑자기 깜짝 놀랐다. 자기 자신이 몸 밖으로 빠져나와 발코니에서 내려다보듯이 심폐소생술 장면을 바라보고 있는 게 아닌가. 왼쪽을 보니 어머니가 자기 곁에 떠 있는 것이 보였다. 그다음으로는 마치 '우주의 갈라진 틈'과 같은 곳에서 방안으로 빛이 쏟아져 들어오는 것을 보았다. 그 빛 안에는 어머니의 친구들이 있었는데, 그들 모두 지난 세월 세상을 떠난 사람들이었다. 제이미슨이 지켜보는 동안 어머니는 빛 속으로 날아 들어가서 친구들과 하나로 합쳐졌다. 그러자 갈라진 틈이 닫히며 빛이 사라졌다. 그 뒤 제이미슨은 자신이 죽은 어머니 곁에 있는 것을 보았고, 방금 일어난 일로 몹시 어리둥절해 있었다. 무디는 제이미슨의 이야기를 듣고 '공유임사체험'이라는 이름을 붙였다.

무디는 곳곳의 사람들이 임사체험을 자유롭게 이야기하게 된 1980년대 초까지는 그 같은 공유체험에 대해 듣지 못했다. 1980년대에 와서야 사람들은 비로소 죽음이 임박한 사랑하는 사람들 곁에서 자신들이 보았던, 방안으로 쏟아지던 그 신비한 빛 이야기를 하기 시작했다. 방의 기하학적 형태가 변하는 것처럼 보이기도 했다. 어떤 사람들은 죽어가던 사람과 함께 빛의 터널 안으로 휩쓸려 들어가서 그 사람의 인생회상에 동참하기도 했다. 이런 체험은 때로 사람들의 집단이 개입되기도 한다. 무디는 말한다. "마치 삶 자체가 임사체험을 겪는 것 같았죠."

나의 오랜 친구 조앤 보리센코도 그런 에피소드를 내게 전해주었다. 이전에 보리센코 박사는 하버드의 암세포생물학자였다. 거기서 중대한 직업의 변화를 겪으면서 그녀는 심신상관의학mind-body medicine 연구의 개척자가 되었다. 그녀는 스무 살 아들 저스틴과 함께 죽어가는 어머니의 병실을 찾아가 문병하던 중이었다. 자정쯤에 작별인사를 하고 어머니는 잠이 들었다. 그들은 그녀의 죽음이 임박했음을 알았다. 보리센코와 저스틴은 침대 맞은편에 조용히 앉았다. 보리센코는 눈을 감은 채 기도하고 명상했다. 새벽 세 시쯤 갑자기 눈을 떴을 때 방안 전체가 빛으로 이루어진 것처럼 보였다. "이해하기 어렵다는 것을 알아요. 하지만 모든 것이 빛 입자로 만들어진 것 같았어요. 어머니도 침대도 천장도요. 모든 게 너무나 아름다웠어요." 보리센코는 침대 너머로 저스틴이 우는 모습을 보았다. 눈물이 그의 뺨을 타고 흘러내릴 때 그는 경이로움에 넋을 놓고 있었다. 저스틴이 말했다. "엄마, 방이 빛으로 가득 차 있어요. 보이세요?" "그래, 나도 보여. 나도 빛을 보고 있어." 그녀가 응답했다. 그러자 저스틴이 말을 보냈다. "할머니예요. 우리가 흘낏 볼 수 있도록, 할머니는 우리를 위해 영원으로 향하는 문을 잠깐 열어놓았어요."[44]

무디에게도 개인적으로 그런 일이 일어났다. 어머니가 죽음을 맞이할 때 두 누이와 그들의 남편, 그리고 무디와 아내는 어머니 병실에 함께 모였다. 어머니는 두 해째 혼수상태로 누워 있는 중이었다. 그러나 임종 직전에 깨어나서 모인 사람들에게 모두 많이 사랑한다고 말했다. 무디의 누이 케이는 어머니에게 한 번만 더 사랑한다고 말해달라고 부탁했다. 산소마스크가 옆으로 밀쳐지고 어머니는 한 번 더 말했다. "너희 모두 정말 많이 사랑한다." 모두 손을 잡고 있는 동안 세상이 변했다. 병실 모양이 변하는 것처럼 보였다. 그들 여섯 중 넷이 마치 땅에서 들어올려지는 것처럼 느꼈다. 무디는 격랑과 같은 강력한 힘이 그를 위로 끌어올리는 것을 느꼈다. 한 누이가 침대 가장자리 가까이 한 점을 가리키며 말했다. "여기 봐. 아빠가 계셔. 아빠가 엄마를 데리러 오셨어!" 여섯 사람 모두 방안의 빛이 부드럽고 흐릿하게 변했다고 보고했다. 그들 모두 기쁨을 느꼈다. 한 누이의 남편은 제 몸에서 빠져나와 장모와 함께 다른 차원으로 들어갔다고 묘사했다. 아무도 이전에 그런 것을 경험해본 적이 없었다. 그들은 다음 며칠 동안 모든 세부내용을 모아 하나의 일관성 있는 그림으로 맞추어보려고 노력했다.

그 사건은 무디에게 커다란 충격을 주었다. 그때까지 무디는, 세상이 임사체험에 주목하게 한 것으로 유명한 사람이었다. 어머니의 죽음 이후 그는 자기 인생과업의 다음 단계를 알게 됐다. 그것은 바로 공유임사체험이었다.

전 세계를 돌아다니며 임사체험을 강의하면서 무디는 청중들에게 자신과 누이 부부들이 겪은 바를 체험한 적이 있느냐고 물었다. 사례들이 쏟아져 들어왔다. 무디는 개인적으로 그리고 아주 자세하게 많은 사람과 인터뷰했다. 말이 퍼져나가자 공유임사체험은 다른 임사체험 연구자들에게도 보고되기 시작했다.

이것이 회의론자들에게 파괴력 있는 반박이 되리라는 것을 모두가 잘 알았다. 이 특별한 사건들이 건강한 사람들에게 일어났기 때문이었다.

일관된 하나의 그림이 나타났다. 공유임사체험은 임사체험의 전형적인 요소인 터널체험, 신비한 밝은 빛을 보는 것, 몸 밖으로 나가는 느낌, 일생을 다시 회상하기 등을 대부분 포함한다. 무디는 일반적으로 잘 일어나는 네 가지 특징을 강조한다. 거기에는 음악이 포함되는데, 죽어가는 사람 곁에 있는 이들에게 종종 음악이 들려온다. 사람들은 때때로 자신들이 들어본 모든 음악 중 가장 미묘하고 아름다운 음악이라고 말한다. 즉각적인 환경의 기하학적 변화도 이에 포함된다. 네모난 방이 '변형'되거나 '붕괴하면서 동시에 확장'된다. 그리고 다른 세상의 빛을 보는 감각이 있다. 그 빛은 만질 수 있을 것처럼 뚜렷하며 순수, 사랑, 평화로 경험된다.

무디는 말한다. "아프지도 않고 죽어가지도 않는 몇몇 건강한 사람이 함께 공유한 신비로운 빛의 감각은, 회의론자들의 주장을 상당히 무너뜨리고 있다. 그들의 주장이란 임사체험자들이 보는 빛은 죽어가는 뇌가 만드는 스파크에 불과하다는 것이다. 만약 많은 건강한 사람들이 빛의 신비경험을 공유한다면, 많은 사람 중에서 단 한 사람의 죽어가는 뇌가 그 빛을 만들어낼 리 없다."[45] 임사체험에서 공유임사체험을 구분해주는 넷째 특징은 죽어가는 사람에게서 방사되어 나오는 안개 같은 것이다. 그것을 본 사람들은 수증기나 안개, 또는 하얀 연기로 묘사하며, 종종 인간의 형상을 띠기도 한다. 많은 의사와 간호사, 그리고 호스피스 봉사자가 이런 신비한 안개를 본 적이 있다고 무디와 다른 연구자들에게 보고해왔다. 무디는 이것이 가장 일관성 있게 보고되는 공유임사체험 요소라는 것을 발견했다. 하지만 이것을 어떻게 해석해야 할지는 아직 알지 못한다.

　무디가 공유임사체험을 우연히 만난 시점보다 훨씬 이전에, 한동안 그것은 사람들이 알아차리지 못하는 가운데 일어나고 있었다. 캘리포니아 초개인심리학연구소의 심리학자인 라이언 로밍어 박사의 할머니를 예로 들어보자. 로밍어의 할아버지는 암으로 죽어가며 2년간 병실에서 자리보전하고 누워 있었다. 그가 죽음을 맞이하던 날, 아내인 로밍어의 할머니는 병실에 있었고 뭔가가 막 일어나려 하고 있음을 느꼈다. 그녀는 일어나서 침대맡으로 갔다. 갑자기 그녀는 다른 세상의 장소에서 남편과 함께 오솔길을 따라 걷고 있는 자신을 발견했다. 그곳은 초록빛으로 우거진 숲처럼 보였다. 훨씬 더 젊어 보이는 남편은 낡은 빨간색 사냥모자를 쓰고 있었고, 기관절개술(호흡곤란의 경우 기관을 절개하여 새로운 기도를 만드는 수술 - 옮긴이)을 받고 있지 않았다. 그는 미소 지으며 아내와 손을 잡고 걸어가고 있었다.

갈림길에 다다랐을 때 남편이 입술을 움직이지 않은 채 말했다. "나랑 함께 가." 그녀는 그럴 수 없다고 대답했고 두 사람은 잡은 손을 놓았다. 남편은 길을 따라 내려가서 작은 언덕을 넘어 마을을 향해 걸어갔다. 그녀는 그가 사라져가는 모습을 지켜보다가 다른 길로 걸어 내려왔다. 그때 돌연히 정신을 차린 그녀는 자신이 병실로 다시 돌아와 있음을, 그리고 남편이 이제 막 세상을 떠났음을 알아차렸다. 간호사들이 그가 살아 있도록 유지해준 기계장치들을 끄고 있었다. 목사 한 사람과 그녀의 아들이 병실로 들어와 그녀와 함께했다. 목사가 그녀를 흔들어 깨우며 말했다. "돌아와요, 돌아와. 아직 당신이 갈 때가 아닙니다." 그가 흔드는 사이 깨어난 그녀는 무슨 일이 일어났는지 알게 되었다.[46]

임사체험을 끈질기게 의심하는 회의론자들은 공유임사체험에도 설득되지 않을 것이다. 그들이 찾는 도피처는 '집단환각'이나 '집단환상'이다. 이런 체험들은 감정적으로 스트레스를 잘 받고 잘 속아 넘어가는 비탄에 잠긴 여러 사람이 자기가 보고 싶은 것을 보는 현상이라는 것이다. 그러나 잘 속는 사람이라고 말할 수 없는데다 용기 있고 강인한 엘리트 삼림소방대원 팀이 체험한 집단공사체험Collective fear-death experience을 본다면, 이런 비판은 설 자리를 찾기 어렵다.

1989년, '일류' 소방대원 20명은 헬리콥터로 어느 산맥에 투입되었다. 그들 아래에 빽빽하게 덮인 폰데로사 소나무 숲과 졸참나무 덤불에서 타오르고 있는 불길을 잡기 위해서였다. 그들이 방화대를 만들고 있을 때 두렵게도 바람 방향이 바뀌었다. 그 때문에 지옥처럼 맹렬히 타오르던 불길이 폭발적인 힘으로 그들을 향해 돌진해오기 시작했다. 그들은 곧 불길에 둘러싸였다. 화재는 지표면의 공기에서 산소를 빨아먹고 있었다. 소방관들은 숨을 쉬려고 안간힘을 쓰면서 몸을 낮춰 손과 무릎으로 기어갔다. 하지만 산소결핍으로 한 사람씩 땅에 쓰러져갔다.

팀장 제이크는 생각했다. '이게 끝이구나. 내가 죽어가고 있어.' 그때 제이크는 자기가 몸 위에 떠 있다는 것을 알아차렸다. 몸은 도랑속에 누워 있는데 자신은 위에서 그 몸을 내려다보고 있었다. 불길이 맹렬하게 솟구치는데도 제이크는 완벽한 평화 속에 있었다. 주변을 둘러보니 옆에도 다른 대원들이 위로 떠올라 자기 몸을 내려다보는 모습이 보였다. 그중 한 명은 발이 불구가 된 호세였다. "봐봐, 호세. 자네 발이 똑바르게 보이네." 제이크가 말했다. 그러고는 밝은 빛이 나타났다. 제이크는 그 빛을 "환상적이었다"고 묘사했다. 빛은 엄청나게 밝았지만, 눈이 하나도 부시지 않았다. "거기에서는 모든 것이 너무나 완벽했어요. 그리고 내 영혼의 몸은 (…) 너무나 자유로웠죠. 모든 것이 무한하게 느껴졌습니다." 나중에 그는 이렇게 말했다.

제이크는 빛 속에 돌아가신 증조부가 서 있는 것을 보았다. 다른 조상들도 나타났다. 증조부는 모든 과정을 안내하고, 그가 몸으로 돌아가도 좋고 아니면 그가 발견한 평화롭고 행복 넘치는 이곳에 그냥 머물러도 좋다고 말없이 생각만으로 전달해주었다. 제이크는 증조부에게 심한 화상을 입은 몸으로 돌아가면 충격을 받을 것 같다고 마음을 전달했다. 할아버지는 걱정하지 말라고, 돌아가기로 선택했다면 제이크는 물론 다른 대원들도 화재로 인한 나쁜 결과를 겪지 않을 거라고 알려주었다.

제이크는 육체로 돌아가는 것을 선택했다. 그러는 동안 자신과 대원들이 사용했던 몇몇 금속도구가 녹아 있는 것을 보았다. 불은 여전히 격렬하게 타오르고 있었지만, 그는 어떻게든 가파른 비탈을 걸어 올라가 살아날 수 있었다. 마치 대화재의 소음과 격동을 차단해주는 보호막에 둘러싸여 있는 것처럼 느껴졌다. 산꼭대기에 다다랐을 때 다른 모든 대원이 그곳에 있었다. 그들이 죽음의 문턱에서 빠져나왔다는 것을 누구도 믿을 수 없었다. 그들이 입은 손상이라고는 약간의 그을린 머리카락밖에 없었다.

그들은 각자 경험한 것을 서로 나누고 비교하면서 모두 자기만의 임사체험을 겪었고 때때로 서로서로의 임사체험 안에 등장했음을 발견했다. 제이크처럼 그들도 가족을 만났으며 육체로 돌아갈 수 있는 선택권이 주어졌다. 그들은 여름 화재기간 내내 함께 일하면서 서로 겹쳐졌던 체험과 신비한 만남에 관해 이야기를 나누었다.[47]

비판하는 사람들은 소방대원들의 집단공사체험이 자신들의 요점을 입증한다고 말하는 것으로 응답해왔다. 지표면에서 산소결핍이 발생하여 그들의 뇌가 오작동을 일으켰다는 것이다. 그러나 우리가 보아왔듯이 산소결핍을 겪지 않은 정상적이고 건강한 사람들도 종종 저절로 일어나는 체외이탈, 초월, 기쁨과 삶의 변화를 동반하는 유사 임사체험을 동일하게 보고한다. 그리고 건강한 사람도 사랑하는 사람과 함께 공유임사체험을 한다. 뇌 오작동의 결과로서 이것을 완벽하게 해명할 물리적인 설명은 지금까지 한 번도 제시된 적이 없다.

　회의론자들은 아마도 무디가 마주했던 가장 가혹한 비판 중 하나에서 교훈을 얻을 수 있을 것이다. 그것은 그의 아버지였다. 무디의 아버지는 제2차 세계대전 때 복무한 군의관이었는데, 오만하고 엄격하고 현실적인 외과 전문의였다. 그는 너무도 단호하게 무디의 연구에 반대했다. 한번은 본인의 의사와는 상관없이 무디를 정신병원에 입원시킨 적도 있었다. 죽음이 가까워지면서 무디의 아버지는 혼수상태에 빠졌는데, 의사들은 다시 의식을 회복하지 못할 것이라고 했다. 그러나 예상과는 달리 그의 호흡은 더욱 활발해졌고 그러다가 갑자기 눈을 떴다. 그의 아버지는 행복 가득한 미소를 지으며 어안이 벙벙한 아들의 얼굴을 바라보고는 이렇게 말했다. "참 아름다운 곳에 다녀왔어. 다 괜찮아. 모두 다시 만날 거야. 네가 그리워지겠지만, 곧 다시 함께 있게 될 거야." 무디가 말했다. "그 선언과 함께 아버지는 돌아가셨어요. 돌아가시기 직전의 임사체험이 아버지가 임사체험을 믿으시게 만든 거죠."[48]

　무디 아버지의 체험은 회의론자들에게 다음과 같은 주의를 준다. "임사체험을 믿지 않고 싶다면, 반드시 죽음을 피하라."

임사체험은 단일하고 분리되지 않은 한마음으로 용해되어 들어가는 것이다. 임사체험과 건강한 사람들의 공사체험, 유사임사체험, 공유임사체험 등에서는 일상의 삶에서 작동하던 경계들이 용해되어 사라진다.

사람들은 공통적으로 모든 것과 하나가 되는 심오한 감각을 체험한다. 저절로 일어난 유사임사체험 이후 한 남자가 말했다. "내가 보고 듣고 느끼고 믿고 생각하는 모든 것과 나는 하나였습니다."[49] 이처럼 그들은 타인들과 연결되는 느낌을 공유하고 싶어 한다. 건강한 한 여성은 자기가 경험한 유사임사체험을 이렇게 설명했다. "나는 오직 모든 생명이 하나라는 사실을 사람들에게 이해시키고 싶은 마음 하나로 내 체험에서 빠져나왔어요."[50]

하나 됨의 느낌에 늘 같이 따라오는 깊은 사랑의 느낌은 생활 속에서 알게 된 사람들에게만 국한되지 않고, 모든 생명체를 향해 무조건 일반화된다. 한 여성연구자는 거의 치명적인 실험실사고로 임사체험을 한 후, 자기 행동에서 '뚜렷하고 즉각적인 변화'를 겪었다. "가장 작은 생명조차 죽일 수 없었어요. 개미들을 손으로 떠서 정원으로 보내주곤 했죠. 내게 영양분을 공급하기 위해 자신의 생명을 주는 고기와 과일과 채소에도 감사하는 마음이 무척이나 커졌어요."[51]

전지전능의 경험에 수반되어 모든 지식 전체에 접속되는 감각도 자주 일어난다. 그것은 지식 내부의 경계들이 허물어지는 것이다. 한 건강한 사람은 자신의 유사임사체험을 이렇게 묘사했다. "나는 과거, 현재, 미래의 모든 것을 알았습니다. 그리고 모든 것의 기원과 하나됨과 목적을 깨달았어요. 비록 언어로는 한마디 말로 표현되지 않았지만 말입니다."52 어느 젊은 여성은 자발적인 유사임사체험을 겪은 다음 이렇게 보고했다. "모든 사물이 어떻게 함께 어울려 작용하는가 하는 자연세계에 관한 지식이 난데없이 찾아왔어요. 기계들의 작동원리를 모른 채 잠들었는데 깨어나 보니 모든 엔진의 작동법을 상세히 알게 됐다고나 할까요. (…) 만물과 하나 됨이 느껴지고 모든 것을 알게 됐어요."53 또 한 남자는 명상 중에 저절로 일어난 유사임사체험 동안 "그곳에서 모든 지식을 얻을 수 있음"을 보았다. 그는 이렇게 보고했다. "인간 · 영靈의 현존이 뭔가를 열어주었고, 나는 지난 모든 세기에 축적된 지식을 보았습니다. 역사, 과학, 예술, 건축, 종교, 의학, 수학 등 모든 것이었어요. 모든 것이 아주 쉽게 흡수되었습니다. 그 지식은 한계가 없었어요. 인간/영의 현존이 내게 말했어요. '보라, 이 지식은 그대가 이곳에 올 때 언제든 사용할 수 있다.'" 하지만 돌아가면 그가 얻은 지식이 모두 남아 있지는 않으리라는 것도 알았다.54 한 여성이 보고했다. "엄청나게 많은 정보가 내 두뇌 안에서 폭발하는 것 같았어요. 비어 있던 도서관이 갑자기 확 하고 깨어나는 것처럼 말이죠. 그 모두가 하나인 것 안에서…."55

이런 상황에서 일어나는 '대화'는 보통 생각만으로 이루어진다고 말한다. 이점 역시 각 개체의 마음이 하나의 단일한 마음으로 통합됨을 암시해준다. 그로써 말하고 듣는 것에 더 이상 의존하지 않는 몹시 친밀한 담론이 가능해진다.

경계가 허물어지는 것은 일상적인 자각에서도 반복해서 계속 일어난다. 예를 들어, 임사체험자의 55~89%가 임사체험 이후에 심령현상이나 치유능력이 향상했다고 보고한다. 이것은 일상에서 사람들이 겉으로 느끼는 개인 간의 분리감이 근본적인 것이 아님을 입증하는 또 하나의 증거이다.[56]

이 모든 경험을 통해 형언할 수 없는 완벽함과 사랑과 행복감이 흐른다. 그것은 언제나 삶을 변화시키는 힘이 된다. 그리고 이 변화와 함께 임사체험은 모든 사람이 장차 겪게 될 사건의 예고편이라는 확신이 찾아온다.

이 장을 마무리하기 전에, 마음이 어떻게 죽음을 넘어 연결된 것처럼 보이는지를 설명하는 마지막 이야기를 살펴보기로 하자.

1985년, 18세의 돈 완조는 앨범을 내겠다는 목표를 향해 달려가는 기타리스트였다. 어느 날 밤 그녀는 생생한 꿈을 꾸었다. 가까운 친구 리사가 자동차사고로 목숨을 잃는 꿈이었다. 그녀는 극도로 혼란한 마음으로 잠에서 깨었다. 나중에 친구 리사에게 꿈 이야기를 했지만, 사고로 죽었다는 말까지는 하지 않고 입을 다물었다. 그런데 일주일 후, 끔찍한 자동차사고를 당해 리사가 정말로 숨을 거두었다. 부서진 자동차는 돈이 꿈에서 봤던 것과 똑같은 모습이었다.

돈은 큰 충격을 받았다. 그 후 15년 동안, 돈은 충분히 경고하지 않았던 자신의 실수를 괴로워하면서 리사의 죽음에 대한 자책감을 떨쳐버리려고 연주와 작곡과 음악녹음에 몰입했다. 그러던 2000년의 어느 날, 리사가 대단히 생생한 꿈으로 돈에게 나타나기 시작했다. 리사는 자기가 정말 존재한다는 걸 돈에게 확신시켜 줄 방법을 고안해 내기 시작했다. 돈이 자신의 죽음에 대해 더는 괴로워하지 않도록 도와주려면 그것이 중요하다고 생각했기 때문이다.

특별한 명상을 하던 도중에 돈은 자신과 리사가 음식이 차려진 식탁 앞에 앉아 있는 모습을 보았다. 식탁에는 작은 네모 모양으로 썬 스테이크, 감자구이, 옥수수 이삭, 그리고 물이 채워진 샴페인 잔이 있었다. "웬 음식이야? 네가 있는 곳에선 음식이 필요 없잖아." 돈이 물었다. 리사는 그것이 자신이 정말로 존재한다는 것, 다른 영역에서 자신이 실제로 돈과 함께 있음을 확인해줄 거라고 전해주었다.

돈이 나중에 집에 돌아왔을 때, 여동생이 부엌에서 음식을 준비하고 있었다. 이상한 일이었다. 여동생은 한 번도 그런 적이 없었다. 접시 위에는 작은 네모 모양으로 썬 스테이크, 감자구이, 옥수수 이삭이 올려져 있었다. 돈은 동생에게 왜 이런 재료들을 골랐으며, 도대체 왜 자기를 위해 음식을 준비했는지 물었다. 여동생은 자기도 모른다고, 그냥 그러고 싶었다고 대답했다. 돈이 식탁 앞에 앉자, 동생은 접시 옆에 놓여 있던 샴페인 잔에 물을 따라주었다.

이 사건은 리사의 죽음을 아파하고 자책하던 돈의 괴로움을 끝내는 데 중대한 전환점이 되었다. "우리가 여전히 사랑하는 사람들과 영적으로 연결돼 있음을 사람들이 깨닫도록 돕고 싶어요. 그것 말고는 아무것도 원하지 않아요." 그녀는 나중에 이렇게 말했다. "그리고 아무런 분리도 없다는 것을 깨닫게 하고 싶어요."[57]

재탄생

두 번 태어나는 것이
한 번 태어나는 것보다 더 놀라운 일은 아니다.

볼테르[1]

—

기억, 감정, 몸의 상처들이 한 생에서
다음 생으로 전해질 수 있다는 것은 놀라운 이야기로 들릴지 모른다.
하지만 그 증거를 보면 우리는 그런 결론을 내릴 수밖에 없다.

짐 터커[2]

—

아시아 사람이 나에게 유럽의 정의를 물어온다면
나는 그에게 이렇게 대답하지 않을 수 없다.
사람이 무無에서 창조되었고
이번 생애의 탄생이 삶 속에 처음 들어온 거라는,
믿을 수 없는 망상이 지배하는 세상의 한 부분이라고.

아르투르 쇼펜하우어[3]

◇◇◇◇◇◇◇◇◇◇◇◇◇◇◇◇◇◇

2009년 미국의 여론조사기관인 퓨리서치센터는 미국인의 24%가 윤회, 즉 사람이 세상에 계속 반복하여 태어남을 믿는다는 조사결과를 내놓았다.[4] 윤회는 단지 뉴에이지사상의 신념만이 아니라 주류 종교들과 모든 인종집단과 관련이 있다. 22%의 기독교인, 34%의 흑인, 29%의 히스패닉이 이 신념을 공유하는 것으로 나타났다.

윤회의 사례를 보면, 새로 태어난 사람이 이미 죽은 사람의 행동과 기억, 개성을 보여주는 예가 흔하다. 마치 죽은 사람이 다시 태어난 것처럼 말이다. 재탄생 이전 기간, 즉 죽은 지 몇 주, 몇 달, 혹은 몇 년이 되는 그 기간에 사망한 사람의 의식에는 무슨 일이 일어나는 것일까? 새로 태어나는 개인 안에 자리잡기 전에는 어디에서 지내는 것일까? 나는 그 의식이 한마음으로 '귀향'한다는 생각을 제안해본다. 그러나 먼저 특별한 사례들을 조사해봄으로써 재탄생에 관해 우리가 아는 것을 살펴보자.

전생을 기억하는 아이들

의학박사 이안 스티븐슨(1918~2007)은 재탄생과 과거 생애의 가능성을 연구하는 분야에서 누구보다 우뚝 선 이름이다. 그는 버지니아대학 건강과학센터 인격연구분과(현재 지각연구분과)의 과장이자 정신의학과 교수였다. 이 분야에서 그처럼 철저하고 집요하게 세부적인 내용을 파헤친 사람은 아무도 없었다. 스티븐슨은 미얀마의 뒷골목과 인도의 산골 마을에서 세계의 가장 큰 대도시에 이르기까지 지구를 샅샅이 훑었다. 수십 년 동안 남극대륙을 제외한 모든 대륙을 이 잡듯 뒤지면서 그는 항상 같은 원석을 캐고 다녔다. 그 원천은 전생을 기억하는 것처럼 보이는 아이들이었다. 그의 연구범위는 숨이 멎을 만큼 광범위해서 의심하는 사람들조차 그가 모아놓은 어마어마하게 많은 사례를 보면 감탄하지 않을 수 없었다.

이들 사례는 우리를 포함하여 모든 문화에서 일어나며, 단단한 내적 일관성을 보여준다. 전형적으로, 두 살에서 네 살 사이 아이들이 이전 생애에서의 경험을 말하기 시작하며, 보통 강렬한 감정이 더불어 나타난다. 그런 이야기들은 일반적으로 부모들에겐 말도 안 되는 소리이다. 아이는 거의 항상 전생의 죽음을 묘사하는데, 종종 폭력적이다. 바로 이런 이유로 전생을 기억하는 일이 아이에게는 전혀 즐거운 경험이 아닐 수 있다고 스티븐슨은 말한다. 그 밖에도 그는 이렇게 말했다. "흔히 아이들은 자신의 정체성에 혼돈을 겪으며, 작은 몸 안에 있음을 의식한 채 어른의 몸 안에 있었던 일을 기억해내거나, 반대 성의 구성원으로 살았던 삶을 기억해야 하는 아이들에게는 특히 더 가혹한 일이었다. 이런 고통스러운 자각에 더해지는 것은 현재 가족과 전생 가족 사이에 어느 쪽을 선택해야 할지 번민하는 것이다."[5] 5~8세가 되면 기억이 감퇴한다. 그 나이가 되면 아이들은 보통 자신이 기억한 전생에 관해 말하는 것을 멈춘다.

하나의 예가 레크팔 자타브인데, 그는 1971년 12월에 인도 우타르 프라데시의 마인푸리 지역에 있는 나글라 데비 마을에서 오른손에 손가락이 없는 채로 태어났다. 말을 하기 시작한 지 얼마 되지 않아 아이는 전생에 관해 몇 마디 말을 했다. 그리고 "탈, 탈"이라는 단어를 계속 반복해서 소리 냈다. 가족에게는 아무 의미 없는 말이었다. 그러던 어느 날 약 8km 떨어진 나글라 탈 마을 출신의 한 여인이 나글라 데비에 와서 어머니 품에 안겨 있던 레크팔을 보게 되었다. 레크팔을 본 그녀는 사고로 손가락이 잘렸던 나글라 탈의 한 아이를 떠올렸다. 절단사고로 손가락을 잃은 아이였는데, 레크팔의 선천적 결함과 닮은 손이었다.

레크팔은 후쿰의 생애를 말하기 시작했다. 후쿰은 세 살 반 나이에 아버지가 한눈을 판 사이 사료절단기에 손이 끼어들어 가 칼날에 손가락이 잘린 나글라 탈 출신의 아이였다. 레크팔은 '탈'이라는 곳에 아버지와 어머니, 그리고 누이와 남동생이 있다고 했다. 마침내 레크팔 부모는 아이를 데리고 나글라 탈로 갔고, 멀리 떨어져 있던 가족이 함께 모이게 되었다.

레크팔의 기억과 선천적 결함은 후쿰이 그의 몸을 입고 다시 태어났다는 증거일까? 이와 유사한 수천 건의 사례를 보면서 스티븐슨은 이를 설명하기에 가장 좋은 것은 재탄생이라고 생각하지만, 재탄생만이 유일한 설명은 아니라고 인정한다. 그럴 가능성은 거의 없지만, 이런 사건들은 우연히 일어났을 수도 있다. '어쩌다가 그렇게 된 것' 말이다.

스티븐슨은 《윤회와 생물학이 교차하는 곳Where Reincarnation and Biology Intersect》이라는 책에서 사진을 곁들여 35건의 사례를 보고한다. 그것은 한 생에서 다른 생으로 전달되는 것처럼 보이는 신체의 기형과 모반birthmark을 광범위한 스펙트럼으로 보여준다. 위의 사례에 덧붙여, 전생에서 칼에 절단된 사건에 상응하는 기형의 손가락, 전생의 인격에서 총알이 관통한 지점에 상응하는 모반, 전생에서 밧줄에 묶였던 사건을 기억해낸 사람이 다리에 지니고 있던 고리 모양의 선천적인 흔적, 전생의 다리절단 사고에 해당하는 선천적 다리 하부결손, 전생의 화상과 자상, 그 밖의 여러 다른 트라우마에 상응하는 모반 등을 예로 들고 있다.

기억, 선천적 결손, 모반들 외에도 스티븐슨은 특정한 행동이 생에서 생으로 이어질 수 있다고 생각한다. 예를 들어, 아이들은 자기가 기억해낸 인격의 죽음 형태와 일치하는 공포를 경험할 때가 많다. 물에 빠져 죽은 전생을 기억하는 아이는 물에 잠기는 것을 두려워할 수 있다. 총에 맞아 죽은 삶을 기억해내는 사람은 아마도 총이나 시끄러운 소리를 두려워할 것이다. 자동차사고와 죽음이 연관됐을 때는 승용차, 트럭, 버스에 공포를 느낄지 모른다. 이런 공포감은 흔히 아이가 말하기 전부터 시작된다. 그리고 가족 중에는 그것을 설명할 수 있는 모델이 없다.

특별한 것에 강하게 끌리는 현상도 일어난다. 가족이 먹지 않는 특별한 음식에 집착한다거나, 가족이 입는 것과는 너무나 다른 옷을 좋아한다거나 하는 강한 욕망의 형태를 띤다. 그것은 전생의 인격이 이용했다고 알려진 담배, 술, 약물 등을 향한 갈망이 될 수도 있다.

어떤 피험자들은 배운 적도 본 적 없고 없는 재주를 보여줄 때가 있는데, 그것은 기억해낸 전생의 인격이 지녔던 것으로 드러난다. 아이들은 때로 반대 성의 사람으로 살았던 전생을 기억하기도 한다. 이런 아이들은 하나같이 이성의 옷을 입는다거나, 반대 성의 놀이를 하고, 반대 성에 전형적으로 나타나는 태도를 보이는 등 자기가 기억해낸 사람이 가진 성의 흔적을 보여준다. 공포심과 마찬가지로 이런 선호는 아이가 자라남에 따라 약해진다. 그러나 어떤 아이들은 고집스럽게 선호했던 것에 고착된다. 그중의 한 예로 동성애자가 된 아이들이 있다.[6]

"나는 죽은 사람의 마음이 훗날 태어나는 아기의 형성에 영향을 줄 수 있다는 생각을 독자들이 쉽게 받아들일 거라고 기대하지 않는다." 스티븐슨은 이렇게 인정했다.[7] 이 장애물을 극복하기 위해 그는 살아 있는 사람의 마음속에 있는 이미지가 그 사람의 몸에, 때로는 살아 있는 다른 사람의 몸에도 변화를 일으킬 수 있는 다양한 방법을 묘사했다. 그는 사람의 생각이 눈에 보이는 효과를 몸에 만들 수 있다는 증거로, 최면과 관련한 신체현상과 성흔聖痕을 예로 들었다. 또한 그는 멀리 떨어진 사람들 사이를 연결해주는 의식인 '텔레파시 각인'에 관해 논의했다.[8] (우리는 이것을 '텔레소매틱 사건telesomatic event,' 즉 원격 신체 간 사건이라고 부른다.) 그는 임산부의 생각과 감정이 아기의 선천적 결함이나 모반을 형성할 가능성을 말하는 '어머니의 각인'을 묘사했다. 그는 독보적으로 일어난 유전학과 발달 중인 발생학에 의해 이 개념이 어둡게 가려질 때까지, 의학잡지들 대부분이 금세기에 그런 사례들을 얼마나 잘 발표해왔는지 증거 문헌을 예로 들어 보여주었다. 하지만 완전히 설득력이 있다고 믿지는 않았다.

"나는 사소한 것들을 확신하는 것보다 중요한 문제에 관해 무엇이 가능한지를 배우는 것이 더 낫다고 생각한다." 스티븐슨은 한때 이렇게 말했다.[9] 그러므로 스티븐슨의 해석이 모든 각도에서 정확히 옳은가는 중요하지 않다. 중요한 것은 넓은 획을 긋는 것이다. 만약 그가 어디에서든 목표에 가까이 갔다면, 현대생물학의 가장 깊이 있는 가정의 어떤 부분은 재검토되어야만 할 것이다. 특히 의식이 뇌에서 나오고 뇌에 국한되며 몸의 죽음과 함께 소멸한다는 증명되지 않은 신념은 반드시 그렇게 되어야 한다.

스티븐슨은 과학을 흔들어놓으려는 게 아니다. 그는 유전적 영향과 환경적 영향의 역할을 존중한다. 그는 그것을 대체하기 위해서 재탄생을 소개한 것이 아니다. 생물학과 환경의 영향만으로는 다리 놓을 수 없는, 갈라진 틈을 설명하기 위해 '제3의 요소'로서 재탄생을 도입

한 것이다.[10]

어떤 사람들은 선천성 결함과 모반을 설명하기 위해 제3의 요소가 필요하다는 것을 이해하지 못할 수도 있다. 아마도 그들은 현재의 과학으로 충분히 설명할 수 있다고 믿을 것이다. 하지만 스티븐슨은 현재 선천성 결함의 30~50%만이 유전적 이상, 수면제와 알코올에 의한 기형, 풍진 감염에 의한 것 등으로 설명할 수 있다고 말한다. 따라서 50~70%는 여전히 '원인 모름'의 범주로 남아 있다. 게다가 왜 하필 그 태아가 영향을 받는지, 왜 선천성 결함이 특별한 형태를 띠는지, 왜 모반이 특별한 곳에서 일어나는지를 유전학자들은 설명할 수 없다. 그와는 대조적으로 재탄생은 특별한 결함이나 모반이 특정한 사람에게 일어나는 이유와 몸의 특정한 부위에서 특별한 형태로 일어나는 이유를 말해준다.[11]

선천성 결함과 모반을 설명하기 위해 비유전적 설명을 고려하지 않을 이유가 있단 말인가? 스티븐슨의 관점에서 유전자는 능력 이상으로 더 많은 것을 설명하도록 요구받고 있다. 유전자는 단백질의 구성요소를 생산하는 데 필요한 지시를 제공해주지만, 단백질과 다른 대사산물이 조직되어 몸을 이루는 세포와 기관들을 구성하는 방법에 관해서는 아무런 지식도 제공하지 않는다. 이런 한계들이 널리 받아들여지지 않고 있다. "우리가 발생학과 형태학을 이해하는 데 필요한 정보는 때가 되면 모두 제공하겠다면서도 몇몇 유전학자는 우리를 확신시키는 데는 겸손하지 않다"고 스티븐슨은 말한다. 그러나 "이것은 즉각 현금을 지급하지 않는 약속어음에 해당한다. 그러는 사이 우리는 다른 요소들의 가능성을 자유롭게 고려해볼 수 있다." 바로 재탄

생 같은 가능성 말이다.12

만약 재탄생이 받아들여진다면 무슨 차이가 있게 될까? 가장 중요한 결과는 마음과 몸의 이원성을 인식하게 되는 것이라고 스티븐슨은 믿었다. "일상생활에서 마음이 몸과 연관되어 있지만, 또한 몸으로부터 충분히 분리되어 죽음 이후에도 살아 있으며 나중의 어느 때에는 다른 몸과 연결될 수 있을 만큼 독립되어 있다는 신념 없이는 우리는 윤회를 상상할 수 없다."13

이렇게 말하며 스티븐슨은 자신이 상호작용하는 이원론의 지지자라고 선언했다. 이것은 아주 오랜 역사를 지닌 마음에 관한 개념이다. 이 개념을 지지하는 현대의 가장 저명한 두 사람은 미국 심리학의 아버지 윌리엄 제임스와 철학자 앙리 루이 베르그송이다. 상호작용 이원론의 주된 개념은 뇌와 의식이 상호작용하지만, 동일하지는 않다는 것이다. 뇌는 송신자 혹은 수신자처럼 감각자극을 처리하고 의식의 내용에 영향을 주지만, 의식을 '만들어내지'는 않는다. 마음과 뇌가 실제로 어떻게 상호작용하는지는 여전히 신비로 남아 있다. 스티븐슨의 말처럼, 그것은 "미래과학이 연구할 주제의 한 부분이다. 하지만 마음을 뇌활동으로 축소하여 설명할 수 있다고 확신하는 신경과학자들도 마찬가지로 그렇게 말하고 있다."14

생과 생 사이

여러 해 동안 메모리얼슬론케터링암센터의 연구를 이끌어온 루이스 토머스는 '신비주의자'로 비난받은 적이 단 한 번도 없다. 그런데도 그는 죽으면 의식이 어떻게 되는지 궁금했다. "의식이 영원히 사라지는가 하는 문제는 여전히 우리가 설명해야 할 과제로 남는다. 우리는 이 문제를 영원히 풀지 못할 것인가? 도대체 의식은 어디로 가는 것인가? 단지 죽어버린 채 길에 멈추어 서서 썩어 없어지는 것일까? 복잡 미묘한 메커니즘의 활용법을 찾아내는 자연의 경향성을 고려해 보면, 이는 부자연스럽게 느껴진다. 그것은 달라붙어 있던 실에서 떨어져 나와서도 쉽게 숨 쉬는 것처럼 다시 원천의 막 안으로 끌려들어 가리라고 생각하고 싶다. 생명권 신경계를 위한 신선한 기억 속으로…."15

이안 스티븐슨도 유사한 과정을 가정했다. "나는 우리가 일상적으로 친숙한 물리공간이 아니라 그와는 다른 정신공간을 상상할 수밖에 없다고 믿는다."16 그가 말했다. "우리가 살아 있을 때도 우리의 생각은 물리공간과 구분되는 정신공간을 차지하고 있다. 잘 살펴보면, 나는 이 사실을 알 수 있다고 생각한다. (…) 몸을 벗어놓은 인격체들이 존재할지 모르는 이 정신공간은 (…) 지금 초자연적이라 불리는 현상의 증거에 친숙한 몇몇 철학자들이 상당히 자세히 기술해왔다."17

스티븐슨은 이 정신공간에 생각과 정신 이미지가 충만하며, 일부는 몸을 입고 재탄생한다고 믿었다. 그가 다이아타나틱(diathanatic, 죽음을 통과하는)이라고 부르는 이 특질은 아마도 전생의 사건에 관한 정보, 좋아하고 싫어하는 많은 것, 그리고 어떤 경우에는 이전 몸의 상처흔적이나 자국을 포함하고 있을 것이다. 스티븐슨은 이들 특질을 나르는 매개체를 사이코포어psychophore라고 불렀다. 이 용어는 '영혼을 품은' 혹은 '마음을 나르는'이라는 뜻의 그리스어에서 따왔다.18

스티븐슨의 '사이코포어', 토머스의 '생명권 신경계' 그리고 한마음이 동일하지 않다면, 유사하다고 할 수 있다. 즉 이들은 시간과 공간이 없는 차원에서 의식을 나르는 탈것이다.

그러나 이송되는 정보는 본디 그대로 상세하지 않고 상당히 희석된다고 스티븐슨은 생각했다. 생각들만 그런 게 아니라 물리현상에서도 마찬가지이다. 그래서 그는 이렇게 썼다. "아기 몸은 전생의 상처 부위에 흔적이나 결함을 보여주지만, 똑같은 상처라고는 할 수 없다. (때때로 피나 액체가 흐르는 예외의 경우도 있다.)"[19] 생각이 정확하고 세밀하게 재생되지 않는 것처럼 출혈하는 전생의 상처도 선천적 결함으로 정확히 재생되지 않는다. 그것은 전생의 육체 손상이 남긴 '정신적 상처'에 더 가깝다.

스티븐슨은 지난 몇 년간 윤회와 전생이 큰 주목을 받아왔다고 믿었다. 그가 말했듯이, "죽음 이후의 삶에 대한 의문은 과학자 혹은 누구든지 질문할 수 있는 가장 중요한 것이라고 사람들은 말한다."

일화보다는 증거를 더 좋아하는 사람들에게 스티븐슨의 연구는 신선한 발견이다. 직관적이면서도 적확한 한 연구자가, 표현을 최대한 삼가고 절제하면서 방법론적으로 연구에 임한 결과물이기 때문이다. 스티븐슨의 책들이 과학을 비판한다고 절대 생각하지 말길 바란다. 그는 과학의 전통을 깊이 존중하고 자신의 연구에서 이용했던 과학적 방법론을 애호한 의사였다.

내과의사로서 나는, 사랑하는 아이의 임박한 죽음이나 최근 죽음에 직면한 부모들을 종종 돌보아야 했는데, 그럴 때면 스티븐슨의 책《전생을 기억하는 아이들Children Who Remember Previous Lives》을 읽어보라고 자주 권했다. 이 책은 죽음 이후에도 존재가 계속된다고 믿을 만한 이유를 제공해주었으므로, 부모들에게 위안이 되었음이 틀림없다. 아이들뿐만 아니라 부모 자신들 역시 죽음 이후에 존재한다고 믿게 함으로써 아이들과 다시 합쳐질 수 있다고 전망하게 해준다.

계속되는 연구

스티븐슨 박사의 연구는 인간의식의 기원과 본성, 그 목적에 관심 있는 많은 철학자와 과학자들에게 심대한 영향을 끼쳤다. 능력 있는 두 동료인 브루스 그레이슨 박사와 짐 B. 터커 박사가 버지니아대학에서 그의 작업을 이어갔다. 두 사람은 스티븐슨 박사가 2007년 세상을 떠날 때까지 가까이에서 그와 함께 연구를 진행했다.

그레이슨 박사는 버지니아대학 건강시스템의 지각연구분과 과장이며 정신의학 및 신경행동과학 교수이다. 내가 자주 언급했던 중요한 책《환원할 수 없는 마음Irreducible Mind》[20]의 공동저자이며, 또한 임사체험연구 분야에서 가장 생산적인 연구자 중 한 사람이고,《임사체험 핸드북Handbook of Near-Death Experiences》을 공동 편집하기도 했다.

터커 박사는 버지니아대학의 아동가족정신과 병원 원장이며 정신과 및 신경행동과학과의 부교수이다. 주로 전생을 기억하고, 태어나기 전과 출생의 기억을 지닌 아이들을 연구하는 데 관심이 있다.《삶 이전의 삶: 어떤 아이들의 전생기억에 관하여Life Before Life: Children's Memories of Previous Lives》은 아이들의 전생기억을 조사한 터커 박사의 놀라운 역작이다. 그는 이 책에서 스티븐슨의 작업을 세심하게 분석하였다.

방향조정의 여지

흔히 윤회를 믿는 것은 아시아인에겐 보편적인 일이라고 생각하지만, 거기에 흥미로운 예외가 있다. 종종 나는 어떤 존재가 한 생에서 다음 생으로 지속함을 강하게 부정하는 불교도들을 만났다. 터커 박사도 비슷한 경험이 있다. 《삶 이후의 삶》이라는 책에서, 그는 소승불교의 교리에서 말하는 아나타, 즉 '무아無我'는 '자아'가 없다는 것, 그러므로 한 생에서 다음 생으로 이어지는 존재가 없음을 강조한다고 설명한다. 한 인격체가 죽을 때면 새 인격체가 존재세계 안으로 들어온다. 꺼져가는 촛불의 불꽃이 다른 촛불을 밝힐 수 있는 원리와 아주 흡사하다. 터커는 이렇게 썼다. "이전 사람이 작동해놓은 카르마의 힘이 재탄생으로 이어지게 해서 인격 간 지속성이 일어난다고들 말하지만, 거기에는 계속 이어지는 어떤 실체도 없다." 그럼에도 불구하고 터커는 자신이 불교학자는 아니라고 깎아내리면서 이렇게 말했다. "나는 무아의 개념을 받아들이거나 완전히 이해하는 데 어려움을 느낀다. 하지만 적어도, 이 가르침에도 불구하고 대다수 불교 수행자가 사실상 어떤 실체가 다시 태어난다고 믿고 있음을 말할 수 있다."

"스티븐슨 박사가 말한 것처럼, 우리의 사례들은 어떤 탈것이 지속하는 기억을 다음 생으로 운반해왔음을 분명히 암시해준다. 그저 기억과 감정만이 아닌 뭔가 더 큰 것이 살아남은 것처럼 보인다"고 터커는 기록했다.

모든 주요 종교가 그렇듯이 불교 안에도 많은 학파가 있다. 불교의 여러 학파들은 육체의 죽음 뒤에 어떤 의식의 측면이 살아남는지에 관해 붓다가 실제로 믿었던 것을 해석하는 데서도 서로 충돌한다. 나도 터커 박사와 마찬가지로 불교학자가 아니다. 이 의문에 관해 불교도 사이에 발생한 불일치의 뒤섞인 덤불 앞에서 나는 당혹해하며 서 있다. 붓다의 말은 그의 사후 약 4세기 동안 기록되지 않았으므로 어쩌면 의견이 분분한 것이 당연한 일인지 모른다. 기록되기 이전에 붓다의 가르침은 구전되어 내려왔다. 얼마나 많은 해석이 끼어들었는지 누가 알겠는가? 영혼의 문제에 관한 불일치는 사소한 일이 아니다. 하나의 예로, 중국 불교를 중흥한 주요 인물인 남회근南懷瑾은 이렇게 말했다. "무아의 교리가 배움의 세계로 흘러들었을 때, 특히 그것이 서양으로 퍼져나가자 어떤 사람들은 불교의 교리가 허무주의이며 영혼을 부정한다고 생각했다. 그리고 불교가 무신론이라고 여겼다. 이것은 정말 어이없는 일이다."[21]

만일 붓다가 오늘날 다시 나타난다면, 한마음을 지지하는 과학적 증거를 보며 무슨 말을 할까? 그것이 의식의 영혼 같은 측면을 가리킨다는 것에 동의할까 아니면 부정할까? 아마도 그는 달라이 라마의 신선한 접근법을 수용할 것이다. 1983년 달라이 라마는 유럽원자핵공동연구소, CERN을 방문하여 물리학자 그룹과 대화를 나누었다. 물리학자들이 현대과학의 발견이 불교 교리와 명백히 일치하지 않는다면 불교는 어떻게 응답할 것인가를 물었을 때, 달라이 라마는 통역을 통해 이렇게 대답했다. "우리는 경전을 아주 주의 깊게 연구해봐야 하겠지요. 그러면 보통 거기에 운신의 여지가 있게 마련입니다."²² 이 얼마나 멋진 대답인가! 모든 종교가 그렇게 유연하다면 또 얼마나 좋을까.

의식이 시간적으로 비국소적이라는 사실에는 방대한 증거가 있다. 그 증거들은 마음의 어떤 한 측면은 소멸되려고 애를 쓰더라도 결코 소멸될 수 없다는 것을 암시하고 있다. 한마음과 이안 스티븐슨 교수의 사이코포어, 그리고 루이스 토머스의 생명권 신경계는 이러한 확고한 사실을 받아들이려는 시도로 생겨난 가정들이다. 아마도 지금은 불교만이 아니라 모든 종교가 방향을 '조정'해야 할 때인 듯싶다.

12

망자와의 대화

◇◇◇◇◇◇◇◇◇◇◇◇◇◇◇◇◇◇◇

한마음은 죽은 사람이 살아 있는 사람에게 영향을 주는 통로가 될 수 있을까? 자기 개성과 재주를 갑자기 잃어버리고 불가사의하게도 완전히 새로운 기질을 얻은 사람들에 관한 보고는 모든 문화권에 있어 왔다. 그런 사람들은 전혀 다른 개성, 새로운 조합의 기억과 능력을 보유하게 된다. 보통 이런 현상을 묘사하는 데 쓰는 용어는 **포제션**(possession, 빙의)이다. 이 말은, 대부분 받는 사람의 의지와 상관없이 어떤 죽은 사람이 그 사람의 몸을 점령해서 그런 변화가 일어났음을 의미한다. 정신과의사들은 이 설명을 받아들이지 않는다. 그들은 이런 요상한 경우를 해리 혹은 정신분열 같은 일종의 정신병이라고 생각한다.

한 사람 안의 두 인격

《초자연적 경험과 죽음 이후의 생존Paranormal Experience and the Survival of Death》이라는 대단히 흥미로운 책이 있다. 교토대학의 철학자 칼 베커는 이 책에서 하버드의 심리학자 윌리엄 제임스의 정밀조사 대상이 되었던, 포제션을 암시하는 몇몇 사례를 다시 살펴보았다.

그중 메리 레이놀즈 사례가 있는데, 그녀는 1785년 잉글랜드에서 태어나 가족과 함께 펜실베이니아의 미드빌로 이주했다. 그녀는 19세에 5~6주 동안 눈이 멀고 귀가 먹었다. 그러다가 어느 날 가족과 환경에 관한 기억도, 그동안 배운 것도 전혀 알지 못하는 상태로 깨어났다. 그녀는 어른의 몸을 하고 있었지만, 가족은 그녀를 갓난아기처럼 다시 교육했다. 재교육이 진행됨에 따라 그녀는 이전의 자아와는 완전히 다른 성격과 기질을 품게 되었다. 15년 동안 두 인격 사이를 왔다갔다 하더니, 36세가 되던 해에 두 번째 인격이 완벽하게 그녀를 차지했다. 61세에 세상을 떠날 때까지 그녀는 두 번째 인격으로 남아 있었다.[1]

이런 종류의 사례 중에서 가장 극적인 것의 하나는 이리스 파르차이의 사례이다. 그녀는 잘 교육받은 헝가리 소녀였는데, 수학에 뛰어난 재능이 있었고 취미 삼아 교령회(죽은 자와 만나는 영매 강령모임)에 참여했다. 그러다가 15세가 되던 해에 극적인 인격교체를 겪는다. 그녀는, 자신이 그해 초기 마드리드에서 14명의 아이와 남편을 남겨놓고 죽은 루시아 알타레즈 드 살비오라는 41세의 스페인 여성노동자라고 했다. 루시아는 이리스와는 정반대되는 인물이었다. 노동자 계급으로 가난한 빈민촌에 거주하면서 바닥청소, 설거지, 요리 같은 일을 하였고, 대중가요를 부르면서 플라멩코 춤을 추었으며, 10대에 결혼해서 상류층을 증오하던 여인이었다. 루시아로 변한 후 이리스는 스페인어를 유창하게 말하게 됐지만, 모국어였던 헝가리어는 더 이상 이해하지 못했다. 이리스는 스페인어를 배운 적이 없었고, 스페인어로 말하는 사람들과 연결된 적도 없었다.

1998년 메리 배링턴, 피터 물라츠, 티터스 리바스 등의 초심리학자팀이 이리스/루시아를 인터뷰했다.[2] 당시 86세였던 루시아는 그들에게 이리스는 1933년에 죽은 다른 사람이라고 말했다. 연구자들은 그들의 철저한 조사보고에서 이리스가 루시아에 의해 일어난 '대체'를 의도했던 이유, 혹은 거기에 굴복했던 이유는 미스터리로 남아 있다고 말한다.

이리스는 존경할 만한 교양 있는 가문 출신이었다. 소녀 시절에 교령회에 다닌 적이 있었으므로 연구자들은 그녀가 스스로 원해서 자신을 열고 다른 인격이 들어오게 했을지도 모른다고 생각했다. 그래서 그녀 스스로 그런 상황을 만들어냈거나 그게 아니라면 정말로 죽은 사람의 영혼에 의해 그녀가 점령당했을 거라고 고려했다. 그러나 두 가지 가능성 모두 그다지 개연성이 없어 보인다. 연구자들이 설명했듯, "우리는 왜 현명하고 성공적이었던 여학생이 무의식적으로라도 중년의 무식한 스페인 청소부가 되고 싶어 했는지 의문을 가질 수밖에 없다." 이리스는 아주 편안한 생활을 하고 있었고, 겉보기엔 문학과 수학 등 지적인 추구에서 기쁨을 누렸다. 설거지나 집안 청소 같은 거친 집안일을 해본 적이 없었다. 그러나 변화된 이리스는 자기 자신에게 이런 것들을 부여했다. 그것은 '학구적이고 상상력 풍부하고 변덕스럽고 건방진 지성에서, 무식하고 생각 없고 거칠고 현실적이고 쾌활한 가사노동자'로의 변화였다.

여기서 가장 설명하기 힘든 요소 중 하나는 이리스의 스페인어 습득이다. 조사팀은 그들의 분석에서 지식과 기술을 구분하고 있다. 그들은 피아노 치는 것을 예로 든다. 건반의 음을 알고, 악보에 나오는 여러 다른 음표를 건반과 연결하는 것만으로는 충분하지 않다. 피아노 치는 것은 훨씬 더 많은 것을 요구한다. 그들의 말대로, 여러 개의 음을 동시에 치려면 여러 다른 근육군을 훈련해야 하고, 악보를 보면서도 그 음조의 건반이 어디에 있는지 아는 감각 등을 개발해야 한다. 외국어를 습득하는 일도 이와 비슷하다. 단어만 안다고 해서 어떤 언어를 말할 수 있는 것은 아니다. 거기에는 문법, 숙어, 구절, 발음 등에 관한 다양한 지식이 필요하다. 더군다나 한 언어에는 지역별로 다양한 사투리가 있다. 루시아는 마드리드 지방의 방언을 사용하였다.

1940년대의 한 초기 연구자는 이리스가 ESP(Extra Sensory Perception, 텔레파시)를 통해 스페인어를 배웠을 거라는 의견을 제시했다.3 배링턴, 물라츠, 리바스 팀은 이 의견을 '숨 막힐 듯 놀라운' 아이디어라고 생각했다. 그러나 이리스가, 이리스와 루시아 사이의 ESP로 그런 언어 능력을 갖추게 되었을 가능성은 부정했다. 그들은 이렇게 썼다. "아마도 많은 외국어 단어들을 ESP로 얻을 수는 있겠지만 (…) 루시아가 획득한 수준으로 언어를 숙달하기란 불가능한 것이 분명하다. 적어도 초심리학의 역사에서는 ESP로 그런 언어나 방언의 정확한 발음과 같은 기술을 습득한 예가 없었다. 루시아가 보여주었던 플라멩코 안무나 다른 스페인(혹은 집시) 춤을 마스터하는 것도 분명히 같은 범주 안에 해당하는 '재주'이다." 연구자들은 정신분열 같은 정신적 혼란도 설명도구로 고려할 가치가 없다고 보았다. 포제션이 가능한 설명도구로 남아 있지만, 배링턴, 물라츠, 리바스는 포제션을 거론하길 꺼렸다. "어떤 실체의 존재 자체가 한 인간을 '소유'하거나 '그림자를 드리운다'는 것은 증명되지 않았으므로 진정한 원인으로 받아들일 수 없다. 그것은 설명 불가능한 어떤 것을 설명 불가능한 다른 것으로 설명하려는 것이다." 결국 그 조사는 아무 결론을 내리지 못했다.

연구자들이 고려하지 않은 하나의 가능성은 한마음, 즉 피어스의 '우주 수프', 또는 노벨물리학상 수상자 에어빈 슈뢰딩거가 가정한 단일한 마음이다. 아마도 이리스는 분명하지 않은 어떤 이유에 의해 이 정보 차원에 접속했을 것이다. 거기에서 그녀의 마음에 끌리는, 그리고 그녀의 필요에 맞는 정보를 퍼 담아 루시아로 돌아왔을 것이다. 이런 과정을 외부관찰자들이 보면, 다른 사람의 영혼이 들어온 것처럼 보일 수 있을 것이다.

영매들

영매는 죽은 사람의 영과 만난다고 주장하는 사람이다. 영매현상은

19세기 후반부터 시작된 심령연구 초기부터 집중적으로 연구되었다. 그들은 윌리엄 제임스와 카를 융을 포함한 주도적인 심리학자들의 시선을 끌었다. 이 분야의 역사는 흥미진진하다. 그 한 예로 퓰리처상을 받은 저널리스트 데버러 블룸의 마음을 사로잡은 책《고스트헌터: 윌리엄 제임스, 사후 삶의 과학적 증거를 찾아서Ghost Hunters: William James and the Search for Scientific Proof of Life after Death》가 있다.

영매현상은 의식연구에서 가장 논란의 여지가 많은 영역 중 하나이다. 나는 그 말다툼에 끼어들고 싶은 생각이 없고, 영매나 영매현상을 지지하고 싶지도 않다. 망자와 접촉하는 것처럼 보이는 많은 영매현상은, 또는 그런 영매현상 대부분은 평범한 요소들로 설명하는 것이 가능하다. 평범한 요소의 예를 들면 정보낚기, 표현, 음성, 외관, 보디랭귀지 등을 읽어서 알아내기, 희망사항, 또는 정보제공자들의 네트워크를 이용하는 속임수 등이다.[4] 그러나 버지니아대학의 심리학자 에드워드 F. 켈리와 그의 동료들은, 그런 모든 경우를 배제하더라도 정말로 쉽게 설명할 수 없고 주목해야 할 만한, 주의 깊게 조사된 사례가 상당히 많이 남는다고 말한다. 이들 사례는 윌리엄 제임스와 같은 비판적 연구자들의 관심을 끌었다.[5] 더욱이 오늘날에는 영매들의 가치를 평가하는 소설과 독창적인 방법이 도입되어, 흥미로운 결과를 끌어내고 있다. 그런 예로, 윈드브리지연구소의 줄리 바이셀과 그 동료들,[6] 그리고 애리조나대학 심리학분과 인간에너지시스템 연구소의 게리 E. 슈워츠의 실험적 연구들이 있다.[7]

너무 걱정할 것 없다

영매를 찾아가는 대다수 사람들은 사랑하는 망자가 온전한 인격체로 다른 세상에 살아남아 있으리라고 기대하면서 그 존재와 대화하기를 원한다. 지상의 인격이 사후에 우리와 함께 그대로 가는 것이 중요한 가? 나는 한 번도 그렇게 생각해보지 않았다. 이 인격을 영원히 끌고 다니고 싶은 생각이 내겐 없다. 나는 더 나은 인격을 원한다.

의식연구가 찰스 T. 타르트도 이에 동의한다. 그는 말한다. "나는 누구인가? 만일 내가 우주의 모든 정보에 접속할 수 있는 사람이라면, 애초에 왜 나는, 내가 육체의 뇌일 뿐이라고 말하는 협소한 나와 완벽하게 동일시하기를 원하게 되었을까?"[8]

결국 그다지 이상하지 않은 영매현상

영매라는 용어는 흔히 괴짜, 교령회, 오컬트 등과 연결되지만, 자기 자신이 알아차리지 못할 뿐 꽤 많은 사람이 영매인 것처럼 행동한다. 〈간호와 건강관리Nursing & Health Care〉의 편집자였던 간호사 교육자 바버라 스티븐스 바넘은 그녀가 '확장된 의식'이라 부르는 간호사들의 체험을 연구했다. 그것은 합리적으로 설명할 수 없고, 육체적 감각을 초월하는 것처럼 보이는 사건들이었다. 모두 박사나 석사학위를 가진 121명의 수간호사를 조사하면서, 그중 41%가 그런 체험을 겪었다는 사실을 발견했다. 그들은 간혹 죽은 사람과 대화를 나누기도 했다.

이들 뛰어난 간호사 중 하나가 남편이 사망한 지 1년 만에 일어난 한 사건을 기술했다.[9] 재혼한 그녀는 남편과 함께 그들이 임대한 낡은 농장에서 뒷마당을 청소하고 있었다. 그녀가 장갑을 끼지 않고 흰개미가 들끓는 썩은 목재를 한아름 들어올릴 때였다. 케이준Cajun 말투를 쓰던, 세상을 떠난 전남편의 목소리가 들려왔다. "하지 마, 물러서. 거기 밑에 방울뱀이 있어." 쇠스랑으로 썩은 합판의 다음 층을 들어올리자 거기에 정말로 방울뱀이 보였다. 뱀을 처치한 후 그녀는 "고마워!"라고 죽은 남편에게 인사했다. 이틀 후 다시 찾았을 때, 그녀는 그곳에 전남편이 서 있는 모습을 보았다. "이 체험이 내게 일어나지 않은 거라고 아무도 나를 설득할 수 없어요. 나는 제정신이고 성숙하고 어른이며, 또 생산적이고 창조적이고 활동적이며 **정상**입니다. 나는 단지 이 현상을 더욱더 받아들이고 내 '초'감각을 더 잘 조절하는 법을 알고 싶을 뿐이에요." 그녀가 말했다.

섬뜩한 이야기인가? 바넘의 조사에서 "단 한 사람도 두려움을 언급하지 않았다. 그와는 반대로 많은 사람이 망자와의 접촉에서 편안함을 느꼈다고 묘사했다."[10]

이런 체험은 보편적인 현상이다. 사별한 사람들을 연구한 W. D. 리즈는 227명의 미망인과 66명의 홀아비를 인터뷰하여, 반 수 가까이가 망자로부터의 '방문경험'이 있음을 알아냈다. 그중 15% 정도는 말로 메시지를 전달받은 형태를 띤다. 이들 경험은 양성 모두와 관련되어 있고, 모든 문화에 걸쳐 있으며, 작은 마을과 대도시에 상관없이 공통적이고, 불가지론자, 무신론자, 신앙인 모두에게 똑같이 일어났다.[11]

망자와 대화했다는 보고들은 그것이 영매에게서 나왔든 다른 개인들에게서 나왔든 살아 있는 사람들에게는 위안이 될 수 있을 것이다. 하지만 그것이 사후생존에 대한 최종평결은 아니다. 결국 회의론자들은 그런 체험 역시 혼동된 마음의 산물이라며 늘 그렇듯이 싸우려 들 것이다. 가장 중요한 것은 비국소적 의식이다. 비국소성은 시간과 공간에서 무한성과 관련이 있다. 시간에서 무한성은 영원성이다. 그러므로 비국소적 의식은 단지 불멸을 **암시**할 뿐만 아니라 불멸을 **요구**한다.

13

삶의 초기에 나타나는 하나 됨

◇◇◇◇◇◇◇◇◇◇◇◇◇◇◇◇◇◇

인간들 사이에서 마음의 하나 됨을 보여주는 증거는 삶의 초기에 어머니-유아 관계에서 시작된다. 발달심리학자 조지프 칠턴 피어스는 아기와 하나로 연결된 남아메리카와 아프리카 어머니들이 아기에게 기저귀를 쓰지 않는 것에 관해 고전적인 연구를 했다. 그들은 아기를 천으로 어깨에 메고 다니면서도 절대로 더럽혀지는 일이 없다. 그들은 아기가 언제 소변을 볼지, 또 언제 배변하려고 하는지 그냥 안다.[1]

연기 신호의 진정한 의미

전근대 문화에서는 마음들이 실용적인 목적으로 함께 연결될 가능성이 당연한 것으로 여겨졌다. 오스트레일리아 원주민 데이비드 우나이폰은 1914년, 연기 신호의 사용이 이 사실에 얼마나 의존하는지를 논평을 통해 밝혔다. 〈멜버른 저널〉에서는 그의 논평을 "기독교도화된, 상당히 교양 있고 현명한 오스트레일리아 원주민"의 글로 보도하기도 했다. 이 풍습을 목격한 서양인들은 이 신호에 어떤 암호가 개입됐을 것으로 가정했지만, 우나이폰은 그게 아니라고 설명했다. 연기 신호의 기능은 모두의 주의를 끌어모으는 것이고, 그러면 멀리 떨어져서도 마음과 마음 사이에 대화가 일어난다는 것이다.

20마일 떨어져 있는 동생에게 메시지를 전하고 싶다면, 그는 불을 피워 연기 신호를 만들 것이다. 그런 다음 앉아서 동생에게 마음을 집중한다. 연기 기둥은 몇 마일 떨어진 모든 사람이 보게 되고, 그들은 모두 자기 마음에 집중하면서 뇌를 수용성의 상태로 만든다. 그러나 오직 그의 동생만 그와 접촉한다. 그리고 그는 (…) 보내고 싶은 메시지를 동생에게 암시할 수 있다.[2]

40년 후 원주민들을 조사한 인류학자 로널드 로즈 역시 연기 신호의 메시지가 연기 자체에 있지 않다는 것을 확신했다. 한 원주민이 그에게 말해주었다. "연기를 보면 우리는 생각합니다. 그러면 종종 명료함을 얻게 되지요." 멀리 있는 사람이 그 연기를 보고 "생각하게 됩니다. 그러면 나도 생각하지요. 그래서 그가 내 생각을 생각할 수 있는 겁니다."[3]

원주민 사이에 일어나는 생각의 공유와 마음의 융합을 마주할 때마다 서양인들은 당황스러워했지만, 그런 일은 자주 일어났다. 조지프 시넬은 1927년에 쓴 《제6감 The Sixth Sense》이라는 책에서 남수단의 부족민 사이에서 살았던 자기 아들이 "텔레파시가 끊임없이 늘 일어남"을 발견한 이야기를 썼다. 한때 그가 길을 잃었을 때 부족민들은 그가 곤궁에 처한 것을 알고 그를 찾아냈다. 다른 한때는 그가 길을 가다가 화살촉을 주워서 돌아왔는데, 두 명의 원주민이 벌써 그것을 알고 그를 찾아와서 화살촉을 한 번 써봐도 좋겠냐고 물었다.[4]

심리학자 조지프 칠턴 피어스는 애팔래치아산맥 남쪽에 정착한 앵글로색슨족 원주민에 관한 연구를 기술했다. 그들은 여러 세대 동안 고립되어, 연구자들이 '텔레파시'라 부른 방법을 일상의 의사소통 수단으로 사용했다. 그들은 그것이 신기하다고 전혀 생각하지 않았다. 피어스는 이렇게 기록했다. "실제로 이 모든 '텔레파시' 같은 의사소통은 일반적인 삶의 질을 높였고, 가족단위 안에서 감정적 결속력을 강화해주었다. 어머니가 저녁식사 때 텔레파시로 가족을 부른다든가, 가족구성원의 고난이나 어떤 심리상태를 느낀다든가 하는 일이다."[5]

영국의 생물학자 루퍼트 셸드레이크는 인류역사 대부분에 걸쳐 이런 부류의 감각능력이 일상적이었다는 견해를 제시했다. 그는 묻는다. "왜 우리는 조상들이 가졌던 그 많은 감수성을 다 잃어버렸는가? 여행자들이 남긴 기록을 보면, 아프리카의 많은 지역에서는 누군가가 찾아오거나 어딘가에 누군가가 필요할 때면 그걸 알고 그냥 가서 50마일 떨어진 곳에 있는 그 사람을 찾아내는 걸 당연하게 여긴다는 기록이 많다. 그들은 항상 그런 상황에 응답한다. 전화기가 발명되기 이전에 사람들은 그렇게 했다. 미국 인디언, 오스트레일리아 원주민, 그리고 여행자들의 보고가 그것을 말해준다. 보통 인류학자들은 그것이 불가능하다고 확신하기 때문에 아예 연구를 하지 않는다. 그들은 이성적인 마음의 틀을 가지고 거기에 가서, 그들에 관한 가장 흥미로운 특성인 전통문화유산을 기록하지 않는다. (…) 지금 우리 사회에서도 이 능력은 아직 완전히 지워지지 않았다."[6]

보 는 방 법 이 또 있 다

전근대 문화의 '먼 거리에서 아는 현상'을 연구한 사람으로는 두찬 게르시Douchan Gersi가 있다. 그는 모험가이자 탐험가이자 영화제작자이며, 지구상 가장 고립된 지역에서 그가 '전통의 사람들'로 부른 문화를 기록하면서 인생 대부분을 보냈다. 마음을 사로잡는 책《연기 속의 얼굴들Faces in the Smoke》에서 그는 비국소적 한마음의 지식이 자연스럽고 순수한 방식으로 이들 문화 속 일상생활에서 어떻게 활용되었는지 그 장면을 기술했다.

어느 날 차를 몰고 사하라의 황폐한 사막을 가로질러 가는 동안, 게르시는 낙타 옆에 앉아 있던 투아레그족 유목민 한 사람과 마주쳤다. 발자국으로 보아 게르시는 그가 며칠간 같은 지점에 머물렀으리라고 추론했다. 주변과 구별되는 특징이 전혀 없어서 그 지점은 마치 허허벌판 한가운데에 있는 듯했다. 있는 거라고는 흔하디흔한 모래와 돌과 바위언덕뿐이었다. 호기심이 생긴 게르시는 가던 길을 멈추고 남자와 차를 한 잔 나누었다.

유목민은 친구를 기다리고 있다고 설명했다. 그는 7개월 전에 600마일 떨어진 말리에 있는 한 마을에서, 이 특별한 시간, 이 특별한 지점에서 친구를 만나기로 약속했다. 둘은 여행 중이었고 서로 다른 방향에서 이 지점을 향해 다가오기로 되어 있었다.

게르시는 주변을 둘러보며 광막한 사막 한가운데서 과연 이 지점을 찾아낼 수 있을까 미심쩍었다. 반대편에서 다가오던 두 사람이 거기에서 마주칠 가능성을 상상하기란 쉽지 않았다. "이곳을 그냥 지나치는 건 불가능해요." 유목민은 주변의 모든 것에 이름을 붙이며 이렇게 말했다. 유일한 문제는 유목민의 물이 거의 다 떨어졌다는 것이었다. 친구가 3일 안에 도착하지 않으면 그는 떠나야만 했다.

다음 날 그는 게르시에게 계획대로 잘되고 있다고 말했다. 간밤에 친구와 대화했는데, 친구가 이틀 후에 도착한다는 것이었다. "친구 꿈을 꾸었나요?" 하고 게르시가 물었다.

"아뇨, 꿈을 꾼 게 아닙니다. 친구가 그냥 자기가 어디 있는지 알려줬지요." 유목민이 대답했다. 그는 친구가 물통에 물을 채우기 위해 돌아갈 수밖에 없었던 상황을 알려줬다고 설명했다.

"그런데 어떻게 말해줬다는 거죠?" 게르시가 의아해하며 물었다.

"친구가 내 마음에 그렇게 말해줬어요." 유목민이 말했다. "같은 식으로 나도 여기서 기다리겠다고 대답해줬지요."

여전히 의심스러워서 게르시는 결과를 기다리기로 했다. 이틀 후 그들이 계획한 대로 투아레그족의 친구가 도착했다.7

또 한때 게르시와 동료들은 리비아 국경 근처에 있는 알제리 도시 자네트에서 말리의 팀북투로 가는 800마일의 험난한 여정을 앞두고 있었다. 그야말로 사하라를 횡단하는 여정으로, 광대한 모래언덕과 위험한 모래늪, 산맥과 울퉁불퉁한 화산지역, 그리고 깊은 골짜기들로 이어져 있었다. 쓸 수 있는 지도들이 모두 정밀하지 않아서 가이드 없이 그 길을 간다는 것은 어리석은 일이었다.

게르시는 자네트의 군대 전초기지 사령관을 만나서 이켄이라는 남자를 최고의 가이드로 추천받았다. 사령관은 이켄이 **눈이 멀어** 앞이 안 보이지만, 걱정하지 말라고 말했다.

50대의 이켄은, 카라반隊商들을 이끌고 사하라 사막을 횡단했던 아버지와 함께 어린시절과 청춘을 보냈다. 그러다가 자신도 카라반이 되었고, 나중에는 프랑스 외인부대의 가이드로 고용되었다. 30세 무렵, 결막염을 일으키는 트라코마에 감염되어 결국 눈이 멀었다.

"이런 여행을 해본 적이 있습니까?" 게르시가 그에게 물었다.

"꼭 그런 건 아니지만 (…) 당신이 원하는 게 뭔지 잘 알아요." 이켄이 대답했다. 그는 랜드로버 후드에 고정된 스페어타이어 위에 자신이 앉아야 한다고 설명했다. "나는 숨 쉬면서 사막의 냄새를 맡아야 해요." 그가 말했다. "(…) 그러면서 타이어가 땅에서 내는 여러 가지 소리를 들어야 합니다. 그러면 지형에 관해 많은 것을 알게 되죠." 그는 차 안에서는 아무것도 할 수 없다고 했다. 그러고는 이렇게 말을 보탰다. "운전하면서 말을 하지 말고, 주변 풍경을 온통 주의 깊게 살피세요. (…) 그렇게 해주시면 내가 위치를 파악하는 데 도움이 됩니다." 이켄은 마치 주변 환경만이 아니라 다른 사람들에게서도 정보를 흡수할 수 있는 것처럼 보였다. 사람들이 보는 모습 그대로 이켄도 느끼는 것이다. 이는 마음과 마음이 서로 겹쳐지는 것과 같다. 게르시의 여행단이 밤중에 종종 헤드라이트를 켜지 않고 운전했던 것을 고려하면, 이켄의 안내 능력은 훨씬 더 놀라운 것이었다.

이켄은 시각을 제외한 모든 기관이 완벽히 작동하는 하나의 거대한 인체 감각기관이었다. 그는 종종 차를 세우고는, 기어다니며 모래를 애무하듯 만지면서 그 질감을 조용히 느꼈다. 또한 사막의 냄새를 오랫동안 깊이 호흡하곤 했다. 한번은 마실 물이 떨어지자 커다란 마른 덤불의 가지를 때리면서 주변 냄새를 맡더니 새로운 방향을 가리켰다. 몇 시간 후에 탐험단은 물을 찾아냈다.

이켄의 도움으로 게르시 여행단은 아무 사고 없이 팀북투에 도착할 수 있었다.[8]

육체의 눈이 없어지자 이켄은 다른 방법들을 가져온 것이다. 그 방법에는 개인들의 마음을 합치고 연결함으로써 가능해지는, 다른 사람들의 앎을 통해 아는 것도 포함된다.

14

서번트증후군

◇◇◇◇◇◇◇◇◇◇◇◇◇◇

한마음이 존재한다는 것을 보여주는 증거가 많은 서번트(savant, 정상인보다 전반적으로 지적 능력이 떨어지지만, 어떤 특정 분야에서만은 비범한 능력을 보이는 사람-옮긴이)에게서 나오고 있다. 서번트는 '학식 있는 사람'을 의미하는 프랑스어에서 온 말이다. 서번트들은 종종 경험이나 학습에서 얻어질 수 없는, 그리고 그들 스스로 형성할 수 없는 지식을 소유한다. 비록 정신적·사회적으로 장애가 있다 하더라도 서번트들은 수학이나 예술, 음악 같은 영역에서 기원을 알 수 없는 창조

적이고 직관적인 놀라운 힘을 갖는 예가 흔하다.¹

배우지 않고 글자도 모르지만 천재적인

《진화의 끝: 지성의 잠재력Evolution's End: Claiming the Potential of Our Intelligence》이라는 책에서 서번트증후군을 입증한 심리학자 조지프 칠턴 피어스는 이렇게 말했다. "서번트들은 훈련받지 않았고, 훈련받을 수도 없다. 문맹이며, 교육할 수도 없다. (…) 읽거나 쓸 줄 아는 사람이 거의 없다. (…) 그렇지만 그들은 스스로 획득할 수 없을 것 같은 특별한 지식 분야에 무한히 접속할 수 있는 듯 보인다. (…) 수학에 뛰어난 서번트들에게 답을 어떻게 얻었는지 물어보면, 그들은 그런 질문이 함축하는 의미가 무엇인지 파악하지 못한 채 우리가 감동했다는 사실에 기뻐하며 미소지을 것이다. (…) 해답은 그들에게서 나오지만, 그들은 어떻게 나왔는지 알지 못한다. 그들은 자신이 어떻게 아는지를 모른다. (…) 즉흥연주를 하는 한 서번트는 다른 것은 읽지 못하면서도 음표에 대해서는 감각운동 반응을 아무 결함 없이 보여줄 수 있다." 그런데 여기에 미스터리의 핵심이 있다. "지금까지 관찰한 바에 의하면, 서번트들과 관련한 이슈는 대부분 서번트가 지금까지 **배운 적 없고, 배울 수 없었고, 배울 능력조차 없는 그런 정보를 마음대로 자유롭게 쓴다는 것**이다."²

'서번트증후군'은 1988년 〈레인맨〉이라는 영화를 통해 많은 대중에게 알려졌다. 이 영화에 영감을 준 사람은 발달장애가 있는 킴 피크라는 남자였다. 그는 7,600권 이상의 책을 암기했고, 게다가 미국 전

역의 지역코드번호, 고속도로, 우편번호, 텔레비전 방송국을 알고 있었다.[3]

시각장애를 지닌 서번트 레슬리 렘케는 발달장애와 뇌성마비를 겪었다. 그는 선천성 녹내장을 앓아서 의사들은 어쩔 수 없이 그의 눈을 적출할 수밖에 없었다. 생모는 그를 입양보냈고, 간호사 메이 렘케가 생후 6개월인 그를 입양아로 받아들였다. 12세가 되어서야 일어서는 법을 배웠고, 15세 때 걷기 시작했다. 그가 16세가 되었을 무렵, 메이는 한밤중에 아들이 차이콥스키 피아노 협주곡 1번을 연주하는 걸 보았다. 아들은 최근에 그 곡을 텔레비전에서 들은 적이 있을 뿐이었다. 그는 한 번도 피아노를 배운 적이 없었지만, 래그타임(1900년대 초 미국 흑인들이 연주하기 시작한 초기 피아노 재즈─옮긴이)부터 클래식에 이르기까지 모든 장르를 연주할 수 있었다. 또 작곡을 했고 수천 곡을 흠 없이 연주했다. 심지어 한 번 들은 곡도 완벽하게 연주했다. 렘케는 대중에게 화제가 되어 미국, 스칸디나비아, 일본 등을 방문해 연주 여행을 했다.[4]

서번트들의 능력은 종종 실용적인 가치는 거의 없고 그저 호기심에 불과한 것으로 여겨지지만, 늘 그런 것은 아니다. 제2차 세계대전 동안 영국 정부는 2명의 수학 서번트를 고용해서 인간 컴퓨터로 봉사하게 했다. 알려진 한도 내에서 그들은 단 한 번도 틀린 적이 없었다.[5]

심리학자 데이비드 파인스타인David Feinstein[6]은 지난 100년간 비범한 정신능력의 서번트들이 최소한 100명 넘게 확인되었다고 보고하고 있다. 서번트증후군을 연구하는 정신과 의사 대럴드 A. 트레퍼트는 《비범한 사람들Extraordinary People》(국내에 《서번트 신드롬: 위대한 백치천재들 이야기》로 번역되어 출간되었다 - 옮긴이)[7]에서 어느 서번트에 관해 묘사했다. 일상대화에서는 58개의 단어밖에 모르는 한 서번트가, 미국 전역에서 5,000명 이상이 거주하는 각 도시와 마을의 정확한 인구수를 알고 있고, 미국의 주요호텔 2,000곳의 이름과 객실 수와 위치를 알고 있으며, 또한 각 주의 가장 큰 도시와 다른 도시 사이의 거리, 3,000개의 산과 강과 관련한 통계수치, 그리고 2,000개 이상의 주요 발명과 발견에 관한 핵심내용을 알고 있었다.[8]

체커보드의 64개 중 첫째 칸에 쌀알 하나를 올려놓고, 그것을 어느 한 수학 서번트에게 보여주었다. 그런 다음 그에게 하나의 낱알이 각 칸을 옮겨갈 때마다 두 배씩 늘어난다면, 마지막 칸에서는 낱알이 몇 개가 될지 물어보았다. 45초 후에 그는 정확한 답을 내놓았다. 그것은 태양 안에 들어 있는 총원자수보다 더 큰 수였다.[9]

조지와 찰스는 '캘린더 서번트'로 알려진 일란성 쌍둥이이다. 돌봄을 받을 수 없었던 그들은 7세 이후 보호시설에서 생활해왔다. 1만 년 후의 부활절이 무슨 요일이냐고 물어보면 그들은 즉각 대답할 것이다. 부활절 날짜만이 아니라 조수간만의 시간, 또 같은 달력상의 자료들까지 함께 말해줄 것이다. 만약 그들에게 율리우스력에서 그레고리력으로 달력체계가 바뀐 1752년 이전 사건의 날짜를 물어보면, 체계 변경에 맞추어 조정한 뒤에 날짜를 말해줄 것이다. 그들은 과거, 혹은 미래로 4만 년 범위 안에서 어떤 날짜를 고르더라도 그날이 무슨 요일인지 말해줄 수 있다. 그들에게 당신의 생일을 말해주면, 어느 해에 당신의 생일이 목요일이 되는지를 말해줄 수 있다. 캘린더 날짜를 맞히는 재주 외에도 그들은 20자리 소수들을 스왑함수로 만드는 걸 즐겼다. 이런 능력은 서번트들에겐 흔치 않은 재능이다. 이런 놀라운 능력이 있음에도 그들은 가장 간단한 숫자의 덧셈조차 못 한다. 1752년에 캘린더 체계를 다른 것으로 변경한 방법을 어떻게 알았느냐고 질문하면, 그런 추상적인 질문에 혼란스러워할 것이고, 사실은 '캘린더 체계'라는 것이 무엇인지조차 모를 것이다.[10]

서번트들이 ESP, 즉 초감각적 지각을 지녔다고 보고하는 임상의가 많다. 그중 하나로, 자기 이름이나 문장을 하나도 쓸 줄 모르는 자폐증 서번트 조지는 부모가 예기치 않게 차를 태워주려 할 때마다 그것을 미리 알아차렸다. (그는 보통 버스로 통학한다.) 그는 교사에게 부모가 올 거라고 이야기하고, 부모가 도착할 때까지 학교 정문 앞에 서 있었다. 다른 부모들도 자폐증 서번트 아이들이 가청범위를 넘어서는 대화를 들을 수 있다고 말한다. 또 말하지 않은 생각을 읽는 능력이 있다고도 말한다. 일례로, 서번트 딸을 둔 한 아버지가 회중시계 유리 뚜껑을 욕조에 빠뜨렸다가 바로 꺼냈고, 그 일은 자기 혼자만 아는 게 분명했다. 그런데 잠깐 뒤에 딸이 그 일을 아버지에게 자세히 이야기했다.

또 다른 예로, 한 서번트 소녀는 크리스마스 일주일 전에 자기 선물 꾸러미 안에 뭐가 들어 있을지를 정확하게 예측했다. 그걸 알 방법은 없었고, 선물이 뭐가 될지 알 만한 단서 또한 주어진 적이 없었다. 또 다른 서번트 소녀는 전화벨이 언제 울릴지, 누가 전화를 걸지 미리 알 수 있었다. 이와 유사한 수십 건의 사례가 버나드 림랜드 박사의 자폐아 5,400명에 대한 연구에서 보고되었다. 림랜드는 이렇게 많은 아이들 속에서 자신이 진짜 초감각능력을 목격하고 있다고 믿었다. 그는 이렇게 말한다. "이런 지식이 우연히 일어날 가능성은 통계학적으로 제로이다."[11]

<h3 style="text-align:center">그들은 어떻게 그리 하는가?</h3>

서번트증후군에 관한 일반적인 설명은 여전히 잘 이해되지 않는 유전적 경향성과 모호한 뇌의 작용과정에 의존하고 있다. 트레퍼트는 다른 누구보다 더 많은 서번트를 연구한 정신과의사로서 '조상의 기억'을 열쇠로 제안한다. 그는 이렇게 말한다. "놀라운 능력을 보여주는 서번트들은 특별히 배운 적이 없는 어떤 것을 '알'거나 '기억'한다. 그런 현실을 설명하려면 내 생각엔 제3의 기억을 상정할 필요가 있는 듯하다. 그것은 조상의 기억 혹은 유전적 기억이다. 인식적 기억인 의미론적 기억, 습관적 기억인 절차적 기억과 동시에 존재하는 것이다. (…) 나에게는 조상의 기억이 다만 유일한 **지식의 유전적 전달**인 것처럼 보인다."[12]

트레퍼트는 심리학자 카를 융이 "선천적 흔적, 직관과 과거의 집합적 지혜"를 설명할 때 사용했던 집단무의식 개념과 신경외과 전문의 와일더 펜필드가 창안한 "종족기억" 개념을 받아들이고 있다. 그러나 트레퍼트에게는 이 모든 개념이 유전자로 수렴된다. 그는 분명하게 말한다. "조상기억이라 부르든, 아니면 종족기억이나 직관, 또는 집단의식 등으로 부르든, 지식의 유전적 전달이라는 개념은 서번트가 특별히 배우지 않은 것을 기억하는 방법을 설명하는 데 필요하다. (…) 놀라운 능력을 보이는 서번트는 이미 많은 양의 데이터나 지식이 담긴 '기본장착' 소프트웨어를 상당히 많이 갖추고 태어나는 듯 보인다. '기본장착' 소프트웨어에 접속한다는 개념이야말로, 특정한 영역에서 뭔가를 광범위하게 즉각 마스터할 수 있는, 선천적·본능적·예외적 능력과 지식을 설명해줄 수 있을 것이다. (…) 우리가 한 번도 배우지 않은 것을 얼마간 '알'거나 '기억'하는 것은 이와 같은 전달 메커니즘을 통해서이다."[13]

이 모두는 진화생물학의 기본법칙에 어긋나는 것처럼 보인다. 진화생물학에서는 개체의 생존과 번식에 기여하는 능력이 유전적으로 다음 세대에 전달된다고 한다. 서번트들처럼 전적으로 사소한 정보를 무한히 아는 것이 살아남는 데 무슨 소용이 있는가?

이런 정보는 왜 서번트의 유전자에 기본장착되었을까? 그리고 서번트의 조상이 살던 때는 존재하지도 않던 호텔정보 같은 것들은, 어떻게 트레퍼트의 말처럼 '조상기억'이 될 수 있을까?

기본장착 지식과 조상에게서 온 정보는 서번트증후군을 설명하는 데는 별 도움이 되지 않는다. 이런 제안은, 서번트의 기술을 담당하는 것이 뇌와 유전자라는 가정을 필사적으로 지키려는 시도인 것 같다. 만일 과학에 아무런 상환가치가 없는 약속어음이 발행된다면, 바로 이런 시도들이 그것이다. 왜냐하면 단백질 암호인 유전자가 이런 능력을 설명해준다는 단서를 얻지 못할 뿐만 아니라, 배우지 않은 사실이 그것이 존재하지도 않던 시기의 조상유전자에 저장된다는 단서 또한 얻지 못하기 때문이다.

서번트들의 낮은 지능은 다른 자극을 배제하고 좁은 대역에 집중할 수 있게 제한해주는 장점이 될 수 있다. 주의가 덜 흩어지면 무시간의 정보 원천에서 오는 '잡음 대비 유효신호 비율'이 증가할 수 있고, 서번트에게 전해지는 정보의 수신감도가 높아질 수 있다.

뇌스캔이 가능한 황금시대에 신경과학자들은 서번트의 능력과 관련한 뇌활동 패턴을 탐구하고 있다.[14] 유전학자들은 서번트의 DNA에서 그들의 능력과 연관 있는 패턴을 확인할 수도 있을 것이다. 그러나 두 경우 모두, 뇌메커니즘 혹은 유전자가 이런 능력과 재주를 설명해 준다거나 그것의 원인이 된다는 것을 입증할 수 없다. 이는 텔레비전이 화면의 영상을 만들어낸다고 할 수 없는 것과 마찬가지이다. 그보다 텔레비전이 다른 데에서 온 영상을 중계하는 것처럼, 뇌와 유전자는 외부에서 오는 정보들의 중계국이라 할 수 있다. 과학 내부의 존경할 만한 주의tenet 역시 그것을 말하고 있다. "상호연관성이 곧 원인은 아니다."

서번트증후군을 연구하는 사람들은 때때로 그들이 당혹스럽다는 것을 인정한다. 유력한 용의자인 유전자와 뇌를 계속하여 집중적으로 연구한다고 해도 풀릴 것 같지 않은 수수께끼에 직면하고 있음을 인정한다. 트레퍼트와 대니얼 D. 크리스텐슨은 〈사이언티픽 아메리칸〉에 기고한 '서번트의 마음 내면에'라는 제목의 기사에서 이렇게 말하고 있다. "레인맨 킴 피크의 능력을 이해할 때까지 우리는 인간의 인식을 이해하는 척할 수 없었다."[15] 트레퍼트는 또한 이렇게 고백한다. "이 의문에 대답하기를 시도한 이론은 연구자 수만큼이나 많이 있었다."[16] 수많은 가정이 봄날의 잡초처럼 땅을 뚫고 올라오지만, 어떠한 이론도 모든 서번트를 다 설명할 수는 없었다. 1970년대 오스틴의 텍사스대학에서 연구하던 제인 더켓은 서번트의 능력을 이해하려는 시도들에 '광범위한 이론수정'을 요청했다.[17] 그녀의 권고는 여전히 유효하다.

서번트를 바라볼 때면 주변 사람들과 단절된 외톨이 같은 존재로 여기기 쉽지만, 이는 많은 사례에서 전혀 사실이 아니다. 트레퍼트가 말하길 "가장 큰 교훈 중 하나는 그들이 신경회로보다 훨씬 더 큰 것에 의해 형성되었다는 점이다. 서번트들은 조건 없는 사랑과 믿음, 그리고 그들을 돌보는 사람들의 결단과 그에 따른 지원으로 번영하고 있다."[18] 이에 해당하는 고전적인 예로 피아니스트 레슬리 렘케를 들 수 있을 것이다. 그는 자신을 입양한 간호사 어머니의 사랑과 돌봄에 은혜 입고 있다. 그녀는 거의 전적으로 의존할 수밖에 없었던 10년 동안 그를 살아 있게 지켜주었다.

하지만 그 '사회적 환경'이 우리에게 친숙한, 보고 만지고 느끼는 세계에만 국한되어 있지는 않을 것이다. 또한 그것은 의식이 함께하는 거대한 만남의 장인 한마음과 관련 있을 것이다. 알 듯 말 듯 우리를 애타게 하는 서번트의 미스터리를 조금이라도 꿰뚫고 싶다면, 아마도 이것이 바로 그에 필요한 '광범위한 이론수정'이 될 것이다. 서번트들이 접속하는 한마음은 어쩌면 누구나 이용할 수 있을 것이다. 그것은 의식을 위한 일종의 생명수 샘터이다. 거기에서는 정보와 창조적인 해결책과 지혜의 갈증이 해소될 수 있다. 이 원천은 지금까지 존재했던 모든 마음이 만나는 곳이다. 그것은 융의 집단무의식이며, 에머슨의 대령이며, 시공간적으로 무한한 마음 차원을 설명하고자 역사상 만들어졌던 모든 용어이다.

15

쌍둥이

몸과 영은 쌍둥이이다.
어느 것이 어느 것인지는 오직 신만이 아신다.
앨저넌 찰스 스윈번1

◇◇◇◇◇◇◇◇◇◇◇◇◇◇◇

나도 그중 한 사람임을 알게 된 이후부터 나는 일란성 쌍둥이에 관심을 가져왔다. 내가 한마음의 개념에 이끌린 주요 이유는 나 자신이 쌍둥이였기 때문이다. 내 쌍둥이 형제와 나는 평생 늘 깊은 연결을 느껴왔다. 게다가 나는 쌍둥이와 결혼했다. 내 아내 바버라도 그녀의 쌍둥이 남동생과 한마음의 체험을 공유했다. 사생활을 존중하기 위해 이 경험을 말하지 않고, 대신 대중적인 지식이 된 쌍둥이 연구에 초점을 맞추고자 한다.

유명한 '일란성 쌍둥이 짐' 이야기를 처음 들었을 때 당연히 나는 매료되었다. 짐 스프링거와 짐 루이스는 유아기에 헤어져서 오하이오의 노동자 가정에 따로따로 입양되었다가 39세가 되던 해에 다시 만났다.[2]

1979년 2월 그들이 다시 만난 것은 두 사람에게 몹시 감동적인 사건이었다. "나는 나고 그는 그지만, 동시에 그는 나고 나는 그입니다. 이해하시겠어요?" 짐 스프링거는 자기 형제에 대해 이렇게 말했다. 그들을 입양한 가족이 제임스(짐은 제임스의 애칭-옮긴이)라는 똑같은 이름을 지어준 것 말고도, 둘 다 두 번 결혼했는데 첫 번째는 둘 다 린다와 결혼했고, 두 번째 역시 둘 다 베티와 결혼했다. 짐 루이스는 세 아들을 낳았는데 그중 하나가 제임스 앨런이고, 짐 스프링거는 딸 셋, 아들 하나를 두었는데 아들 이름이 제임스 앨런이다. 쌍둥이는 전에 둘 다 토이라는 이름의 개를 길렀다. 둘 다 밀러라이트 맥주를 좋아하고 세일럼 시가 골초이며 쉐보레를 운전한다. 또 둘 다 목공일을 좋아해서 지하실에 비슷한 목공작업실이 있으며 거기에 비슷한 것들을 만들어놓았다. 그리고 둘 다 야구를 싫어하고 스톡 카 레이싱을 즐긴다. 둘 다 손톱을 끝까지 물어뜯고 고등학교 때는 활기 없는 학생이었다. 둘 다 수학을 가장 좋아했으며 가장 싫어하는 과목은 맞춤법이었다. 둘은 같은 양의 술을 마시고 담배를 피웠으며 하루 중 같은 시간에 머리가 아팠다. 그들은 비슷한 말투와 사고패턴을 가졌고 유사한 걸음걸이로 걸었으며 둘 다 매운 음식을 좋아했다. 또 변기를 사용하기 전에 먼저 물 내리는 걸 좋아하는 등 특이한 행동을 공유했다.[3] 둘은 각자의 커뮤니티에서 민간보안관으로 봉사했고, 둘 다 감정을 숨기지 않고 다정다감해서 집 안 구석구석에 아내에게 쓴 사랑의 메모들을 남겨두었다. 그들은 지난 세 번의 대통령선거에서 똑같은 후보에게 투표했다. 두 남자는 과거와 미래에 대해 별로 걱정하지 않고 현재에 충실했다. 각자 플로리다의 같은 해변에서 휴가를 보냈다.

두 사람은 병력까지 비슷했으며 시력, 혈압, 맥박, 수면패턴도 같았다. 둘 다 치질을 앓았고 같은 시기에 몸무게가 10파운드 늘었으며, 긴장과 편두통이 섞인 '혼합성 두통'에 시달렸다. 두통이 시작된 시기도 둘 다 18세였고, 늦은 오후에 두통이 일어났으며, 두통을 표현할 때도 비슷한 문장을 사용했다. 그들은 심장병이 발현될 수 없었음에도 둘 다 과거에 스스로 심장발작이라 느낄 만한 사건을 겪었다. 둘 다 정관수술을 받았고, 다양한 자극에 대한 반응을 기록한 그들의 뇌파측정은 복사라도 한 듯 똑같았다.[4] 짐 루이스는 오하이오 엘리다에 있는 아담한 골조주택에서 살았다. 동네에서 마당의 나무 둘레로 하얀 벤치가 있는 유일한 집이었다. 짐 스프링거는 엘리다에서 남쪽으로 80마일 떨어진 데이턴이라는 곳에 살았는데, 그의 거처도 동네에서는 유일하게 나무 한 그루가 마당에 있고 그 둘레에 하얀 벤치가 있는 집이었다.

지역신문에 쌍둥이 짐 이야기가 실리자 연합뉴스가 기사를 가져다 게재했다. 미네소타대학의 심리학자 토머스 J. 부샤드 2세는 〈미니애폴리스 트리뷴Minneapolis Tribune〉에 실린 기사를 읽고, 이것이 따로 떨어져 양육된 일란성 쌍둥이를 연구할 흔치 않은 기회임을 즉각 알아차렸다. "그것은 순전히 과학적인 호기심이었다." 부샤드는 회고했다. "우리가 따로 양육된 한 쌍의 쌍둥이에 대해 하나의 단일한 연구를 하게 되리라고 생각했다. 그런데 우리는 작은 모노그래프(어떤 분류군에 대한 정보의 집대성-옮긴이)를 얻을 수 있었다."[5]

부샤드는 '자연 대 양육'이라는 논쟁에 관심이 있었다. 인격의 전반적인 형성과 관련하여 유전적 요소와 환경적 요소의 영향을 비교하는 논의였다. 일란성 쌍둥이는 동일한 유전적 패턴을 지닌다. 만약 그들의 행동, 심리, 신체에서 두드러지게 다른 점이 있다면, 그것은 서로 다른 환경과 양육이 유전적 영향보다 더 강하게 지배했다는 것을 강하게 암시한다. 다른 한편으로, 출생 후 따로 떨어져서 다른 환경 속에서 자랐는데도 같은 모습으로 남아 있다면, 이는 유전적 요소가 환경의 영향을 가려버렸다고 말할 수 있다.

부샤드는 시간을 허비하지 않았다. 기사를 읽자마자 한 시간도 안 되어 대학으로부터 쌍둥이 짐을 연구하기 위한 지원기금을 확보하고 예비승인을 얻어냈다. 대학의 지원에는 인성검사와 적성검사, 의학적 평가와 정신과 평가도 포함되어 있었다. 인내력, 순응력, 자기통제, 사회성, 유연성 등의 다양한 인성을 측정하는 테스트에서 두 사람의 짐은 너무나 근사한 점수를 얻어서 마치 같은 사람이 두 번 테스트받은 것처럼 보였다. 부샤드는 말했다. "지능, 정신능력, 좋아하고 싫어하는 것, 흥미 등에서 그들은 놀랄 만큼 유사하다. (…) 함께 모여 인성을 형성하는 작은 것들에서 전체적으로 동일한 패턴이 나타난다. (…) 앉거나 몸짓하는 방식, 목소리의 빠르기, 보디랭귀지 등등. 그들은 한 쌍의 북엔드(여러 권의 책이 쓰러지지 않게 양쪽 끝에 받치는 것-옮긴이)와 같았다."[6]

부샤드가 쌍둥이 짐을 연구하기 시작했을 때, 당시 미국에는 재결합한 쌍둥이 사례가 고작 19건만 보고돼 있었고, 그것도 대다수가 생물학적으로 관련 있는 가족에 의한 결합이었다. 그래서 스프링거와 루이스의 사례가 부샤드에게는 더욱 독특하고 매력적으로 다가왔다. 본디 부샤드는 인성의 지배요소를 캐내는 데 몰두하던 사람이었다. 테스트가 시작되던 날, 부샤드는 두 명의 짐을 아침식사에 초대해서 연구의 주안점을 간단히 설명했다. 자신의 첫 번째 일란성 쌍둥이 연구였으므로 부샤드는 흥분해 있었다. 그는 그들의 작은 특징에 지나치게 집착했다. 예를 들어 둘은 모두 손톱을 물어뜯는 버릇이 있었고, 둘 다 눈썹에 특이한 소용돌이가 있었다. 부샤드는 넋이 나간 듯 두 사람의 이마에 난 털의 개수를 세고 있었다. "당신은 벌써 테스트를 시작하셨군요." 둘 중 하나가 말했다. 부샤드는 미안하다고 사과했다. 그는 쌍둥이의 몸짓과 목소리, 그리고 몸의 형태에 나타난 유사성에 깜짝 놀랐다. 두 남자는 완전히 따로 떨어진 곳에서 살아왔지만, 만약 부샤드가 눈을 감는다면, 어느 쪽 짐이 이야기하는지 분간할 수 없었을 것이다.[7]

소식이 퍼져나가자 쌍둥이 짐은 유명세를 타기 시작했다. 그들은 텔레비전의 〈자니 카슨 쇼〉에 나가서 마이크 더글러스와 잡담을 나누고, 같은 오하이오 사람인 코미디언 조너선 윈터스를 만났으며, 〈뉴스위크〉와 〈피플〉 그리고 그 밖의 다른 잡지들에도 기사가 실렸다.

〈워싱턴 포스트〉의 기자 아서 앨런은 이렇게 썼다. "기자들이 부샤드의 따로 양육된 쌍둥이들을 처음으로 면담하기 시작했을 때, 그들은 스프링거-루이스 쌍둥이처럼 눈에 띄게 비슷한 쌍에게 초점을 맞추었다. 그러나 미네소타 연구에서 그 쌍둥이는 예외자로 밝혀졌다.

다른 쌍둥이들은 대부분 그 정도로 닮지 않았다. (…) 전자는, 복잡한 신경학적·실체적 사건에서 역할을 맡은 화학경로에 이바지할 단백질을 만든다. (…) 사실 유전자가 폭력적인 아이들이나 우울한 어른을 만드는 게 아니다. 그리고 평판이 좋은 과학자치고 그렇게 주장하는 사람은 아무도 없다." 또한 유전자는 따로 양육된 쌍둥이가 사용하기에 앞서 먼저 변기 물을 내리도록 만들지도 않는다. 그렇다면 무엇으로 설명해야 할까? 기존 과학으로는 설명할 방법이 없다. 이런 비정상적인 것은 '시스템상의 잡음'이나 '예외'로 고려될 뿐이다. 그런 용어들은 과학자들이 잘 몰라서 어깨를 으쓱하고 싶을 때 쓰는 말이다.[8]

저널리스트 도널드 데일 잭슨은 〈스미스소니언Smithsonian〉에 기고하면서 이 현상에서 뭔가 신성한 차원의 어떤 것을 감지한 것처럼 보인다.

쌍둥이 짐의 재결합에서 볼 수 있는 그 최종적인 진실은 유전적인 유사성도 아니며 환경의 차이 또한 아니다. 그것은 다시 회복된 그들의 결속이요, 사랑의 기쁨 어린 재회이다. 즉 가족의 승리라고 말할 수 있다. 두 짐은 그 진실을 직관적으로 알아차렸고 거기에 동일하게 응답했다. 바로 감사로써 말이다. 과학자들은 입증할 수 없겠지만, 아마도 그들은 영혼 역시 같을 것이다.[9]

쌍둥이 짐 연구가 알려진 후, 출생 후 따로 떨어진 또 다른 일란성 쌍둥이들이 부샤드 박사에게 연락해오기 시작했다. 박사는 1년 안에 15쌍을 평가했으며, 35쌍을 지속하여 조사하는 중이었다. 이 연구를 시작으로 미네소타대학 트윈시티캠퍼스에 있는 쌍둥이와 입양연구 센터에서 여러 발견이 이어졌다. 트윈시티는 말 그대로 쌍둥이 도시라서 연구소가 있기에 적합한 이름 같다. 오늘날 격리·양육된 100쌍 이상의 쌍생아가 부샤드 연구실의 엘리엇홀에서 일주일간 머물며 이 프로그램을 거쳐갔다.

가장 눈에 띄는 부샤드의 피험자 중 한 쌍은 중년의 영국인 브리짓 해리슨과 도로시 러브이다. 그들은 제2차 세계대전 때 서로 떨어져서 유아기부터 몹시 다른 사회-경제 환경에서 자라났다. 미니애폴리스 비행기에서 내렸을 때 그들은 각자 반지 7개를 끼고 있었고, 한쪽 손목에는 팔찌 2개를, 그리고 다른 쪽 손목에는 시계와 팔찌 하나를 차고 있었다. 브리짓은 아들의 이름을 리처드 앤드루라 지었고, 도로시는 아들의 이름을 앤드루 리처드라 지었다. 이상한 '이름 짓기 현상'은 계속 이어졌다. 브리짓은 딸 이름을 캐서린 루이스라 했고, 도로시는 캐런 루이스라 지었다. 이것을 알게 된 부샤드는 충격을 받았다. 아이의 이름을 고르는 것은 남편과 아내가 함께하는 공동결정이라서 우연히 일치할 가능성이 그만큼 더 줄기 때문이다.

부샤드의 사례 중 또 다른 예는 다프네 굿십과 바버라 허버트 쌍둥이이다. 그들 역시 제2차 세계대전 때 헤어졌는데, 유아기에 입양되어 따로 떨어져 자랐다. 그들 역시 짐 형제처럼 39년이 흐른 뒤에 다시 만났다. 1979년 5월 런던의 킹스크로스역에서 만났을 때 두 사람은 각각 밤색 벨벳 재킷과 베이지색 드레스를 입고 있었다. 둘 다 새끼손가락이 굽어 있었는데, 그 때문에 두 사람은 타자나 피아노를 배우지 못했다. 둘 다 코를 밀어올리는 기이한 행동을 했고, 그것을 '손

끝으로 밀기'라고 불렀다. 둘 다 15세가 되던 해 계단에서 굴러 발목이 약해졌고, 16세에 댄스파티에서 결혼할 남자를 만났고, 각각 첫 아이를 유산했으며, 두 아들에 이어 딸을 낳았다. 누구보다 잘 웃어서인지 연구자들은 두 사람을 킥킥거리는 쌍둥이로 사랑스럽게 기억하고 있다. 둘은 언제나 서로의 웃음보따리를 터뜨려주는 '엄청난 웃음보'였다. 그런데도 그들의 입양가족 중에 잘 웃는 사람이 있었느냐고 질문하면 둘 다 아니라고 대답한다.[10]

대단히 잘 알려진 또 한 쌍의 쌍둥이는 오스카 스퇴르와 잭 유프이다. 그들은 지금까지 연구해온 모든 쌍둥이 중에서 가장 극적으로 다른 배경을 지녔다. 두 사람은 1933년 트리니다드에서 유대인 아버지와 독일인 어머니 사이에 태어나 출생한 지 얼마 되지 않아 헤어졌다. 오스카의 어머니는 그와 함께 독일로 돌아왔고, 그곳에서 할머니에 의해 가톨릭교도로, 그리고 나치스 청년단원으로 키워졌다. 잭은 아버지의 양육으로 카리브해 지역에서 유대인으로 자랐고, 생애 일부분인 젊은 시절을 이스라엘 키부츠에서 보냈다. 그들이 부샤드에게 보고할 때는 서로 상당히 다른 인생을 살아온 것 같았다. 오스카는 결혼 후 독일에서 산업감독관으로 일하는 헌신적인 노동조합원이었고 스키를 탔다. 잭은 샌디에이고에서 옷가게를 운영했고 이혼했으며 일중독이었다. 하지만 그들이 트윈시티공항에 도착하던 순간부터 둘 사이의 유사성은 명백했다. 둘 다 어깨장식과 호주머니 둘 달린 파란색 셔츠를 입고 있었고 쇠테 안경을 썼으며, 단정하게 깎은 콧수염을 기르고 있었다. 두 사람의 개성은 꼭 들어맞았다. 둘 다 매운 음식을 좋아하고 달콤한 리큐어를 즐기며, 얼빠진 듯 보였고 텔레비전을 보면서 잠드는 습관이 있었다. 묘하게도 사람들 앞에서 큰 소리로 재채기하여 반응을 일으키는 특이한 습관도 있었다. 과학자들을 도저히 이해할 수 없게 만드는 특징이었다. 둘은 변기를 사용하기 전에 물을 내렸고, 손목에 고무밴드를 모았으며, 잡지를 뒤에서 앞으로 읽었고, 버터 바른 토스트를 커피에 찍어 먹었다. 부샤드는 말했다. "이들 중 몇 가지만 가지고도 당신은 그저 어깨만 으쓱하며 이렇게 말하리라. '무슨 영문인지 도저히 모르겠어요.'"11

자연, 양육 그리고 한마음

이런 쌍둥이 현상이 '자연'의 결과일까, 아니면 '양육'의 결과일까? 유전적 요소일까, 아니면 환경의 요소일까? 부샤드팀은 너무나 많은 사례에서 환경의 영향이 철저히 달랐음을 확인하였기에 유전자의 영향 때문이라고 설명하는 쪽으로 두드러지게 기울고 있었다. 하지만 따로 양육된 일란성 쌍둥이의 생각과 행동에서 나타나는 충격적인 유사성을 설명하기 위해 오직 두 가지 가능성에만 집중함으로써, 연구자들은 다른 중요한 가능성을 놓치고 있는 듯 보였다. 만약 의식이 어떻게든 무한하고 단일하다면, 이런 유사성은 놀라운 일이 아닐 것이다. 따로 떨어진 쌍둥이든 아니면 누구라도 시간과 공간의 분리를 넘어서 생각을 공유할 수 있기 때문이다. 그들은 서로의 감정과 신념에 참여할 수 있고, 그것은 시간이 지나면서 유사하거나 동일한 행동으로 스며나올 것이다. 비국소적 마음은 동질성을 향한 경향성을 강화하면서 유전적 요소들과 함께 조화롭게 행동할 수 있다. 이때 우리는 이렇게 질문할 수 있겠다. 왜 우리는 서로 더 닮지 않았을까? 의식을 공유한다는 관점에서 볼 때 우리가 말, 생각, 행동에서 서로 복제인간처럼 닮지 않게 하는 것은 무엇일까? 무엇이 우리의 풍부한 다양성을 가능하게 할까? 한마음이 정말 존재한다면, 우리의 마음이 본질에 있어 무한하고 서로의 안으로 흘러들어 간다면, 우리는 어떻게 개체성을 갖는 것일까?

비국소적 마음은 유전자와 환경 같은 다른 요소들과 협력하여 행동하면서, 따로 양육된 일란성 쌍둥이에게서 나타나는 기이한 동일성에 대해 더욱 강력한 설명을 제공해준다. 최근에는 가장 완고한 유물론자들조차 일란성 쌍둥이들의 어떤 행동 부분은 너무나 터무니없이 비슷해서 그를 설명하는 데 어려움을 겪고 있다. 예를 들면, 7개의 반지를 끼고 있다거나 대중 앞에서 재채기하기, 마당에 있는 나무 둘레에 하얀 벤치 만들기, 또는 같은 이름의 배우자와 연이어 결혼하기라든가 아이들의 이름을 유사하게 아니면 같게 짓기 같은 것들이다. 유전적인 것이나 쉽게 설명할 수 없는 행동을 만나면, 우리는 항상 우연으로 기술하려는 유혹을 받는다. 우연은 설명할 수 없는 것들을 위한 마지막 쓰레기장이다. 비국소적인 공유된 한마음은 우연이라는 설명이 덜 매력적으로 보이게 해줄 것이다.

부샤드와 다른 쌍둥이 연구자들은 격리·양육된 일란성 쌍둥이들이 함께 자란 쌍둥이보다 더 동일하다는 증거를 발견했다. 쌍둥이에 관해 고려해보기 전에는 이런 말이 놀라운 이야기로 들릴 수 있다. 같이 자라난 일란성 쌍둥이들은 개인적인 정체성을 형성하는 데 어려움을 겪을 때가 잦다. 때때로 그들은 가능한 한 서로 많이 닮도록 권유받는다. 부모들이 옷을 똑같이 입히는 것처럼 말이다. 그 결과 그들은 자기 개인성을 확인하기 위해 '다르게 존재하기' 쪽으로 더 멀리 나아갈 수 있다. 일란성 쌍둥이가 따로 격리되어 자라면 그들은 서로의 거울처럼 자기 자신을 경험하지 않기 때문에 자기만의 정체성을 세우려고 분투할 필요가 없다. 그래서 떨어져서 자라나면, 그 분리는 오히려 패러독스처럼 작용하여 서로 더욱더 닮을 수 있도록 허용해준다.

쌍둥이 관련 자료에 많은 사람들은 거의 우울해질 정도로 반응해 왔다. 그런 현상이 마치 저주나 모욕인 것처럼 느껴졌기 때문이다. 왜 그렇게 반응하는지 우리는 쉽게 알 수 있다. 우리는 지금 다른 환경을 경험하고, 다른 부모에게서 양육되고, 다른 나라에서 자라고, 다른 친구들을 사귀고, 다른 사람과 결혼한다. 그런데 이 연구결과는, 나 자신이 나와 동일한 유전자를 가진 한 번도 만난 적 없는 누군가의 복제인간이라는 사실을 발견할 수 있다고, 그런 독특한 경험이 여전히 가능하다고 말하고 있지 않은가. 우리의 DNA는 자유의지와 자발성을 비웃는 것처럼 보인다. 로런스 라이트Lawrence Wright는 이 분야를 요약한 글에서 이렇게 말했다. "태어나자마자 헤어져서 중년에 다시 만난 쌍둥이들의 이야기를 읽으면, 단지 그들이 여러 견지에서 똑같은 사람이 되었음을 발견할 수 있다. 이를 통해 우리는 삶이 어떤 식이든 하나의 위장이라고 생각하게 된다. 우리가 사건들에 의식적으로 대응하는 것처럼 보이지만 겉보기에만 그럴 뿐이다. 우리를 형성해왔다고 여겨온 삶의 경험들은 단지 삶의 여정에서 주워든 장식품이나 신기한 물건에 지나지 않는다. 그리고 자기 자신의 성격을 형성한 핵심이라고 믿었던 어린 시절의 트라우마와 부모의 금지명령은, 우리가 읽은 책 한 권이나 텔레비전에서 본 쇼보다 더 큰 영향을 주지 않았다. 결과적으로 다른 누군가의 삶을 살아왔으면서도 우리는 여전히 우리 자신으로 존재하는지 모른다."[12]

쌍둥이 연구는 유전적인 저주의 증거라기보다 오히려 정반대가 될 수 있다. 분리된 일란성 쌍둥이의 높은 수준으로 상호연결된 행동들은 자유의 가르침이라 할 수 있다. 따로 양육된 쌍둥이는 어쩌면 의식의 특별한 차원에서 비국소적으로 하나가 되었을지 모른다. 그래서 서로 닮고 서로 맞추고 서로 공유하는 무의식적 선택을 했을 것이다. 그들은 한마음 안에서 연결되어 자유롭게 동일성을 선택하고 유사성에 기쁨을 느끼는 마음의 승리를 보여주는 것 같다. 그들의 생각과 행동이 연결되어 있다는 것은, 어쩌면 우리가 유전자에 갇혀 있다고 한탄할 이유가 아니라 오히려 거기에서 자유로워짐을 축하할 이유가 될지도 모른다.

자유의지를 부정하는 유물론적인 과학에서 흔히 되풀이되는 경향은, 물론 격리·양육된 일란성 쌍둥이에 국한되어 있지 않다. 그것은 일반적인 인류 전체에 광범위하게 적용된다. 이런 유물론의 노력에는 위선과 비논리의 기미가 보인다. 심리학자 로런스 르샨Lawrence LeShan은 획기적인 책《마음의 풍광Landscapes of the Mind》에서 이렇게 썼다. "나는 자유의지가 없다. 내가 하는 모든 말과 행동은 기계적인 힘에 의해 결정된다. '나는 로봇이다'라고 말하는 사람이 있다고 상상해보라. 우리는 그를 정신과의사에게 보내려 할 것이다. 그러나 만일 박사학위를 가진 사람이 강의 도중에 '모든 인간은 기계적으로 결정되며 자유의지란 없다'고 말한다면, 우리는 그를 행동주의자나 정신분석가 혹은 철학적 결정론자로 부르며 그의 영민한 사고력에 박수갈채를 보내고 그 분야의 수장으로 만들어줄 것이다."[13]

철학자들은 따로 자란 일란성 쌍둥이의 동일성을 저주와 모욕으로 해석할지 모르지만, 쌍둥이들은 그렇게 보지 않는다. 그들에게는 그것이 기쁨의 원인이다. 한 예로 짐 루이스의 말을 고려해보자. "여섯 살 무렵 어머니가 나에게 쌍둥이 형제가 있다고 말해주셨습니다. 나이가 들면서 거기에 호기심이 더 생겼죠. (…) 나와 가까운 누군가가 있었으면 하고 늘 느꼈어요. 아마 외로웠던 것 같아요. (…) 5년 전쯤에 그를 찾을 수 있을지 알아보려고 나섰습니다. 내가 무엇을 찾고 있는지 정말 몰랐어요. 그냥 그를 향해 달려갔던 것 같아요." 그들이 다시 합쳐진 후에 짐 스프링거는 이렇게 말했다. "아, 우리는 그냥 서로 너무나 기뻐하고 있어요. 정말 어떤 느낌인지 아무도 상상 못 할 걸요." 짐 루이스는 족자를 하나 만들어 형제에게 주었다. 거기엔 이런 글귀가 적혀 있었다. "1979년 2월 9일은 우리 생애에서 가장 중요한 날. 그날 우리는 평생의 관계를 시작했고 다시는 헤어지지 않을 것이다."[14]

앞서 언급했던 일란성 쌍둥이 바버라 허버트와 다프네 굿십은 나이 40에 재회했을 때, 각자 16세에 마을회관의 댄스파티에서 미래의 남편을 만났다는 사실을 알게 되었다. 둘 다 같은 해에 계단에서 굴러 발목을 다치는 바람에 난간을 붙잡지 않고서는 계단을 내려올 수 없는 평생의 장애를 갖게 됐다. 미네소타 연구자들이 필체를 비교하려고 둘에게 아무 문장이나 고르라고 했을 때, 두 사람 모두 "The cat sat on the mat"를 골랐으며 둘 다 'cat'을 'cas'로 틀리게 썼다. 둘은 카디건을 같은 색과 같은 무늬로 짠다. 다시 합쳐진 이후 둘은 서로 말하지 않은 상태에서 같은 날, 같은 여성잡지에 같은 질문을 했다. 또 같은 주에 둘 다 국민복권에서 10파운드가 당첨됐다. 다프네가 에이본 향수 한 병을 경품으로 받았을 때, 바버라는 에이본 지사에서 후원한 그림그리기 대회에서 상을 탔다.[15] 영국의 쌍둥이 연구자이자 《쌍둥이 텔레파시Twin Telepathy》의 저자인 길리언 플레이페어 Guy Lyon Playfair에 따르면, "나의 발견에서 반영되는 것은 아주 분명하다. 쌍둥이 사이의 일치 가운데, 일부는 유전적 토대에서 기인하고 일부는 그렇지 않다. 어느 것이 어느 것인지 구별하기란 보통 쉬운 일이다."[16]

그는 조녀선과 제이슨 플로이드의 사례가 놀라운 일이 아니라고 말했다. 그들은 17세의 일란성 쌍둥이인데 이틀 간격으로 맹장수술을 받았다. 300마일 떨어져 있었지만, 서로가 서로에게 '유전자 청사진'이었기 때문에 평생 서로 연결된 의료사건을 겪었다. 그러나 여기에도 이상한 점이 있다. 플레이페어는 질문한다. "존과 마이클 앳킨스가 서로 멀리 떨어진 채, 각자 보이지 않는 알프스빙하의 다른 지점에서 스키를 타다가 정확히 같은 시간에 넘어져 다리가 부러진 이유를 유전학은 어떻게 설명할 수 있는가?" 스키 타다가 넘어지라는 유전자 정보가 있을까? 그런 모든 사례를 유전자, 우연의 일치, 혹은 스키어들을 걸어 넘어뜨리는 알프스의 작은 도깨비인 그렘린 탓으로 돌리는 것은 물론 자유이다. 그러나 묘한 일이 계속해서 벌어지고 하나하나 쌓여가다 어느 시점에 이르면 사람들은 대부분 유전자와 우연의 일치(그리고 그렘린)에 대해서 마음속에 불편함을 갖기 시작할 것이다.

카사블랑카 효과

플레이페어는 이런 사례들을 **카사블랑카** 효과의 증거라고 생각했다. 그는 영화 〈카사블랑카〉에서 험프리 보가트가 전 애인 잉그리드 버그만이 나타났을 때 말한 유명한 대사에서 이 용어를 따왔다. "온 세계의 어느 도시든 술집은 많고 많은데, 마침 내가 있는 술집으로 그녀가 들어오는군."

어떤 우연의 일치는 너무나 우연적이어서 다른 설명이 필요하게 만든다.

이런 의심은 심지어 피터 왓슨 같은 회의론자에게도 일어났다. 그는 이렇게 썼다. "미네소타에서 수집되는 모든 우연의 일치 현상은 일종의 위장인가, 더 깊은 수준에서 일어나는 뭔가 다른 것의 신호인가?"[18] 왓슨의 질문에 플레이페어는 "맞다"고 대답했다. 그리고 내 대답도 똑같다. 플레이페어의 말을 들어보자. "무언가가 (…) 계속해서 입증되고 자주 보고되고 있다. 그런 존재나 존재할 가능성조차 받아들이기를 거부하는 사람들이 여전히 있음에도, 일란성 쌍둥이들은 기대 이상으로 더 많은 보고를 제공하고 있다."

나는 이 '무언가'가 한마음의 표현이라는 생각을 제안해본다.

텔레소매틱 사건

◇◇◇◇◇◇◇◇◇◇◇◇◇◇◇

1960년대에 미국의 신경정신과 의사 베르톨드 E. 슈워츠는 '멀리 떨어진 몸'[1]이란 의미의 단어에서 **텔레소매틱**telesomatic이라는 용어를 만들어냈다. 슈워츠는 먼 거리에 각각 떨어져 있는 사람들이 유사한 감각이나 실제로 물리적 변화를 경험하는 사건들을 기록해왔다. 수백 건의 텔레소매틱 사건이 수십 년에 걸쳐 보고되었다. 이 사건들은 관련 인물들이 어떻게든 의식을 통해 연결되어 있음을 암시한다. 마치 두 몸이 하나의 마음을 공유하는 것과 같다.

마치 한몸처럼

잉글랜드의 사회비평가 존 러스킨이 보고한 고전적인 하나의 예는 유명한 풍경화가 아서 세번의 경험이다. 어느 날 세번은 아침 일찍 깨어나 가까운 호수에 보트를 타러갔다. 러스킨의 사촌인 그의 아내 조안은 집에 남아 침대에 누워 있었다. 그녀는 갑자기 뚜렷한 이유 없이 입에 고통스러운 타격을 입은 느낌을 받았고 그 때문에 잠에서 깨어났다. 잠시 후 남편 아서가 피가 흐르는 입을 천으로 막은 채 돌아왔다. 남편이 말하길, 갑자기 바람이 확 불어서 돛 아래쪽 활대가 자기 입을 때렸고 그로 인해 보트에서 떨어질 뻔했다고 했다. 그 시간은 아내 조안이 타격을 느꼈던 때와 같은 시간이었다.[2]

수학통계학자 더글러스 스토크스는 이와 비슷한 사건을 2002년에 보고했다. 그가 미시간대학에서 초심리학을 강의할 때, 학생 중 하나가 언젠가 더글러스의 아버지가 턱에 '보이지 않는 타격'을 입고 벤치에서 떨어질 거라고 말했다. 5분 후 그의 아버지는 지역체육관에서 걸려온 전화를 받았는데, 아내가 운동기구의 어떤 부분에 턱을 맞아 골절상을 입었다는 것이었다.

세번과 관련한 또 다른 예는 더욱 불행한 이야기이다. 어느 날 조안 세번이 어머니, 이모와 함께 조용히 앉아 있는데 어머니가 갑자기 비명을 질렀다. 그녀는 소파 위에 쓰러지며 양손으로 귀를 막고 소리쳤다. "아, 물이 내 귀로 콸콸 쏟아져 들어오고 있어. 남동생이나 아들 제임스가 물에 빠진 것이 분명해. 아니면 둘 다이거나." 그때 조안이 창 밖을 내다봤더니, 사람들이 허겁지겁 근처 수영 장소로 달려가고 있었다. 잠시 후 그녀의 삼촌이 창백하고 혼란스러운 모습으로 집 안

으로 들어와 제임스가 물에 빠졌다고 말했다.[3]

감정이입 공명

《홀 인 원Whole in One》이란 책에서 데이비드 로리머는 수많은 텔레소매틱 사례를 수집했다. 그는 영국에 근거를 둔 국제조직인 과학과의학네트워크Scientific and Medical Network의 리더이자 의식을 분석하는 영민한 애널리스트이다. 로리머는 이런 사건이 주로 감정적으로 가까운 사이에서 일어난다는 사실에 강한 인상을 받았다. 그는 자신이 '감정이입 공명'으로 부른 것을 강력히 뒷받침해주는 사례를 근거로 들고 있다. 감정이입 공명은 시간과 공간을 가로질러 사람들을 연결해준다고 그는 믿는다.

버지니아대학의 정신과 의사였던 이안 스티븐슨(1918~2007)은 멀리 떨어져 있는 사람들이 유사한 신체증세를 경험한 수십 건의 비슷한 사례를 조사했다. 대부분 이런 일은 부모와 아이들, 배우자, 형제자매, 쌍둥이, 연인, 그리고 가까운 친구들 사이에 일어났다.[4] 역시, 공통맥락은 떨어져 있는 사람들 사이에서 일어나는 감정적인 친근함과 공감인 것처럼 보였다.

스티븐슨이 보고한 전형적인 사례 중에서, 한 어머니가 최근 대학에 들어간 딸에게 편지를 쓰고 있었다. 그런데 확실한 이유 없이 오른손이 심하게 불에 덴 것처럼 화끈거려 펜을 내려놓을 수밖에 없었다. 한 시간이 채 지나기도 전에 어머니가 전화를 받았는데, 실험실에서 산acid에 의한 사고로 딸이 오른손에 심한 화상을 입었다고 했다. 딸

의 사고가 일어난 시간은 어머니가 불타는 듯한 통증을 느꼈던 시간과 같았다.[5]

연구자 루이저 E. 라인이 보고한 어느 사례에서는, 한 여성이 갑자기 심한 통증으로 가슴을 움켜쥐고 몸을 웅크리며 말했다. "넬에게 무슨 일이 생겼어. 넬이 다쳤어." 두 시간 후에 보안관이 도착해서 그녀의 딸 넬이 자동차사고를 당했다는 소식을 전했다. 운전대의 한 조각이 그녀의 가슴을 관통했다고 했다.[6]

더 놀라운 쌍둥이 사례들

15장에서 살펴본 바와 같이, 길리언 플레이페어는 영국에서 가장 잘 알려진 의식연구자 중 한 사람으로, 흥미로운 사실을 드러내 준《쌍둥이 텔레파시》라는 책을 저술했다. 그는 쌍둥이와 쌍둥이가 아닌 형제자매들과 관련한 텔레소매틱 사례들을 다양하게 수집했다.

한 사례는 일란성 쌍둥이 로스와 노리스 맥허터와 관련 있는데, 그들은《기네스북 Guinness Book of Records》의 공동편집자로 영국에서 유명하다. 1975년 11월 27일, 로스는 북런던의 집 현관에서 두 총잡이에게 머리와 가슴에 치명적인 총상을 입었다. 로스의 쌍둥이 형제와 함께 있었던 한 사람의 전언에 따르면, 노리스는 총격이 일어났던 바로 그 시간에 극적인 행동으로 반응했다고 한다. 마치 '보이지 않는 총탄'에 맞은 것처럼 행동했다는 것이다.[7]

회의론자들은 이런 사례들을 분명 우연의 일치라고 생각하겠지만, 앞으로 나오는 다른 사례들은 우연이라는 범주에 밀어넣기가 어려울

것이다. 길리언 플레이페어가 보고한 한 사례는 네살배기 일란성 쌍둥이 실비아와 마르타 란다의 이야기이다. 그들은 북스페인의 무리요 드 리오 레사라는 마을에 살았다.[8] 1976년 란다 쌍둥이는 기이한 사건으로 지역신문에 난 이후 유명인사가 되었다. 마르타는 뜨거운 다리미에 화상을 입었다. 마르타의 손에 빨간 물집이 크게 잡혔을 때, 실비아의 손에도 똑같은 물집이 생겼다. 그때 실비아는 멀리 떨어진 할머니 집을 방문 중이었다. 쌍둥이 자매에게 무슨 일이 일어났는지 모른 채, 실비아를 병원에 데려갔다. 두 아이가 한자리에 모였을 때, 그들의 부모는 물집이 두 아이 손의 똑같은 부분에 똑같은 크기로 있는 것을 보았다.

두 아이에게 이런 일은 처음 일어난 것이 아니었다. 한 아이가 사고가 나면, 다른 아이는 그것을 아는 것 같았다. 비록 서로 가까이 있지 않을 때도 그랬다. 한번은 차를 타고 집에 도착했을 때, 마르타가 차에서 폴짝 뛰어내려 집 안으로 달려들어 갔다. 마르타가 갑자기 발을 움직일 수 없다고 짜증을 냈다. 그러는 사이 실비아는 안전띠에 얽혀 발이 차 안에 걸려 있었다. 또 다른 예로 둘 중 하나가 말썽을 피워 매를 맞으면, 보이지 않는 곳에 있던 다른 하나가 즉각 울음을 터트렸다.

스페인 초심리학회 마드리드지부의 회원들은 화상 입은 손 사건의 소문을 듣고, 조사할 만한 가치가 있다고 결정을 내렸다. 9명의 심리학자와 정신과의사와 내과의사로 구성된 연구팀은 쌍둥이 부모의 전적인 협력과 승인 아래 란다의 집으로 찾아갔다. 연구팀은 쌍둥이에게 재미있는 게임으로 가장한 일련의 테스트를 진행했다. 아이들은 자기들이 실험대상인 것을 몰랐다.

마르타는 1층에서 어머니와 몇 명의 연구자와 함께 있고, 실비아는 아버지와 나머지 팀원들과 함께 2층으로 올라갔다. 1층과 2층 양쪽에서 일어나는 모든 일은 녹화·녹음되었다. 심리학자 중 하나가 마르타와 게임을 하며 장갑인형으로 놀이를 했다. 실비아는 똑같은 인형을 가졌지만, 게임을 하지는 않았다. 아래층에서 마르타가 인형을 집어들어 한 연구자를 향해 던지자, 위층에서 실비아가 같은 시간에 똑같은 행동을 했다.

연구팀의 한 내과의사가 간단한 조사를 하기로 하고, 마르타의 왼쪽 눈에 밝은 빛을 비추었다. 위층에서 실비아가 마치 밝은 빛을 피하기라도 하듯 눈을 재빠르게 깜빡거리기 시작했다. 그다음 의사는 마르타의 왼쪽 무릎을 세 번 두드리며 무릎반사 테스트를 했다. 같은 시간에 실비아가 갑자기 경련하듯이 다리를 움직였기 때문에 아래층에서 마르타에게 시행 중인 테스트를 몰랐던 아버지는 깜짝 놀라 실비아의 다리를 붙들 수밖에 없었다. 그런 다음 마르타에게 향이 아주 진한 향수를 냄새 맡게 했다. 마르타가 냄새를 맡을 때, 실비아는 머리를 흔들며 손으로 코를 막았다. 또 여전히 다른 방에서 쌍둥이에게 일곱 빛깔의 원반을 주고, 좋아하는 대로 배열하게 했다. 쌍둥이는 정확히 같은 순서대로 일곱 가지 원반을 배열했다.

또 다른 많은 실험이 있었다. 모든 실험이 무릎반사 테스트만큼 극적이지는 않았지만, 연구팀은 하나만 빼고 모두 '대단히 긍정적임'또는 '긍정적임'으로 평가했다.

란다 테스트는 연구자들 대부분이 발견한 것을 확인해주었다. 그것은 아이들이 어른들보다 이런 종류의 사건에 더 큰 경향성을 지니며,

그런 결과는 비인간적인 실험실에서 일어날 때보다 피험자가 지지받고 이완할 만한 환경에 있을 때 더 긍정적으로 일어날 가능성이 크다는 것이었다. 사실 마지막 교훈은 이에 관해 더 잘 알고 있어야 할 의식연구 실험자들이 종종 노골적으로 무시해온 사항이다. 연구자들은 '생태적 타당성'의 중요성을 반복적으로 배워야만 했다. 이는 실험대상이 실제생활에서 하는 것과 같이 행동하도록 허용되어야 한다는 원리이다.

생존에 유리함

텔레소매틱 사건들은, 란다 쌍둥이에게 동시에 발생한 손의 화상처럼 우연의 일치나 기묘한 호기심에 불과한 것으로 보일 때가 많다. 하지만 텔레소매틱 사건이 생사를 결정할 만큼 중요하게 작용하기도 한다. 이런 사례는 텔레소매틱 연결이 생존의 가치가 있음을 보여주기 때문에 중요하다. 텔레소매틱 연결이 사람들에게 선천적으로 내재하는 것처럼 보이는 이유가 바로 그것이다.

길리언 플레이페어에게 보고된 사례 중 하나는 생후 3일밖에 안 된 일란성 쌍둥이 리키와 다미앵의 이야기이다. 쌍둥이 어머니 안나는 저녁에 침대에서 베개로 한쪽 몸을 받치고 쌍둥이에게 젖을 먹였다. 이런 특별한 상황에서 리키를 자기 앞에 두고, 다른 아이 다미앵은 왼쪽 베개 위에 눕혀서 젖을 먹였다. 그녀가 리키의 기저귀를 갈고 있을 때, 리키가 갑자기 소리를 지르기 시작했다. 생후 3일밖에 안 된 아이라서 놀라운 일이었다. 안나는 말했다. "리키는 다미앵처럼 정말 착한 아기였어요." 리키에게 기저귀를 갈아주었고 젖도 먹였기 때문에 뭐가 잘못되었는지 알 수 없었다. 그때 여전히 소리를 지르던 리키의 몸이 마치 발작을 일으키는 것처럼 떨리기 시작했다. 안나의 머릿속에 갑자기 '쌍둥이가 서로 메시지를 전하고 있구나' 하는 생각이 떠올랐다. 다미앵을 살피려고 고개를 돌린 순간 그녀는 소스라치게 놀랐다. 다미앵이 보이지 않았던 것이다. 다미앵은 그녀 뒤에서 베개에 얼굴을 파묻고 있었다. 그녀는 즉시 다미앵을 들어올렸는데, 입을 꽉 다문 채 창백해진 얼굴을 하고 있었다. 다미앵은 숨이 막혀 죽어가고 있었다. 그녀와 큰딸은 인공호흡을 하며 구급차를 불렀다. 다행히 끔찍한 사건은 해피엔딩으로 끝났다. 안나는 이렇게 결론내렸다. "의심의 여지 없이 리키가 형제의 목숨을 구했어요. 리키가 비명을 지르고 몸을 떨지 않았다면, 나는 리키에게 젖을 다 먹일 때까지 다미앵을 보지 않았을 테고, 그랬다면 그때는 이미 늦었을 거예요."9

성인 일란성 쌍둥이 역시 유사한 경험을 한다. 하나의 예는 글로리아 모건 밴더빌트(1904~1965)와 그녀의 일란성 쌍둥이 자매인 텔마 모건 퍼니스 여사(1904~1970) 이야기이다. 《이중노출: 쌍둥이의 자서전In Double Exposure: A Twin Autobiography》에서 퍼니스 여사가 유럽에서 출산을 앞두고 있을 때, 글로리아는 뉴욕에 있었다고 한다. 글로리아는 5월에 퍼니스가 아기를 낳을 때 쌍둥이 자매와 함께 있고 싶어서 유럽여행을 계획하고 있었다. 글로리아가 3월 말에 점심을 먹으러 외출준비를 하는데, 갑자기 심한 복통이 찾아와서 약속을 취소하고 침대에 누워야만 했다. 그녀는 말했다. "이렇게 말한 기억이 나요. (…) 내가 임신할 수 없다는 걸 몰랐다면, 아마도 나는 아기를 가졌다고 생각했을 거예요." 글로리아는 잠깐 잠들 수 있었다. 깨어나 보니 정상으로 느껴졌는데, 침대 옆 테이블 위에 퍼니스 경에게서 온 전보가 있었다. 전보에는 텔마가 아들을 조산했다는 소식이 담겨 있었다.[10]

때때로 공유하는 고통이 육체적인 것이 아니라 감정적인 것일 때도 있다. 이런 사례 역시 플레이페어에게 보고되었는데, 뉴욕주립대학 스토니브룩캠퍼스의 여학생 이야기이다. 그녀는 뉴욕 시간으로 아침 6시에 깊은 잠에서 깨어나 소리를 질렀다. 애리조나에 있는 그녀의 쌍둥이 자매가 틀림없이 위기에 처한 것을 알았던 것이다. 그녀는 룸메이트에게 무슨 일이 일어났는지 말하고, 어머니에게 전화를 걸었다. 어머니는 애리조나 시간으로 오전 3시에 쌍둥이 자매의 아파트 바로 옆에서 차량폭탄이 폭발해서 창문이 흔들렸다고 알려주었다. 다행히 쌍둥이 자매와 남편은 다치지 않았다. 애리조나에서 폭탄이 터진 시간은 그녀가 뉴욕에서 겁에 질려 깨어났던 시간과 일치했다.

텔레소매틱 정보교환이 절대 쌍둥이에게만 국한되어 일어나는 일은 아니지만, 흔히 쌍둥이 사이에서 일어난다는 사실을 부인할 수는 없다. 플레이페어가 말했듯이, 쌍둥이들에게서 우리는 "텔레파시 신호가 최대볼륨으로 일어나는 것을 본다. 그리고 그때 먼 거리에서 정보만 전달되는 것이 아니라 감정과 신체감각, 심지어는 화상과 타박상 같은 신체증세도 전달"된다.[11] 그러나 그는, 일란성 쌍둥이의 약 30% 정도만이 이런 경험을 하며, 실제 경험자인 그들조차 이 현상을 제대로 이해할 수 없음을 발견했다.[12] 감정적으로 가깝다는 것은 쌍둥이 사이의 연결에서 중요한 요소이다. 또한 외향적이고 활달한 성격이 그 연결을 촉진한다는 것이 밝혀졌다. 위의 사례들에서 보았듯이 **쌍둥이**들이 의사를 가장 잘 전달하는 것은 나쁜 뉴스이다. 우울증, 질병, 사고나 물론 죽음도.

직관으로 분만을 돕기

마치 두 사람이 하나의 몸-마음을 공유하는 것처럼 보이는 연결은 쌍둥이를 넘어 의사들에게서도 나타날 수 있다. 의사들은 언제 환자에게 주의가 필요한지를 감정적으로, 또 신체적으로 감지할 수 있다. 주목할 만한 사례로는 오클라호마의 산부인과 의사 래리 킨치로이 박사의 경험이다.[13] 산부인과 의료훈련을 마친 킨치로이는 아주 전통적인 의학단체에 합류하여 특이한 사건 없이 약 4년 동안 의료활동을 했다. 그러던 어느 토요일 오후, 한 환자에게 예상보다 진통이 빨리 왔다며 병원에서 연락이 왔다. 그는 일상적인 지시를 내렸고, 임산부가 초산이었기 때문에 분만까지 몇 시간 이상 걸릴 거라고 예상했다. 그런 후 마당에서 낙엽을 쓸고 있는데, 갑자기 병원에 가야 한다는 느낌이 엄습해왔다. 그는 즉시 분만준비를 지시했고, 간호사는 모든 준비가 잘 진행되고 있다고 했다. 그의 환자는 단지 자궁이 5cm 정도 열렸으므로 분만이 시작되려면 몇 시간 이상 걸릴 것으로 예상했다.

이런 확실성에도 불구하고, 병원에 가야만 한다는 느낌은 점점 더 강해졌고 급기야 킨치로이는 가슴 한가운데서 통증을 느끼기 시작했다. 킨치로이는 그 느낌이 마치 흔히 사람들이 16세에 첫사랑을 잃었을 때의 느낌과 비슷하다고 묘사했다. 고통스럽게 슬프고 멜랑콜리한 그 느낌 말이다. 무시하려고 하면 할수록 그 느낌은 더욱 강해졌다. 마침내 킨치로이는 자신이 물에 빠져 죽는 것처럼 느낄 지경에 이르렀다. 그때 그는 필사적으로 병원에 가려고 애쓰고 있었다. 그는 차 안으로 뛰어들어 가속페달을 밟았다. 병원이 가까워지자 기분이 한결 가벼워졌고, 분만실 가까이 걸어가자 안도감이 밀려왔다.

간호사 데스크에 도착했을 때, 담당간호사가 분만실에서 막 걸어 나오고 있었다. 간호사가 그에게 왜 왔는지 물어보자, 킨치로이는 자기가 왜 왔는지 모르겠다고 대답할 수밖에 없었다. 다만 자기가 필요하다고 느꼈고, 여기에 있어야만 한다는 느낌이 들었다고 말했다. 간호사는 그를 이상하다는 듯 쳐다보며, 이제 막 환자를 확인했으며 자궁이 7cm 열렸다고 말했다. 그 순간 분만실에서 비명이 흘러나왔다. 분만실에 근무해본 사람은 누구나 안다. 회음에 태아의 머리가 보이고 분만이 임박했을 때 산모가 지르는 비명에는 어떤 특별한 톤이 있다는 것을. 재빨리 분만실로 뛰어들어간 킨치로이는 산모가 건강한 아기를 분만하도록 제때에 도울 수 있었다. 나중에 간호사가 아직 분만시간이 한참 남아 있다는 얘기를 듣고도 어떻게 병원에 와야 한다는 걸 알았느냐고 물었을 때 그는 대답할 말이 없었다.

그날 이후, 킨치로이는 그때의 느낌에 관심을 기울이기 시작했다. 그는 느낌을 신뢰하는 법을 배웠다. 이런 직관적인 느낌을 수백 번 이상 경험했기 때문에, 그는 거기에 일상적으로 반응하고 있다. 보통 분만실에서 호출을 받을 때면, 그는 이미 옷을 차려입거나 차에 올라타서 병원에 가는 도중이다. 그는 종종 이렇게 말하면서 전화를 받는다. "알아요, 지금 가는 중이에요." 그 전화가 병원에서 자기를 오라고 부르는 분만실의 호출이라는 걸 알기 때문이다. 분만실 직원들이 새로 온 간호사에게 이렇게 말하는 건 흔한 일이 되었다. "킨치로이 박사가 필요하면, 그저 생각하기만 해. 그러면 그가 나타날 거야."

최근에 그는 그 오래된 느낌을 다시 느꼈다. 호출을 받은 그는, 진통이 시작된 어느 산모를 돌보던 초임간호사와 통화하게 되었다. 일이 어떻게 되어가느냐고 묻자, 간호사는 산모가 경막외 마취주사를 맞고 편안하게 쉬고 있으며, 태아의 심장박동 패턴도 아주 양호하다고 했다. 하지만 그는 자기가 돌보아야 할 어떤 특별한 상황이 일어나고 있지는 않은지 간호사에게 재차 물었다. 그러자 간호사가 짜증을 내며 말했다. "내가 막 확인했고, 모든 게 다 괜찮다고 했잖아요." 수화기 너머로 등 뒤에서 다른 간호사가 초임간호사에게 이렇게 말하는 소리가 들려왔다. "가슴에 통증이 있는지 물어봐." 초임간호사가 혼란스러워하며 그에게 그대로 물었다. 그는 그렇다고 대답했다. 곧 초임간호사가 그의 응답을 선임간호사에게 전하는 말이 들려왔다. 선임간호사는 이렇게 말했다. "킨치로이 박사가 가슴에 통증을 느낀다고 하면, 가서 환자를 다시 확인하는 게 좋을 거예요."

"잠깐만요." 초임간호사는 킨치로이에게 이야기한 다음, 수화기를 내려놓고 산모를 확인하러 갔다. 머지않아 재빨리 되돌아오는 발소리가 들려왔다. 그녀는 아기가 나오기 직전이라며 그가 당장 필요하다고 황급히 전했다.

킨치로이 박사의 경험은, 신체감각이 곧 벌어질 뭔가 중요한 일을 알려주는 조기경보시스템으로 작동할 수 있음을 보여준다. 킨치로이 박사는 어쩌면 독특하게 보일지 모른다. 하지만 많은 의사와 또 다른 건강관리 종사자들이 그의 관점을 공유하면서도 단지 말을 하지 않는 것일 수도 있다.

스토니브룩대학 가정의학과 임상 부교수인 로버트 S. 바브로우 박사는《대기실의 마녀The Witch in the Waiting Room》에서 한 가지 사실을 밝히고 있다. 자신의 환자, 간호사, 동료 중 많은 수가 의학에서 공식적으로 인정하지 않는 마음의 힘을 개인적으로 믿고 있음을 발견한 것이다. 그들은 그 사실이 알려지면 오명을 덮어쓸까 봐 자기 혼자서만 신념을 간직하고 있는 셈이다.

바브로우는 1980년 〈미국 정신의학저널American Journal of Psychiatry〉에 발표됐던 연구를 언급했다. 그 연구에서는 정신과 교수, 수련의, 그 외의 다른 의료진과 의과대 학장들에게 이런 질문을 했다. "정신과 교육에 심령과학 연구가 포함되어야 할 것인가?" 반수 이상이 그렇다고 대답했다. 조사를 담당했던 연구자는 이런 결론을 내렸다. "많은 심령현상이 사실일 수 있고, 우리 모두 또는 대다수에게 초능력이 있으며, 치유과정에 비의학적 요소들이 중요한 역할을 한다는 확신이 의과대 학장들과 정신과 교수들 사이에 만연하고 있음을 가리킨다. 그리고 무엇보다 심령현상의 연구는 정신과 교육에 포함되어야 한다는 것이다."[14]

이런 경향성을 부정하고 애매하게 하려고 최선을 다하는 회의론자들이 많다. 종종 회의론자들은 오직 몇 안 되는 의사들과 교수들만이 이 책에서 다루는 몸 너머의 한마음 사건을 믿을 뿐이라고 말한다. 이들은 끊임없이 의심하면서, 이런 것을 믿는 의사들은 과학의 전통에서 옆길로 새어나와 의학을 다시 암흑시대로 되돌리려 하는 거라고 말한다. 하지만 위의 연구들이 보여주듯 이런 신념은 소수 변절자만의 믿음이 아니라 임상의학과 기초의학 분야에서 광범위하게 받아들여지고 있다.

2004년 미 전역에서 다양한 전공분야에 걸쳐 의사 1,100명을 조사했다. 연구자는 그중 74%가 과거에 이른바 기적들이 일어났다고 믿고 있고, 73%는 지금도 기적이 일어날 수 있다고 믿는다는 것을 알아냈다. (내 생각에는 의사들 대부분에게 기적이란 자연법칙을 위배하는 것을 의미하는 게 아니라, 잘 이해가 가지 않는 사건을 의미한다. 의사들 대부분은, 기적이란 자연에 거스르는 것이 아니라 자연에 대한 우리의 생각과 모순되는 것이라고 한 성 아우구스티누스의 말에 동의할 것 같다. 이것은 나의 관점이기도 하다.) 의사의 59%가 개인적으로 환자들을 위해 기도한다고 말했다. 그리고 51%는 집단으로 환자들을 위한 기도를 한다고 말했다.[15] 이런 경향을 살펴보면서 스테판 A. 슈워츠는 이렇게 결론내렸다. "비국소적 마음이라는 개념과 관련 있는, 표현하기 어려운 생각들이 일반대중과 의학계 모두의 견해에 상당한 영향력을 행사하고 있음을 사람들이 점점 더 많이 이해하고 있다."[16]

일반적으로 과학자들 역시 신념이 비슷하다. 영국 저널 〈뉴 사이언티스트New Scientist〉는 1973년에 독자들에게 설문조사를 했다. 저널은 독자들에게 ESP, 즉 초감각적 지각에 대해 어떻게 느끼는지 말해달라고 요청했다. (이 잡지는 독자들을 주류 과학자들이나 과학에 관심이 많은 사람으로 규정하고 있다.) 1,500명의 응답자 중에서 67%가 ESP를 확정된 사실, 또는 적어도 가능성이 대단히 크다고 생각했다. 88%는 심령과학 연구가 과학탐구 영역에 타당하다고 생각했다.[17]

또 한 번은 1,100명의 미국 대학교수를 조사했다. 55%의 자연과학 교수들, 66%의 사회과학 교수들(심리학자 포함), 그리고 77%의 예술, 인문학, 교육에 종사하는 학자들이 ESP가 확고한 사실이거나 가능성이 있다고 믿고 있었다.[18]

그러므로 우리가 탐구하는 몸을 넘어선 현상에 대한 믿음이, 베테랑 의사들과 과학자들, 그리고 대학교수들 사이에서 흔치 않다는 주장은 터무니없다고 일축할 수 있다. 일반적으로 이런 분야의 연구는 정보가 빈약하기 때문에, 주로 이념적인 이유로 반대하는 회의론자들이 이런 생각을 퍼트리고 있다.[19]

텔레소매틱 사건은 기발하고 별난 해프닝 이상의 의미가 있다. 그것은 멀리 떨어진 사람들 사이에서, 종종 그중 한 명이 위기에 처했을 때, 두 사람 사이에 일어나는 의사소통의 통로가 된다. 그것은 표면상의 분리를 넘어선 비물질적인 필라멘트가 있음을 상기시킨다. 필라멘트는 시간과 공간에 제한되지 않고 물질적인 장벽을 넘어서는 방식으로 우리를 연결해준다. 이런 연결이 감정적인 결속 때문에 촉진된다는 사실은, 우리가 최근에 생각했던 것보다 더 공감적이고 친절한 존재의 어떤 측면을 암시해준다.

17

절대적인 확신

◇◇◇◇◇◇◇◇◇◇◇◇◇◇◇◇◇◇

회의론자들의 한탄과는 대조적으로, 한마음을 지지하는 증거는 방대할 뿐만 아니라 전 세계 실험실에서 실험주의자들이 재현하고 있다.[1] 이 문제와 긴밀히 연관된 뛰어난 물리학자 러셀 타그의 예에 초점을 맞추고자 한다.[2]

의식의 무한하고 비국소적인 특징을 가리키는 타그의 연구는 본보기가 될 만하다. 스탠퍼드연구소의 의식연구 분야에서 40년간 일해온 경력을 돌아본다면, 그의 말이 거짓이 아님을 알 수 있다. 2010년

"왜 나는 심령능력의 실재를 절대적으로 확신하는가, 그리고 왜 여러분도 그래야만 하는가"라는 제목으로 파리에서 강연하며 그는 이렇게 말했다.

> 그동안 내가 스탠퍼드연구소에서 해온 연구자료에 따르면, 나는 의심의 여지 없이 다음을 확신하게 된다. 우리의 의식은 비국소적이고 한계가 없으며, 심령능력은 진짜이며, 그것의 정확성과 신뢰도는 시간과 거리와 상관없다는 것이다. 우리의 본성은 비국소적인(그리고 아마도 영원한), 비범한 우리 의식의 반영이라고 나는 믿는다.[3]

많은 사건과 실험을 통한 발견들이 의식에 대한 타그의 관점으로 수렴되었다. 1974년, 타그는 스탠퍼드연구소의 동료 물리학자 해럴드 푸토프, 캘리포니아 버뱅크시의 은퇴한 경찰청장인 팻 프라이스와 함께 9건의 원격투시 실험을 공동으로 작업했다. 이 실험에서 먼 장소로 이동한 푸토프의 위치를 프라이스에게 묘사하게 했다. 60개의 가능한 장소 중에서 하나를 고르는 것인데, 프라이스는 7회나 처음에 그 장소를 골라냈다. 이렇게 할 수 있는 확률은 1만분의 3이었다. 프라이스와 해미드(아래를 볼 것)의 실험은 1976년 3월 〈IEEE Institute of Electrical and Electronics Engineers 회의록〉에 기고되었다.

CIA가 호출하다

1975년 CIA가 타그와 그의 연구팀에 부탁해오기를, 이와 유사한 실험에 참가할 경험이 많지 않은 사람을 찾아달라고 했다. 타그는 친한 친구이자 사진작가인 헬라 해미드를 선택했다. 원격위치 찾기의 9회에 걸친 이중 맹검실험에서 그녀가 첫 번째에 맞춘 것이 5번, 두 번째에 맞춘 것이 4회였다. 이렇게 될 확률은 50만분의 1이었다.

CIA가 왜 관심을 가졌을까? 1972년, 타그와 푸토프는 스탠퍼드연구소에서 원격투시 프로그램을 창설하여 팻 프라이스와 화가 잉고 스완과 함께 작업했다. 그들은 버지니아에 있는 국가안전보장국NSA의 비밀암호해독 장소를 투시·묘사하는 데 성공했다. 프라이스는 그 장소의 이름을 말하고, 그 파일로부터 암호문을 읽음으로써 NSA와 CIA 양측에서 확인을 받았다.

CIA는 원격투시가 스파이 활동에 쓰일 수 있을지에 관심이 있었던 것이다. 프라이스가 세미팔라틴스크에 있는 소비에트 시베리아무기공장을 정확한 축적비율로 그려냈을 때, 그들은 거기에 완전히 사로잡혔다. 당시 무기공장에서는 8개의 거대한 바퀴가 달린 갠트리 기중기와 60피트짜리 강철 구체를 매입하는 공사를 진행 중이었다. 2년 후에 이 그림들은 위성사진으로 확인되었다.

1974년 프라이스는 퍼트리샤 허스트가 납치된 지 이틀 만에 캘리포니아 버클리 경찰국에서 수백 장의 지명수배범 사진 가운데 납치범을 찾아내고 그 이름을 말했다. 그다음에는 북쪽으로 50마일 떨어져 있던 납치 차량의 위치를 찾아내고, 경찰을 그리로 안내했다.

1974년 잉고 스완은 CIA를 위해 중국의 실패한 원자폭탄 실험을 지리상의 좌표로 묘사해주었다. 스완은 색연필로 장면을 그렸는데, 거기에는 일련의 트럭들과 실패한 실험의 점화장치 모니터가 포함되어 있었다. **이 모두는 그 실험이 실제로 일어나기 3일 전에 이루어졌다.**

1974년 타그와 스탠퍼드연구팀은 NASA(미국 항공우주국)로부터 교육용 ESP 프로그램을 개발해달라는 요구와 계약서를 받았다. 타그는 사용자에게 피드백과 강화를 제공하는 사지선다형 ESP 교육장치를 개발했는데, 성공적이었다. 사람들은 ESP 과제에서 성공할 때와 중요한 것을 습득할 때 동반되는 '독특한 심령적 느낌'을 알아차리는 법을 배웠다. ESP 훈련기로 불린 이 장치는 아이폰 무료앱으로도 이용할 수 있다.

미군은 타그와 푸토프에게 군인 30명 중에서 6명의 정보장교를 선발해달라고 부탁했다. 선발된 장교들은 나중에 메릴랜드주 미드 요새에서 시작될 프로그램의 하나인 원격투시를 배우게 될 예정이었다. 그들은 6명의 장교와 함께 36번의 원격투시를 시도했는데, 첫 번째에 맞춘 것이 18회였다. 4명의 원격투시자는 1,000분의 3이라는 확률 결과를 얻었고, 전체 그룹의 결과는 1만분의 3의 확률이었다.

심리학자 키스 하라리와 함께 작업하면서, 타그는 은의 미래를 예측하는 실험을 했다. 그들은 5일 전에 미리 은 시장의 변동을 예측하는 9회의 시도를 했다. 9회의 시도 중 9회 모두 예측이 성공적이었으며, 팀은 12만 달러를 벌었다. 그러나 이 성공을 재현하기 위해 다음 해에 행한 시도는 성공적이지 못했다. 타그에 말에 따르면, 아마도 그것은 그들이 너무 욕심을 부려 시험구매율을 지나치게 높인 탓에, 이전 시도에서 오는 피드백을 원격투시자들에게 제때에 전하지 못했기 때문에 일어난 일이었다. 그러나 다른 실험자의 몇 번에 걸친 시도들

은 성공적이었다.[4]

1996년에는 제인 카트라, 두 명의 수학자, 그리고 이른바 잉여 코딩 프로토콜이라는 것과 함께 작업하면서 타그와 그의 팀은 은 시장의 미래를 예측하는 12회의 시도에서 11회의 성공을 얻었다.

1978년 원격투시자 조 맥모니글은 추락한 소련의 Tu-22 백파이어 폭격기를 아프리카 정글에서 찾아냈다. 위성으로도 찾을 수 없던 것이었다. 이 시도의 성공은 지미 카터 대통령에 의해 확인되었다.[5]

2년 후 맥모니글은 바다에서 0.25마일 떨어진 콘크리트블록빌딩 안에서 독특한 공법으로 비밀리에 건조 중이던 500피트짜리 소련 타이푼급 잠수함을 진수되기 6개월 전에 상세히 묘사했다.

스탠퍼드연구소의 원격투시 프로그램은 1972년부터 1995년까지 CIA, DIA, NASA, 해군, 공군, 그리고 정보부대의 2,500백만 달러 기금으로 23년간 지속되었다. 타그가 말했듯이, 이 프로그램에서 나온 과학적 발견은 프린스턴, 에든버러, 위트레흐트대학 등에서 재현실험을 하고 〈네이처〉, 〈IEEE 회의록〉, 그리고 미국 물리학연구소에서 후원한 과학저널들에 실렸다.[6]

타그는 이렇게 요약해서 말했다. "스탠퍼드연구소의 내 실험실에서 수행된 심령연구 실험데이터를 근거로, 나는 투시자가 지구 어느 곳이든지 어떤 특별한 위치에 주의를 모을 수 있고, 종종 거기에 있는 것을 묘사할 수 있다는 것을 안다. 스탠퍼드연구소의 실험은 투시자가 현재 시각에 묶여 있지 않다는 것을 보여주었다. 현대물리학에서 우리는 시공간의 먼 거리 지점에 주의를 모으는 이 능력을 '비국소적 자각'이라 부른다. 과거 25년간의 데이터는 원격투시자가 과거, 현재,

미래의 어느 곳에서 일어난 사건이든 그에 관한 모든 질문에 대답할 수 있음을 보여주었다. 그리고 대답의 3분의 2 이상이 정확했다. 숙련된 투시자는 맞는 대답을 할 확률이 훨씬 더 높아질 수 있다."[7]

이 모든 것이 어떻게 일어나는가? 시공간을 가로질러 먼 거리에 있는 사람과 사물들이 어떻게 연결되어 있을까? 타그는 우리가 이미 살펴보았던 모델과 비유를 불러낸다. 그가 제안하는 가능한 하나의 설명은 양자얽힘이다.[8] 본디 아원자영역에만 존재하는 것으로 알려졌던 얽힘은 이제 모든 생명체계 안에도 존재한다고 알려졌다.[9] 또 다른 가능성은 물리학자 데이비드 봄이 제안한 접힌 질서라는 개념이다. 접힌 질서의 본질적 특성은 온 우주가 어떤 식으로든 모든 것 안에 접혀 들어가 있다는 것이며, 각각의 것은 또 전체 안에 접혀 들어가 있다는 것이다.[10] 이와 관련해서 타그가 유용하다고 생각하는 비유는 홀로그램이다. 타그는 이렇게 썼다. "시공간의 각 지점은 홀로그램처럼 시공간의 다른 모든 지점에 관한 정보를 담고 있다. 우리의 자각은 이 정보를 언제든지 사용할 수 있다. 홀로그램 우주에서는 (…) 의식의 통일성이 존재한다. 그것은 시간이나 공간의 경계가 없는 '더 큰 집합적 마음'이다."[11]

뛰어난 아버지를 닮은 영특한 딸

러셀의 영민한 딸, 엘리자베스 타그(1961~2002) 역시 팀의 일원이었다. 그녀는 내가 아는 가장 재능 있는 의식연구자 가운데 한 사람이었다. 1990년대에 우리는 서로 관심이 있었기에 여러 콘퍼런스에서 만나게 되었다. 엘리자베스는 학계의 슈퍼스타였다. 그녀의 아버지를 생각한다면, 또 그녀의 외삼촌이 그 유명한 체스 세계챔피언 보비 피셔라는 사실을 고려한다면, 아마 그리 놀라운 일은 아닐 것이다. 어린 시절부터 엘리자베스는 아버지의 피실험자로, 또 공동실험자로 함께 작업해왔다. 샌프란시스코에 있는 캘리포니아퍼시픽의학센터의 정신과의사로서 그녀는 치유에서의 영성, 기도, 의도의 역할에 관해 연구를 수행했다. 부모와 동료에게 찬탄 받는 아름답고 자비심 넘치며 빛나는 사람이었다. 또한 그녀는 힐러였고, 치유 과정의 본질에 관한 그녀의 통찰은 심오했다. 2002년 40세 나이로 때 이른 죽음을 맞이하면서 그녀의 연구생활은 일찍 끝이 나고 말았다.

러셀 타그는 엘리자베스가 세상을 떠난 후 몇 개월 동안 《무한한 마음·Limitless Mind》을 집필해 그녀에게 헌정하였다.

18

추락한 비행기와 가라앉은 배

◇◇◇◇◇◇◇◇◇◇◇◇◇◇◇◇◇

원격투시는 보통 육체적 감각이 닿을 수 없는 목표물에 관하여 먼 거리에서도 정보를 얻을 수 있다는 사람의 능력을 말한다. 1974년에 물리학자 러셀 타그와 해럴드 푸토프가 이 용어를 소개했다. 이 용어는 이전에 스탠퍼드연구소로 알려졌던 스탠퍼드국제연구소에서 그들이 수행했던 실험에 근거한 것이었다.[1]

국가안보와 관련한 사건 하나가 카터 대통령의 재임 기간에 일어났다. 소련의 폭격기 Tu-22가 아프리카 자이르의 울창한 밀림에 추락한 것이다. 첩보위성이 비행기를 찾아내는 데 실패하자 공군과 CIA는 추가로 원격투시라는 새로운 기법을 이용하여 비행기를 찾아냈다. 몇 년 후 카터는 당시 사고를 다시 언급하며 말했다. "원격투시자는 트랜스상태에 들어가서 그 사이에 위도와 경도를 말해주었다. 우리는 위성카메라를 해당 지점에 집중했는데, 비행기가 바로 거기에 있었다." 카터가 몇 년 후에 회상한 사건의 묘사는 단순화되었다. 실제로는 두 명의 투시자가 참여했고, 그들의 그림과 고해상도 사진과 지도 이미지를 맞추는 데에 몇 번의 세션이 필요했다. 그러나 최종결과는 그들이 실제로 추락한 소련 폭격기를 원격투시를 통해 찾아낸 것이었다. 마침내 추락한 잔해가 찍혔을 때, 사진에는 격동하며 흐르는 갈색 강물 위로 비행체의 꼬리가 튀어나온 모습이 보였다. 원격투시자의 스케치 중 하나가 이 사진과 놀랍도록 세밀하게 맞아떨어졌다.[2]

한마음은 집단의 크기와 상관없이 작용한다. 어떤 한 사람이 정보를 가지고 있으면, 원칙적으로는 누구나 그것을 사용할 수 있다. 모든 마음이 하나로 연결되어 있고, 통합되어 있기 때문이다. 그렇다고 해서 필요한 정보가 70억 지구인 모두의 마음속에 반드시 나타나야 한다는 말은 아니다. 그것은 어떤 사람의 열려 있음과 관계가 있고, 그 정보가 어떤 사람의 소망과 필요와 의도에 어느 정도 연관이 있는지에 달려 있다. 좀 더 살펴보기로 하자.

내가 아는 이들 중에서 가장 창조적인 사람은 스테판 A. 슈워츠이다. 그가 칼럼니스트로 있는 〈익스플로어: 과학과 치유 저널〉에서 나는 그와 공동작업하는 기쁨을 누리고 있다. 또한 스테판은 사무엘리연구소의 뇌·마음·힐링센터의 선임연구원이며, 기초연구실험실의 인지과학 실험분야의 임상연구원이기도 하다. 그는 또한 인터넷 일간지 〈schwartzreport.net〉의 편집자이고, 정말 살아 있는 인디아나 존스이다. 그의 연구와 모험은 지구상의 가장 먼 오지로 그를 데려갔다. 슈워츠는 의식이 어떻게 작용하는지를 알아내기 위해 전 세계를 열정적으로 탐험하고 있다. 아마도 그는 원격투시를 개발한 역할로 가장 잘 알려졌을 것이다. 그는 전 세계의 고고학적 장소를 파악하고 재건하는 데에 거의 20년 이상을 보냈으며, 이중 많은 것은 수백 년간 발견되지 않고 숨어 있던 것이었다. 그중에는 쌍돛대 범선 리앤더 호를 찾아 그랜드바하마 뱅크를 탐험한 것, 해양고고학연구소와 함께 세인트 앤스 베이를 탐사하고 콜럼버스의 마지막이자 네 번째 항해 때 가라앉은 범선의 위치를 추적하기 위해 자메이카로 간 것, 그리고 이집트의 알렉산드리아로의 탐사를 포함한다. 알렉산드리아를 탐험한 결과, 알렉산드리아 동쪽 항구의 가장 현대적인 지도가 완성되었으며, 수많은 난파선을 발견했다. 이집트 모험에서는 또 알렉산드리아에 있는 안토니우스궁전, 클레오파트라의 프톨레마이오스궁전, 그리고 고대세계의 일곱 가지 놀라운 건축물 가운데 하나인 파라오등대의 잔해가 발견되었다.

슈워츠는 원격투시의 초기작업에 매료되었다. 시간과 공간에서 멀리 떨어진 것을 어떻게 평범한 사람이 알 수 있단 말인가? 어떻게 평범한 사람들이 미래의 사건을 예감하고, 보거나 듣지 못하는 멀리 있는 장소를 묘사할 수 있단 말인가?

이 영역을 처음으로 마주하는 사람들은 대부분 지각하는 사람과 멀리 떨어진 장소 사이에 어떤 신호가 전해질 것이라고 상상한다. 마치 무선통신과 텔레비전 통신에서 전자기 신호가 전달되는 것처럼 말이다. 하지만 슈워츠는 여러 책에 나와 있는 과학실험을 재조사한 결과, 어떠한 종류의 전자기적 신호도 전달된다는 증거를 발견하지 못했다. 첫째 이유로는, 이런 사건에서 거리는 중요한 요소가 아니다. 만약에 전자기적 신호가 관련되어 있다면, 거리가 증가함에 따라 신호가 약해질 것이다. 이 말은 원격투시자와 그가 접속하려는 장소와 사건 사이의 거리가 커짐에 따라 원격투시의 강도와 정확도 역시 떨어져야 한다는 말이다. 그러나 실험데이터가 보여주는 결과는 그렇지 않았다. 거리는 문제가 되지 않았던 것이다. 게다가 심지어 투시자가 탄광의 갱도 안이나 동굴, 대부분의 전자기적 신호를 차단하는 금속 상자인 패러데이상자에 들어 있을 때조차 원격투시는 방해받지 않았다. 통틀어서 원격투시에서 어떤 물리적인 것도 전달되거나 수신되지 않았던 것처럼 보인다.

그러나 하나의 가능한 예외가 있었다. ELF, 즉 극저주파extremely low-frequency의 전자기파가 그것이다. 이것은 무선통신이나 텔레비전 통신에서 쓰이는 단파와 고주파와는 달리, 길이가 수마일이나 되는 초장파이다. ELF는 강력한 침투력이 있으며, 물리적인 장벽을 통과하여 흐를 수 있다. 깊은 바닷물은 그것의 통과를 막는 몇 안 되는 장벽을 제공해준다.

ELF 파동의 전달이 원격투시를 설명해줄 수 있을까? 이 질문에 대답하는 하나의 방법은 원격투시 실험을 깊은 바닷속에서 해보는 것이다. 만약 실험이 성공한다면, ELF가 이 과정과 연관이 없다는 강력한 증거가 될 것이다. 왜냐하면 ELF는 어떤 깊이 아래에서는 바닷물에 의해 차단되기 때문이다.

슈워츠는 미 해군 최상급부대에서 복무한 경험이 있기 때문에 해군 내의 거물급 유력인사들을 알고 있었다. 1977년 여름, 그는 남캘리포니아해안의 산타카탈리나섬 가까이에서 잠수할 예정이던 연구잠수함 토러스호에 3일 동안 들어갈 수 있었다.

그때 당시, 이미 해군 연구자들이 ELF 파동이 해수를 침투할 수 있는 깊이를 발견해놓은 터였다. 그래서 만일 잠수함을 탄 원격투시자가 ELF가 차단되는 깊이에 머무르면서 수면에 있는 사람, 장소, 사건을 성공적으로 묘사할 수 있다면, 원격투시의 메커니즘은 전자기파의 신호전달과는 무관하다고 볼 수 있다. 슈워츠는 말한다. "이 실험을 하는 동안, 나는 해저에 있던 이전에 알려지지 않은 난파선의 위치를 원격투시자가 찾아낼 수 있을지 알 수 있을 것 같았다."[3]

이 실험은 딥 퀘스트라는 이름으로 알려졌는데, 스탠퍼드연구소의 물리학자 러셀 타그와 해럴드 푸토프와 핵물리학자 에드윈 메이가 함께 참여했다.

그들은 해당 지역의 해양지도를 두 명의 원격투시자에게 주었다. 뉴욕시의 화가 잉고 스완과 캘리포니아의 사진작가 헬라 해미드였다. 당시 많은 사람은 스완과 해미드를 미국에서 가장 성공적인 심령술

사라고 생각했다. 슈워츠는 그들에게 알려지지 않은 난파선의 위치를 지도 위에 표시하고, 거기서 발견된 것을 묘사하라고 요청했다. 두 원격투시자는 몇몇 가라앉은 난파선의 위치를 지도에 표시한 후 돌려주었는데, 미국연안측지탐사 해양부사무국은 그중 많은 곳이 정확하다고 확인해주었다. 그런데 스완과 해미드 두 사람 모두 표시했지만, 사무국에는 아무 기록이 없는 한 장소가 있었다. 두 원격투시자가 따로따로 지도 위에 같은 장소를 표시했고, 또 '갑판 위에 작은 증기엔진이 달린 범선'이라고 같은 방식으로 묘사하기까지 한 장소였다. 그들은 약 90년 전에 범선의 증기엔진에 불이 붙어서 배가 가라앉았다고 말했다. 원격투시자들은 배의 꼬리 쪽에 있는 방향키가 휠과 함께 누워 있고, 돛대 축은 거기서 튀어나왔으며, 증기윈치가 그 옆에 있을 거라고 했다. 그들은 그것을 자세히 그림으로 그렸다. 게다가 해미드는 그곳에 가로, 세로, 높이가 약 5, 6, 7피트 정도 되는 화강암 덩어리가 있을 거라고 말했다.

　회의론자들이 이 실험을 폄하할 것을 알고, 슈워츠는 제트추진연구소의 위성지구적용연구단Earth Applications Satellite Research Group of the Jet Propulsion Laboratory의 수장이자 유명한 우주전문가인 수석과학자 앤 케일을 초대해서, 처음부터 끝까지 목격하게 하고 실험의 모든 기록을 통제하게 했다. 슈워츠는 말했다. "나는 원격투시자들이 언제 예측하고, 무엇을 예측하며, 무엇이 발견되었는지를 확실하게 기록한, 투명하고 의심할 여지 없는 기록을 갖고 싶었다." 목표는 허점을 차단하고 다른 모든 대안적인 설명을 배제함으로써, 만일 실험이 성공한다면, 원격투시의 작동이 스완과 해미드에 의해 일어난 일이라고 설명하는 것이었다.

실험 첫날에, 슈워츠는 스완과 해미드를 잠수함에 배치하고, 캘리포니아로부터 멀리 떨어진 팰로앨토 지역에서 물리학자 푸토프와 타그가 어느 지점에 있는지를 묘사하라고 요청했다. 둘 중 하나가 그들이 커다란 나무 위에 올라가 숨어 있다고 표현했다. 그것은 물리학자들이 정확하게 그 시각에 했던 행동 그대로였다.

그런 다음, 잠수함은 ELF가 해수를 통과할 수 있는 한계치 아래로 잠수했다. 그때 푸토프와 타그는 위치를 바꾸었다. 투시자 중 한 사람이 그들의 새로운 위치를 다음과 같이 확인했다. "그들은 쇼핑몰에 숨어 있어요. 큰 유리창이 있고, 주변에 사람들이 있군요. 바닥에는 빨간 타일이 있습니다. 그리고 돌아가는 큰 바퀴가 보여요." 투시는 이번에도 정확했다. 모든 특징이 푸토프와 타그가 있던 주변 환경 그대로였다. 이 사실은 수면 위의 목표물과 잠수함 내의 원격투시자 사이에 어떠한 종류의 전자기파도 교환될 가능성이 없었음을 나타낸다고 할 수 있다.

다음날 수면에 있던 배에서 원격투시자들이 가라앉은 배가 있으리라고 말한 지점에 무선유도장치를 떨어뜨려 잠수함을 정확한 위치로 안내했다. 그곳은 슈워츠와 팀이 그 지역에 도착하기 훨씬 전에 이미 잠수함 승무원이 잠수했던 지역이었다. 잠수부는 그들이 이미 그 지역 전체를 살펴보았지만, 스완과 해미드가 묘사한 것과 같은 것은 하나도 발견되지 않았다며 관심 없는 듯이 말했다. 그때 잠수함의 무선장비가 삑삑거리기 시작했다. 그리고 원격투시자들이 묘사한 대로 그것이 거기에 있었다. 커다란 돌덩어리, 증기원치, 꼬리 쪽의 방향키와

휠이 아래로 박혀 있었고, 돛대의 축은 위를 향해 튀어나와 있었다. 슈워츠는 말했다. "내 생각에, 나를 포함한 모두 그리고 분명 그 (…) 잠수함 승무원, 그리고 남캘리포니아대학의 해양연구소 사람들은 이 것을 보고 망연자실했다."

충동적으로 이 모든 것을 필름에 담았던 슈워츠는 이 사건을 영화로 만들기까지 했다. 영화제목은 〈심령술 바다 사냥Psychic Sea Hunt〉이 었다.[4]

여기에 속임수가 개입될 수 있었을까? 정부의 해양지도에도 없었 으므로 슈워츠가 난파선이 있는 위치를 알았을 것 같지는 않다. 슈워 츠와 그의 팀이 가라앉은 배의 조각과 잔해를 미리 넣어두고 "여기를 봐"라고 말한 것은 아닐까? 그럴 가능성을 보여주는 증거는 전혀 없 으며, 반대로 그게 아니라는 증거는 많다. 이것은 많은 주의를 끌어모 을 수 있는 거대한 작업이었을 것이다. 게다가 잠수함 토러스가 그곳 에 도착했을 때, 난파선은 그다지 식별 가능한 상태가 아니었다. 해저 에 누워 있는 희미한 그림자에 불과했다. 해저에 가라앉은 잔해의 위 와 주변을 온통 해조류가 덮고 있었다. 덮여 있던 해조류가 전혀 손상 되지 않았다는 사실은 몇 년 동안 그것이 거기에 그대로 있었음을 나 타내주었다. 즉 그것이 누군가에 의해 최근에 놓이거나 건드려지지 않았다는 의심할 여지 없는 증거가 되었다.

슈워츠는《무한으로의 열림Opening to the Infinite》[5]에서 딥 퀘스 트 작전을 묘사하면서, 이 발견 이후 저녁파티에서 한 회의론자에게 공격받은 일을 전했다. 회의론자가 "그들이 그것을 다른 곳에서 발견 하고는 거기에 갖다 부어놓고 지도에 표시했는지 어떻게 알아요?"라고 말하자 슈워츠가 말했다. "그가 충격을 받아 입을 다물 수밖에 없게 한 것은 바로 해조류입니다."

몇몇 다른 딥 퀘스트 전문가는 이 발견을 회의론자들의 도전으로부터 지켜냈다. 당시 캘리포니아대학 해양연구소 소장이었던 돈 월시는 잠수함을 타고 가장 깊이 잠수한 사람이었다. 그는 한 텔레비전 다큐멘터리에서 이렇게 말했다. "우리는 잠수함을 잘 압니다. 심해 엔지니어링의 전문가죠. 슈워츠와 원격투시 팀은 전반적으로 우리와의 시합에서 이긴 것이 분명할 겁니다. 이런 일이 그저 우연히 일어나지는 않았을 것이라고 말하고 싶군요."[6]

슈워츠 팀은 그곳의 위치를 미리 확보할 수 없었다. 알려진 곳이 아니라는 것이 엄연한 사실이었기 때문이다. 토지관리사무소의 해양부문 전문가인 토머스 쿡은 해양난파선을 계속 추적해온 정부요원이었다. 그는 말했다. "남캘리포니아해 지역의 집중연구에 근거하면, 슈워츠의 심령술사들이 선택한 지역은 이전에 알려지지 않았으며, 옛 논문이나 도서관의 책 같은 것들로는 발견할 수 없었을 것이라고 나는 결론내릴 수밖에 없다. (…) 남캘리포니아 해안을 따라 1,653척의 난파선이 있는데, 그들이 발견한 것은 그중 하나가 아니다."[7]

그 발견은 그저 행운에 불과한 것인가 아니면, 때때로 대단한 우연의 일치로 일어나는 '그런 것 중 하나'일 뿐인가? 슈워츠는 말했다. "목표지역은 80×108m의 사각형 모양이었고 3,900km² 넓이의 수색지역 안에 자리잡고 있었다. 목표지역과 같은 크기의 사각형으로 격자무늬를 놓는다면 45만 1,389개의 같은 사각형이 놓이는 셈이다. (…) 유사한 크기의 45만 1,389개 네모상자 중에서 정확하게 맞는 하나의 상자를 집어낸다는 것은 얼마나 대단한 확률일까? 그것이 우연히 일어날 가능성은 거의 없어 보인다."[8]

슈워츠와 그의 팀은 빈틈없이 치밀한 작전을 벌인 것처럼 보인다. 그러나 여전히 반대자들은 놀라운 그 실험을 설명하기에 가장 좋은 것이 교묘한 속임수라고 주장한다. 슈워츠는 더는 그들에게 시간을 낭비하고 싶어 하지 않는다. 만일 원격투시가 실제로 일어났다는 딥 퀘스트의 증거에 설득되지 않는 사람이라면 그 사람은 그 어떠한 증거에도 설득될 수 없으리라고 그는 믿고 있다. (딥 퀘스트를 더 탐험하고 싶은 사람은 슈워츠의 웹사이트 http://www.stephanaschwartz.com에서 풍부한 정보를 얻을 수 있다.)

딥 퀘스트는, 잃어버리거나 숨겨진 장소를 찾는 과정에서 원격투시자들에게 성공적으로 의존한 열두 가지 고고학 프로젝트 중 하나였다. 슈워츠는《시간의 비밀창고 The Secret Vaults of Time》[9]에서 고고학자들이 100년 동안 자신들의 발견을 도울 심령적 방법을 사용해왔다고 논했다. 또《알렉산드리아 프로젝트》에서는 자신의 프로젝트 중 하나인 이집트 알렉산드리아 항구 탐험을 자세히 기술했다.

"우리가 멀리 있는 것을 보는 것이 (…) 가까운 곳을 보는 것만큼이나 쉽다는 것을 배웠다. (…) 거리는 아무 문제가 되지 않는다. 오늘 일어나는 일을 아는 것만큼이나 내일 일어날 일을 아는 것 또한 쉬운 일이다"라고 슈워츠는 기록했다.

딥 퀘스트는 두 마음, 즉 해미드와 스완의 마음에 관한 사건인데, 그 둘은 겉보기에는 따로 일하는 것처럼 보였지만, 건초더미에서 바늘을 찾는 것만큼이나 정확하게 같은 장소를 찾아냈다. 그들은 사실

따로 작업했던 것일까, 아니면 한마음 안에서 한 쌍으로 일했던 것일까? 대답하기는 어렵지만, 어쨌거나 그들의 성공은 비국소적 앎의 보증마크를 보여준다. 시간과 거리는 무의미하다.

19

잃어버린 하프와 도서관의 천사

◇◇◇◇◇◇◇◇◇◇◇◇◇◇◇◇◇

엘리자베스 로이드 메이어는, 내가 아는 한, 불가사의한 경험에 직면했던 가장 용감한 정신분석학자 중 하나였다.[1] 많은 치유전문가는 그런 현상을 질병으로 여겼지만, 그녀는 그것을 인간 경험의 일부로 생각하고 이해하려고 애썼다. 엘리자베스는 버클리에 있는 캘리포니아 대학의 강단에 섰던 국제적으로 명성 있는 임상교수였는데, 친구들은 그녀를 '리즈비'라고 불렀다. 사후에 출간된《비범한 지식: 과학, 회의론, 그리고 인간 마음의 설명할 수 없는 힘Extraordinary Knowing:

Science, Skepticism, and the Inexplicable Powers of the Human Mind》을 포함해서 그녀는 수십 건의 논문과 책을 썼다.

2005년 때 이른 죽음을 맞이하기 직전, 그녀는 캘리포니아 오클랜드에 있는 자택으로 나를 초대했다. 우리는 그녀가 탐사하고 있던 '설명할 수 없는 힘'에 관해 토론했다. 우리는 일찍이 프린스턴공대 이상현상연구 프로젝트가 개최한 콘퍼런스에서 여러 차례 만난 적이 있었다. 원격치유에 관한 우리의 관심은 서로 겹쳐졌고, 그녀는 이 영역에서 행해진 연구를 토론하고 싶어 했다. 이것은 사소한 연구가 아니었다. 그녀는 샌프란시스코에 있는 캘리포니아태평양의학센터에 있는 '건강과치유연구소'의 연구진이었다. 그녀가 쓰고 있던 책에 관하여 말이 흘러나왔다. 출판되려면 아직 한참 남았지만, 작가의 꿈에 관하여 사람들이 환영하는 말들이었다. 모든 시선이 그녀를 향했다. '우연의 일치 이론'에 표현된 의식에 관한 그녀의 관점은 〈뉴욕 타임스 매거진The New York Times Magazine〉이 꼽은 2003년의 '가장 흥미로운' 새 아이디어 중 하나로 명명되었다.

리즈비는 전통민속음악과 고전음악에 평생 관심이 많았던 재능 있는 음악가이기도 했다. 처음 만났을 때, 그녀는 '비범한 앎'을 향한 자신의 흥미는 음악에 의해 간접적으로 촉발되었다고 설명해주었다. 그녀에게는 보기 드문 가문의 유산인 골동품 하프가 있었는데 그녀의 11살 된 딸 메그가 크리스마스 콘서트에서 연주한 직후 도난당했다. 리즈비는 경찰은 물론이고 전국의 악기거래상, 뉴욕하프협회의 회보, 심지어는 CBS 뉴스까지 활용하여 하프를 되찾으려고 애썼다. 하지만 아무 소용이 없었다.

마침내 가까운 친구가 그녀에게 말했다. "하프를 정말로 찾고 싶으면 무슨 짓이든 해야 해. 다우저(점막대로 수맥이나 광맥을 탐지하는 사람 – 옮긴이)를 불러보면 어떨까." 다우저에 관해 메이어가 유일하게 아는 것은 그들이 갈라진 막대기로 땅 속의 물을 찾는다는 것뿐이었다. 그러나 그녀의 친구는, 정말 잘 찾는 다우저는 물만이 아니라 잃어버린 물건도 찾을 수 있다고 말해주었다.

메이어는 친구의 말을 받아들여 1,600마일 정도 떨어진 아칸소 페이엣빌에 있는 미국 다우저협회 회장 해럴드 맥코이[2]를 불렀다. 과연 그는 잃어버린 하프를 찾을 수 있을까? 지금까지 문제해결을 위해 사람을 부른 일 중에서 가장 중요한 사건이었다.

맥코이는 "잠깐만요. 그게 아직도 오클랜드에 있는지 내가 알려줄게요" 하고는 잠시 뒤에 다시 이야기했다. "아, 아직 거기 있군요. 나에게 오클랜드 지도를 보내주면, 하프가 어디 있는지 찍어 드릴게요." 의심스러웠지만 더 잃을 것이 없었으므로, 그녀는 하룻밤 사이에 맥코이에게 오클랜드의 지도를 보내주었다. 그는 이틀 후 회신해주었다. "음, 하프의 위치를 찾았는데요. D 거리의 L 도로 옆 두 번째 집에 있어요."

메이어는 그 도로이름을 한 번도 들어본 적이 없었지만, 그곳으로 차를 몰고가면서, 주소를 적어 경찰에게 알려주었다. 그러나 경찰은 다우저가 준 정보로는 수색영장을 발부받을 수 없었기 때문에 사건에 개입하기를 거부했다. 경찰은 사건을 종결했다. 경찰은 이 고귀하고 구매력 높은 악기가 이미 팔렸을 거라고 확신했다. 그들이 메이어에게 은근히 내비친 메시지는 이랬다. '그까짓 것, 잊어버려요.'

경찰은 리즈비를 과소평가했다. 그녀는 물러나지 않았다. 그 집 주변의 두 블록 이내에 잃어버린 하프를 찾는다는 벽보를 부치고 기다렸다. 3일 뒤 한 남자가 전화를 걸어와, 자기가 벽보를 봤는데 최근에 당신이 잃어버린 것 같은 하프가 옆집에 생겨서 그에게 보여주었다고 말했다. 그는 자기가 하프를 가져다가 돌려주겠다고 제안했다. 2주 후 여러 통의 전화가 복잡하게 오간 뒤 마침내 하프는 밤 10시, 24시간 편의점 주차장에 있던 메이어에게 배달되었다.

30분 후에 지프 차량 뒷좌석에 하프를 싣고 진입로로 차를 몰면서, 정신작용에 관한 전문가인 메이어는 속으로 생각했다. **이것으로 모든 것이 바뀌는군.**[3]

메이어의 소중한 하프를 찾아준 해럴드 맥코이는 2010년 7월 세상을 떠났다. 그는 겸손하면서도 확신과 지성을 풍기는 노련한 사람이었다. 국가를 위해 24년간 군 정보장교로 복무한 뒤 은퇴한 것을 보면 그리 놀라운 일도 아니다. 맥코이는 메이어의 하프를 찾아준 직후인 1992년에 오자크연구소를 설립했다. 오자크연구소는 '생각의 힘'을 연구하는 데에 몰두했다. 다른 무엇보다 오랫동안 나의 관심사였던 원격치유를 다루었다.[4]

이런 서로의 관심 덕분에 나는 2002년 오자크연구소로부터 초대를 받았다. 덕분에 맥코이와 만나게 되었는데, 맥코이는 다우저이자 힐러였다. 그의 겸손함과 단순명료함, 그리고 현실적인 접근법에 나는 감명을 받았다. 맥코이는 자기 능력이 특별하지 않다고 여겼는데, 그런 능력이 많은 사람에게 퍼져 있고, 적절한 훈련을 통해 개발될 수 있다고 믿었기 때문이다.

잃어버린 하프의 에피소드는 천리안 또는 '명료한 앎'의 한 예로 해석된다. 그것은 감각수단으로 설명할 수 없는 세계로부터 정보를 얻는 것이다. 나는 한마음 해석을 제안한다. 하프의 위치에 관한 정보는, 모든 개인의 마음이 참여하는 보편적 마음 혹은 한마음의 일부였던 것이다. 해럴드 맥코이는 우리의 삶을 습관적으로 제한하는 모든 한계를 우회하여 이 정보의 저장고에 잠기는 법을 알았던 것이다.

도서관의 천사

뭔가가 **꼭 필요할** 때 한마음에서부터 우리에게 딱 맞는 정보가 흘러들어올 때가 있다. 소설가 아서 케스틀러는 이런 현상에 이름을 붙이려고 익살스럽게 **도서관의 천사**라는 용어를 지어냈다. 많은 보고서를 읽고 난 뒤에 갑자기 책, 잡지, 기사 또는 인용문이 필요한 순간, 그것들이 스스로 모습을 드러내는 것을 본 케스틀러는 이렇게 말했다. "상호참조가 되는 자료들이 저절로 나타날 때 도서관에 천사가 있나 하고 생각할 수밖에 없지요."⁵

이런 예의 하나를 1972년에 데임 레베카 웨스트가 케스틀러에게 보내왔다. 그녀는 뉘른베르크 전범재판 도중에 일어난 특별한 일화들을 연구하고 있었다.

나는 도서관에서 재판심의들을 찾아 읽고 있었는데, 그것이 연구자에게는 거의 쓸모없는 형식으로 출판된 것을 알고 놀랐습니다. 그것들은 추상적인 요약본이었고, 무작위로 만들어진 제목목록으로 정리되어 있었어요.

몇 시간 조사한 끝에 나는 서가를 따라 걸어가 도서관 사서에게 말했어요. "찾을 수가 없군요. 아무런 단서가 없어요. 이 책 중 어딘가에 있을 텐데요." 그러다가 그중 하나의 책에 손이 가서 그것을 꺼내 대충 살펴보았는데, 놀랍게도 딱 맞아떨어지는 책이었습니다. 그뿐 아니라 꼭 필요한 페이지를 내가 펼쳤던 것입니다.[6]

또 다른 연구자는 영국 도서관에서 광대와 사기꾼에 관한 연구를 하던 중에 일어난 자기 경험을 보고한다. 그는 동시성에 관한 책을 찾아 무작위로 여기저기 페이지를 펼치다가 위에 나온 데임 레베카 웨스트에 관한 이야기를 읽었다. 그다음에 벌어진 일을 그는 이렇게 묘사했다.

나는 그 책을 내려놓고 책상 너머 내 앞에 앉은 사람을 바라보았다. 도서관에서 평생 먹고 자는 사람처럼 보이는, 안경을 낀 채 온종일 자리에 앉아 뭉개는 거구의 남자였다. 그런데 그가 데임 레베카 웨스트의 책《Train of Powder》를 읽고 있는 게 아닌가. 뉘른베르크 전범재판에 관련한 그녀의 글들을 모아놓은 바로 그 책. 영국 도서관의 하고많은 책들과 열람실의 하고많은 자리 중에서 하필이면 그 책을 손에 들고 앉은 이 사람의 앞자리에 내가 앉게 된 것일까.[7]

영국 작가 콜린 윌슨 역시 비슷한 경험을 말한다. 그가《오컬트The Occult》라는 책을 쓸 때 어떤 정보 하나를 찾고 있었는데, 마침 책꽂이에서 책 한 권이 떨어져서 보니 꼭 필요한 페이지가 펼쳐져 있었다

고 한다.[8]

빌 브라이슨은《발칙한 유럽산책Notes From a Small Island》[9]에서 도서관의 천사를 만났던 자기 경험을 이야기했다. 여행잡지에 실으려고 비범한 우연의 일치라는 주제로 글을 쓰다가 잘 풀리지 않아 집어던지고 난 뒤였다. 그는 자신이 우연의 일치에 관한 과학연구 정보는 많이 알지만, 정작 스스로 눈에 띄는 우연의 일치를 경험해본 적이 별로 없다는 걸 깨달았다. 약속한 대로 원고를 넘기지 못할 것 같다고 잡지사에 편지를 써서 타자기 위에 올려놓으며 브라이슨은 다음 날 부치기로 마음먹었다. 그러고는 차를 타고 〈런던 타임스The Times of London〉의 일터로 갔다. 엘리베이터 문 앞에서 도서관리 편집자가 붙여놓은 안내문을 보았는데, 서평용 증정본의 연말 할인행사를 한다는 내용이었다. 브라이슨은 행사현장에 갔을 때 겪은 일을 이렇게 묘사했다. "그곳은 사람들로 뒤범벅이었다. 그 난투장 속으로 발을 디뎠을 때, 내 눈에 확 꽂힌 첫 책은 다름 아닌 우연의 일치에 관한 책이었다. 정말 괄목할 만한, 진짜 우연의 일치가 아닌가? 하지만 여기에 으스스한 일이 또 하나 있다. 그 책을 열고 보니 거기에 나온 첫 번째 우연의 일치 사건이 바로 브라이슨이라는 이름을 가진 한 남자 이야기였다."

밴쿠버에 사는 작가이자 그래픽아티스트인 제프 올슨의 말을 들어보자. "도서관 천사와 그와 비슷한 현상들은 구글 검색 같은 무언가가 존재한다는 것을 말해준다."[10] 그러나 이 현상은 구글 검색과는 달리 거꾸로 작동하는 모습을 보여준다. 한마음은 우리를 검색해서 우리의 필요에 따른 정보를 다운로드하고, 때로는 도서관의 천사처럼 갑작스레 자각 안으로 뛰어들어온다.

내 컴퓨터에는 '오늘의 단어' 화면보호기가 있다. 일련의 단어그룹이 화면 위로 기어 올라오다가 멈춘다. 멈춘 지점에서 선택된 한 단어의 정의가 표시되는 방식이다. 그런데 케스틀러의 책 《야누스Janus》에 나오는 도서관의 천사 개념에 관하여 정보를 검색하는 중이었다. 잠시 컴퓨터 화면을 흘낏 보니 '야누스'라는 단어가 지금 막 선택되는 게 아닌가.

우연의 일치일까? 아마도 그럴 것이다. 그러나 공상과학 소설 작가 에마 불Emma Bull은 진실에 더 가까이 다가선 것 같다. "우연이라는 말은 우리가 지렛대와 도르래를 보지 못할 때 사용하는 단어이다."[11] 아니면 한마음을 알아보지 못할 때.

케스틀러의 '도서관 천사'는 기분 좋은 비유라고 생각한다. 천사들이 책과 도서관으로 이끌려온다는 생각은 옳아 보인다. 주의를 기울여보면 '컴퓨터 천사'나 '디지털 천사'가 있다는 증거도 발견되리라. 한때는 도서관의 책들에만 저장되어 있던 정보가 이제는 온라인에서 점점 더 많이 이용되니까 말이다.

나는 이 '천사들'을 한마음의 밀사들이라고 생각한다. 전혀 예상하지 않던 순간, 우리를 부르며 다가오는 전령이며, 단일한 우주적 지성의 그물망에서 우리가 서로 연결되어 있음을 상기시켜주는 한마음의 홍보대사들이다.

20

치유와 한마음

◇◇◇◇◇◇◇◇◇◇◇◇◇◇◇◇◇◇

진 액터버그 박사는 정신생리학을 연구하며, 상호작용하는 건강관리 운동의 개척자이다. 치유 분야에서 상상과 심상화를 이용한 초기 연구자 가운데 한 사람으로 심리학적·영적 암 치료 분야의 권위자이다. 치유에 관한 지대한 관심으로 하와이 빅아일랜드 와이메아에 있는 북하와이커뮤니티병원에서 연구하게 되었다. 그녀는 얼 바켄이 후원하는 연구에 직접 참여하도록 초대받기도 했다. 얼 바켄은 이식 가능한 심장박동조율기를 발명하고, 세계에서 가장 큰 의료기기를 생산하는 회사 메드트로닉을 창립한 사람이다. 바켄 박사는 오랫동안 치유에 관심이 있었고, 특히 하와이 원주민 힐러들의 치유방법에 관심이 많았다. 모든 문화의 전통적인 힐러들과 마찬가지로 그들의 방법은 종종 원격치유와 관련이 있다. 이런 주장이 과연 유효할까? 그들의 치유능력은 입증될 수 있을까? 액터버그는 그 해답을 찾기로 했다.

하지만 그녀는 당장 연구 프로젝트에 착수하지는 않았다. 그 대신 원주민 힐러들과 만나서 자기 관심사를 설명했다. 힐러들은 그녀를 믿고 자신들의 방법을 공유해주었다. 2년 후 액터버그는 드디어 연구를 시작할 준비가 되었다.

그녀와 동료는 11명의 힐러를 모집했다. 이 힐러들은 별 생각 없이 치유에 몸담은 것이 아니라 평균 23년 동안 그들의 전통을 추구해온 사람들이었다. 각 힐러는 과거에 성공적으로 작업했던 사람 중에서 그들의 치유를 받을 사람을 선택하도록 요청받았다. 이전에 공감과 동정심, 결속감을 느낀 사람 중에서 선택해야 했다. 힐러들은 다양한 방식으로 자신의 치유를 묘사했다. 기도, 에너지 보내기, 좋은 의도, 혹은 환자에게 최고의 선을 바라는 것 등등. 액터버그는 이런 노력을 원격의도라 불렀다.

연구하는 가운데, 각 피시험자는 힐러에게서 떨어져 fMRI(기능자기공명영상 - 옮긴이) 뇌스캔을 받았다. 힐러들은 피시험자에게 그들이 언제 뇌스캐닝을 받는지 모르도록 2분 정도 무작위 간격으로 원격의도를 보냈다. 11명의 피시험자 중 10명에게서 실험군(원격의도 보냄)과 대조군(원격의도 보내지 않음) 사이에 눈에 띄는 차이가 발생하였다. 두 번째 원격의도 전송에서 fMRI 스캐닝을 받던 피시험자 뇌의 특별한 영역에 불이 들어왔다. 그것은 신진대사 활동이 증가했음을 의미한다. 이는 의도를 보내지 않은 기간에는 일어나지 않았다. 두 번째 원격의도 전송 동안 활성화된 뇌부위는 대상회의 전측부 중부, 그리고 설전부와 전두엽 부분이었다. 그것이 우연히 일어날 확률은 약 1만분의 1이다. (과학용어로는 p = 0.000127이다.)[1]

이 연구는, 동정심을 지닌 치유의도가 먼 거리에서 그것을 받는 사람의 신체에 물리적 효과를 일으킬 수 있음을 보여준다. 물론 그 효과는 측정할 수 있다. 그리고 힐러와 치유받는 사람 사이의 공감적 연결은 치유과정의 중요한 부분임이 드러난다.

액터버그의 연구는 2005년 서구세계의 모든 주요신문 제1면에 실렸지만, 철저히 무시되었다. 그 주요 이유는, 마음은 완벽하게 분리되어 있고 개인적이며 뇌에 국한되어 있다는 현대 신경학 신화에 맞섰기 때문이다. 하지만 액터버그의 연구는 지난 40여 년에 걸쳐 유사한 결과를 도출해낸 많은 연구 중 하나일 뿐이다.

힐링과 한마음

한마음 안에 들어가는 사람은 힐러로 탈바꿈할 수 있다.

존 그레이엄은, 1983년 이후부터 기린 영웅프로젝트를 이끌어왔다. 이 단체는 위험을 무릅쓰고 선한 일을 위해 활동하는 사람들을 격려하고, 선한 시민의식을 고취하는 비영리단체이다.

자연탐험가인 존은 16세가 되던 해에 화물선에 올라탔다. 20세 때는 매킨리산의 북벽을 최초로 오른 등반대에 참여했는데, 너무나 위험했던 등반이라 그 뒤로는 단 한 차례도 시도되지 않았다. 22세에는 〈보스턴 글로브Boston Globe〉의 통신원으로 전 세계를 히치하이크 했으며, 스파이로 체포되어 총을 맞을 뻔한 적도 있었다. 그는 지질학 학위로 하버드를 졸업하고, 스탠퍼드공대에서는 석사학위를 받았다. 미국 외무부에서 15년간 근무하면서 무아마르 카다피라는 젊은 장교를 대통령으로 세운 리비아혁명에 휘말리기도 했다. 또한 정보전문가로서 베트남전의 최종국면에 거의 2년 가까운 시간을 보냈으며, 이후 최고위부대에서 전략 핵무기계획에 참여했고, 1970년대 후반 인권증진을 위한 국제연합의 미국측 사절단으로 참여했다. 그러는 가운데 일촉즉발의 위기 상황에서 여러 번 살아남았다. 물에 빠져 죽을 뻔했고, 산사태와 저격수의 총탄, 화재 등의 위기에서도 목숨을 건졌으며, 북태평양의 가라앉은 여객선에 승선한 적도 있다.

이처럼 많은 위기를 넘기고 살아남은 것을 되돌아보면서 그는 자신이 혹시 삶에서 뭔가 중요한 공헌을 하기 위해 목숨을 부지한 것이 아닌가 생각했다. 그러나 믿을 수 없을 만큼 놀라운 모험에도 불구하고, 그의 삶은 점점 더 공허하고 의미 없는 것처럼 보였다. 그는 30대에 장난삼아 명상그룹에 참여했다. 이것은 모험으로 점철된 그의 삶 중에서도 가장 중요한 모험으로 판명되었다. 명상 도중 체외이탈을 경험한 것이다. 그는 의식이 있는 채로 천장 한구석에 둥둥 떠서 의자에 앉은 자기 몸을 내려다보고 있었다. 그는 공중에 떠서 왼쪽, 오른쪽, 위쪽, 아래쪽으로 자유롭게 움직이도록 마음으로 조종할 수 있다는 것을 알았다. 집의 벽을 통과하여 밤하늘로 날아갔다가 다시 돌아올 수도 있었다. 《젊은 이방인이여 앉으라: 한 남자의 의미 추구Sit

Down Young Stranger: One Man's Search for Meaning》에서 그는 한마음의 경험을 이렇게 묘사했다.

꽃잎과 꽃의 관계가 아닌 파도와 바다의 관계와 같이, 전체의 일부이면서 동시에 모든 영혼이 하나로 용해되는 그런 전체성을 나는 경험했다. 그리고 그 '바다'는 신이었다. 우리 삶의 궁극적인 맥락이며, 모든 것을 조직하는 지성의 힘이었다. 그 신은 그의 변덕에 따라 벌을 주거나 상을 주거나 혹은 비난하거나 죄를 사해주는, 젊은 가톨릭교도가 알던 분리되고 의인화된 전지전능자가 아니었다. 나와 다른 모든 사람은 신의 한 부분이며, 전체의 한 부분이었다. 이 수준에서 우리의 연결성은 창조의 핵심측면인 동시에 지상의 삶에서 우리가 함께 공감하고 존재할 강력한 근거가 된다. 만일 그것을 인정하기로 선택한다면 말이다.

이 통찰은 내가 마치 멋진 새 책이라도 읽은 양, 뇌를 통해 오지 않았다. 나는 마음으로써 필터링하지 않고 직접 이해했다. 나는 그 한가운데에 존재함으로써, 내가 본 것을 보았고, 내가 들은 것을 들었다.

이 체외이탈 여행은 (…) 내 평생 가장 비범한 체험이었다. 그것은 (…) 얼굴과 얼굴을 맞댄 신과의 만남이었다.[2]

한 세션에서 그레이엄은 임사체험과 비슷한 경험을 묘사했다. 그가 몸 밖으로 나와 떠다닐 때, 한 쌍의 밝은 빛이 나타났다. 밝은 빛은 찬란하게 빛났지만, 눈이 부시지는 않았다. 빛이 그에게 다가오더니 가까운 거리에서 멈췄다. 그는 그 빛을 따라서 계속 앞으로 나아갔다. 밝은 터널처럼 보이는 곳에 이르렀다. 터널은 '장소라기보다는 존재의 일상적이지 않은 평화로움'을 향해 열렸다. 이제 그는 투명한 하얀 빛에 둘러싸였다. 마치 아침 햇살 속에서 땅 위로 피어오르는 안개를 바라보며 촉촉한 초원을 걷는 것 같았다. 그레이엄은 떠 있는 동안 말 없이 인사를 건네며 함께 떠 있는 다른 존재들의 현존을 느꼈다. 그런 동안 내내 평화와 기쁨이 느껴졌다.

이 경험이 꿈인지 현실인지 그레이엄은 의아스러웠다. 그것이 환 영, 꿈, 혹은 정신착란이었을지도 모르고, 아니면 자신이 제정신이 아 니었을 수도 있다고 그는 인정했다. 그러나 이런 경험에 관한 책을 몇 권 읽고 난 뒤에 그는 결론내렸다. "만약 내가 미친 거라면, 4000년 동안 그렇게나 많은 사람이 똑같은 방식으로 미쳤다는 것인데, 이는 놀랄 만한 우연의 일치이다."[3] 그래도 여전히 그는 그 체험이 유효하 며, 자기가 그 깊은 곳에서 의식을 잃지 않았음을 보여주는 신호를 원 했다.

명상체험을 통해서, 그는 자신이 이번 생에 태어난 이유와 많은 위 기 상황에서도 죽지 않고 살아남은 이유가 바로 봉사하고 치유하기 위한 것이라고 점점 더 믿게 되었다. 그가 추구해오던 신호는 자신이 아니라 타인을 치유함으로써 찾아왔다.

1975년 늦은 여름, 그는 아내와 함께 버지니아 샬롯스빌 외곽에 있 는 친구의 농장을 방문하고 있었다. 낡은 트랙터가 끌고 있는 건초 차 량 위에서 여러 아이가 즐겁게 뛰어놀고 있었고, 어른들은 농장주택 현관에서 레모네이드를 마시며 아이들을 바라보고 있었다. 갑자기 다 른 부부의 네 살짜리 아이가 비명을 지르며 뛰어왔다. 다른 아이들은 그 아이가 트랙터의 뜨거운 배기관에 손을 넣었다고 말했다. 그 아이의 손은 심한 화상을 입었다. 의사인 농장주인은 구급약을 가지러 뛰어갔다. 아이의 어머니가 아이를 잡았지만, 놀란 아이는 고통으로 비명을 계속 질러댔다. 그레이엄은 그다음 상황을 이렇게 묘사했다.

내 기억에는 거대한 평화와 확신의 느낌이 찾아왔다. 나는 조용히 아이 엄마에게 아이를 내게 맡기라고 했다. 그녀가 그렇게 했을 때, 나는 아이의 화상 입은 손을 내 양손으로 감싸고 눈을 감았다. 그리고 나 자신이 빛의 공간에 있는 것을 상상했다. 소년은 비명을 멈추었다. 내가 손을 떼었을 때, 아이 손에는 화상의 흔적이 전혀 보이지 않았다.

아무 일도 없었던 것처럼 꾸며대기는 불가능했다. 아이 엄마는 아무 말 없이 내 눈을 바라보며 아이를 데려갔다. 다른 사람들은 가만히 바라보고만 있었다.

(…) 그 아이는 내가 손으로 치유한 유일한 사람이었다. (…) 과학적으로 훈련받은 내 마음은 의심이 많았기 때문에 나는 물리적인 증거가 필요했다. 그런데 우주, 신은 그것을 제공해주었다. 농장에서의 사고 이후, 나는 **명상**을 통해 배운 것이 진짜임을 의심하지 않는다.4

그레이엄의 체험은 그의 매력적인 책에서 생생하게 묘사되었다. 이는 명상, 묵상, 기도 등으로 마음을 고요하게 하는 유서 깊은 훈련을 통해서 어떤 사람이 홀연히 한마음을 깨닫게 된 고전적인 사례이다.

그레이엄은 '모든 영혼이 용해되는' 의식의 차원, 그 '신'이라 할 수 있는 '바다', 다양성이 하나로서 전체가 되는 집합체를 발견했다.

그레이엄은 임사체험에서 치유의 힘을 얻어 돌아왔다. 또 하나의 예는 조이스 W. 호크스이다. 펜penn주립대학에서 박사학위를 받은 생물물리학자이자 세포생물학자인 호크스는 미국 과학진흥협회의 연구원이며, 수십 권의 과학출판물을 낸 저자이기도 하다. 임사체험 이후 그녀는 자기에게 치유능력이 생긴 것을 알았다. 호크스는 시애틀 지역5에서 사설센터를 운영하고 있고,《세포 수준의 치유: 영혼과 세포를 연결하는 다리Cell-Level Healing: The Bridge from Soul to Cell》의 저자이다.

건강교육 박사학위를 갖고 오리건대학 강단에 섰던 제인 카트라는 임사체험 이후 치유능력을 갖게 된 또 하나의 힐러이다. 1974년에 동남아시아를 여행하는 동안, 그녀는 끔찍한 두통을 겪고 임사체험 같은 꿈을 꾸었다. 꿈에서 그녀는 힐러가 되리라는 말을 들었는데, 당황스럽게도 그 예언은 사실로 판명되었다. 집에 돌아온 새로운 제인을 대학의 동료는 이해하지 못했다. 그러나 제인은 자신의 소명을 존중하고 치유 능력을 사용하기 시작했다. 카트라의 이야기는 물리학자이며 심령연구가인 러셀 타그와 공동으로 저술한《마음의 기적: 비국소적 의식과 영적 치유의 탐험Miracles of Mind: Exploring Nonlocal Consciousness and Spiritual Healing》에 나와 있다.

아마도 치유 능력은 때때로 한마음, 즉 전체와 조우한 결과로 나타난다고 말할 수 있을 것이다. 결국 '치유'란 '전체'라는 의미의 라틴어에서 온 것이니까.

21

어두운 측면

◇◇◇◇◇◇◇◇◇◇◇◇◇◇◇◇◇◇◇

한마음의 경험은 흔히 깨달음이나 황홀경으로 묘사되지만, 거기엔 그냥 무시해버리기에는 너무 무책임하다고 표현할 만큼 어두운 측면이 있다.

버지니아대학의 의식연구자였고 정신과의사였던 이안 스티븐슨은 자신의 환자를 묘사했다. 이 환자는 임상과정 중 다른 사람에 대해 사악한 생각이나 의도를 가지는 것과 관련 있는 정신질환을 보였다. 환자는 45세의 교수였는데, 우울증이 심해 병원에 입원했다. 우울증의 주된 원인은 학과 동료와의 의견 불일치였다. 그의 증상은 호전되는 것처럼 보였으나, 어느 날 증세가 극도로 나빠지자 환자는 그 느낌을 담당의사에게 호소했다. 스티븐슨은 이렇게 썼다. "그의 상황이 악화되던 시점이 그를 교수 자리에서 축출하려고 음모를 꾸미던 학과 내 라이벌과 만났던 시점과 일치한다는 것이 밝혀졌다."[1] 스티븐슨은 자신의 환자가 다른 사람의 부정적인 소망과 생각에 영향을 받는다는 생각을 내비쳤다. 이런 사악한 연결 또한 한마음 안에 내재하는 것일까?

쌍둥이 연구자 길리언 플레이페어가 보고했듯이 생각과 느낌의 원격공유는 때때로 무시무시한 차원을 보여준다. 1962년 봄 루마니아 브라쇼브에서 로잘리아 코스마의 아들로 태어난 남자 쌍둥이의 삶을 예로 들 수 있다.[2] 코스마는, 산에 버려졌으나 죽지 않고 늑대의 젖을 먹고 살아난 전설적인 쌍둥이 아기의 이름을 따서 두 아들의 이름을 로물루스와 레무스로 지었다. 로물루스는 로마제국을 건설한 첫 왕이 되었다. 쌍둥이에게서 흔히 있는 일이듯, 루마니아의 쌍둥이 역시 멀리 떨어져 있어도 느낌을 공유했다.[3] 자라면서 한 아이가 사고를 겪을 때, 다른 아이도 똑같이 고통을 느꼈다.

어른이 되어 레무스는 루마니아 중부의 클루지에 정착했고, 로물루스는 500마일 떨어진 콘스탄차의 흑해 항구에 집을 마련했다. 그들은 끊임없이 감정과 신체적 느낌을 공유했고, 그 상호응답은 기괴하기도 했다. 그들은 동시에 황달에 걸렸다. 카르파티아산에서 산행 도중에 로물루스의 다리가 부러졌을 때, 레무스도 클루지에서 계단에서 떨어져 다리가 부러졌다.

1987년 가을, 레무스는 모니카 체클리라는 여자에게 구애하기 시작했다. 일주일 후에는 로물루스 역시 모니카라는 이름의 여자에게 구애를 시작했다. 다음해 봄, 레무스는 모니카와 결혼했고, 그들은 1989년에 새 아파트로 이사했다. 그러나 두 사람은 바로 어려운 시기를 맞았고 날마다 싸웠다. 1993년 5월 16일 밤 10시, 레무스가 술에 취해 집에 돌아왔을 때, 아내는 다른 남자를 만나고야 말겠다며 그에게 소리쳤다. 그가 그녀를 벽에 밀치자 그녀는 칼을 잡았다. 레무스는 그것을 빼앗아 그녀를 열두 번 찔렀다. 자정쯤에 그는 경찰서에 가서 자수했다. 같은 날 밤 11시, 로물루스는 여자친구 모니카와 대화하고 있었다. 두 사람의 관계는 그때까지 부드러웠지만, 로물루스는 이유를 알 수 없는 분노에 사로잡혀 그녀의 목을 졸랐다.

그는 콘스탄차 경찰에게 이렇게 말했다. "내가 왜 이런 괴물 같은 범죄를 저질렀는지 모르겠어요. 여자친구의 목을 조르기 시작했을 때, 나는 보이지 않는 힘에 사로잡힌 것처럼 느꼈어요. 저항할 수 없었어요. 아니면 아마도 저항하고 싶지 않았는지도 모르고요."

이 사건을 조사한 사람들은 로물루스가 범죄를 저지르기 겨우 몇 분 전에 그의 쌍둥이 형제 레무스가 범죄를 저지른 것을 발견했다.

뉘른베르크

한마음의 동시적인 생각과 감정공유는 오케스트라와 스포츠팀, 혹은 군대 구성원들에게 유용하고 가치가 있으며, 심지어는 없어서는 안 될 필수불가결한 것이기도 하다. 그러나 그것이 재난을 불러오는 때도 있다.

뉘른베르크 궐기대회는 독일에서 아돌프 히틀러가 권력을 잡은 이후 1933년부터 1938년까지 해마다 이어졌다. 이 대회는 독일 국민과 나치스 사이에 생각의 일치와 결속력을 증진하기 위해 고안되었는데, 결국 나치스, 독일 군대, 일반대중 가운데 50만 명 이상이 이 회합에 참여했다. 그들은 독특한 감각경험을 이용했는데, 하나의 예를 들자면, 1937년 궐기대회에서는 알베르트 슈페어가 제작한 빛의 성당이라는 작품에서 152개의 서치라이트가 하늘로 수직 광선을 쏘아올려 위대한 건축물의 벽을 상징했다.[4] 대의원 지도자 루돌프 헤스는 1934년 궐기대회의 개회연설에서 군중을 광란으로 몰아넣었다. 그것은 파괴적인 생각이 거대집단에서 하나로 공명하여 결국 전 국가에 퍼져나갈 수 있음을 보여주는 고전적 예이다.

군중의 광란

일치되고 하나로 통합되는 사고의 위험성은 19세기의 가장 주목할 만한 책, 스코틀랜드 저널리스트 찰스 맥케이가 쓴 《대중의 미망과 광기Extraordinary Popular Delusions and the Madness of Crowds》의 주제가 되었다. 1841년에 출간된 이 책은 지금도 여전히 인쇄되고 있다. 불편하게도 오늘날의 이야기처럼 들리는 구절에서 맥케이는 이렇게 썼다. "국가의 역사를 읽어보면, 국가들 역시 개인처럼 변덕스러움과 이상한 버릇을 가졌음을 알게 된다. 국가에도 흥분기와 무모한 시기가 있고, 주의 깊을 때와 주의 깊지 않을 때가 있다. 우리는 전체 사회가 갑자기 하나의 주제에 마음이 고정되고 그를 수행하려다 미치는 것을 본다. 수백만의 사람이 동시에 하나의 환상에 사로잡혀 그것을 추구하다가 그들의 주의는 마침내 더 매혹적이고 새롭고 어리석은 생각에 사로잡히고 만다. 우리는 한 국가가 고위층에서 하층민에 이르기까지 군대의 영광이라는 하나의 거친 욕망에 사로잡히는 것을 본다. 또 다른 나라는 갑자기 종교적인 도덕관념에 사로잡혀 미치기도 한다. 이 모두는 피를 강물처럼 흘릴 때까지, 그리고 그들이 뿌린 씨앗이 신음과 눈물로 후세에 의해 거두어들여질 때까지 정신을 차리지 못한다."[5] 맥케이의 책은, 돌이켜보면 어리석거나 미친 짓으로 보이지만, 광범위한 문화에서 받아들여졌던 관습과 관념을 압도적으로 고발하고 있다. 두 사람 사이의 결투에 대한 열정, 최면술, 십자군 전쟁, 일확천금 도모하기, 종교적 유산에 대한 강박관념, 마녀숭배 등이 그가 들고 있는 예이다.

풀리처상을 받은 지리학자 재러드 다이아몬드는 최근에 《문명의 붕괴: 과거의 위대했던 문명은 왜 몰락했는가 Collapse: How Societies Choose to Fail or Succeed》에서 이것을 주제로 삼았다. 다이아몬드는 역사를 통틀어 사회 전체가 그들 자신이 파괴될 것이 분명함에도 기꺼이 그것을 따르는, 생각의 병적인 일치라는 방법을 통해 스스로 눈멀게 해왔음을 보여주고 있다.

집단사고

일치된 한마음 사고의 또 다른 병적인 형태는 집단사고이다. 집단사고란 구성원의 갈등을 최소화하고, 어떤 생각에 대해 비판적 평가를 하지 않고 합의에 도달하려는, 응집성 있는 소집단에 의해 수행되는 담론 형태이다. 집단사고는 개인의 창조성을 소멸시키고, 결정된 것에 대한 책임감을 최소화한다. 그리고 개인적인 의심과 대안들을 밀쳐내고, 집단의 합의와 균형이 깨지는 것을 두려워하기 때문에 성급하고 비합리적인 결정을 내린다. 예일대학의 연구심리학자 어빙 L. 재니스는 집단사고가 미국의 외교정책 재난에 영향을 미친 것처럼 보이는 사례들을 분석했다. 그 예로는 1941년 일본군이 진주만을 공격하리라고 예측하지 못한 것, 1961년 피그스만의 대실패, 즉 존 F. 케네디 대통령 행정부가 쿠바의 피델 카스트로 정부를 전복하려던 사건, 린든 B. 존슨 대통령 행정부가 베트남전을 확전한 것이 있다.[6]

정부의 집단사고는 우리에게 여전히 존재한다. 그것은 미국 상원에도 전염병처럼 퍼져 있다. 불규칙한 리듬으로 뛰는 병든 심장처럼 상원은 이념과 당파적인 완고함에 거의 마비되어 있다. 그래서 민주적인 정부의 필수요소인 상호절충이 거의 불가능하다. 미국의 코미디언 윌 로저스의 냉소는 여전히 유효하다. "의회를 통과한다면 우리의 노화과정은 확실히 늦출 수 있을 것이다."[7]

ONE
MIND

3부
한마음에 닿기

22

우주 수프

담장을 좋아하지 않는 뭔가가 있다면
그 뭔가는 담을 무너뜨리고 싶어 하는 것이다.

로버트 프로스트1

◇◇◇◇◇◇◇◇◇◇◇◇◇◇◇◇

한마음 경험은 어떤 사람들, 특히 아이들에게는 전혀 애쓰지 않아도 찾아온다.

발달심리학자 조지프 칠턴 피어스는 30대 초반에 대학에서 인문학을 강의하면서 신학과 카를 융의 심리학에 몰두했다. 피어스는 자신이 신과 인간의 관계에 '강박적으로' 몰두했고, 주제와 관련한 광범위하고 집중적인 독서를 했다고 말했다. 어느 날 아침, 오전 강의를 준비하는데, 다섯 살짜리 아들이 그의 방에 들어와서 침대 가장자리에 않았다. 그는 아들과 함께 20분 동안 신과 인간의 본성에 관해서 이야기를 나누었다. 피어스는 이렇게 썼다. "아이는 책에서나 나올 것 같은 완벽한 문장으로 머뭇거리거나 망설이지 않고 단조로운 톤으로 말했다. 복잡한 신학용어를 쓰면서 내게 말했는데, 우리가 알아야 할 모든 것을 말하는 것 같았다. 깜짝 놀라 듣고 있는데, 목 뒷덜미에서 머리털이 곤두서는 것 같았다. 온몸에 소름이 돋고, 마침내 눈물이 내 뺨을 타고 흘러내렸다. 나는 불가사의하고 설명할 수 없는 그 무엇 한가운데에 있었다. 유치원에 데려가려고 아들을 태우러 온 차가 경적을 울리며 도착했고, 아이는 일어나서 방을 나갔다. 나는 넋이 나간 채로 강의에 늦어버렸다. 내가 들은 내용은 경이로웠지만, 너무나 방대하고 그 시점에 가졌던 개념을 너무 멀리 초월하는 것이었다. 그 간격이 너무나 커서 나는 세부적인 내용을 기억조차 할 수 없었으며, 아들이 내게 보여준 그 넓은 파노라마의 극히 작은 부분만 기억하고 있다. 아들은 그 일을 기억하지 못한다."[2]

피어스는 자기 아들이 밝고 평범한 아이로서, 자신이 얻지 못했던 어떤 정보장(field of information, 정보 필드, 정보의 에너지 필드)에 응답한 거라고 해석한다. 그렇다면 그 정보는 어디에서 온 것일까? 물리학자 러셀 타그는, 세계에 관한 모든 정보와 지식의 원천인 '수프' 같은 것 안에서 우리가 살고 있다고 말한다. 피어스는 그것을 '우주 수프'라 부른다. 그것은 고도로 조직화된 영역으로, 우리는 그곳에서 선택적으로 정보를 끌어온다.

사람들은 이 수프를 서로 다른 이름으로 부른다. 그것을 우주 수프라 부르든, 한마음으로 부르든, 근원이라고 하든, 또는 의식의 장, 아니면 집단무의식이라 부르든, 그 근원은 지성 그 자체이다. 우주 수프의 내용물은 모두에게 똑같지만, 각 개인이 수프에서 샘플을 채취할 때 그 샘플의 내용은 서로 다르다고 피어스는 말한다. 각 개인은 자신이 먹고 싶은 것만 국자로 푼다. 그래서 우리의 '수프 인식'은 선택적으로 지각되며, 그 결과 각 개인에게 다양성과 독특함이 나타난다.[3]

피어스의 어린 아들은 한마음에 들어가서 당시의 필요에 충족하는 정보를 우주 수프에서 떠냈던 것 같다. 그 정보는 저절로 은총처럼 찾아왔다. 하지만 많은 사람은 자기 의지대로 한마음에 들어가기 위해 자연발생적인 것에 의존하는 대신, 오랜 세월에 걸쳐 효과가 입증된 방법에 의존한다.

명상, 공상 또는 기도 중에 시간은 종종 영원한 현재로 인식된다. 그 안에서 과거, 현재, 미래의 구분은 모든 것을 아우르는 지금에 섞여버린다. 이 상태에서 사라지는 것은 시간의 분리만이 아니다. 사람과 사물 사이의 분리 또한 사라진다. 이 상태가 한마음으로 들어가는 출입구이다. 이런 경험은 예상외로 흔하게 일어난다. 구슬프게 울려 퍼지는 음악소리, 갓 구운 빵의 향기, 아니면 한밤중에 '우우' 하고 들려오는 코요테의 울음소리에 우리가 옴짝달싹 못 하고 가만히 멈춰 서 있을 때 이런 경험이 저절로 솟구쳐오른다.

수천 년간 인류는 현재에 존재하는 방법과 시간의 분리를 통합하는 방법을 실험해왔다. 다양한 영적인 전통을 수행하는 사람들은 언제나 이 영역을 알고 있었다. 시인들과 예술가들도 그러했다. 많은 뛰어난 과학자 또한 이런 시간 없는 차원에 들어갔으며, 그들의 경험을 남겨두었다. 유전학 분야에서 노벨상을 받은 바버라 매클린톡이 하나의 예가 될 것이다. 그녀는 이렇게 말했다. "기본적으로 모든 것은 하나입니다. 사물들 사이를 갈라놓는 선을 그을 방법은 없습니다. 우리가 보통 하는 일은 세분화하는 일이지요. 하지만 그것은 진짜가 아닙니다. 내 생각에는 시인들이 (…) 이를 다소나마 이해하는 것 같아요."4

창 조 성

우주 수프에 깊이 잠길 수 있는 능력은 창조성을 얻는 데 심오한 의미가 있다. 창조성은 보통 이전에는 없던 어떤 것을 발견하거나 발명하는 과정을 말한다. 그러나 시간의 분리가 극복될 때, 거기에는 '이전'이란 없다. 알 수 있는 모든 것은 어떤 의미에서 이미 존재하며, 그것은 새롭게 존재계로 들어오는 것이 아니라, 다만 이미 존재하는 것을 자각하기만 하면 된다.

시간과 공간으로 나누어지지 않은 피어스의 우주 수프, 한마음, 혹은 근원은 새로운 개념을 형성하고, 소나타를 작곡하고, 예술작품을 그리거나 조각하는 데 필요한 모든 재료를 담고 있다. 근원에 닿는다는 것은 모든 창조활동을 하는 사람들의 목표이다. 존 브리그스는 창조성에 관한 경탄할 만한 책 《도가니 속의 불꽃Fire in the Crucible》에서 이렇게 적고 있다. "창조적인 천재에게는 보편적인 것과 특별한 것 사이, 개인적인 것과 광대한 초개인적인 것 사이, 부분과 전체 사이에 있는 하나의 정체성을 불러일으키는 것이 가능하다는 고대인식이 널리 스며 있다. 그것은 모든 수준의 창조적 과정에서 싹트며, 창조적인 전망을 지배한다. 창조적인 사람들은 그들의 다양한 무드와 의미 속에서 전체성과 개인적/우주적 정체성을 추구하는 데에 몰두한다."[5] 그들은 한마음을 찾고 있다.

시스템 이론가 어빈 라즐로는 클래식 피아니스트이자 75권의 책과 400건 이상의 논문을 쓴 저자이다. 그는 창조성에 관해 뭔가를 알고 있다. 그의 말을 들어보자. "우리는 특별히 창조적인 사람들의 마음이 창조과정 그 자체에서 다른 사람들과 상호작용할 가능성을 제기한다. 그 상호작용은 자발적이고 직접적이지만, 반드시 의식적이지는 않다."[6] 그는 또 이렇게 말한다. "모차르트, 미켈란젤로, 또는 셰익스피어 (…) 와 같은 사람들을 '천재'라 부르고, 그들의 업적을 '천재의 작품'이라 부르는 것은 그들의 능력을 설명하는 게 아니라 다만 이름을 붙이는 행위에 불과하다." 그는 창조적인 행위가 특히 갑작스럽고 예기치 않을 때, "자발적이고 대체로 설명할 수 없는 천재성에 기인하는 게 아니라, 둘 이상의 마음이 상호작용하여 만들어낸 개념이나 패턴에 기인한다"고 의견을 제시한다.[7]

독특함, 개인성과 소유권을 소중히 여기는 사람들은 이런 시나리오에 감동하지 않는다. 문제는 이것이다. 만일 모든 마음이 서로 만나 정보를 공유한다면, 공로는 누구에게 돌아갈 것인가? 어떤 아이디어가 특정한 사람의 것으로 인정되지 않는다면, 독창성이나 개인의 성취라는 것은 어떻게 되는가? 누구에게 영광이 돌아가야 할까? 노벨상과 풀리처상은 폐기돼야 하는가? 이미 준 상을 회수해야 한단 말인가?

다른 사람들은 이런 전체성과의 연결에 별로 문제를 느끼지 않는다. 노벨상 수상자 조지프 콘래드는 "모든 창조물과 형제애를 느끼는 깊이 숨겨진 감각, 그리고 수많은 가슴의 외로움을 엮어주는, 미묘하지만 거부할 수 없는 결속에 대한 확신"에 관하여 썼다.[8] 화가 피터르 몬드리안은 예술가가 개인적 자아보다 더 큰 무언가와 교감하는 것에 관해 이렇게 말했다. "예술은 오직 우주와 개인의 진정한 하나 됨을 통해서만 우주적인 표현이 창조될 수 있다는 것을 보여준다."[9] 미술가 파울 클레는 전체는 부분을 통해 말한다는 것을 알았다. 그는 말했다. "예술가는 겸손해야 한다. 그는 단지 통로일 뿐이다."[10] 심리학자 에리히 프롬은 클레의 견해를 인정했다. 프롬은 이렇게 말했다. "창조주는 자기 자신을 하나의 사물로 유지하는 것을 포기해야 하며, 자신을 오직 창조적 응답의 과정에서 경험해야만 한다. 너무나 모순적이지만, 그 과정에서 신이 자신을 경험할 수 있다면, 그는 자신을 잃어버리는 것이다. 신은 자신의 경계를 초월한다. 그리고 신이 '나는 존재한다'고 느끼고, 또 '내가 너다'라고 느끼는 순간, 나는 온 세상과 하나이다."[11]

창조적인 사람들은 종종 다른 사람과 하나 됨을 느낄 뿐만 아니라, 그의 매개물과도 하나 됨을 느낀다. 피아노의 거장, 로린 홀랜더는 이렇게 표현했다. "내가 세 살이 되던 무렵, 깨어 있는 모든 순간을 나는 피아노 건반 주위에서 보냈다. 피아노 옆에 서서 건반 위에 손을 올리고 음들을 눌러댔다. 그리고 내가 한 음을 누를 때, 그것이 소리가 된다는 것을 알았기 때문에, 나는 어떤 음을 누를지 아주 조심스럽게 선택했다."[12] 홀랜더는 또한 위대한 작곡가들과 하나로 용해되는 체험을 묘사했다. 내가 한때 모차르트의 삶을 그린 영화 〈아마데우스〉에 관해 물어보았을 때 그는 이렇게 대답했다. "그건 모차르트가 아니오." 내가 어떻게 알았는지 다시 물어보자 그는 "내가 모차르트를 연주할 때, 나는 이미 모차르트가 되었소"라고 대답했다.[13]

신, 여신, 알라, 브라만, 우주, 하나, 또는 뭔가 더 큰 **그 무엇** 속으로 용해되고 싶은 충동은, 고도로 창조적인 수많은 사람이 갖는 열망의 바탕을 이룬다. 그러나 창조적인 사람은 절대 전체 모습을 볼 수 없다. 왜냐하면 사람은 영원하지 않은, 필멸의 존재이기 때문이다. 그렇지만 영원한 존재가 아니라는 점이 전체를 조망함에 있어서 치명적인 문제는 아니다. 진리는 모든 곳에 있으므로 전체의 어떤 부분이든지 우리는 전체를 일별할 수 있는 것이다. 블레이크는 "한 알의 모래알에서 온 세상을 본다"고 했다. 예술가에게는, 전체가 정제되고 집약되고 집중되어야 한다. 레오나르도 다빈치는 이렇게 말했다. "이것은 정말 기적이다. 온 우주의 모든 부분의 모든 모양과 모든 색채와 모든 이미지가 단 하나의 점에 집약되어 있다."[14] 사실 진리의 오직 한 부분과 대화한다는 것은 작가와 예술가에게는 좋은 일이다. 천연 그대로의 진리를 감당할 수 있는 사람은 거의 없기 때문이다. 그래서 수피교도들은 이렇게 말한다. "신을 본 다음 살아남은 사람은 아무도 없다." 그리고 "진리를 있는 그대로 말하라. 그러나 넌지시…"[15]라는 에밀리 디킨슨의 격언이 있다. 또 이런 말도 있다. "의식은 없는 곳이 없어. 하지만 쉿! 아무한테도 말하면 안 돼!"

논리는 대체 어디로 갔나? 한마음의 풍부한 원천에 닿는 것이 무슨 소용인가?

1945년에 수학자 자크 아다마르는 미국에서 가장 뛰어난 수학자들을 조사하여 그들의 연구방법을 알아내려고 했다. 그의 설문지에 아인슈타인은 이렇게 응답했다. "글로 기록되거나 말로 발화된 언어는 나의 사고 메커니즘에서는 아무 역할을 하지 않는 것 같습니다. (…) 관습적인 말이나 다른 기호들은 오직 두 번째 단계에서만 간신히 쓰이고 있습니다."[16]

아인슈타인의 경우는 특별하지 않다. 1963년 노벨물리학상 수상자 유진 위그너는 아인슈타인의 관점에 동의하며 이렇게 말한다. "자연의 법칙을 발견하기 위해서는 가장 먼저 잠재의식의 많은 과정을 파악하는 직관이 필요하다. 이 법칙을 확인하는 것은 또 다른 문제이다. (…) 논리가 직관을 뒤따라오는 것이다."[17] 아다마르는 미국에서 태어나 미국에서 사는 모든 수학자가 '정신적 언어'의 사용을 회피했을 뿐만 아니라, 심지어는 '대수학적 기호, 또는 다른 정확한 기호의 정신적 사용'까지 회피했다고 그의 조사에서 결론내렸다. 그들이 사용한 정신적인 이미지들은 대부분 시각적인 것이었다.[18]

만화가들은 종종 과학자들을 그릴 때, 수학방정식의 말풍선이 머리 위에 떠 있는 것처럼 그린다. 그러나 창조적인 과정 동안 수학은 언어와 마찬가지로 종종 한쪽으로 팽개쳐진다. 가장 주목할 만한 예 중 하나는, 아인슈타인이 뉴턴과 쌍벽을 이룬다고 생각했던 영국 물리학자 마이클 패러데이이다. 패러데이의 사고는 거의 전적으로 시각적이었으며, 수학은 현저하게 배제되었다. 사실 그는 정말로 수학적 재능이 없었고, 수학과 관련하여 어떠한 공식적인 훈련도 받지 않았다. 그는 가장 간단한 산수 외에는 수학에 무지했다. 하지만 패러데이는 자석과 전류를 둘러싼 힘을 공간 속에서 곡선으로 '볼' 수 있었다. 그는 그것을 묘사하기 위해 '힘의 선'이라는 용어를 만들어냈다. 그의 마음에는 그 선들이 견고한 물질로 만들어진 것처럼 분명했다. 패러데이는 온 우주가 이 힘의 선들로 이루어진 것을 보았다. 그리고 그는 빛을 전자기적 복사로 보았다. 그러나 그는 몽상가가 아니었다. 그의 심상은 실질적인 결과를 낳았다. 발전기와 전기모터를 발명한 것이다.[19]

소설가이자 철학자인 아서 케스틀러는 과학에서 수많은 창조적인 천재를 조사하는 역사적인 연구를 수행했다. 기념비적인 작품《창조의 행위The Act of Creation》에서 그는 다음과 같은 결론에 도달했다. "자발적인 직관, 무의식적인 안내, 그리고 그들이 설명하기 곤란해 하는 갑작스러운 상상의 도약에 과학자들이 한결같이 강조점을 둔다는 사실은, 과학적인 발견에서 합리적인 사고과정의 역할이 광범위하게 과대평가되었음을 암시한다."[20]

밀턴의《실낙원Paradise Lost》은 '즉흥적인 노래'로, 시와 음악의 신인 뮤즈가 불러준 것을 받아쓴 것이다.[21] 그러나 앞에서 말했듯이, 역사를 통틀어 사람들은 뮤즈를 끌어당기기 위해서, 그리고 창조과정을 슬쩍 불러오기 위해서 명상과 같은 비범한 자각상태를 개발해왔다. 어빈 라즐로는 말한다. "비교적 흔치 않은 사례에서 이런 '영감 받은 상태'가 인위적으로 유도된다. 약물, 음악, 자기최면, 혹은 그 밖의 다른 방법들로써."[22] 주목할 만한 예로 새뮤얼 테일러 콜리지가 있다. 그는 아편으로 유도된 수면상태에서 서사시 〈쿠빌라이 칸Kubla Khan〉을 지었다고 전해진다. 하지만 흔히 사람들이 창조성을 증진하려고 약물을 사용하는 경우, 비록 그들이 '존재하는 모든 것'과 연결된 것처럼 **느끼지만,** 약물의 효과가 끝나고 나면 남는 게 아무것도 없다. 마음을 변화시키는 화학물질의 영향 아래서 생산된 '예술'은 대부분 결국 쓰레기통에 버려진다. 아인슈타인이 한때 말하길, 그것은 과학자의 가장 형편없는 도구이다.

위기상황과 '창가의 시간'

심하게 위급하다는 느낌은 어떤 사람을 고도의 창조성의 상태로 밀어넣을 수 있다. 새뮤얼 존슨은 이렇게 썼다. "어떤 사람이 2주 후에 자신이 교수형 당한다는 사실을 알게 된다면 그의 마음은 놀랍게 집중될 것이다."[23] 예를 들어, 프랑스 수학자 에바리스트 갈루아는 20세의 나이에 고등 대수학에 크게 이바지한 뛰어난 책을 썼다. 책을 썼던 때는 그 자신이 죽게 되리라고 믿었던 결투가 있기 3일 전이었다.

아서 케스틀러도 비슷한 위기를 경험했다. 그는 스페인 내전 기간 중 1937년 세비야의 감옥에 몇 개월 동안 갇혀 지내며 간첩혐의로 처형당할 위험에 처했다. 케스틀러는 언제 죽을지 모르는 상황에서 하루하루 목숨을 이어갔다. 독방에 갇힌 그는 신비주의자들이 묘사하는 느낌과 아주 가까운, 모든 것과 하나 되는 감각을 경험했다. 그는 이 경험을 '창가의 시간'이라고 불렀다. 그는 이렇게 썼다.

'창가의 시간'은 실재의 더 높은 질서가 존재한다는 확실성과 오직 그것만이 존재의미를 부여해준다는 직접적인 확실성으로 나를 가득 채웠다. (⋯) 시간, 공간, 그리고 인과, 고립, 분리, 그리고 자아의 시공간적 한계는 단지 착시현상일 뿐이다. (⋯) 그것은 보이지 않는 잉크로 기록된 텍스트이며, 우리가 그것을 읽을 수는 없지만, 그것이 존재함을 아는 앎은, 한 사람의 존재를 바꾸고, 그 사람의 행동을 텍스트에 따르도록 하기에 충분하다.24

준비 : "신은 꼬리 없는 소의 파리를 대신 쫓아주지 않는다."

창조적인 해결책과 갑작스러운 계시는 우리가 한마음에 들어가는 것이 온전히 자연발생적이라는 걸 보여주지만, 만약 우리가 마음의 문을 연다면 한마음이 일어나는 데에 도움이 될 것이다. 흔히 그것은 자신의 재능이나 기술을 완벽하게 준비하는 것을 통해서 이루어진다. 기회만 준비된 마음을 좋아하는 것이 아니다. 한마음 역시 준비된 것을 좋아한다.

이것은 영적인 세계에서 특별히 더 강조된다. 종교역사학자 휴스턴 스미스는 기독교 전통에서 인용하여 "모든 것은 선물이다. 그러나 공짜는 아니다"라고 말한다.25 19세기의 힌두교 전통으로부터 비베카난다는 이런 말로 동의한다. "신의 은총의 바람은 항상 불고 있지만, 당신은 돛을 올려야만 한다."26 이슬람 전통의 메시지도 이와 같다. 9세기 수피 신비주의자 바야지드 바스타미는 패러독스로서 이렇게 말했다. "신을 아는 것은 추구를 통해 얻어지는 것이 아니라, 단지 추구자들이 그것을 발견하는 것뿐이다."27 북아메리카인디언 수 부족의 샤먼인 레임 디어는 영적인 영역에서 공짜가 없다는 느낌을 이렇게 표현했다. "내가 지금 보고 느끼는 바에 의하면, 비전은 힘겨운 고대인들의 방식으로, 즉 나 자신의 노력을 통해서 찾아오기를 원하고 있다.

나는 그렇게 쉽게 찾아온 비전은 믿지 않는다. (…) 진정한 통찰, 가장 큰 황홀경은 그렇게 오는 것이 아니다."[28] 같은 정신을 가진 서아프리카의 풀라니 족은 이 통찰을 일반적인 원리로 확장하고 있다. "신은 꼬리 없는 소의 파리를 대신 쫓아주지 않는다."

23
자아

당신은 왜 불행한가?
당신이 말하고 행동하는 거의 모든 것이
당신의 '자아'를 위한 것이지만,
그런 것은 존재하지 않기 때문이다.

중국 속담

◇◇◇◇◇◇◇◇◇◇◇◇◇◇◇◇◇◇◇

어떤 사람들은 자신의 개인성, 자아를 유지하고 보호하려는 욕망에서
한마음이라는 개념을 거부한다. 그들이 말하길, 자아를 없애면 그들
은 아무것도 아닌 사람이 될 거라고 말한다. 하지만 자아라는 것이 뭐
그리 대단한가?

수십 년 동안, 자아라는 개념은 과학 내부에서 자동차 파괴 경기의
희생자가 되어왔다. 유물론적 과학자들로부터 끊임없이 격류처럼 흘
러나오는 책들은 자아와 전쟁을 일으켜왔다. 자아란 한 사람의 근본

적이고 본질적인 존재감이고, 자아성찰의 대상이며, 나를 다른 누군가가 아닌 '나'로 만들어주는 것이다. 오늘날, 과학자들은 이 모든 관념을 누가 더 철저하게 쓰레기통에 버리는가를 겨루는 이들처럼 보인다.

불교는 이런 문제에서 그들을 구해줄 수 있을 것 같다. 붓다는 2,500년 전에 우리가 싸울 실질적인 자아란 없다고 가르쳤다. 그는 자아가 환상이며, 감정, 두려움, 욕망, 소망 그리고 그가 집착이라 부른 갈망이 함께 뭉쳐진 것이라고 말했다. 그 집착은 개인의 성장과 변형을 가로막는다. 그래서 붓다는 자아를 무시하려 하는 과학자들이 올바른 길로 가고 있다는 것에 동의할 것이다. 왜냐하면 자아는 비실재이기 때문이다.

우리는 '자아'와 '나'를 혼동해서는 안 된다. 샌프란시스코 캘리포니아대학의 심리학자 아서 J. 데이크먼은 이렇게 말했다. "'나'라고 하는 주체성의 핵심은 자각과 동일하다. 이 '나'는 육체적인 사람과 '자아'를 형성하는 정신적 내용물의 다양한 측면으로부터 구분되어야 한다. 의식에 관한 대부분의 논의가 '나'와 '자아'를 혼동한다. (…) 자각과 '나'라는 정체성은 우리가 그것으로 존재함으로써 자각을 알고 있음을 의미한다. (…) "[1]

역사상 가장 유명한 과학자인 아인슈타인조차, 개인적 에고의 속박을 깨트려야 한다고 말했다. 명백히 동양언어인 듯한 말투로 그는 이렇게 말했다. "인간 존재의 진정한 가치는 그가 자아로부터 해방을 얻었는지 아닌지에 따라 결정된다."[2] 현재 상황은 아이러니이다. 영적인 영역의 적으로 선언된 현대과학이 이 순간에는 영성에 봉사하고 있다. 자아가 환상이라는 과학의 메시지는 많은 위대한 지혜전통과 일치하며, 영적인 길과 함께 나란히 가고 있는 것 같다. 이런 방식으로, 과학은 자기도 모르는 사이에 영성의 동맹군이 되었다.

그러나 자아를 뿌리뽑으려는 과학의 노력은 위선적이기도 하다. 과학의 학문적 세계에서 많은 시간을 보낸 사람이라면, 과학자들이야말로 지상에서 가장 비정상적으로 발달한 에고를 가지고서 자아를 부풀릴 수 있음을 누구나 안다. 그들은 다른 사람의 자아를 무시하려고 애쓰지만, 정작 본인의 자아는 그렇게 하지 않는다.

자 아 와 의 전 쟁

자아를 버리려고 시도했던 과학자 중 전형적인 예로, DNA 구조의 공동발견자이자 노벨상 수상자인 프랜시스 크릭이 있다. 자신의 책《놀라운 가설The Astonishing Hypothesis》에서 그는 이렇게 쓰고 있다. "사람의 정신활동은 그것을 만들고 영향을 주는 신경세포와 신경교세포, 그리고 원자, 이온, 분자의 행동에 전적으로 기인한다.[3] (…) 당신, 당신의 기쁨과 슬픔, 당신의 기억과 야망, 당신의 정체성과 자유의지 감각 등은 사실 신경세포와 그들의 연관된 분자들이 행하는 거대한 조합물의 행동일 뿐이다. 루이스 캐럴의《이상한 나라의 앨리스》는 그것을 이렇게 표현했다. '당신은 신경세포 다발일 뿐, 아무것도 아니에요.'"[4]

하지만 그게 끝은 아니다. 많은 유물론적 과학자는 자아만이 아니라, 의식개념조차 파괴하려 한다. 그리고 이 지점에서 게임은 정말 기묘해진다. 의식을 제거하려고 할 때, 유물론적 과학자와 철학자들은 그들 자신의 마음과 전쟁을 일으키기 때문이다. 예를 들어, 터프츠대학의 철학자이자 인지과학자인 대니얼 데닛은 우리 모두가 좀비라고 말했다. 의식적인 사람은 아무도 없다는 것이다.[5] 그는 자기 자신을 이 일반화에 포함하고는 뿌듯해 하는 듯이 보인다. 그러나 그보다 더 하찮은 이유로도 정신병자 취급을 받아온 사람들이 있다.

과학은 어떻게 자아에 적개심을 갖게 되었을까? 다음에 나오는 내용은 이러한 방향의 단계를 보여준다.

1960년대, 노벨상 수상자이자 신경생리학자인 로저 스페리와 마이클 가자니가는 몇몇 난치성 간질환자의 뇌량을 절단하는 수술을 시행했다. 그들은 뇌의 우반구가 자각하지 못하는 것을 좌반구가 자각할 수 있음을 발견했다. 그리고 그 반대도 마찬가지였다. 이런 결과는 나누어지지 않는 하나의 자아가 있다는 개념이 환상임을 암시했다.

1970년대에 신경생리학자 벤저민 리벳은, 특정한 몸의 부분을 움직이기로 한 결정을 의식적으로 자각하기 0.35초 전에, 사람의 뇌는 이미 그 움직임을 나타내고 있음을 발견했다. 이 발견은 자유의지에 대한 가정에 도전장을 던졌다. 뇌가 의식적 자아에게 뭘 할 것인지는 말하고 있지만, 그 반대는 성립하지 않는 것처럼 보인다. 또 다른 연구자인 토드 E. 파인버그와 안토니오 다마지오는 자아가 어떻게 발전되고 유지되는지를 계속해서 연구하고 있다.

유니버시티칼리지런던의 철학자 줄리언 바지니는 《에고 트릭The Ego Trick》에서 에고의 발달에는 근본적으로 새로운 것이 전혀 없다고 설명했다. 근본적인 자아는 없는 것으로 일축하려는 시도는 과학의 초기 시절부터 계속되었다. 1664년에 영국 해부학자인 토머스 윌리스는 《뇌신경 해부학Cerebri Anatome》을 출간했다. 이 책은 뇌의 여러 다른 부분이, 사고와 행동에 힘을 부여하는 여러 다른 '동물영혼'을 생산하는 방법을 설명함으로써, 자아의 필요성을 부정하려는 자세한 시도라 할 수 있다. 영국의 경험주의자 존 로크와 데이비드 흄은 시간이 흘러도 우리를 같은 사람으로 존재하게 하는 것은 독립적인 자아가 아니라 정신활동의 지속성이라고 주장했다. 이런 관점이 소개된 이후, 뇌에 관한 지식은 더욱 정련되어 임상적으로 유용해졌다. 물론 "철학적으로 말하자면 현대과학은 오직 세부사항만을 채워넣고, 영혼과 자아라는 낡은 관념의 관뚜껑에 마지막 못을 때려 박은 것뿐이다"라고 바지니는 적었다. 이제 뇌 안에는 '그 모든 것이 합쳐질' 장소가 없고, 자아나 영혼이 거주할 지점이 없다는 합의가 도출되었다. 영혼과 자아는 단순히 환상의 구조물인 것이다. 이런 자아는 뇌의 여러 부분이 부드럽게 함께 작용할 때, 그저 튀어나오는 것이다.

바지니는 또 이렇게 썼다. "붓다는 동일한 관점을 상당히 많은 부분 지지한다. 그는 자아는 없으며, 단지 일련의 연결된 의식적 경험만이 존재한다고 믿었다. 신경과학은 이것을 확인해주며 이 중심 없는 자아의 짜임새를 설명하고 있다."6

그러나 과학자들이 자아를 축출하면서 자아의 만족감과 자아의 성취감을 경험할 때, 그에 모순되는 메아리가 또다시 들려올 수 있다. 혹은 데닛과 같은 인지과학자들이 의식의 존재를 부정하기 위해 그들 자신의 의식을 사용할 때도 마찬가지이다. 영국의 작가이자 저널리스트이자 물리학자인 마크 버넌은 이런 상황의 어리석음을 포착하며 이렇게 말하고 있다. "그래서 당신이, 의식이 하나의 부수 현상이고, 인간이 좀비이며, 또는 우리가 쓰고 나서 버려지는 형질일 뿐이라는 그런 내용을 읽으면 그냥 웃어버려라. 인간이 자기 자신에 대한 그런 판단조차 지나쳐버릴 수 있다는 것은, 그것 자체로 우리가 훨씬 더 큰 존재라는 증거이다."[7]

영성과 참자아

과학이 성공적으로 자아를 파괴했다는 사실은 대단한 일이 아니다. 위에서 언급했듯이 영성의 전통은 수천 년 동안 그렇게 해왔다. 불교만 그런 것이 아니다. 같은 메시지가 신약성경에도 나와 있다. 세례자 요한은 그리스도를 언급하며 이렇게 말한다. "그는 흥하여야 하겠고, 나는 쇠하여야 하리라."[8]

문제는 과학이 언제 멈춰야 할지 모른다는 것이다. 자아를 죽이는 단독살해 대신 과학은 의식마저 죽여 없애는 이중살인을 시도해왔다. 참자아는 부수적인 피해를 보았다.

카를 융은 그가 삶의 '심령적' 측면이라 부른 것을 피할 방법이 없다고 믿었다. 그는 이렇게 표현했다. "존재가 오직 물질적이라는 가정은 정말 너무나 터무니없는 편견이다. 사실 우리가 즉각적으로 알 수 있는 존재의 유일한 형태는 심령적이다. 그와는 반대로 우리는 물질적 존재가 단지 추정일 뿐이라고 말할 수 있다. 물질은 감각에 의해 매개되는 심령 이미지를 지각할 때만 알 수 있기 때문이다."[9]

삶에서부터 자아와 영혼을 벗겨낸 다음, 인간이 단순히 사람답게 행동하고, 고귀하게 살면서, 어둠으로 용감하게 들어갈 수 있어야 한다는 개념 외에는 그것을 대체할 만한 게 없다는 것이 과학의 가장 큰 실패이다. 많은 사람은 이것을 적절하지 않은 조언으로 받아들인다. 그래서 한마음을 보여주는 증거가 중요하다. 모든 개인의 마음이 동참하는, 포괄적인 한마음은 초월을 향한 인간의 욕구를 키워준다.

'뭔가 더 큰 것'과 연결되어 있는 느낌을 포함하는 영적인 신념에서 사람들이 감정적인 만족 이상의 더 큰 것을 얻는다는 증거가 수없이 많다. 사회역학자 제프 레빈과 다른 많은 연구자는 수많은 연구에서, 영적인 길을 따르는 사람들이 그렇지 않은 사람보다 평균적으로 더 오래 살고, 심장병과 암 같은 주요 질병에도 덜 걸린다는 것을 알아냈다.[10] 영적인 신념이 단지 해로운 환상 외에 아무것도 아니라고 표현하려는 최근의 노력에서는 이런 실질적인 유익함을 거의 인식하지 않았다. 그 예로는 리처드 도킨스의 《만들어진 신The God Delusion》, 고故 크리스토퍼 히친스의 《신은 위대하지 않다: 종교가 모든 것에 끼친 해악God Is Not Great: How Religion Poisons Everything》과 《무신론자 에세이 선집The Portable Atheist》, 대니얼 데닛의 《주문을 깨다: 자연현상으로서의 종교Breaking the Spell: Religion as a Natural Phenomenon》, 샘 해리스의 《종교의 종말The End of Faith》 등이 있다.

아무것도 아닌 것, 무無, 아무도 아닌 사람

심리치료사 앤 하우레기는 그녀의 수상작 《깨우침Epiphanies》에서 이렇게 말했다. "프로이트 이후로 (…) 우리는 레이저 광선처럼 개인의 독특함에 초점을 모아왔다. 심리치료 분야는 '자아감'이나 '자율적 에고'를 발전시키는 가치에 관해 특별히 강조하고 있다. '분리-개별화'는 성장에서 필수적인 것으로 여겨진다. 이 모든 말은 경계지어진 개인의 마음이라는 서구의 개념과 관계가 깊다."[11]

그러나 온전한 자아라는 개념에 경멸하듯 콧방귀를 끼는 사람들도 있다. 그들은 그 개념을 제멋대로 편리하게 갖다붙였다고 생각하며, 때때로 그것이 방해된다고 생각한다. 그것이 방해될 때, 그들은 일시적으로 자아를 폐기하고 무아, 즉 아무것도 아닌 사람이 된다.

생명의 느낌

어떤 대상을 **제대로** 본다는 것은 그 안에 사는 것이다.

_모리스 메를로퐁티[12]

노벨상 수상자이자 유전학자인 바버라 매클린톡의 예가 있다. 그녀는 유전자, 염색체, 그리고 옥수수를 연구했는데, 자신의 성공이 '생명의 느낌'을 가졌기 때문이라고 말했다.[13] 사실 그 표현으로는 약하다. 매클린톡은 심리학적으로 어떤 문제에 깊이 들어가 그 문제 자체가 되어버렸을 것이다. 그녀는 마치 현미경 아래로 기어들어가 유전자의 발가락과 발가락을 맞대고 서서 그들의 행동을 가까이서 들여다보는 것처럼 느꼈다. 그녀는 사람으로 존재하기를 멈추곤 했다. 어떤 문제에 골몰해 있다가 빠져나오면 말 그대로 자기 이름조차 기억할 수 없었다. "세상은 우리가 과학적 방법으로 알 수 있는 것보다 훨씬 멋지고 아름다워요." 그녀가 말했다.

매클린톡은 언제나 약간 괴짜였다. 어린시절부터 조숙해서 자꾸만 틀을 깨곤 했다. 그녀는 동양의 명상을 연습했고, 초감각을 탐험했으며, 자신의 혈압과 체온을 정신으로 조절하는 실험을 수행했다. 한번은 노벨상 수상자이자 세포생물학자이자 유전학자인 조슈아 레더버그가 그녀의 실험실을 방문했다. 그가 소리 질렀다. "세상에, 이 여자는 미쳤거나 아니면 천재구나!"

'생명의 느낌'을 경험하기 위해서, 우리는 용감하게 그 생명체로 존재해야만 한다. 이 말은 우리를 서로에게서 분리하는 경계와 또 다른 생명형태와 분리하는 경계를 넘어간다는 것을 말한다. 그것은 한마음 안으로 들어간다는 의미이다.

독일의 박식한 학자 요한 볼프강 폰 괴테는 이것을 알고 있었다. 《파우스트Faust》와 다른 많은 작품의 저자이기도 한 그는 객관성과 중립성과 거리두기를 강조한 당시의 과학적 방법에 맞섰다. 예를 들어 식물을 이해하려면 우리가 식물의 삶으로 들어가야 한다고 했다. 그는 자신의 과학적 접근법을 "가장 내적인 방법으로 대상과 자신을 하나로 만듦으로써 실제 이론 그 자체가 되는 미묘한 경험주의"라고 불렀다.[14]

괴테가 말하는, 참여하는 과학이라는 주제는 130년 후에 하인츠 코후트가 채택하였다. 오스트리아 태생으로 미국의 뛰어난 심리분석학자가 된 코후트는, 전통적인 과학의 방법을 실제적인 관찰이 제거된 '먼 경험'으로 믿었다. 그는 대안으로 '가까운 경험' 접근법을 제안했다. 거기에서는 감정이입과 내관introspection을 통해 직접 정보를 얻을 수 있다. 과학의 추구가 '인간의 삶에서 점점 고립되는 것'을 막기 위해 감정이입은 필수라고 그는 주장했다.[15] 과학에서 감정이입을 제거한 결과, 차갑고 무관심하고 이성적인 접근법이 나왔으며, 그것은 야만적이고 전체주의적인 체제의 목표를 조장했고, '세상에서 가장 비인간적인 목표'로 이어졌다고 그는 믿었다. 코후트는 이렇게 요약하며 말했다.[16] "과학에서 새로운 이상은 하나의 문구로 압축할 수 있다. 즉 우리는 과학적 감정이입뿐만 아니라, 감정이입적 과학을 위해서도 애써야만 한다는 것이다."[17] 다른 말로 하면, 사랑의 과학이다. 그 사랑은 오직 우리가 세상의 물질성을 세우기 위해 철조망으로 둘러친 경계를 제거함으로써만 가능해진다.

이런 것들이 몹시 감상적인 비주류과학으로 빠져들게 한다고 주장하는 사람들도 있다. 이들에게는 이러한 논거들이 매클린톡의 경험과 성취가 보여주는 것과는 반대로 비칠 수도 있다. 존 브리그스가 《도가니 속의 불꽃Fire in the Crucible》에서 보여준 것처럼, 우리는 자아가 일시적으로 사라진 순간, 멋진 통찰이 찾아왔다고 말하는 위대한 과학자들의 이름을 길게 나열할 수 있다.[18] 그들은 자기가 누구인지, 그리고 어디에 있는지 잊어버렸다. 그들은 어딘가 다른 곳, 몽상, 꿈, 명함 속으로 들어갔다. 그러자 핵심적인 통찰이 예기치 않게 깨우침과 계시로서, 또 이 세상과 저 세상 사이의 경계가 용해됨으로써 갑작스럽게 찾아왔다.

하지만 이 문제가 언제나 그렇게 단순하지는 않다.

붓다의 말을 빌리면, "사건은 일어나고 행위는 이루어지지만, 그것을 하는 행위자는 없다." 많은 영적 전통의 목표가 '개인적 행위자'라는 환상을 초월하는 것이지만, 무아의 경험이 언제나 기분 좋은 것만은 아니다.

1982년의 어느 날, 파리에 살고 있던 27세의 미국 여성, 수잰 시걸은 예기치 않게 자신의 에고가 사라진 것을 발견했다. 개인적인 자아라는 느낌이 전혀 없는 상태였다. 그녀의 경험을 들어보자. "나는 오른쪽 발을 들어 버스에 올라서려고 했다. 바로 그때 보이지 않는 어떤 힘과 정면으로 충돌했다. 그 힘은 조용히 폭발하는 다이너마이트처럼 내 자각 안으로 들어와 일상적인 의식의 문을 열어젖히고 나를 둘로 갈라놓았다. 그 갈라진 틈에서 이전의 내가 나라고 부르던 것은 일상적인 위치에서 밀려나 1피트 정도 뒤쪽, 그리고 머리의 왼쪽으로 밀려났다. '나'는 이제 내 몸의 뒤에서 몸의 눈을 사용하지 않고 세상을 내다보고 있다."[19]

다음날 아침 그녀가 눈을 떴을 때, 자아 없는 감각이 그대로 남아 있었다. 그녀의 마음은 '걱정으로 폭발'했다. 이것이 정신병일까? 정신분열인가? 이 증상이 사라질까? 겁에 질리고 혼란스러워진 그녀는 정신적인 번민에 빠졌다. 더는 자기 자신이 제정신이라고 믿기 어려웠다. 그녀는 자신의 이름이 자기를 부르는 게 아닌 것처럼 느껴졌다.[20] 그녀는 마치 '(…) 몸, 마음, 말, 생각과 감정이 모두 텅 빈 것처럼 그리고 그들 뒤에서 그것을 소유하는 사람이 아무도 없는 것처럼' 느꼈다.[21] 그녀는 자신에게 일어난 일을 이해하기 위해서 몇 년 동안 치료사들을 찾아다녔다. 그녀의 증상에 내려진 공식진단명은 이인장애離人障碍였다. 그녀는 결코 초보자가 아니었다. '버스정류장 사건' 이전에 몇 년 동안 그녀는 명상과 수련회에 깊이 몰두한 진지한 영적인 구도자였지만, 이 수행을 중단한 상태였다. 그녀는 결국 캘리포니아 불교 커뮤니티의 영적인 교사들에게 도움을 요청했다. 그녀의 이야기가 널리 전해지자 동서양의 수많은 영적 교사가 축하한다는 편지를 보내왔다. 그들은 많은 영적인 구도자가 얻으려 애쓰는 에고 없는 상태로 그녀가 저절로 들어갔다고 보았다. 인도의 유명한 구루에게서 받은 한 편지에는 이렇게 적혀 있었다. "그것은 멋진 경험입니다. 그 경험은 당신 안에 영원히 머물러야 합니다. 그것이 완벽한 자유입니다. 당신은 깨달음을 얻은 현자들처럼 모크샤(힌두어로 완전한 자유를 뜻함-옮긴이)가 된 것입니다."[22]

자아가 깨진 이후에도 그녀는 모든 정신기능을 잘 유지할 수 있었으며, 심리학 박사학위를 얻었다. 이인장애, 현실감 상실, 해리라는 심리학적 범주에서 그녀의 사례가 널리 읽혔다. 1996년에 자서전《무한과의 조우 Collision with the Infinite》가 출간되었을 때, 그녀는 대중강연을 시작했고, 매주 대화그룹을 이끌었다.

자아가 깨진 최초의 경험 이후 12년이 지나고 난 뒤, 시걸은 또 하나의 새로운 국면을 경험했다. 이 경험은 모든 것과 하나 되는 느낌이었다. 그녀는 이렇게 썼다. "특별히 많은 일이 일어났던 한 주의 한가운데에 나는 북쪽으로 차를 몰고 친구들을 만나러 갔다. 그때 갑자기 내가 나를 통해서 운전하고 있음을 자각하게 되었다. 몇 년 동안 자아라는 것이 전혀 없었지만, 여기 이 길 위에서 모든 것이 나 자신으로 느껴졌다. 내가 이미 존재하는 그곳에 도착하기 위해 나는 나를 통해서 운전하고 있었다. 본질에서는, 나는 아무 데도 가지 않았다. 왜냐하면 나는 이미 모든 곳에 있었으니까. 내가 나로 알았던 무한한 비어 있음은, 이제 내가 보는 모든 것의 무한한 실체로서 분명히 드러난 것이다."[23] 시걸은 비국소적 자각상태에 들어간 것이다. 그 상태는 2년간 지속되었다.

그러나 이전의 증상들과 오래된 두려움이 다시 돌아왔는데, 이번에는 이전보다 더욱 강렬했다. 그리고 그것은 심리학적으로 파괴적인 것이었다. 1997년 2월 42세의 나이에 그녀는 정신적으로, 또 육체적으로 쇠약해졌다. 그래서 병원에 입원했고, 의사는 뇌에 악성종양이 있는 것을 발견했다. 두 달 후 그녀는 세상을 떠났다. 뇌종양이 그녀의 경험에 얼마나 많이 기여했는지, 혹은 그것이 조금이라도 어떤 역할을 했는지는 미지로 남아 있다.

초개인심리학에는 이런 말이 회자된다. "인간을 초월하기 전에 먼저 인간으로 존재해야 한다. 그리고 에고를 초월하기 전에 먼저 에고를 가져야 한다." 이 메시지는 심리발달의 초기단계를 건너뛰거나 우회하면 반드시 위험이 따른다는 것을 말한다. 그것은 마치 걷는 것을 배우기도 전에 뛰려고 하는 것과 같다. 아마도 이런 종류의 어떤 것이 시걸을 괴롭혔을 거라고 말하는 사람들이 있다. 일생의 마지막 몇 달 동안, 그녀는 학대받은 어린 시절의 기억을 발견했다. 하지만 친근감이 느껴지는 이 복잡하고 멋진 여성의 정신을 완전히 이해했다고 주장할 수 있는 사람은 아무도 없었다.

수잰 시걸은 내적인 삶을 용감하게 탐험한 사람이었다. 그녀는 다른 사람이 자신의 경험에서 배울 수 있도록 자신의 영혼을 발가벗겼다. 그녀의 유산은 지금도 수많은 사람에게 영감을 불어넣어 준다. 그녀의 여정은 때때로 '자아를 초월한다는 것'이 생각만큼 황홀하지 않음을 상기시켜 준다. 그리고 자아를 초월하는 영적인 길은 결코 겁쟁이들을 위한 것이 아니라고 말해준다.[24]

한편 그녀의 부정적인 체험을 과거의 숨겨져 있던 트라우마의 결과로 보는 해석에 나는 불편함을 느껴왔다. 내가 틀렸을지도 모른다. 하지만 거기에는 이것을 필사적으로 합리화하려는 낌새가 있고, 또한 희생자를 비난하려는 느낌이 있다. 다만 나는, 자아를 내버린다는 것이 반드시 감정적인 기쁨을 보장해주지는 않는다고 말하는 편이 더 정직하다고 믿는다. 그것은 옳은 것도 그른 것도 아닌 있는 그대로였다.

한 사람의 경험을 자기 방식으로 받아들이는 이러한 관점은 도가의 '식초를 맛보는 세 사람' 비유에 등장한다. 도가의 가르침은 기원전 6세기경에 완성되었다. 공자, 붓다 그리고 도가의 창시자 노자는 큰 식초통 주변에 둘러서 있었다. 그들은 각자 식초에 손가락을 넣었다가 혀로 가져갔다. "시구나!" 하고 공자가 말했다. 붓다는 "쓰구먼!" 하고 말했다. 그러자 노자가 말했다. "바로 이 맛이야!" 아마도 이 이야기는 노자를 따르는 사람들이 홍보책략으로 지어냈을 것이다. 어쨌든 노자의 반응은, 불쾌한 삶의 경험을 삭제하거나 무시하거나 지성적으로 합리화하지 않아야 하며, 삶의 자연스러운 흐름의 일부로 받아들여야 함을 의미한다.

평범함이 곧 비범함이다

개인과 한마음 사이의 친밀한 연결에는 종종 멀리서 알기, 사건이 일어나기 전에 미리 알기, 멀리 떨어진 사람들 사이에서 일어나는 의사소통 등과 같은 비범한 일이 뒤따른다. 나는 이런 사건에 매혹되어 마치 그것이 대단히 중요한 것인 양 자기 삶에서 그를 실현하려고 애쓰는 사람들을 많이 보아왔다.

그러나 위대한 영적인 전통에서는 평범한 것, 일상적인 것 그리고 단순한 것이 강조된다. 현란한 영적 기교들은 보통 마음을 흩뜨린다고 알려졌다. 아빌라의 성 테레사가 그 한 예이다. 그녀는 1577년 1월에 쓴 편지에서 이렇게 말한다. "나는 또다시 황홀경에 휩싸였다. 그것은 가장 당황스러운 사태였다. 대중 앞에서 몇 번씩이나 (…) 예를 들어 새벽기도에서 말이다. 나는 너무도 부끄러워서 어딘가로 숨고 싶었다!"25

선불교의 한 수행자는 명상 중에 빛의 비전과 진정한 깨달음을 경험했다고 스승에게 말했다. 스승은 냉정하게 그에게 응답했다. "명상을 계속하거라. 그러면 그것은 사라지리라."26 이와 비슷한 일화에서, 어느 날 조주趙州선사는 젊은 제자 향엄香嚴이 깨달음에 이르렀다는 보고를 받았다. 이 소식에 엄청나게 놀란 몇몇 도반이 그에게 말을 걸었다. "자네가 깨달았다는 말을 들었네. 그게 정말인가?" "그렇다네." 향엄은 대답했다. "말해주게. 어떤 느낌인가?" 한 친구가 말했다. "이전과 똑같이 비참하다네." 깨달음을 얻은 향엄은 이렇게 대답했다.27

영적인 길을 가는 사람들은 흔히 매 순간의 소중함을 깨닫는다. 작가이며 저널리스트이자 스승인 아데어 라라의 말을 들어보자. "나처럼, 몇몇 사람은 설거지하고 빨래하고 청소하는 것이 강력한 일상의 종교임을 알아차리기 시작했다."[28]

하지만 일상이 길을 잃게 할 수도 있다. 만약 일상이 가장 중요한 본질로 소중히 간직된다면 그것은 비범함을 추구하는 욕망만큼이나 폭군처럼 작용할 수 있다. 모든 것이 '제자리에 있다'고 느끼기 때문에, 일어나는 모든 일을 판단 없이 기꺼이 받아들이는 균형 잡기가 중요하다. 그것은 "분별심은 마음의 병이다"라는 선의 가르침에 잘 나타나 있다. 그리고 알파이자 오메가, 즉 처음이자 마지막인 예수의 모순적인 정체성에서도 나타난다. 14세기 독일의 말썽꾼 설교자, 마이스터 에크하르트는 "모든 것이 신을 칭송하고 있다. 어둠, 궁핍, 결점, 그리고 악마 또한 신을 찬미하고 축복한다"고 말했다.[29] 20세기의 가장 존경받는 기독교 신학자, 폴 틸리히는 이러한 패러독스를 격찬하며 말했다. "본디 의미로 신성함이란 신적인 것과 악마적인 것을 동등하게 의미한다. (…) 비존재 없이 존재한다는 자기확신은 자기확신이 아니라 고정된 자아정체성일 뿐이다. 아무것도 현현되지 않으며, 아무것도 표현되지 않고, 아무것도 드러나지 않을 것이다. (…) 자신 안에서, 그리고 자신의 창조물 안에서, 부정적인 신이 극복되지 않고서는, 그의 긍정적인 자기확신은 죽은 글자에 불과하다. 거기에는 생명이란 없을 것이다."[30] 현대 간호학의 창시자인 플로렌스 나이팅게일은 이런 복잡 미묘한 것을 이해했던 대단히 영적인 여성이었다. 그녀는 말했다. "모든 사람이 악의 존재를 이해할 수 없다고 이야기한다. 그에 관해 나는 악 없이 신(혹은 선한 사람)이 존재한다는 것을 상상하기가 훨씬 더 어렵고 불가능하다고 믿는다. 선과 악은 상대적인 말이며, 서로가 없이는 양쪽 다 이해할 수 없다."[31] 카를 융은 여기에 동의했다. "전체적 인간은 신과 함께 걷고, 동시에 악마와 씨름하는 사람이다."[32]

이 타협할 수 없는 모호함 때문에 비의적인 영성의 가르침은 종교 대부분이 갖는 흑백논리만큼이나 대중적이지 못했다. 하지만 이런 가르침을 꿰뚫는 사람들에게는 뒤돌아설 여지가 없다.

이처럼 한마음과 개인의 마음, 즉 집단의식과 개인의식Collective versus personal의 관계는 결코 문제가 되지 않는다. 거기에는 '대립'이 없고, '공존'이 있다. 서로 반대되는 것이 함께하며, 서로를 정의하고 비추어주고, 활력을 불어넣어 준다. 위대한 선의 스승 앨런 와츠는 이렇게 표현했다. "위대한 형이상학의 원리는 이것이다. 모든 내면은 외면을 지녔으며, 모든 외면은 내면을 지녔다. (…) 온 우주는 맥동/휴지, 온/오프, 꼭대기/골짜기로 이해될 수 있다."[33]

내가 가장 좋아하는 선의 격언은 '깨달음 이후 빨랫감'이다. 신성이 세속과 춤추는 것처럼, 한마음은 개인의 마음과 함께 춤을 춘다. 건강한 삶에서는 아무도 타인을 이기려고 하지 않는다.

24

한마음이 신일까?

인간이란 참으로 걸작품이 아닌가.
이성은 얼마나 고귀하고, 능력은 얼마나 무한하며,
생김새와 움직임은 얼마나 깔끔하고 놀라우며,
행동은 얼마나 천사 같고, 이해력은 얼마나 신 같은가.

윌리엄 셰익스피어

—

내 안에서 신을 보여주는 것이 나를 강하게 한다.
내 밖에서 신을 보여주는 것은 나에게 혹과 흠을 만든다.[1]

랠프 월도 에머슨

◇◇◇◇◇◇◇◇◇◇◇◇◇◇◇◇◇

모든 개인의 마음이 그것의 일부라는 한마음의 개념은 자연스럽게 이 질문으로 이어진다. 한마음은 신인가?

한마음이 알려질 수 있는 모든 정보의 원천이라면 그것은 전지전능하다. 전지전능은 보통 신성에 부여되는 특성이다. 한마음이 비국소적이라면, 즉 뇌나 몸 같은 공간의 특정한 지점에 있지 않고, 또 현재와 같은 시간의 특정한 시점에 국한되지 않는다면, 그것은 어디에나 존재하며 영원하다. 어디에나 존재함과 영원성은 또한 신, 절대자,

신성, 그리고 전체성에 부여되는 특성이다.

한마음이라는 비국소적 개념은, 불가피하게 신이 가진 특징을 우리가 공유한다는 전제를 불러온다. 그 때문에 예수는 '너희 율법에 기록한 바, 내가 너희를 신이라 하지 아니하였느냐?'[2], 그리고 '하나님의 나라는 너희 안에 있느니라'[3]라고 말했고, 또한 인도의 고대문헌《우파니샤드》는 '그대가 바로 그것이다'라고 선언한 것이다.

내면에 거하는 신성이라는 개념은 서양문화에는 잘 맞지 않는다. 우리의 우세한 종교들은 우리가 구원의 행위를 통해 죄사함을 받지 않으면, 지옥에 떨어질 원죄를 지닌 채 태어났다고 단언한다. 타고난 무가치함을 인정하는 것 대신 타고난 신성을 주장하는 것은 신성모독으로 여겨진다. 신성을 자각했다고 주장한 사람들은 종종 목숨을 내놓아야 했다. 14세기 독일의 마이스터 에크하르트가 그 예이다. 에크하르트는 그를 따르는 사람들에게 이렇게 설교했다. "신이 인간이 되었다는 것이 사실이라면, 인간이 신이 된다는 것 역시 사실이다. (…) 내가 있는 곳에 신이 있고, 신이 있는 곳에 내가 있다. (…) 사람으로 존재한다는 것은 곧 모든 것 안에서 평등하게 신을 보는 것이다."[4] 이런 말은 종교재판을 불러왔고, 그것은 에크하르트에게 앙갚음으로 돌아왔다. 친절하고 자애심 넘치던 이 남자는 이교도로 선고받아, 심문이 끝나기 전에 죽지 않았다면 화형대에 묶여 불태워졌을 것이다.

현대에 와서 신성과 인간이 하나의 마음 안에서 결합한다는 것을 가장 소리 높여 표현한 사람 중 하나가 노벨물리학상 수상자인 에어빈 슈뢰딩거이다. "의식은 단수이다. 그것의 복수는 알려지지 않았다. (…) 오직 하나만 있으며, 많게 보이는 것은 속임수에 의해 만들어진 하나의 여러 다른 측면일 뿐이다. 이와 같은 환상이 거울들로 이루어진 회랑에서 만들어진다."[5] 이 단일한 한마음이 슈뢰딩거에게는 신이다. 그는 모호한 말로 얼버무리지 않는다. 한마음 안에서는 인간이 신과 '같거나' '비슷한' 것이 아니다. 인간이 **바로** 신이다. 슈뢰딩거는 이것이 신학적인 논쟁을 불러오리라는 것을 알았다. 그는 말한다.

기독교에서 '그러므로 나는 전능한 신이다'라고 말하는 것은 신성모독이자 미친 것으로 들린다. 하지만 잠시만 이 생각을 무시해보라. (…) 이 자체에서 그런 통찰은 새롭지 않다. 내가 알기로 가장 최초의 기록은 2,500년 전 이상 과거로 거슬러간다. 초기의 위대한 《우파니샤드》에서 아트만과 브라만이 같다(개인의 자아는 전지전능한 모든 것을 이해하는 영원한 자아와 같다)는 인식은 인도의 사고에서는 신성모독이 아니라, 세상에서 일어나는 것을 가장 깊이 통찰하는 정수를 표상한다고 여겨진다. 입술로 발음하는 법을 배운 이후로, 모든 베단타 학자의 추구는 생각할 수 있는 모든 것보다 가장 큰 것과 자기 마음을 하나로 일치하는 것이었다.
또 모든 세기의 신비주의자는 독립적으로, 그러나 서로 완벽한 조화 속에서 (…) 저마다 자신의 독특한 체험을 묘사해왔는데, 이 한 구절로 압축할 수 있다.

DEUS FACTUS SUM 나는 신이 되었다.

서양의 이념에서는 이 생각이 여전히 이방인으로 남아 있지만, 쇼펜하우어와 다른 사람들은 이를 지지하며, 또 그것을 진정으로 사랑하는 사람들도 있다. 그들이 서로 눈을 바라볼 때, 그들의 생각과 그들의 기쁨이 단지 비슷하거나 같다는 게 아니라 숫자 그대로 하나임을 자각하게 된다. (…)

화학적 구성에서는 바닷물 한 방울이 바다 전체와 같지만, 부피와 힘에서는 그렇지 않다. 이처럼 인간은 어떤 면에서는 절대자와 동일하지만, 다른 면에서는 그렇지 않다. 한마음을 통해 우리가 신성과 하나 되는 것이 얼마나 멀리까지 나아갈 수 있을까?

인간과 신성이 하나로 용해되는 것은 '영원의 철학'의 주제이다. 영원의 철학은 올더스 헉슬리가 쓴 같은 제목의 책에 의해 대중화되었다. (헉슬리는 영원의 철학philosophia perennis이라는 말을 라이프니츠가 만들었다고 인정했다.) 헉슬리는 영원의 철학을 다음과 같이 정의한다.

영원의 철학은 (…) 사물의 세계와 삶과 마음에서 신성한 실재가 중요하다고 인식하는 형이상학이다. 영혼 안에서 뭔가 유사한 것, 심지어 같은 것인 신성의 실재를 발견하는 심리학이다. 내재적이고 초월적인 모든 존재의 토대를 아는 것, 이것을 인간의 최종목적으로 삼는 윤리학이다.6

인간과 신성의 연결을 휴스턴 스미스보다 더 잘 갈라놓은 사람은 없다. 그는 철학자이자 신학자이며《잊힌 진실: 최초의 전통Forgotten Truth: The Primordial Tradition》과《포스트모던 마인드를 넘어서》를 쓴 저자이다. 슈뢰딩거와 헉슬리가 그토록 힘주어 말한 신과 인간의 동일성이라는 이치를 이해하기 위해서 스미스는 위계질서라는 개념을 도입했다. 그것은 어떤 범주에 따라 사물의 등급을 나누는 것이다.

"위계질서란 꼴사나운 말이죠"라고 아서 케스틀러가 말했다. 그럼에도 그는 그것의 중요성을 믿고 있었다. "교회의 성직자 제도와 군대조직에서는 위계질서가 완고하거나 권위적인 구조라는 잘못된 인상을 심어줄 수 있다." 케스틀러는 덧붙였다. "우리가 무생물 체계, 살아 있는 유기체, 사회조직, 혹은 행동의 패턴을 고려하든 아니든, 위계질서는 자연세계 전반에 만연해 있다."[7] (수직의 사다리와 같은 더 높고/더 낮은 위계질서의 개념이 불러올 저항을 최소화하기 위해서, 이 관계를 다르게 보여주는 방법은 '그물망' 구조의 위계질서이다. 그물망 위계질서는 동심원 구조의 배열을 보여주는데, '가장 낮은' 구성원이 가장 중심에 있고, '가장 높은' 요소가 주변을 향한 동심원으로 이어져 있다. 수직의 사다리를 동심원 구조로 바꾸는 시각적 변화는 '지배하는 힘'보다 '함께하는 관계'를 더 효과적으로 전달한다.)

스미스는 위계질서 개념이 인간과 신의 관계에 대한 의문에 답하는데 유용하다고 생각한다. 이것은 크게 보면 존재의 문제이다. 그는 이렇게 말한다. "실재는 계단구조로 이루어져 있다. 단계가 올라가면 존재는 커진다. 물론 여기에서 올라간다는 것은 비유적으로 쓰인 것이다. 글자 그대로 올라가는 것은 없으며, 어떠한 공간적 이동도 없다."[8] 스미스는 심지어 자신이 존재라는 개념을 불러일으키는 미묘한 영역으로 들어갔음을 알고 있다. "비록 그것이 과거에는 보편적일 만큼 평범했지만, **존재란** (…) 오늘날의 의식이 파악하기에는 가장 어려운 것이다. X가 Y보다 더 많은 존재를 가졌다는 것이 무슨 의미일까, 아니면 더 평범한 말로는 그것이 더 진짜일까? (…) 더 많은 존재를 갖는다는 것, 혹은 더 진짜라는 것은 있는 그대로의 존재의 더 많은 특성을 갖는다는 것이다."⁹ 스미스가 말하길, 이런 특성 여섯가지는 (1) 힘, (2) 존속기간, (3) 장소, (4) 동일성, (5) 중요성, (6) 가치 등이다.[10]

동일성과 하나 됨은 이런 존재의 특성이 단계적으로 펼쳐진 것이다. 위에서 말했듯이 바닷물 한 방울은 바다 전체와 통합되고 하나가 될 수 있겠지만, 그것은 힘, 장소, 중요성에서는 바닷물과 다르다. 이처럼 개인의 마음은 비국소적으로 한마음과 하나가 될 수 있지만, 특히 힘에서는 한마음과 다르다. 8세기경 인도의 성자 샹카라는 그것을 이렇게 표현했다.

비록 우리는 서로 다르지 않지만, 나는 당신 안에 있습니다.
오 주님, 당신은 내 안에 있지 않습니다.
파도는 분명 바다 안에 있으나
바다는 파도 안에 있지 아니하므로.[11]

하버드의 철학자 아서 O. 러브조이의 호평받는 책《존재의 거대한 사슬 The Great Chain of Being》은 이 구분을 우아하게 표현한다. 그는 세계 안에서 연속성과 통일성이 단계적이고 위계적인 스펙트럼이라는 것을 보여주었다. 아리스토텔레스는 이것을 자연의 단계 scala naturae라고 불렀다. 러브조이는 이렇게 썼다.

그 결과는 중세를 통해 그리고 18세기 후반에 이르기까지 많은 철학자, 과학자들 대부분, 그리고 교양 있는 거의 모든 사람이 사실 의문의 여지

없이 받아들인 세계구조에 관한 개념이었다. 그것은 우주를 '존재의 거대한 사슬'로 여긴다. 우주는 거대한 (…) 혹은 무한한 (…) 수의 연결로 이루어져 있다. 이 연결은 가장 빈약한 존재에서부터 (…) '모든 가능한' 등급을 거쳐 가장 완전한 존재에 이르기까지 모든 위계질서를 포함한다. (…)12

존재의 단계를 무시하면 '범주실수' 혹은 '범주오류'라 부르는 것이 될 수 있다. 범주오류는 한 종류의 사물이 마치 다른 종류의 사물에 속하는 것처럼 말할 때, 또 다르게는 어떤 한 속성이 그 속성을 가질 수 없는 것에 기인한다고 말할 때 일어난다.13 흔히 사용되는 범주오류의 예는, 메뉴를 음식과 동등하게 보는 것, 혹은 지도와 땅을 같다고 보는 것이다. 비물질인 의식을 물질인 뇌와 동등하다고 보는 것은 과학으로 위장한 또 하나의 범주오류이다. 이전에 우리가 들었던 예를 사용해서 또 하나의 예를 들면, 한 방울의 바닷물이 바다 전체와 같다고 말할 때 일어난다. 또 그와 비슷한 오류는, 휴스턴 스미스가 말한 것처럼 존재의 여러 단계에 주의를 기울이지 않고, 개인의 마음이 신의 마음과 같다고 말할 때 일어난다.

통합이론가인 켄 윌버는 그가 **전/초 오류**라고 부르는 비슷한 실수를 논의한다. 그 오류는, 예를 들어 심리 영성적 깨달음의 '더 높은' 수준을 '더 낮은' 수준과 동등하게 취급할 때 일어난다. 윌버는 프로이트가 신성과 하나 되는 신비한 깨달음을 유아기의 미분화한 하나 됨 상태로 퇴행한 것과 같다고 보았을 때 전/초 오류를 범했다고 믿는다. 그는 융 또한 다른 방향에서 무심결에 같은 실수를 했다고 생각한다. 융이 원초적이고 원시적인 신화형태를 진정으로 원형적인 신성의 깨달음과 구분하지 못했다고 본 것이다. 이것 때문에 융과 그의 추종자들이 "원형을 매우 원시적이면서 동시에 매우 신성한 것으로 볼 수밖에 없는, 극도로 불편한 곤란함에 빠지게 되었다"고 윌버는 말했다. "융 학파의 심리치료사들은 때로는 원형을 숭배하고, 때로는 그 존재를 두려워할 수밖에 없다. 왜냐하면 그들의 원형은, 사실상 진정한 원형과 아주 원시적인 신화형태의 전/초 오류의 혼합체이므로, 이성을 초월한 영광과 이성 이전의 혼돈 사이에서 흔들리기 때문이다." 윌버는 여러 측면에서 스스로 융 학파라고 여겼음에도, 이 문제에서는 "융 이론은 긴급히 수정할 필요가 있다"고 믿는다.[14]

윌버는 신성한 원형이 뒤에서부터 원시적으로 미는 것보다는 앞에서 초월적으로 끌어당기는 것으로 이루어졌다고 믿는다. 여기가 바로 현대 정신의학이 길을 잃은 곳이라고 그는 말했다. "전통적인 분석가와 심리학자들이 보통 저지르는 오류는 어떤 진정한 원형적인 자료를 가지고도 유아기적, 혹은 퇴행 신화적(혹은 마술적) 인식의 완벽한 예로 들지 못한다."[15]

그렇다면 한마음 안에 들어갔다고 주장하는 것, 신과 연결됨을 체험했다는 것은 믿을 수 있을까? 이 모든 주장이 거대한 범주오류 또는 전/초 오류인지 어떻게 아는가? 정신분열과 광기는 실제로 있다. 하지만 신과의 합일, 절대자와의 융합, 한마음 안에 거주하기 등의 신비로운 깨달음 역시 실재한다고 말하는 학자들도 많다. 윌버는《모든 것의 역사A Brief History of Everything》에서 흉내낼 수 없는 어투로 이 문제를 신중히 다루었다.

신비주의자들과 현자들은 미친 것인가? (…) 그들은 모두 어느 날 아침 깨어나 보니 나와 전체는 하나이며, 시간 없는 영원성 속에 나와 전체는 하나이다, 라며 같은 이야기를 한다.

(…) 이것은 최소한 그럴듯하다. 전 세계 신비주의자들과 현자들이 노래하는 스토리가 과학적 유물론의 스토리보다 좀 더 미친 소리로 들리지 않는가? 과학적 유물론자들은 신비주의자들의 전체 스토리가 아무 의미 없는 소리와 격정으로 가득 찬, 바보가 말하는 이야기일 뿐이라고 한다. (…) 두 이야기 중 어떤 것이 정말로 제정신일까?

(…) 내 생각에, 현자들이 가리키고 있는 곳은 당신과 나, 그리고 우리 모두 안에 있는 동일한 내면의 심층이다. 나는 현자들이 '전체' 안으로 연결되었다고 생각한다. (…) 당신의 정체성은 전체이다. 그리고 당신은 더 이상 흐름의 일부가 아니며, 바로 그 흐름 자체이다. 당신 주변이 아니라 당신 안에서 펼쳐지고 있는 전체와 함께.16

그래서 한마음이 신인가 아닌가 하는 질문에 이렇게 대답할 수 있다. "아니요, 그렇지만…." 휴스턴 스미스가 지적했듯이, 인간의 한마음과 절대자, 이 두 차원 사이에는 심대한 차이가 있다. 그래서 고대의 교리는 이렇게 말한다. "더 높은 것은 더 낮은 것을 품고 있으나, 더 낮은 것은 더 높은 것을 품지 못한다." 이런 차이를 무시하면 에고의 우쭐함과 오만으로 이어질 수 있다. 하지만 그 유사성은 여전히 실재하며, 과소평가되어서는 안 된다. 우리는 신성과 특질을 공유한다. 마치 바닷물 한 방울은 바다 전체가 축소된 형태인 것처럼 말이다. 이런 유사성을 무시할 때, 날 때부터 우리가 사악하고, 더럽고, 잘못을 저지르는 피조물이라는 비참한 관점을 강화하게 된다. 모든 것에서와 마찬가지로, 균형이 열쇠이다.

슈뢰딩거의 Deus factus sum, 즉 '나는 신이 되었다'는 체험은 이런 경고가 함께 따라와야 한다. **이 주장은 당신의 건강에 해로울 수 있습니다.** 슈뢰딩거는 그 이유를 직접 말해주었다. 그 주장은 "신성모독인 동시에 미친 소리로 들리기 때문이다."

만수르 알 할라즈(858~922)는 비의적이고 신비로운 이슬람 전통인 수피즘의 스승이자 작가였다. 많은 수피 스승은 신비로운 통찰을 대중과 공유할 수 없다고 믿었지만, 알 할라즈는 자신의 통찰을 공표했다. 거기서부터 그를 둘러싼 논쟁이 시작됐다. 그는 적을 만들기 시작했다. 설상가상으로 그는 때때로 트랜스 상태에 빠졌다. 그는 그것이 신의 현존이 존재하기 때문이라고 했다. 트랜스 상태를 겪는 동안, 그는 "나는 진리이다"라고 말했다. '진리'라는 말은 이슬람의 신 알라의 아흔아홉 가지 이름 중 하나라서, 이 말은 그가 스스로 신이라고 주장하는 것으로 해석되었다. 그는 또 한때 이렇게 말했다. "내 터번에는 신 이외에 아무것도 감겨 있지 않다." 또한 그는 자기 옷을 가리키며 말하곤 했다. "내 옷 안에는 신밖에 아무것도 없다." 그가 신성과의 완벽한 합일을 믿었고, 신이 그 안에 거주하며, 그와 신이 비슷한 게 아니라 하나이며 동일하다는 것은 분명하다. 그는 신을 자신의 유일한 자아라고 불렀다. 이런 말 때문에 결국 그는 수용되었다. 처형되기 전 그는, 황홀경에 빠진 사람에게는 큰 하나가 하나 됨을 통하여 그를 사라지게 하는 것이 무엇보다 중요하다며, 그의 동료 이슬람교도들에게 자신을 죽여달라고 부탁했다. 그는 무슨 일이 일어날지 알았음이 틀림없다. 수용된 지 10년 만에, 그는 사형선고를 받았다. 그의 공개처형은 신과 하나라는 주장이 불러일으킨 잔인함의 한 예가되었다. 신이라는 주장에 대한 비웃음 속에서 그는 교수대로 끌려가 500대의 태형에 처했다. 숨이 끊어지기 전에 채찍질이 멈추어서, 그는 다음에 무슨 일이 벌어질지 알 수 있었다. 알 할라즈는 열 조각으로 잘렸다. 팔과 다리, 혀, 그리고 마지막으로 머리가 잘려나갔다. 머리가 잘려나가는 순간에조차 그는 웃고 있었다고 전해진다. 다음 날, 그의 몸통이 불태워졌고, 다음다음 날에는 바람에 날려갔다. 사람들은 그의 머리를 감옥 벽에 걸어두었다가 말썽을 일으키는 사람들의 기를 꺾으려고 근처 구역으로 끌고다녔다.[17]

알 할라즈만큼 멀리 가지는 않았더라도, 인간과 절대적인 하나가 친밀하다는 것을 느낀 사람들은 수없이 많다. 한 가지 예로, 버릇없는 젊은 기자가 테레사 수녀에게 "당신은 성자입니까?"라고 물었을 때, 그녀는 뼈가 앙상히 드러난 기자의 가슴을 손가락으로 쿡 찌르며 말했다. "맞아요. 그리고 당신도 그래요."

마이스터 에크하르트는 별 망설임 없이 이렇게 말했다. "내가 신을 보는 눈은 신이 나를 보는 눈과 같다. 내 눈과 신의 눈은 하나이며 동일하다. 볼 때도, 알 때도, 사랑할 때도 하나이다."[18]

플로티누스 역시 몸을 사리지 않았다. 거의 2000년 전에 그는 이렇게 썼다. "분명히 우리는 보는 행위에 관해 말해서는 안 된다. 그러나 보이는 것과 보는 것을 말하는 대신, 용감하게 단순한 하나 됨을 이야기하라. 왜냐하면 이 보는 행위 안에서 우리는 구분되지 않고, 둘이 있는 것도 아니기 때문이다. 인간은 (⋯) 궁극으로 용해된다. (⋯) 궁극과 하나가 되는 것이다."[19]

알 할라즈도 이에 동의했으리라.

25

막힌 열쇠구멍 뚫기

(…) 천상의 빛이 안으로 비치고
마음은 그 모든 힘을 다해 빛나네.
거기에 눈이 심어지고, 모든 안개는 그로부터 깨끗이 흩어져,
나는 보고 말할 수 있네.
필멸의 인간의 눈에는 보이지 않는 것들을.

존 밀턴1

◇◇◇◇◇◇◇◇◇◇◇◇◇◇◇◇◇

아서 케스틀러는 말했다. 우리는 "열쇠구멍으로 영원을 엿보는 사람들
이다. 하지만 최소한 열쇠구멍을 막고 있는 것을 치우려고 애쓸 수는
있다. 심지어 그것은 한계가 있는 우리의 시야조차 가리고 있다."2 그
래서 사람들은 역사를 통틀어 놀랄 만큼 다양한 방법을 이용해서 뇌
의 필터를 걷어내고, 올더스 헉슬리가 "아주 조금 똑똑 떨어지는 물"
이라고 언급했던 것을 더 많이 흐르게 하려고 애써왔다.

풀리처상 수상자이자 20세기 미국의 가장 위대한 시인 중 한 사람

인 제임스 메릴은 이 목적을 위해, 오랜 친구 데이비드 잭슨의 도움을 받아 점치는 판인 위자Ouija를 사용했다. "그 점판은 스마트 클립과 함께 쓰는데, 한 시간에 600단어 정도를 보여준다"고 메릴은 보고했다. 이 방법으로 메릴은 '다른 세상의' 영들과 대화할 수 있다고 했다. 메시지가 한 글자 한 글자씩 옮겨지면 메릴은 그것을 편집하여 다시 적었다. 점판의 도움 없이 위대한 시를 쓸 수 있었을지 물어보면 그는 대답한다. "그럴 것 같지 않은데요." 그 과정은 어떻게 작동했을까? "요점은 (…) 항상 두 마음이 되는 것이죠." 메릴은 설명했다. "당신은 점판을 지연 메커니즘으로 생각하면 되겠어요. 성자나 정신병자라면 한방에 휙 얻을 수 있는 것을 일정한 간격을 두고 시간과 언어로 만들어내는 것이지요. 세부내용의 양과 내 한계를 고려할 때, 이것이 내게 가장 효과적인 방법인 것 같아요. (…) 그것은 내가 상상한 것을 다시 한 번 생각하게 해줍니다. (…) 빅토르 위고는 자기 목소리가 정신력의 다섯 배만큼이나 더 강해졌다고 말했습니다."[3]

윌리엄 버틀러 예이츠는 아주 조금 똑똑 떨어지는 물을 증가시키기 위해 특이한 방법을 사용했다. 그 결과 20세기의 가장 영감 넘치는 시와 산문이 탄생했다. 《환상A Vision》에서 그는 최근에 자신의 "시들은 침착함과 힘이 증대되었다"고 선언했다. 예이츠는 이런 변화가 1917년 10월 4일에 일어난 '놀라운 경험' 덕분이라고 말했다. 그날 그의 아내, 조지 하이드 리즈가 자동기술(초자연적인 힘을 받아 무의식적으로 글을 쓰는 것-옮긴이)을 시도해서 그를 놀라게 했다. 철학자 마이클 그로소는 그 장면을 이렇게 묘사했다. "심오하고 흥미로운 말이 튀어나왔다. 그리고 알 수 없는 작가(혹은 작가들)는 이렇게 말했다.

'우리는 당신에게 시를 위한 은유를 전해주러 왔어요.' 창조성에서의 비범한 파트너십은 그렇게 시작되었다. 예이츠는 그의 아내와 함께 3년 동안 그 창조성을 추구했다. (…) 그 원고는 두 사람을 초월한 협동으로 만들어진 선물이다. 두 사람은 그들이 함께 창작한 심리적 존재의 서기처럼 보였다." 총 50편의 자동기술 원고가 작성되었다. 예이츠는 자신의 가장 위대한 작품들을 만드는 데 그 원고들을 사용했다.4

아웃사이더 아티스트

변경된 자각상태를 이용하여 뇌의 필터 메커니즘을 우회한 가장 극적인 사례는 이른바 '아웃사이더 아트'라고 부르는 것이다. 그것은 '아이들, 원시부족, 수감자, 노인층의 작품, 민속예술, 아르 브뤼(원생미술原生美術, 거칠고 다듬어지지 않은 주로 아마추어의 작품에서 보이는 미술형태-옮긴이), 정신병 예술, 그리고 못 배우고 문화적으로 박탈되고 고립된 사회 취약계층이 창작한 모든 형태의 예술과 이미지 작업을 포함'한다.5

눈에 띄는 사례로 아돌프 뷜플리(1864~1930)가 있다. 그는 평생을 거의 보호시설에 감금되어 살았던 편집적 정신분열증 환자였다. 가난하게 자라 어린 시절에 육체적·성적 학대를 받고, 열 살에 고아원에 들어갔던 뷜플리는 성적인 공격성과 폭력적인 행동에 빠져들었다. 그는 일생 중 많은 시간을 스위스 베른에 있는 정신병원, 발다우클리닉의 독방에서 보냈다.

병원에 있는 동안, 1899년 어느 날 그는 자기도 모르게 글을 쓰고 그림을 그리기 시작했다. 발다우클리닉의 의사인 발터 모르겐탈레는 뷜플리의 그림이 독특하고 높은 수준임을 알아보고, 1921년 그에 관한 책을 썼다. 책은 처음으로 그가 세상의 주목을 받게 해주었다.

뷜플리의 창작품은 대단했다. 마이클 그로스는 이렇게 보고했다. "1908년에서 1930년까지 그는 대량의 문학작품을 썼다. (…) 그것은 진짜 개인적인 이야기와 우주적인 판타지의 복합물이자 산문시와 일러스트와 음악작품이 하나로 엮인, 주의 깊게 통합된 전체였다. 정신적으로 무능한 이 광인은 45권의 책과 16권의 노트를 포함하여 총 2만 5,000페이지나 되는 작품과 수백 장의 그림을 남겼는데, 그 그림들은 오늘날 스위스에서 파울 클레 작품과 나란히 걸려 있다."[6] 그가 오직 극소량의 기본적인 것만 얻을 수 있었다는 것을 생각해보면, 그의 성취는 놀랍다는 말로도 다 표현할 수 없다. 그는 종종 연필과 종이와 다른 재료들을 얻기 위해 작은 작품을 방문객에게 팔았다. 모르겐탈레는 이렇게 썼다.

매주 월요일 아침마다 뷜플리는 새 연필과 인쇄되지 않은 두 장의 커다란 신문지를 받았다. 연필은 이틀이면 다 마모되었다. 그러면 숨겨놓았던 몽당연필이나 무엇이든 다른 사람한테 얻은 것으로 작업해야만 했다. 어떤 때는 5~7mm 길이의 작은 조각으로, 때로는 부러진 연필심 끝으로 그려야 했다. 그는 그것을 손톱 끝으로 잡고 능숙하게 움직였다. 그는 주변 환자들과 경비원에게서 포장지와 다른 종이를 얻어서 몰래 모아놓았다. 만약 그러지 않았다면, 일요일 밤이 되기 전에 종이가 동이 나버렸을 것이다. 크리스마스에는 병원에서 색연필 한 상자를 선물했다. 그것은 길어봤자 2~3주면 다 떨어졌다.

뷜플리는 특이한 음표들로 미술작품을 만들었다. 처음에는 순수한 장식적 효과로 시작했지만, 나중에는 진짜 작곡으로 발달하여 종이로 만든 트럼펫을 가지고 연주할 때도 있었다. 그의 음악 작업은 많은 사람의 흥미를 불러일으켰다. 상업적인 전문음반으로 출시되었는데, 무료로 다운로드할 수 있다.[7]

프랑스의 초현실주의자 앙드레 브르통은 뷜플리의 작품을 "20세기의 가장 위대한 서너 개 걸작 중 하나"라고 표현했다.[8]

뷜플리는 자신이 어떻게 그런 작품을 만들었는지 모른다고 했다. 어쨌든 이 놀라운 사람은 가장 열악한 환경에서 뇌가 걸러내는 극소량의 물방울을 격렬한 흐름으로 바꾸어놓았다.

다이몬

몇몇 사람은 오늘날의 용어로 개인적 보조자, 또는 코치라고 할 수 있는, 의식의 커튼 뒤에서 보이지 않는 결정을 안내하는 어떤 존재를 묘사한다. 그 존재는 뇌 필터가 부과하는 일상의 한계를 극복하도록 도와준다.

소크라테스는 평생 다이몬의 안내를 받았다. 다이몬은 크고 작은 문제를 조언해주는 지성적인 내면의 목소리이다. "소크라테스가 그토록 비범했던 까닭은 의식적으로 판단하는 그의 지성이 무의식적인 다이몬과 완벽하게 융합했기 때문이다"라고 그로소는 기록했다. "대다수 인간에게는, 그 두 가지가 철저하게 분리되어 있고, 종종 그 때문에 감정적인 문제와 영적인 문제로 큰 대가를 치른다."[9]

내면의 안내자 다이몬은 때때로 잔 다르크의 경우처럼 그 자신의 목소리를 가진다. 잔 다르크는 백년전쟁에서 잉글랜드에 맞서 프랑스의 투쟁을 이끈 10대 처녀이다. 잔은 짧은 생애를 통틀어 자신의 잠재의식에서 나오는 메시지와 목소리의 안내를 받았다. 이런 안내는 이따금 빛과 성자들의 환영과 함께 왔다. 목소리는 열세 살부터 그녀에게 말을 걸어오기 시작했다. 목소리는 그녀에게 기도하고 교회에 나가라고 말했다. 마침내 목소리는 프랑스를 구하라고 그녀를 몰아붙이며 군대의 전략과 전술을 조언해주었다. 그녀는 기도로써 목소리를 불러낼 수 있었다. 목소리는 사람들이 그녀를 마녀로 몰아세워 법정에서 신문하는 동안 그녀와 함께했다. 그들은 심지어 그녀가 죽을 시점을 정확하게 예언했다.

이성적인 개인의 자아보다 더 심오한 지성은, 우리가 거기에 닿을 방법을 배울 때까지 우리를 기다리는 것 같다. 때로 그것은 안내자나 다이몬 또는 목소리 형태로, 우리를 만나려고 길의 중간까지 걸어나와 마중하는 것처럼 보인다. 또 다른 예인 메릴과 예이츠의 경우는 좀 더 개인을 초월한 존재가 정보를 주고 있다.

개인의 마음과 더 큰 마음이 하나로 융합되는 것은, 종종 일상의 존재가 가지는 걱정과 근심으로부터 그 사람을 위로 들어올리는 영감으로서 경험된다. 삶의 의미와 목적에 충실하게 사는 것이 삶 자체보다 더욱 중요해진다. 그래서 소크라테스는 순교가 나쁘지 않다고 주장했다. 잔 다르크가 일시적으로 자기 사명을 부정했을 때, 목소리들은 그녀의 부정을 취소하라고 촉구했다. 지상의 사건과 삶 자체가 중요하지만, 그들은 더 높은 가치와 의미, 그리고 목적에 굴복했다. 그 의미와 목적은 더 높은 지성에 의해 드러난 것이었다.

그렇다고 목소리를 듣고 더 높은 지혜에 연결되었다고 주장하는 모든 사람이 유효한 정보창고에 접속했다는 말은 아니다. 정신이상 현상 또한 실재한다. 그러나 메릴과 예이츠 같은 사람들에게는 우리가 귀를 기울여야 한다고 말하고 싶다.

그런 목소리는 어디로 가버렸을까? 만약 우리가 주의 깊게 귀 기울인다면, 그것은 여전히 우리 주변에 있을 것 같다. 1980년대의 한 조사에서 375명의 대학생이 환청에 귀 기울이고 있으며, 71%가 깨어 있는 동안 환청의 목소리를 경험했다고 보고했다. 30%는 비몽사몽간에 환청을 들었다고 보고했으며, 14%는 잠에서 깨어날 때 환청 같은 목소리를 들었다고 했다. 그리고 거의 40%가 집 밖에서 자신의 이름을 부르는 소리를 들었다고 했다. 11%는 자동차 뒷좌석에서 자기 이름을 부르는 소리를 들었고, 또 비슷한 비율의 사람들이 '진짜 사람 목소리로' 신이 말하는 소리를 들었다고 했다.[10]

이러한 설문조사에서 환각이라는 용어를 쓴다는 사실은, 이 문제에 관하여 우리 문화에 뿌리깊은 의심이 있음을 가리킨다. 하지만 메릴과 예이츠처럼 창조적인 사람들은 자기 영감의 원천을 연구자들이 어떻게 기술하는지 그 방식에는 관심을 두지 않았다. 그들이 뭐라 하든 간에 그것을 '제X인자'라고 부르자. 그들의 경험이 진짜일까, 아니면 상상일까? 그것이 무의식에서 나온 것일까, 아니면 다른 차원에서 온 것일까? 그들은 이런 질문으로 싸우지 않는다. 중요한 것은, 필터의 침투성이 더 높아졌다는 것, 감소밸브가 더 넓게 열렸다는 것, 그리고 똑똑 떨어지는 아주 작은 물이 홍수가 되었다는 것이다.

한마음은 극소수 사람들만 접근할 수 있는 암호화된 정보저장소가 아니다. 어떠한 패스워드로도 접속할 수 있다. 목소리나 위자 점판 같은 접속방식은 어떤 사람들에게는 재미없고 혐오감을 줄 수도 있다. 그런 사람들은 그대신 몽상이나 일몰, 에밀리 디킨슨의 시 한 구절이나 레베카 블루스톤의 태피스트리, 혹은 비틀스의 〈A Day in the Life〉라는 곡의 마지막 부분에서 황홀하고 불타는 듯한 화음을 더 좋아할지도 모른다.

구체화의 저주

한마음 영역에 들어가는 것을 보장해주는 공식은 아무것도 없다. 메릴과 예이츠처럼 심지어 어떤 도구를 사용했을 때조차, 그 접근법은 늘 그랬듯이 행위의 문제가 아니라 존재의 문제로 남아 있다. 우리는 어떤 의도를 세우고, 그다음에는 길을 막고 있는 의식적인 마음을 길에서 치워버린다. 한마음의 가장 멋진 현현인 계시와 깨우침과 창의성은, 대부분 몽상, 명상, 꿈 또는 다른 어떤 비활동성을 통하여 산만하고 애쓰던 이성적인 마음이 비켜날 때 일어난다. 남성적이고 공격적인 에고 편향적인 접근법은 소용이 없다. 뭔가를 **얻기** 위해 한마음에 닿으려 하는 이기적인 접근법은 강도질과 같다. 그렇게 되면 주거침입 경고가 울리고, 전송시스템은 닫혀 버린다. 우리는 자신보다 더 위대한 지혜와 지성의 원천을 인정하고, 존경하는 마음으로 한마음에 접근해야 한다. 그러고 나서 인내심을 가지고 기다리며, 주어진 것에 감사하자.

한마음은 불확실성, 예측 불가능함, 그리고 자유에서 번성한다. 그것은 삶과 가능성, 그리고 끝없는 다양성에 열려 있다. 한마음과의 효과적인 상호작용을 가장 확실하게 파멸하는 방법은 진입과정에 특별하고 결정적인 형태를 부여함으로써 그것을 구체화하는 것이다.

이는 우리 시대의 저주이다. 뭔가가 효과적이라고 밝혀질 때, 웹사이트와 베스트셀러들이 하룻밤 만에 나타나 그 현상을 쉬운 일곱 단계나 한 주일짜리 프로그램으로 축소해버리는데, 여기에는 종종 환급보장과 유명인사의 보증광고가 따라붙기도 한다.

구체화란 우리가 혐오하는 불확실성을 감소하려는 시도이다. 그러나 뭔가를 구체화하려 할 때, 우리는 그것의 범위를 좁히고 문을 닫아 생명으로부터 분리한다. 그러면 그것은 생명을 지지하는 방식으로 펼쳐지기를 멈춘다. 주의가 결핍된 문화에서 우리는 분명한 것을 원하고, 또 그것을 지금 당장 원한다. 우리는 사물에서 생명을 쥐어짜는 접근법에 쉽게 넘어간다. 그것에 어쩔 수 없이 실망하게 될 때, 우리는 더 큰 그다음 것으로 옮겨간다.

구체화의 한 예로 요가를 들 수 있다. 요가는 영적인 통찰과 평등심을 얻기 위해 행해지던 고대인도의 훈련법이다. 그러나 우리는 요가를 하나의 운동형태로 축소했고, 그것은 널리 대중화되었다. 지금은 요가를 올림픽 경기로 만들려는 노력이 진행 중이다. 하나의 제안은, 각 요가수행자는 3분 동안 일곱 가지 자세를 취하게 되는데, 그중 다섯 가지는 지정된 것으로 하자는 것이다. 힘, 유연성, 타이밍, 그리고 호흡 등을 판단하는 심판진에게서 점수를 받는다.[11] 파탄잘리는 뭐라고 할까?

또 다른 구체화의 예는 기도의 치유효과를 고도의 인공적인 방식으로 연구하려는 어떤 연구자들의 시도이다. 그것은 실제 삶에서 기도가 쓰이는 방식과는 전혀 닮지 않았다. 이런 노력이 종종 성공적일 수 없다는 것은 놀랍지 않다.

한마음과 관련하여 구체화는 하나의 덫이다. 한마음에 닿는 길이 공식화되면 문은 닫혀버린다. 하지만 비어 있음과 가득함의 상호작용과 허용하기 안에 내재하는 행동을 이해하는 사람에게는 한마음으로 가는 길이 늘 열려 있다.

26

꿈의 길

당신은 홀로 꿈꾼다고 생각하는가?

도리스 레싱[1]

◇◇◇◇◇◇◇◇◇◇◇◇◇◇◇◇◇

꿈은 한마음으로 들어가는 보편적인 입구이다. 꿈 속에서는 지금 여기에 국한된 개인적 자아라는 감각이 시간적·공간적 경계와 개인에 구속되지 않는 경험으로 대체된다. 꿈에서 우리는 모순, 패러독스, 또는 합리적인 이성에 얽매이지 않는다. 이런 이유로 창조성은 흔히 꿈 속에서 피어난다.

　과학과 의학의 역사에서 꿈의 역할은 평가절하되어왔다. 이는 과학자들 대부분이 꿈꾸는 자의 이미지보다는 논리적이고 이성적인 분석적 사고자의 이미지를 선호하기 때문이다. 일반적으로 꿈에서 얻는 정보는 과학자들이 대중적으로 이야기하고 싶어 하는 주제가 아니다.

그러나 기분 좋은 예외들이 있다. 나는 최근에 규모가 큰 국제적인 의사 그룹으로부터 연설해달라는 초청을 받았다. 의학 분야에서 이루어진 최근의 진보를 의사들에게 알려주기 위해 마련한 콘퍼런스였다. 내가 강연할 주제는 의식의 본성, 그리고 그것이 교과서에 나오지 않는 방식으로 작동하는 것과 관련이 있었다. 그것은 내가《예감의 힘The Power of Premonitions》에서 다루었던 예지몽을 포함하고 있다.[2] 이 주제가 논쟁을 불러일으킬 것임을 알았으므로, 나는 청중이 반쯤 자리를 뜰 거로 예상하면서 말을 시작했다. 그러나 아무도 그렇게 하지 않았다. 그리고 질의응답 시간에 어떤 사람들은 자기 경험을 묘사했다. 한 여성 내과 전문의가 일어나서 용감하게 말했다. "나는 꿈에서 숫자를 봅니다. 내가 환자를 검사하라고 지시를 내리기도 전에 그 환자의 검사 결과가 보입니다." 의사들은 아무에게도 말하지 않던 경험을 털어놓기 시작했다. 그리고 강의가 끝난 후 여전히 몇몇 사람은 사적으로 다가와서 내게 자기 이야기를 털어놓았다. 이런저런 경험 끝에 나는 꿈과 내 동료 중 하나가 부르는 것처럼 '이상한 앎'이 우리가 생각하는 것보다 훨씬 더 흔한 일임을 믿게 되었다.

무의식 속으로 뛰어드는 탐험

의사, 발명가, 수학자와 과학자들이 겪은 꿈의 경험은 실질적으로 사용할 수 있는 정보와 지성의 저장고로서 한마음의 이미지를 굳히고 있다. 이런 관점은 아서 케스틀러의 창조성에 관한 멋진 탐험인《창조의 행위The Act of Creation》에서 지지받고 있다. 케스틀러는 꿈에 관해 이렇게 말한다. "꿈은 심령의 신진대사에서 본질적 부분이다. (…) 정신적인 삶의 오랜 원천에 날마다 몸을 담그는 이런 활동이 없다면, 아마도 우리는 메마른 자동인형이 되어버릴 것이다. 그리고 창조적인 사람들이 더 멋지게 탐험에 뛰어들지 않는다면, 과학도 예술도 존재하지 않을 것이다."[3]

일라이어스 하우는 어느 날 밤, 무의식 속으로의 탐험에 멋지게 뛰어들었다. 몇 년 동안 하우는 재봉틀 기계를 완성하려고 애썼으나 실패했다. 문제는 바늘을 만드는 것이었다. 그러던 어느 날 밤 꿈에서 야만인들에게 잡힌 그는 그들의 왕에게 끌려갔다. 왕은 그에게 최후통첩을 내렸다. 24시간 안에 바느질할 수 있는 기계를 발명하지 못하면 창에 찔려 죽게 될 것이었다. 시간이 다 흘러가자, 야만인들이 하우에게 다가왔다. 하우를 죽이려고 그들이 창을 들어올렸다. 피할 수 없는 상황을 막아보려고 손을 들어올렸을 때, 하우는 창들의 끝에 눈 모양의 구멍이 나 있음을 알아차렸다. 그는 완전히 흥분해서 깨어났다. 재봉틀 바늘의 구멍은 지금까지 그가 시도했던 것처럼 중간이나 머리 부분이 아니라, 바늘의 뾰족한 끝 부분에 있어야 한다는 사실을 깨달았다. 그는 침대에서 벌떡 일어나 작업실로 달려갔다. 알맞은 크기의 바늘 하나를 골라 끝 부분 가까이에 구멍을 뚫었다. 그런 다음 재봉틀 기계 안에 그것을 꽂았다.[4] 나머지 이야기는 사람들이 말하는 바 그대로이다.

버지니아의과대학 잠과꿈연구소의 연구소장인 로버트 L. 반 데 캐

슬은 기념비적인 책 《우리의 꿈꾸는 마음Our Dreaming Mind》에서 잠자는 동안 시공간을 초월하여 자유로워진 과학자들의 마음이 놀랄 만한 결과를 가져온 몇몇 사례를 인용했다.[5] 그는 20세기 초의 연구자 에드몽 마이예Edmond Maillet가 최소한 10년 이상 연구한 수학자 그룹에 설문지를 보냈다고 보고했다. 응답자 중 4명은 꿈 속에서 해답이 실제로 나타난 '수학적 꿈'을 묘사했다. 그리고 8명은 꿈꾸는 동안 해결책의 실마리나 유용한 아이디어를 얻었다고 인정했다. 그리고 다른 15명은 깨어 있는 동안 전날 밤에 생각한 질문의 완전한 해답이나 일부 해답을 얻었다고 말했다.[6]

20세기 수학자 스리니바사 라마누잔은 그의 분야에서 거장으로 알려졌다. 라마누잔은 동료들을 뛰어넘는 하나의 장점을 즐겼던 것이 분명하다. 그의 꿈에는 다른 차원의 멘토가 나타났다. 1948년 "수학과 상상"이라는 제목으로 〈사이언티픽 아메리칸〉에 실린 한 기사에서, 그는 고대인도의 여신 나마칼이 자기 꿈에 나타나 수학공식을 알려주었고, 그것을 깨어 있는 동안 확인했으며, 그런 패턴이 평생 계속되었다고 말했다.

1869년 상트페테르부르크의 화학교수였던 드미트리 멘델레예프는 세상을 바꾸는 꿈을 꾸었다. 원자의 무게에 따라 화학원소들을 범주화하는 시도에 실패한 후 좌절한 채로 잠자리에 든 이후였다. 그는 이렇게 말했다. "나는 꿈에서 모든 원소가 제자리에 맞춰져 있는 표를 보았다. 꿈에서 깨어나자마자 나는 즉시 그것을 종이에 받아 적었다. 나중에 보니 딱 한 자리만 고칠 필요가 있었다." 이 결과물이 바로 주기율표이다. 이 꿈은 또한 멘델레예프가 15년 후에나 발견하게 될 세

가지 새로운 원소의 존재와 특성을 예언할 수 있게 해주었다.[7]

꿈꾸는 과학자 중 가장 유명한 예는 아마도 프리드리히 A. 폰 케쿨레일 것이다. 그는 벨기에 겐트대학의 화학교수였다. 케쿨레는 벤젠의 분자구조를 알아내려고 했으나 성공하지 못했다. 그는 의자에 앉은 채 잠이 들었고, 눈앞에 다양한 구조와 패턴의 원자들이 휙휙 지나가는 게 보였다. 곧이어 원자들이 길게 줄을 짓더니 뱀 같은 모양으로 꼬였다. 갑자기 그 뱀 중 하나가 꼬리를 입에 물고 원을 그리며 빙빙 돌기 시작했다. 케쿨레는 '마치 번갯불이 번쩍하듯' 깨어나서 꿈 속 이미지가 암시하는 바를 연구했다. 이는 벤젠이 6개 탄소로 이루어진 고리 구조라는 생각으로 이어졌고, 이것은 유기화학의 혁명적인 발견이 되었다. 1890년 어느 학회 연설에서, 그는 자신의 발견과정에 경의를 표하면서 동료들을 위한 강연을 다음과 같은 말로 마무리했다. "여러분, 꿈꾸는 법을 배웁시다. 그러면 아마도 우리는 진리를 발견할 것입니다."[8]

현대 의학연구에서 전설적인 발견 중 하나인 인슐린도 꿈과 연결되어 있다. 캐나다의 내과의사 프레더릭 밴팅은 당뇨병에 관해 연구 중이었다. 어느 날 꿈에서 깨어난 그는 이런 말을 적었다. "개의 췌장에 있는 도관을 묶어라. 그 분비샘이 쭈그러들 때까지 몇 주간 기다려라. 그런 다음 그것을 잘라서 썻고 침전물을 걸러내라." 이 과정은 그가 인슐린을 발견하게 해주었고, 인슐린의 발견은 수백만 당뇨병 환자의 생명을 구했다. 이로 인해 그는 훈작의 작위를 받게 되었는데, 그가 밤에 계시를 받은 것을 생각해보면 재미있는 말이다. (훈작이라는 단어 knight는 밤night과 발음이 같다.-옮긴이)[9]

꿈에 영향을 받은 과학적 발견들의 목록은 길게 적을 수 있다. 제임스 와트가 발견한 총에 쓰이는 동그란 총알을 만드는 방법, 데이비드 파킨슨이 발명한 M-9 디바이스로 알려진 전자동 포격조준장치와 대탄도미사일에 쓰인 유도장치, 에른스트 클라드니가 발명한 새로운 악기 유포니엄 등이 있다.[10]

꿈은 한마음으로 들어가는 가장 보편적인 길의 하나로 남아 있다. 의식의 집단적인 특성이 과학 내에서 더 충분히 평가될 때, 회의적인 과학자들은, 꿈꾸는 자로 불리는 일이 사실은 고도의 찬사임을 이해하게 될 것이다.

예지몽

사람들이 이전에는 몰랐던 것에 관하여 꿈을 꾸고, 어떤 사건이 일어나기 전에 그에 관해 꿈을 꾼다면, 꿈이, 시간을 초월하는 한마음 같은 정보의 저장고에 접속하게 하는 듯이 보인다. 역사적 사례는 프랑스의 퀘이커교도 스티븐 그렐렛Stephen Grellet의 일기에서 찾을 수 있다.[11] 나폴레옹 군대가 러시아를 침입하기 3개월 전에 러시아 장교 투치코프 백작의 부인은 같은 날 밤 두세 번 반복해서 꿈을 꾸었다. 꿈 속에서 투치코프 백작 부인은 어느 마을의 여인숙에 묵고 있었다. 한 번도 가본 적 없는, 전혀 알지 못하는 곳이었다. 그때 그녀의 아버지가 자신의 어린 아들의 손을 잡고 방으로 들어왔다. 음울한 목소리로 아버지는 그녀에게 말했다. "너의 행복은 끝났다. 네 남편 투치코프 장군은 보로디노 전투에서 패전했다."

몹시 괴로워하며 깨어난 백작 부인은 남편을 깨워 보로디노가 어디냐고 물었다. 그 또한 한 번도 들어보지 못한 지명이었다. 지도에서 보로디노를 찾아보았지만, 찾을 수 없었다. 프랑스 군대가 모스크바에 도착하기 전, 투치코프 장군은 러시아 예비군을 맡아 전선에 배치되었다. 얼마 지나지 않은 어느 날 아침, 백작 부인 아버지가 그녀의 아들 손을 잡고 그녀가 머물던 여인숙의 방 안으로 들어왔다. 그리고 대단히 혼란스러워하며 소리쳤다. "그가 무너졌어. 그가 무너졌어." 백작 부인은 자신이 꿈 속에서 본 것과 똑같은 방에 있다는 것을 깨달았다. 창 밖으로 보이는 풍경조차 꿈에서 본 그대로였다. 그러고 나서 그녀는 남편이 전사한 전투가 보르디노라고 불리는, 별로 유명하지 않은 마을 근처에서 벌어졌음을 알았다.

공동으로 꿈꾸기

둘이나 그 이상의 사람이 비슷한 꿈을 같은 날 밤에 꾸었다고 보고할 때, 그 꿈을 공동의 꿈 또는 상호적(의) 꿈이라고 한다. **공유된** 꿈은 둘이나 그 이상의 사람이 공동의 시간과 공간에서 서로 꿈을 꾸고 난 후 유사한 환경, 대화내용, 그리고 꿈 속에서의 상호작용을 따로따로 보고할 때를 말한다.[12]

심령연구가 스탠리 크리프너는 꿈의 비교문화적 연구에서 두 일본 여성이 경험한 상호적인 꿈의 독특한 예를 보여준다. 첫째 여성은 이렇게 꿈꾸었다. "나는 어느 큰 호텔의 로비에 있었어요. 로비에는 대리석으로 만든 큰 기둥이 하나 있었죠. 내 친구 아이코가 거기에 있었고, 나는 그녀를 칼로 찔렀어요. 왜 찔렀는지는 몰라요. 내가 무슨 짓을 했는지 아무도 알아차리지 못한 것 같았어요." 둘째 여성이 이렇게 말했다. "나는 큰 호텔 로비에 있었어요. 로비에는 큰 기둥이 있었고, 나는 그 옆에 서 있었죠. 내 여동생이 들어왔어요. 그녀는 곧장 나에게 걸어오더니 칼로 나를 찔렀죠. 여동생의 이름은 토모코입니다. 나는 칼에 찔려 죽었어요."[13]

이처럼 거의 같은 꿈들은 물론 우연의 일치이거나 정확하지 않은 보고 때문일 수도 있다. 하지만 이럴 때, 분명히 공유된 사건이 없고, 감각적인 단서도 없으며, 두 여성이 (가해자만 다를 뿐) 같은 꿈을 꾸도록 촉발한 경험이 없으면, 사람들은 다른 설명을 찾으려고 한다. 나는 한마음이 활동하는 것을 우리가 보고 있다고 가정해본다. 다른 말로 하면, 꿈은 두 사람이 꿈을 꾼다고 해서 일치되는 게 아니라, 오직 한마음이 작용하고 있어서 일치하는 것이다.

캐나다 오타와 칼턴대학의 신경인류학자Neuroanthropologist인 찰스 D. 래플린은 공유된 꿈 또는 상호적인 꿈의 전문가이다.[14] 그는 인류학자 마리안 조지의 경험을 보고했다. 뉴기니섬의 바로크족Barok 사이에서 연구할 때, 그녀는 부족의 중요한 여성지도자와 가까워졌고, 그 여성지도자는 그녀의 후원자가 되었다. 어느 날 밤, 조지는 집주인인 후원자가 자기에게 어떤 일을 하라고 지시하는 꿈을 꾸었다. 그런데 아침에 집주인 아들이 와서 조지가 밤중에 들었던 지시를 이해했는지 확인하면서, 꿈에서 들었던 후원자의 지시를 글자 그대로 반복했다. 아들은 어머니가 자기들과 대화하고 싶을 때면 거리가 얼마나 멀든지에 상관없이 대화한다고 조지에게 말해주었다. 꿈은 어떤 식으로든 찾아온다고 했다. 그 늙은 여성은 세상을 떠났지만, 공유되는 꿈은 계속해서 일어나고 있다. 그녀가 살아 있는 동안 그녀의 아들은 계속해서 꿈의 방문과 메시지를 확인해주었다. 한번은 조지가 방사성 탄소 연대를 측정하기 위해 찾고 있던 고대 공동주택의 위치를 정확하게 알려주기도 했다.[15]

현대문화에서 이런 일은 일어날 수 없다고 주장하지만, 공유된 불안과 꿈은 때때로 밤의 틈을 타고 들어온다. 1882년 잉글랜드 남동부, 하트퍼드셔에 있는 헤멀헴프스테드의 목사 맥두걸은 143마일 떨어진 맨체스터에서 친구들과 함께 머물렀다. 그는 아침에 깨어나서 침대에 쥐가 있는 것을 보고 집주인에게 알렸다. 헤멀 헴프스터드에 있는 맥두걸의 집에는 그의 사촌 하나가 머물고 있었는데, 같은 날 아침, 식사하러 내려온 사촌은 간밤에 그녀가 꾼 꿈을 이렇게 묘사했다. "쥐한 마리가 나타나서 내 불행한 자아의 사지를 뜯어먹고 있었어요." 얼마 후 맥두걸의 어머니는 맨체스터에서 있었던 일을 전하는 아들의 편지를 받았다. 그녀는 아들에게 사촌의 꿈을 알려주는 답장을 보냈는데, '그녀는 항상 무슨 일이 일어나기 전에 거의 모든 것을 알았기 때문'에 그들은 그 꿈꾸는 여자를 마녀라고 생각했다고 말했다.[16]

공동의 꿈 또는 상호적 꿈은 한마음에 전화를 걸 수 있는 카드이다. 그들은 단일한 마음들을 분리하는 경계가 절대적이지 않다는 것을 상기시켜준다. 다른 사람과의 연결이 꿈 속에서 실현되면, 꿈꾸는 어떤 사람들은 그에 관해 묘사할 때, 의식은 무한하고 초월적이고 한계가 없으며, 또한 다른 사람들의 의식과 하나임을 깨닫는 극적인 깨우침이라고 한다.

공동으로 꿈꾸는 것은 아주 흥미롭지만, 또한 문제를 일으킬 수도 있다. 스티브 린스콧의 예를 보자. 시카고에 있던 그는 1980년 10월의 어느 날 꿈에서 깨어났다. 그는 손에 둔기를 든 남자가 한 소녀에게 접근하는 꿈을 꾸었다. 다시 잠에 빠진 그는 이런 꿈을 꾸었다. "남자가 그녀의 머리를 때리고 있었고 (…) 그녀는 땅에 쓰러져 기어가고 있었으며 (…) 저항하지 않았다. (…) 피가 온 사방에 흩어졌다." 그날 낮에 그는 집 근처에 경찰차가 와 있는 것을 보았다. 어떤 젊은 여자가 근처 아파트에서 잔인하게 맞아 죽었다고 했다. 린스콧은 아내와 직장 사람들에게 꿈 이야기를 했다. 모두 경찰에 가서 꿈 이야기를 해야 한다고 그에게 말했다. 그래서 그는 정말로 그렇게 했다. 그러나 몇 주 뒤에 그는 젊은 여자를 살해한 혐의로 기소되었다. 경찰이 말하길, 우연이라고 하기에는 그가 살인사건의 세부사항을 너무나 정확히 알고 있다는 것이었다. 린스콧은 유죄판결을 받고 40년 복역을 선고받았다. 변호사가 단 몇 번의 항소를 제기한 것 외에 검찰은 그 사건을 그대로 종결했다.[17]

이 사례는 우리 문화가 비국소적 앎, 즉 신체감각의 범위를 넘어서 정보를 얻는 것에 얼마나 불신을 나타내는지 보여준다. 우리는 고대 앎의 방법을 인정하는 데에 어려움을 겪을 뿐만 아니라, 실제로 그와 관련 있는 사람을 기꺼이 감옥에 가두려고 한다. 우리는 스스로 생각하는 것만큼 마녀사냥과 스페인 종교재판에서 그다지 멀리 있지 않다. 당시 사람들은 대중 앞에서 '두 번째 시야(초감각적 능력)'라는 재능을 인정한 것 때문에 사람들의 열광 속에서 죽임을 당했다.

무작위 마니아, 통계광, 그리고 우연의 일치 신봉자

마음이 뇌와 몸, 시간과 장소에 국한되어 있다고 확신하는 사람들은 지금까지 언급한 예들을 심각하게 받아들일 것 같지 않다. 내 경험으로 볼 때, 아무리 극적이고 이상한 꿈이라 할지라도, 그런 것이 불가능하다고 이미 '아는' 사람들의 믿음을 흔들어놓지는 못한다. 현실에 상응하는 어떠한 꿈도 우연의 일치로 일축될 수 있다. 런던의 그리니치대학 의식연구가인 데이비드 루크는 모든 것을 우연의 일치와 무작위성으로 보는 사람들을 '무작위 마니아randomania'라고 불렀다.[18]

회의론자들이 우연한 일치를 제멋대로 가지고 노는 방식을 가장 현명하게 비판한 사람은 영국의 저명한 소설가이자 극작가인 프리스틀리이다. 그는《인간과 시간Man & Time》이라는 명인다운 책에서 예지몽을 논의하며 이렇게 썼다.

과학적 초연함이 황소고집의 편견으로 바뀌는 시점이 있듯이, 우연의 일치가 우리에게 어떤 설명을 요구하면서, 뭔가 다른 것으로 변화하는 시점이 있다. (…) 이 관점을 채택하는 사람들은, 극단적으로 순수한 과학적 초연함에 관하여 글을 쓰는 것처럼 가장한다. 이런 경험을 믿는 어리석은 사람들에게 자기들이 요구하는 것은 그 체험들을 '잘 통제된 연구'와 연구실 실험에 맡겨달라는 것뿐이라고 그들은 말한다.

그러나 우리는 그저 단순히 통제되고 실험되지 않는 경험의 범위를 다루고 있을지 모른다. 그런 것들을 과학적 실험과 증거의 분야로 가져오면, 시들어버린다. (…) 그리고 정신을 마치 한덩어리의 나트륨처럼 취급하려 드는 실험주의적 심리학자들이 예지몽을 꾸지 않는다는 것은 놀라운 일

이 아니다. 그들의 마음은 그런 것에 적대적으로 형성되어 있다.[19]

프리스틀리는 예지몽에 매혹되었다. 그는 1963년 BBC 방송국에서 예지몽에 관하여 인터뷰하면서 대중의 시선을 끌었다. 예지몽에 대한 반응이 쇄도했다.

어떤 여성은 식사를 마칠 때쯤 한 농부가 바구니에 달걀 33개를 담아 가지고 오는 꿈을 꿨다면서 함께 아침을 먹던 세 사람에게 꿈 이야기를 했다고 써서 보냈다. 나중에 그녀가 계단으로 반쯤 올라가 서 있을 때, 그녀는 달걀 3개를 더 건네받았다. 이것이 그녀가 꾼 꿈이었다. 실제 아침을 먹고 나서 얼마 되지 않아 한 농부가 도착하여 그녀에게 바구니 하나를 건넸다. 농부는 바구니 안에 달걀이 36개가 있다고 말했다. 그녀는 달걀을 옮겨담고 그에게 달걀값을 건넸다. 몇 분 후에 남편이 달걀을 세어보더니 36개가 아니라 33개라고 알려주었다. 이번에는 그녀가 직접 달걀을 세어보았다. 세는 도중에 누군가 아래쪽에서 자기를 부르는 소리가 들렸다. 간밤에 꾼 꿈의 계단 중간에서 만난 여자였다. 여자는 실수로 빠졌다며 달걀 3개를 더 건네주었다. 이로써 계산이 맞게 되었다.

프리스틀리는 말했다. "꿈 속에 나온 33개, 그리고 나중에 더해진 3개의 달걀은 실제 사건에서도 33개와 3개의 달걀이었다. 당신이 그것을 개똥이로 부르거나 아니면 다른 뭐라고도 부를 수 있는 것처럼, 우연의 일치라고도 부를 수 있을 것이다. (…) 하지만 우연의 일치에 매달리는 것을 멈추고 이 하찮은 것을 설명하려고 애쓴다면, 아마도 당신은 하나의 세상을 흔들어놓을 수 있을 것이다."[20] 흔들린 세계를 대체할 세상에서는 더 이상 직선적 시간이 지배하지 않으며, 먼저 일어난 사건이 늘 원인이 되지는 않는다.

27

마지막 단어는 사랑

길은 오직 두 갈래뿐, 사랑하는 것과 사랑을 원하는 것.
맹자

◇◇◇◇◇◇◇◇◇◇◇◇◇◇◇◇◇◇

사랑은 고립과 분리와 개인성의 힘을 누그러뜨리기 때문에, 한마음으로 들어가는 입구가 된다. 개인성은 연결성과 통일성을 보충해주어 가치가 있지만, 지나치면 과도한 자아가 되고, 우리가 서로 그리고 모든 것과 하나라는 자각을 방해한다. D. H. 로런스는 이를 신랄하게 표현했다. "증오는 사랑의 반대가 아니다. 사랑의 반대는 개인성이다."[1]

이는 근거 없는 추측이 아니다. 분리를 넘어서는 것은 실험실에서도 측정되는 효과로 나타난다. 프린스턴공대 이상현상연구소에서

30년 동안 실험한 연구에서, 프린스턴공대 전 학장 로버트 G. 얀과 동료들은, 감정적으로 결속한 커플들이 무작위 사건 발생기가 만든 숫자 1과 0의 배열을 전달할 정신능력이 있음을 증명했다. 더 나아가 감정적으로 친밀한 쌍들은 대륙 간, 또는 전 지구적인 거리만큼 떨어져 있어도 서로 정신적으로 정보를 교환할 수 있다. 이 모든 것이 어떻게 일어나는지를 요약하며 얀은 이렇게 말했다. "성공적인 전략은 (…) 기계를 작동하는 사람과 기계 사이, 또는 정보를 보내는 사람과 받는 사람 사이의 정체성이 모호해지는 것과 관련이 있다. 물론 이것은 모든 형태의 사랑을 위한 레시피이기도 하다. 그것은 파트너를 위해 자기중심적인 이익을 포기하는 것이다."[2] 간단히 말하면, 사랑은 물질세계의 상태를 변화시킬 수 있다는 결론이다.

외로움을 넘어서

로런스가 보았듯이, 사랑은 개인성을 초월하므로 고립과 외로움을 넘어서는 것을 도와줄 수 있다. 외로움은 건강문제를 일으킨다고 알려져왔다.[3] 표면상으로는, 외로움이 그토록 만연해 있다는 것이 이해가 가지 않는다. 전자제품들에 압도된 이 시대에, 우리는 이전보다 더 친밀하게 연결되어 있지 않은가? 꼭 그렇지는 않다. 내과의사 에바 벨은 이렇게 썼다. "수십억 사람이 인쇄물과 전자매체를 통해서 가까이 연결된 이 밀집한 세계 속에서, 외로움이 급속히 증가하는 21세기의 폐단이라는 사실은 패러독스로 보인다. 높이 솟아오른 빌딩, 폐소공포증에 걸릴 만한 성냥갑 같은 아파트들, 스트레스가 쌓이는 일과 개인성이 말살된 도시의 삶은 우정을 북돋워주지 않는다."[4] 헨리 데이비드 소로의 정의 역시 유효하다. "도시란 수많은 외로운 사람이 함께 사는 곳이다."[5]

휴대전화가 사람들을 연결해주는 장치처럼 보이지만, 그것은 사회적으로 다른 사람과 서로 연결되려는 열망을 감소시키고, 장기적으로는 외로움과 고립감을 심화시키는 예상치 못한 결과를 가져왔다. 메릴랜드대학의 한 연구에서, 연구자들은 휴대전화 사용자그룹에 관한 일련의 실험을 수행하고, 그 결과를 "휴대전화 사용이 친사회적 행동에 미치는 영향"이라는 제목으로 기술했다. 친사회적 행동이란 다른 사람이나 사회 전체에 유익함을 주려고 의도하는 행위로 정의할 수 있다. 연구자들은, 짧은 기간 휴대전화를 사용한 뒤 피시험자들이 비교집단보다 봉사활동에 자원하는 비율이 더 낮음을 발견했다. 또한 휴대전화 사용자는 단어문제를 해결하는 데에도 끈기가 더 적었다. 그들의 대답이 자선사업 기부금과 관련 있을 때도 마찬가지였다. 휴대전화 사용자들에게 그들의 휴대전화 그림을 그려보라고 하고, 휴대전화 사용에 관해 생각해보라고 요청했을 때도 다른 사람에 대한 관심이 줄어드는 것은 마찬가지였다. 왜 그럴까? 연구자들은 이렇게 말한다. "휴대전화는 타인들과의 연결감을 직접 불러일으킨다. 그렇게 함으로써 소속되고자 하는 인간의 기본적인 욕구를 충족해준다." 그 결과 실제로 다른 사람들과 연결되려는, 혹은 공감하는 친사회적 행동에 참여하려는 개인의 욕구를 감소시킨다고 그들은 말한다.[6]

외로움은 인터넷 사용과도 연관이 있다.[7] 한 연구에서, 온라인채팅은 외로움을 덜어주는 것이 아니라 오히려 증가시킨다는 것이 밝혀졌다.[8] 이 점은 특히 2004년 외로운 사람들을 위한 최고의 온라인 놀이터가 된 웹사이트, '외로워요. 누가 내게 말 좀 걸어줘요'에서 분명히 드러난다.[9] 이 사이트의 대단한 유명세로 〈와이어드Wired〉〈가디언Guardian〉〈뉴요커New Yorker〉 등의 잡지에서도 특집기사로 다루었다.[10]

샌프란시스코주립대학의 철학교수인 제이컵 니들먼은 예기치 않게 외로움이라는 문제에 직면했다. 그는 강의시간에 우리 사회의 주요한 문제가 무엇인지 학생들에게 질문했다. 평범한 대답들이 나왔다. 가족의 붕괴, 핵전쟁, 환경문제 등. 그때 한 학생이 "외로움이요."라고 말했다. 니들먼이 물었다. "외롭다고 느끼는 사람은 손들어 보세요." 그러자 모든 학생이 전부 다 손을 들었다. "나는 깜짝 놀랐어요." 그가 말했다. 이후로 그는 훨씬 더 넓은 범위의, 더 다양한 스펙트럼의 학생들이 수강하는 다른 수업에서 같은 질문을 했다. 두 명을 제외한 전원이 손을 들었다. 나이지리아에서 온 35세의 한 학생이 말했다. "내가 나이지리아에서 영국에 처음 왔을 때, 사람들이 외롭다고 말하는 것이 무슨 말인지 이해를 못 했어요. 미국에서 산 지 2년이 되어서야 나는 외롭다는 말이 무슨 말인지 알 수 있었어요." 그는 자기 문화권에서는 외로움이 존재하지 않는다고 설명했다. 외로움이란 단어조차 없다는 것이었다. 수많은 고통, 고뇌, 슬픔은 있어도 외로움은 없다고 했다.

"그렇다면 우리가 경험하는 외로움은 무엇인가?" 니들먼은 이렇게 묻는다. "사람들은 서로에게서만이 아니라, 자기 자신 안에서도 어떤 조화로운 힘으로부터 단절되는 것을 느낀다. 그것은 그냥 '나는 외롭다'가 아니다. 외로운 것은 바로 그런 '나'이다. 우리는 어떤 우주적인 힘과의 관계에서 본질적으로 조화로움이 결핍된 것이다."[11]

우리에게 결핍된 '본질적 조화로운 관계'는 트위터, 페이스북, 혹은 다른 수많은 소셜네트워킹 웹사이트에서 얻어지는 것이 아니다.[12] 이런 임무를 수행할 우주적인 연결의 힘으로서 생각해볼 만한 것이 바로 한마음이다. 가입비도 없고, 컴퓨터나 스마트폰도 필요 없다. 한마음은 이미 우리의 일부로서 설치되어 있다.

사 랑 의 귀 환

시카고의 일리노이대학 교수였던 철학자 닐 그로스먼은 임사체험을 연구하는 데에 수십 년을 보냈다. 앞에서 보았듯이, 임사체험은 육체적 죽음 이후에도 계속 남아 있는, 뇌 밖에 존재하는 의식의 요소를 상정한다. 임사체험에서 돌아온 사람들은 그들이 개인적인 의식을 넘어서는 어떤 경험을 했다고 보고한다. 이런 자각은 보통 임사체험 이후에 남아 있는 깊은 사랑의 느낌을 동반한다. 그로스먼은 이렇게 썼다. "이 모든 임사체험 연구에는 숨겨진 메시지가 있다. (…) 그 메시지는 바로 우주적인 사랑이다. 모든 임사체험자는, 인생의 목적이 사랑을 주고받는 능력을 성장시키는 것이라고 믿는다."[13] 임사체험은 한마음으로 들어가는 입구이며, 사랑이 바로 한마음의 모닝콜이다.

얀, 그로스먼, 그리고 다른 과학자들이 과학에 사랑을 주입하려는 것은 물에 빠진 사람이 잡으려고 애쓰는 마지막 지푸라기이다. 이것은 우리가 과학을 감상에 빠뜨리려 한다는 궁극적 증거이다. 이는 과학을 파멸로 이끌 것이다. 하지만 다른 관점도 있다. 사랑이 생명을 구할 뿐 아니라, 더 나아가 과학마저 구할 수 있다는 것이다. 올더스 헉슬리의 말을 들어보자.

우리의 어휘 중 가장 초라하고 낡고 닳아빠진 말 중에서 '사랑'은 분명 가장 더럽고 냄새나고 질척질척한 말이다. 수많은 성직자가 소리치고, 또 목소리 큰 사람들이 수없이 다정한 목소리로 유혹함으로 인해, 사랑은 이제 풍미와 품위에 가해지는 하나의 폭력이 되었다. 그래서 사람들이 입 밖에 내기를 주저하는 외설이 되고 말았다. 하지만 결국 그 말은 입 밖으로 나와야만 한다. 마지막 단어는 사랑이기 때문에.14

사랑은 또한 나의 분야인 의학에서 첫 단어이기도 하다. 그 밖의 모든 것이 근거하는 진단의 예술을 생각해보자. 진단diagnosis이라는 말은 대충 '두 사람 사이에 존재하는 앎'이라는 의미로 해석되는 그리스어에서 왔다. 진단은 하얀 가운을 입고 청진기를 든 어떤 한 사람만의 일이 아니다. 이 진단은 휘트먼이 '유사성'이라고 부른 것으로 의사와 환자가 하나가 될 때 가장 잘 작용한다. 진단은 얀이 그의 성공적인 실험에서 보았던 '정체성의 모호함'과도 관련된다.

역사적으로 볼 때, 변형된 의식, 신비한 체험, 몽상, 깨우침, 고도로 창조적인 순간들 속에서 한마음의 다양한 형태를 경험한 사람들은 사랑이 최우선이라는 것을 수없이 확인해왔다. 심리학자 칼 로저스는 이 경험을 "타인을 향한 섬세하고 민감한 부드러움"이라고 불렀다.

여기에 덧붙여 헉슬리는 "사랑은 **당신의** 부드러움일 뿐만 아니라, 또한 죽음에도 불구하고, 고통에도 불구하고, 그 모든 것이 근본적으로 괜찮다는, 우주의 부드러움이다"라고 했다. [15]

상식의 관점에서, 우주가 근본적으로 모두 괜찮다는 것은 "정신병자의 헛소리"라고 헉슬리는 말했다. "모든 경험의 면전에 '신은 사랑이다'라는 말이 떠다니지만, 그것은 전적으로 사실이 아니다. 상식은 완전한 자각에 근거하지 않는다. 그것은 관습의 산물이며, 타인의 말을 끼워맞춘 기억이며, 열정과 가치판단으로 제한된 개인의 경험이다. 그것은 빈껍데기의 말이며 벌거벗은 자기 관심일 뿐이다." [16]

삶에서 사랑을 제거하려는 시도는, 아무리 심각하지 않다고 하더라도, 우스꽝스러운 상황으로 이어질 수 있다. 이는 특히 건강관리에서 두드러진다. 내가 알던 큰 병원에서는 간호사 그룹이 자기들의 관습적인 기법에 다른 차원을 더하는 데에 관심이 있었다. 어느 주말, 그들은 도시 밖으로 나가 접촉치유Therapeutic Touch 코스를 수강했다. 접촉치유는 사랑과 공감으로 치유하는 기법이다. 그런데 수간호사가 이 소문을 듣고 격노했다. 월요일에 간호사들이 출근해보니 간호사실 문 앞에 커다란 문구가 이렇게 걸려 있었다. **'병원 내 치유 금지!'**

또 다른 예로 내가 아는 한 유능한 간호사는 큰 병원에서 강의 초청을 받았다. 하지만 그녀가 다양한 치유기법을 강의할 계획임을 알게 되자 병원 측에서는 이렇게 말하며 초청을 취소해버렸다. "우리는 당신의 방문에 아직 준비가 안 됐습니다. 하지만 우리가 치유를 시작할 때 그때 다시 당신을 초청할 계획입니다." 초청이 취소된 간호사는 얼굴을 찡그리며 말했다. "그럼 그들은 지금 뭘 하고 있나요?"

또 다른 큰 병원에서는 맥박이나 혈압을 잴 때 외에는 간호사가 환자를 터치하는 것이 금지되어 있다. 등을 문지르거나 발을 문지르는 것 같은 '과도한 터치'는 허용 한계를 넘어서는 것이다. 이 규정의 목적은 간호사가 수기 치유기법을 사용하지 못하도록 하기 위함인데, 그러나 이것은 지금 미국 전역에서 점점 대중화되어 가고 있다.

나는 미국 간호사들이 치유를 건강관리에 재도입하는 일에 앞장서고 있다고 말할 수 있어 기쁘다.[17] 그들의 용기와 지혜가 아니었다면, 미국의 건강관리 상황은 지금보다 훨씬 더 암울했을 것이다.

현대의학의 창시자들은 사랑이 치유를 할 수 있다는 것을 알고 있었다. 그것이 돌봄, 감정이입, 자비심이라 불리든, 아니면 좋은 간호법이라 불리든 간에 말이다. 윌리엄 오슬러 경은 서양의 과학적 의학의 아버지로 널리 알려졌다. 1905년, 미국과 캐나다에서 의학교육과 실습법이 혁신된 이후, 명성이 최고지점에 이르렀을 때 오슬러는 영국으로 건너가 옥스퍼드의대의 책임의장이 되었다.

어느 날 그는 옥스퍼드대학의 졸업식에 참석하기 위해 대학 예복을 차려입고 나섰다. 가는 길에 친구이자 동료인 어니스트 맬럼의 집에 들렀는데, 그의 어린 아들이 큰 소리로 기침하며 심각하게 아팠다. 부모와 간호사들이 돌보았음에도 아이는 차도 없이 죽어가는 것처럼 보였다. 아이들을 아주 좋아했던 오슬러에게는 아이들을 다루는 특별한 방법이 있었다. 그는 종종 아이들과 놀았는데, 아이들은 한결같이 그를 자기 세계로 받아들였다. 친숙한 오슬러가 이상한 옷을 입고 나타났을 때, 소년은 마음을 빼앗겨버렸다. 한 번도 그런 모습을 본 적이 없었으니까! 아이를 잠시 진단해본 다음, 오슬러는 천천히 복숭아 1개를 들고 껍질을 벗겨서 칼로 자른 다음 설탕을 뿌렸다. 그러고는 복숭아 과육을 자신에게 매혹된 어린 환자에게 한 조각 한 조각씩 먹였다. 아이가 회복될 것 같은 기미를 느끼지는 못했지만, 그날 이후 오슬러는 40일 동안 날마다 찾아갔다. 갈 때마다 그 멋진 대학 예복을 입었고, 아이에게 손수 먹여주었다. 며칠 안에 흐름이 바뀌어 아이의 회복은 명백해졌다.[18]

사랑하고 공감하는 힐러의 생각이, 다른 사람 안에 측정 가능한 신체적 변화를 일으킨다는 것을 오슬러가 알았으리라고 나는 생각한다. 진 액터버그의 실험과 다른 치유 연구들이 보여주는 것처럼.[19] 멀리 떨어진 사람이 알아차리지 못할 때도 육체가 생각에 반응할 수 있음이 드러나고 있다. 이는 멀리 떨어진 뇌들의 EEG와 fMRI 연구에서 나타난다. 치유에서 사랑의 의도를 제거하려는 시도는 치유를 깨끗하고 객관적으로 보이게 하려고 나왔겠지만, 이는 훌륭한 치료가 무엇인지 전혀 이해하지 못하는 데에서 비롯되었다고 할 수 있다.

판에 박힌, 그러나 멋진 문구

"신은 사랑이다"라는 말은 판에 박힌 문구이긴 해도, 좋은 글귀이다. 융은 그렇게 생각했다. 그는 자서전 《기억, 꿈, 성찰Memories, Dreams, Reflections》에서 이렇게 말했다. "인간은 자기 마음대로 사랑에 모든 이름을 쏟아부으며 명명하려고 애쓸 수 있지만, 인간은 여전히 자신을 끊임없이 기만할 수도 있다. 만일 인간에게 한 알만큼의 지혜가 있다면, 그는 두 팔을 내려놓고 그 미지의 것을 더욱더 미지의 것으로 이름 붙일 것이다. (…) 신이라는 이름으로."[20]

온 우주가 사랑으로 가득 차 있을 것이다. 아원자의 영역에서도 기초적인 사랑의 표현, 즉 일종의 원초적 사랑을 찾아낼 수 있을 것이다. 우리가 거기서 점점 더 복잡해지는 체계들로 나아감에 따라, 사랑은 더욱더 인식 가능해지고, 한마음 안에 참여함으로써 인간에게 있어 가장 완전한 표현에 도달한다. 이런 사랑의 우주적 스펙트럼을 다음 도표로 표현해보았다.

사 랑 의 우 주 적 스 펙 트 럼

	상호작용하는 시스템	상호작용의 증거	상호작용의 표현
↑ 생 물 학 적 복 잡 성	인간과 인간들	감각 혹은 에너지 기반의 정보교환 없이 원거리에서 일어나는 인간들 사이의 비국소적 상호작용. 원격치유 의도와 수많은 텔레소매틱 사건, 원격투시에 관한 많은 통제된 실험이 보고된다.	사랑, 자비, 공감, 돌봄, 하나 됨, 집단의식, 우주 마음 또는 한마음, 신, 여신, 알라, 타오, 절대자
	인간과 동물들	다양한 형태의 원격치유 의도에 관한 수십 건의 연구가 고등동물을 피험자로 하여 수행되고 있다. 길을 잃은 반려동물이 한 번도 가보지 않은 장소들과 먼 거리를 가로질러 주인에게 돌아온다.	사랑, 공감
	인간과 생명체들	수십 건의 통제된 실험이 기도와 다른 형태의 긍정적인 것과 원격치유 의도 등의 원격효과를 다루어왔다. 여기에서는 박테리아, 균류, 효모 등의 '더 낮은' 하등 유기체와 씨앗, 식물, 다양한 종류의 세포가 피험자가 된다.	사랑, 공감

↑ 생물학적 복잡성	인간과 복잡한 기계들	인간은 복잡한 전자 바이오피드백 장치의 행동에 정신적으로 영향을 줄 수 있다. 이것은 바이오피드백 연구에서 수집된 집합기록으로 확인할 수 있다. 이 연구는 수많은 실험실에서 40년 이상 진행되었다. 또한 인간은 먼 거리에서 무작위 사건 발생기와 다른 전자장치들에 정신으로 영향을 줄 수 있으며, 이것은 프린스턴공대 이상현상연구소와 또 다른 연구소가 입증했다..	기계와 '하나 되기' 혹은 기계와 '사랑에 빠지기', 상호연결, 하나 됨
	인간과 복잡한 기계들	인간은 자유롭게 흔들리는 진자, 기계적 계단폭포 장치, 그 밖의 비교적 간단한 장치들의 행동과 먼 거리에서 상호작용하고 영향을 미칠 수 있다. 이것은 프린스턴공대 이상현상연구소와 또 다른 연구소에서 수행한 연구들로 입증되었다.	기계와 '하나 되기' 혹은 기계와 '사랑에 빠지기', 상호연결, 하나 됨
	복잡한 물리장치/시스템들	받아들이는 원리에 따르면, 쌍으로 조화롭게 진동하는 것들과 모든 보편적인 악기들, 라디오와 텔레비전의 회로는 상호작용하며 서로 공명한다. 받아들이는 원리에 따르면, 쌍으로 조화롭게 진동하는 것들과 모든 보편적인 악기들, 라디오와 텔레비전의 회로는 상호작용하며 서로 공명한다. 모든 물질체계는 그것이 기계적이든 전자기적이든, 유체역학적이든 양자역학적이든, 또는 핵물리적이든지 간에 유사한 체계나 그들의 환경과 협력하여 상호작용하는 진동을 보여준다.	공감하는 혹은 조화로운 공명
	아원자입자들	전자와 같은 아원자입자들은 한 번 접촉하면 아무리 멀리 떨어져 있어도 동일한 정도의 즉각적인 변화를 보여준다. 벨 부등식 실험, 애스펙트 실험, 그리고 그 밖의 많은 것이 이 현상을 확인해준다.	비국소적으로 상호연결된 행동, 원초적 사랑 혹은 원시적 사랑?

로버트 G. 얀은 이렇게 썼다. "모든 물질체계는 그것이 기계적이든 전자기적이든, 유체역학적이든 양자역학적이든, 또는 핵물리적이든 유사한 체계나 그들의 환경과 협력하며 상호진동할 가능성을 보여준다. 쌍으로 조화롭게 진동하는 것들과 악기, 라디오와 텔레비전의 회로, 분자의 원자구성요소들은 '공감하는' 공명을 일으킨다. 따로 떨어져 있는 구성요소들의 특성보다 놀랄 만큼 다른 특성이 드러난다."21

모든 물질시스템이 서로서로 혹은 환경과 '공감하는 공명'을 일으킨다는 말은 무슨 의미일까? '공감'은 '함께 느끼기'라는 뜻의 그리스어 'sympatheia'에서 왔고, '공명'은 '메아리'라는 뜻의 라틴어 'resonantia'에서 왔다. 우주가 하나의 거대한 느낌과 감성의 메아리인가? 혹은 사랑의 메아리인가? 미국의 음유시인 월트 휘트먼은 한마음에서 감성과 사랑의 우주적 스펙트럼을 보았고, 그것을 글로 썼고, 그렇게 살았다. 그래서 나는 월트에게 이 주제의 마지막 말을 바친다.

광대한 유사성이 모든 것을 엮고 있네. (…)
모든 영혼, 모든 살아 있는 몸을.
비록 그들이 서로 다르지만 (…)
이 지구 혹은 다른 행성에,
모든 삶과 죽음에, 과거 현재 미래의 모든 것에
존재해왔거나 존재할지 모르는 모든 정체성.
영원히 펼쳐질 것이리라.
그리고 긴밀하게 그들을 붙들고
그들 모두를 에워싸네.22

ONE
MIND

4부

앞으로 나아갈 길

28

확장하는 과학

◇◇◇◇◇◇◇◇◇◇◇◇◇◇◇◇◇

지금까지 내가 제시한 증거들이 그토록 풍부하고 압도적이라면, 왜 여전히 의식에 대한 논쟁이 존재하는 것일까? 개인의 마음이 몸을 넘어, 시공간의 한계를 초월해 활동할 수 있다는 전제에 대한 저항, 또 위대한 연결, 즉 한마음 안에서 하나로 만날 수 있다는 가능성에 대한 저항은 왜 존재하는 것일까? 왜 베테랑 과학자들은 이 문제에 모두 동의하지 않는 것일까? 그 이유는 대단히 복잡하며, 여기서 자세히 분석하기에는 너무 방대하다. 하지만 논쟁의 위험이 있음에도, 나는 이 논쟁을 절대 끝나지 않게 하는 가장 분명한 이유 중 몇몇을 살펴보고자 한다. 그것들 때문에 일이 진전되지 못하고 있으므로, 조사하는 것이 중요하다. 과학을 확장하고자 한다면, 그것은 어떤 식으로든 반드시 제거되어야 한다.[1]

과학은 과학사회가 승인하는 정보는 받아들이고 부정하는 정보는 무시함으로써 (수프의 기름기를 걷어내듯) 겉으로 떠오른 부분을 정기적으로 걷어낸다. '패러다임 전환'이라는 용어를 소개한 과학역사학자이자 철학자인 토머스 쿤은 《과학혁명의 구조 The Structure of Scientific Revolutions》라는 영향력 있는 책에서 이 패턴을 묘사했다.[2] 전문적인 잡지에서 출판을 거부당했다고 해서 데이터 자체가 진실하지 않다고 말할 수는 없다. 연구를 인가하고 논문출간을 결정하는 일은 GOBSAT 방법(Good Old Boys Sat Around a Table, 테이블에 둘러앉은 권위자들이 자기들 맘대로 결정하는 것)이라 불리는 방식으로 결정되는 것 같다.[3] 그 테이블에서 한쪽 옆으로 밀쳐진 정보들 중에는 시간과 공간, 뇌와 몸이라는 물질적 한계에 국한되지 않고 의식이 비국소적으로 세상에 나타날 수 있음을 보여주는 막대한 증거들이 끼어 있다.

실제로 일어나는 일상적인 과학세계의 방식을 모르는 사람들에게는 과학사회의 결정들이 불공평하고 도가 지나친 것으로 보일 수 있다. 과학자들은 어떤 것이 증명되는 한, 그것을 기꺼이 받아들이는 열린 마음의 소유자라는 이미지를 좋아한다. 하지만 실제로는 그렇지 않을 때가 많다. 과학은 소시지와 같다. 소시지가 마음에 드는 동안에는 우리는 소시지공장에 찾아가 그것이 어떻게 만들어지는지 살펴보

려고 하지 않는다.[4]

◈

때때로 과학자들은 새로운 아이디어에 변덕스럽고 제멋대로이며 심술궂은 태도로 반응한다. 이를 살펴보기 위해 과학작가 핼 헬먼이 자신의 쌍둥이 책《과학사 속의 대논쟁Great Feuds in Science》《의학사 속의 대논쟁Great Feuds in Medicine》에서 기술한 '가장 격렬했던 논쟁 열 가지'를 읽어보기를 권한다.[5] 과학자들과 의사들 사이에서 벌어지는 거대한 싸움은 새로운 것이 아니다. 그 싸움은 때때로 포악하기까지 하다. 17세기 잉글랜드에서 내과의사 윌리엄 하비가 혈액순환의 세부적인 증거를 찾아냈을 때, 그는 "자연뿐만 아니라 신의 섭리와 합리성을 전복하려고 시도"한다는 죄명으로 기소되었다고 역사학자 로저 프렌치는 말한다.[6] 게다가 하비는 거장들에게 맞서는 뻔뻔함도 가지고 있었다. 당시 한 의사는 "아리스토텔레스로 말하자면, 그는 모든 것을 관찰했고, 감히 누구도 그의 결론에 맞서서는 안 된다"고 분개하며 말했다.[7] 하비는 그의 반역적인 생각 때문에 응징당할까 봐 두려워서 늘 단검을 지니고 다녔다. 어떤 사람들은 그것이 그저 비과학적일 뿐 아니라, 신학적으로도 이단이라고 생각했다. 이것은 조너스 소크가 소아마비 백신 발견 후에 권총을 가지고 다닌 것과 비슷하다.

뛰어난 18세기 독일 의사 레오폴트 아우엔브루거는 그 당시에 만연했던 새로운 발견에 대한 조롱을 한 장의 사진처럼 이렇게 논평했다. "자신들의 발명으로 예술과 과학을 진보시킨 사람들이 겪는 운명은 항상 시기, 악의, 증오, 파괴, 그리고 비방에 시달리는 것이었다."[8]

아우엔브루거는 1761년에 타진법을 개발했는데, 그것은 가볍게 두드림으로써 조직과 기관의 크기와 밀도를 알아내는 것이다. 그의 기법은 '디지털'이라는 말이 '손가락'의 의미로만 쓰이던 시대에, 엑스레이와 스캐닝에 맞먹는 것이었다. 아버지가 운영하던 여인숙 지하실의 와인통에 술이 얼마나 차 있는지를 테스트하던 경험으로 그는 이 기법을 생각해냈다. 오늘날 이 손가락 타진법은 모든 의과대 학생에게 전수되고 있지만, 그 기원에는 아무도 관심을 두지 않는다. 아우엔브루거의 발견은 완벽한 무관심 속에서 빛을 보지 못했다. 그러다가 그가 죽고 난 지 1년 후인 1808년에 나폴레옹의 주치의이자 프랑스에서 가장 유명한 의사였던 코르비사르가 이를 재도입하였다. 그의 발견은 1816년, 프랑스 의사 르네 라에네크의 청진기 발명과 청진법의 개발로 이어졌다.[9] 그러니 다음에 병원에 갈 때, 의사가 당신의 가슴에 청진기를 대면, 아우엔부르거에게 감사를 표하기를.

헝가리 의사 이그나즈 제멜바이스에 비하면 아우엔부르거는 다행인 편이었다. 1848년 산부인과의사가 산모 출산 후 사망률을 낮추려면 손을 씻는 것이 효과적이라는 증거를 제시했을 때, 그의 동료들은 믿지 않았다. 당시에는 세균에 의한 감염이라는 이론이 존재하지 않았다. 그리고 의사가 아기를 받기 전에 손을 씻는 것은 터무니없다고 생각하였다. 증거는 아무 소용이 없었다. 제멜바이스는 빈에서 불명예스럽게 추방당했고, 부다페스트로 쫓겨가서 결국 자살했다.

비슷한 사례들이 미국에서도 일어났다. 유명한 의사 올리버 웬들

홈스는 1843년 보스턴에서 그의 동료들에게 손을 씻고 철저하게 청결에 신경을 쓰자고 제안했으나, 당시 유명한 몇몇 산부인과의사는 이에 격렬하게 반대했다.[10]

◈

현대과학의 가장 위대한 인물들은, 과학자들이 열린 마음으로 진리를 추구하는 사람이라는 이미지를 깨뜨려왔다. 진정한 과학계 내부 사람이며 DNA 구조를 공동 발견한 노벨상 수상자 제임스 왓슨은 이 점을 신랄하게 또 도도하게 표현했다. 왓슨이 선언하길, "신문과 과학자의 어머니들이 지지하는 대중적인 생각과는 반대로, 많은 수의 과학자는 마음이 협소하고 둔하며 어리석기까지 하다. 이 사실을 자각하지 않고서는 누구도 성공적인 과학자가 될 수 없다."[11] 뛰어난 심리학자 한스 아이젱크가 관찰했듯이, "과학자들은, 특히 그들이 전공한 분야를 떠나서는 다른 사람과 똑같이 그저 평범하고 완고하며 비합리적이다. 그리고 그들의 비범한 고도의 지능은 단지 그들의 편견을 더욱더 위험하게 만들 뿐"이다.[12] 앞에서 나는 내 말이 논쟁의 여지가 있을 거라고 경고했다.

이 책을 통틀어 우리가 조사해온 의식연구에 편견이 있다면, 나는 무엇이든 열린 마음으로 수용하려고 한다. 몸을 넘어선 비국소적 연구의 발견들을 끊임없이 비난해온 오리건대학의 심리학자 레이 하이먼이 그 한 예이다. 하이먼은 이렇게 인정했다. "이 분야의 논의 수준은, 지난 130년간 학자들과 과학자들이 합리성의 표준과 공정한 경쟁에 매달려왔다고 믿고 싶은 사람들에게는 당황스러운 것이었다."[13]

의식을 무시하려고 했던 많은 시도는 여전히 그 의식을 떨쳐내지 못했다. 오히려 이런 시도들은 패러독스처럼 의식을 과학이라는 거실에 들어온 코끼리로 만들었다.[14] 미래의 의식연구자들은 천문학자 칼 세이건의 말을 더 잘 새겨들을 수 있을 것이다. "그 지식이 아무리 우스꽝스럽고, 아무리 힘 있는 자들의 기분을 상하게 할지라도, 절대 지식을 억압하지 말아야 하는 것이 과학자의 책임이다. 우리는 지식의 어느 조각이 허용할 만한지, 또 어느 조각이 그렇지 않은지를 결정할 만큼 현명하지 않다."[15]

29

초월

그리고 그날 인간은 삶에 염증을 느끼리라.
그리고 그들은 우주가 경이롭고 숭배할 만하다고 생각하기를 멈추리라. (…)
그들은 더는 이 세상을 (…)
이 영광스러운 구조물을 사랑하지 않을 것이다. (…)
영혼 그리고 그것이 천성적으로 불멸이라는 믿음,
또는 불멸을 얻으리라는 희망 (…)
이 모든 것을 그들은 비웃을 것이며,
그리고 심지어는 그것이 거짓이라고 자신을 설득할 것이다.[1]

헤르메스 트리스메기스투스

—

우리가 사랑하는 모든 것은 구원될 수 있다.

앨리스 워커[2]

◇◇◇◇◇◇◇◇◇◇◇◇◇◇◇◇◇

"나는 지옥에서 빠져나오는 길을 알고 있다."

주목을 끄는 이 문장은 1982년 리처드 애튼버러가 연출한 마하트마 간디의 전기영화인 〈간디〉의 한 자극적인 장면에서 나왔다. 이 영화는 1947년의 인도를 배경으로 한다. 인도는 영국 식민지배로부터 독립을 얻은 후, 힌두교와 이슬람교 사이의 격렬한 시민전쟁에 휘말려들었다. 간디는 비폭력 저항운동의 선봉에 섰다. 캘커타 거리가 피로 물들고 도시 전역이 불타오르는 가운데, 중년의 한 미친 힌두교도가 간디의 침소에 찾아왔다. 마하트마는 금식으로 허약해져 있었는데, 금식은 전국에 퍼진 피비린내 나는 전쟁을 멈추기 위한 노력이었다. 그는 거의 죽음에 가까워지고 있었다. 그 남자는 간디에게 먹을 것을 주며 말했다. "여기요! 드세요! 드세요! 나는 지옥에 가겠지만, 맹세코 당신은 지옥에 가지 않을 것이요!" 간디는 묵묵히 대답했다. "누가 지옥에 갈지는 오직 신만이 결정하십니다." 그러자 죄책감에 시달리던 남자는 자기가 이슬람교도 아이를 죽였다고 자백했다. "나는 그 아이의 머리를 벽에 짓눌렀어요!" 간디는 남자에게 왜 그 아이를 죽였는지 물었다. "그 아이가 내 아들을 죽였기 때문입니다. (…) 내 아이요! 이슬람교도들이 내 아들을 죽였어요!" 그러나 복수심에 불타는 증오에는 쉬운 해결책이 없다. 간디가 그 남자를 지옥에서 꺼내는 방법은 엄했다. "어머니와 아버지가 죽임을 당한 어린아이를 찾으세요. 그리고 그 아이를 당신의 아들로 키우세요. 그 아이는 이슬람교도여야 합니다. (…) 당신은 그 아이를 이슬람교도로 키워야만 합니다." 힌두교도인 남자는 경악했다. 그는 용서를 받기 위해 그처럼 극단적인 되갚음을 생각해본 적이 없었다. 하지만 그는 간디가 내려준 처방의 진실성을 느끼고, 무릎을 꿇고 흐느껴 울었다.

　나는 이 책이 지옥에서 벗어나는 길이 되기를 의도하며 썼다. 우리 이전의 사람들은 한 번도 상상하지 못했던 위협에 직면한, 역사상 특별한 순간인 이 지옥에서 벗어나는 길 말이다. 우리가 존재한다는 단순한 사실과, 근시안적인 선택 때문에 지구는 지금 퇴락의 길을 걷고 있다. 전문가들에 따르면, 어떤 지점을 넘어서면 더는 빠져나갈 길이 없으며, 또 캘커타 시나리오와는 다르게 더는 속죄의 길이 없을지 모르는 지옥이다.

지구 위기의 증거는, 길거리에서 광고판을 목에 걸고 "종말이 가까워졌다!"고 소리치는 미친 사람의 말에 있지 않고, 풍부한 과학에 근거한다. 우리가 직면한 문제들은 일부러 눈을 감지 않는 한 모를 수가 없다. 지구 기후변화, 공기와 물의 오염, 인구 팽창, 종의 멸종과 서식지 상실, 물 부족, 사막화, 살인적인 이념들, 자원고갈, 혹독한 가난, 끝없는 전쟁, 윤리적·종교적 증오 등이 그것이다. "나는 내 것을 챙겼으니 각자 자기 것을 챙기라"는 철학이 현재 우리 사회를 오염시키고 있다. 그러나 나는 다른 많은 저자가 해왔듯이 특정한 위협을 집중적으로 논하고 싶지는 않다. 그와 달리 내 접근법은 두루뭉술하고 우회적이다. 시인 에밀리 디킨슨이 "진리를 모두 말하라. 그러나 넌지시"라고 충고한 것처럼.

나의 메시지는, 모든 문제에 대한 우리의 집단적인 반응을 재조정할 방법이 있다는 것이다. 그러면 수많은 해결책이 제자리를 찾게 될 것이다. 이 접근법은 지구와 서로를 향한 도덕적·윤리적 자세에 재부팅을 요구한다. 이는 채널을 바꾸는 것과 같으며, 우리가 누구인지 서로 어떻게 연결되어 있는지 또 우리를 지탱하는 지구와 어떻게 연결되어 있는지에 관한 기본개념을 다시 정립하는 일이다. 나는 단일하고 집합적인 한마음의 개념이, 우리가 직면한 문제에 접근하는 방법에서 뭔가 차이를 만들어낼 충분히 강력한 비전이라고 믿는다. 이는 단순히 지적인 개념이 아니라, 뭔가 가장 깊은 곳에서 가능하다고 느껴지는 것을 말한다. 한마음은 모든 생명체의 마음이 그 일부로서 포함된 전체적 지성이다. 헤세는 《데미안Demian》에서 이렇게 말했다.

"나는 끊임없이 뭔가를 찾는 구도자였고 지금도 그렇다. 그러나 이제 나는 별들이나 책 속에서 길을 찾지 않는다. 내 피가 몸 속에서 속삭이는 가르침에 귀를 기울이기 시작한 것이다."[3]

더 높은 것을 향한 책임

체코공화국 초대 대통령이었던 작가이자 시인이자 극작가인 바츨라프 하벨은 우리 세계에 어둠을 드리우는 지옥을 보았고, 국제무대에서 그에 관해 말할 용기가 있었다. 그는 해결책으로써 한마음과 같은 자각 속으로 다 함께 들어가자고 선언했다. 그는 그것을 '더 높은 것을 향한 책임'으로 불렀다. 1990년 2월 21일, 하벨은 미 연방의회의 한 회의에서 이렇게 연설했다.

존재 이전에 의식이 있습니다. 그러나 그 반대로는 아닙니다. (…) 이런 이유로, 인간세계의 구원은 다른 곳이 아닌 인간의 가슴 속에 있습니다. (…) 인간 의식권 안에서 지구 차원의 혁명이 일어나지 않는다면, 인간으로서의 우리 존재계 안에는 더 나은 것을 위한 변화가 없을 것입니다. 그리고 지구에 닥쳐올 파국을 피할 수 없을 것입니다. 그것이 생태적·사회적인 것이든, 민주주의나 문명 전반의 파멸이든 말입니다. 만일 우리가 세계전쟁이나 터무니없이 쌓인 핵무기 산이 세상을 날려버릴 것 같은 위험에 더 이상 위협받지 않는다 해도, 이것이 우리가 결정적으로 승리했음을 의미하지는 않습니다. 우리 행동이 도덕적인 것이 되려면, 그 모든 행동의 유일하고 진정한 근간은 책임이라는 것을 우리는 이해해야 합니다. 가족, 국가, 회사, 성공보다 더 높은 무언가를 향한 책임, 그리고 우리의 모든 행동이 빠짐없이 기록되고, 유일하게 올바로 심판받게 될, 존재의 질서를 향한 책임입니다.[4]

초월

1994년 필라델피아 미국독립기념관에서 있었던 '초월의 필요성'이라는 제목의 연설에서, 하벨은 그가 **초월**이라 부른 의식상태로 인류가 통합되는 것에 관해 말했다.

오늘날의 다문화 세계에서 평화로운 공존과 창조적인 협동을 향한 진정으로 의지할 만한 길은, 정치적 견해, 확신, 반감이나 공감보다는 인간의 가슴과 마음 속에 무한히 깊이 놓인 것에서부터 시작해야 한다. 그것은 자기 초월에 뿌리를 두어야만 한다. 초월은 우리와 가까운 사람들, 이방인, 인간사회, 모든 생명체, 자연, 우주에 손을 내민다. 깊이 경험되고 또 즐거움으로 경험되는 초월은 우리 자신이 아닌 것, 우리가 이해하지 못하는 것, 시공간적으로 우리에게서 떨어져 있는 것, 그런데도 우리와 신비롭게 연결된 것과 조화롭게 존재할 필요가 있다. 왜냐하면 우리와 함께 그 모든 것이 하나의 단일한 세계를 구성하기 때문이다. 초월은 멸종에 대한 유일하고 진정한 대안이다.[5]

앞에서 우리는 내가 한마음이라 부른 초월적이며 통합적인 상태와 함께하는 변형적인 체험을 많이 탐험해보았다.

이런 초월적인 체험은 종종 우리를 흔들고, 안팎을 뒤집어놓는다. 그러면 프레더릭 터너가 표현했듯이 일시적으로 '마음이 멍해진다'.

내가 수년간 알고 존경해온 우주비행사 에드거 미첼은, 전체와 조우하면 그 결과 어떤 일이 벌어질 수 있는지를 보여주는 대표적인 예라 할 수 있다. 미첼은 아폴로 14호 달착륙선의 파일럿으로 달 표면을 걸었던 여섯 번째 사람이다. 지구로 귀환하는 비행에서, 그는 지구와의 비범한 연결을 느꼈다. "그것은 하얀 구름에 덮인, 푸른빛의 평화롭고 아름답고 조화로운 행성이었다. 우리에게 깊은 고향의 느낌, 존재의 느낌, 정체성의 느낌을 주는 (…) 그것은 내가 즉각적인 지구의식이라 부르고 싶은 것이었다."[6] 또한 다른 우주인들에 대해 그는 이렇게 말했다. "저마다 더 이상 미국 시민이 아니라는 느낌을 지니고 돌아왔다. 우리는 지구 주민이었다." 아폴로 9호 달탐사선의 파일럿이었던 러셀 슈바이카르트 역시 거의 비슷한 말을 했다. "당신은 이 전체 생명의 한 조각임을 깨닫게 됩니다. (…) 당신이 지구로 돌아올 때 이 세계에는 차이점이 생깁니다. 당신과 지구, 그리고 당신과 지상의 다른 모든 생명 형태의 관계에 차이가 생기는 것입니다. 왜냐하면 당신은 이미 그런 체험을 했기 때문입니다."[7]

물론 그런 초월의 체험과 변형의 순간을 경험하기 위해 지구 밖으로 나갈 필요는 없다. 우리는 **내면**의 우주로 여행할 수 있다. 우리가 보아왔듯, 이런 경험은 항상 자각해주기를 바라며 문을 두드리고 있다. 의식적인 삶의 거실 안으로 뛰어들어올 기회만 기다린다. 조용히 앉아 있거나, 음악을 듣거나, 예술을 감상하거나, 명상, 기도, 예배, 설거지, 정원일 등을 하거나, 아니면 아무것도 하지 않을 때와 같은 일상의 다양한 상황 속에서 이런 경험들은 돌발적으로 일어난다. 또는 임사체험이나 생명의 위협을 느끼는 극적이고 절실한 순간에 일어날 수도 있다.

한마음 체험의 영적인 측면

그런데 우리가 이 책에서 살펴본 것과 같은 한마음의 체험들은, 우리가 직면한 어두운 미래로부터 어떻게 우리를 벗어나게 할 수 있을까? 그 과정은 어떻게 일어날까?

이런 체험들 대부분은 초현실적이거나 초심리적이라고 여겨진다. 그것이 신체감각을 넘어서는 비국소적인 앎과 관련되기 때문이다. 이런 체험들은 멀리 떨어져 있는 개인들 사이의 연결을 보여준다. 그러나 멀리 떨어진 사람들 사이의 연결은 흔한 경험이다. 휴대전화와 전화를 생각해보라. 연결성에서는 초월적인 어떤 것이 반드시 필요하지는 않다. 한마음의 체험도 별것 아닌 게 될 수 있다.

플로리다 롤린스대학의 철학교수 호이트 L. 에지는 이렇게 썼다. "초심리학적 현상은 다른 현상들과 마찬가지로 더는 영적이지 않다. (…) 그러나 그것이 전부는 아니다. 의미가 깊은 초자연현상도 있다. 초심리학적 연구결과의 데이터는, 모든 것이 서로 연결되어 있고, 이 연결이 자연스러우며, 인간이 만든 인공물(예: 전화기)의 결과가 아니라는 증거를 제공한다. (…) 만일 초감각 능력이, 우주의 모든 부분들이 서로 친밀하게 연결되어 있고 우리가 이 전체성의 중요한 한 부분이라는 사실을 간접적으로 암시해준다면, 이 관점에서 영적인 의미를 발견해낼 수 있을 것이다."

에지 교수는 이런 더 큰 관점에서 중요성을 발견한다. 이 관점이 우리가 세상에 존재하는 방식을 바꾸어놓을 수 있기 때문이다. "영성의 핵심은 자연세계와 다른 사람들로부터 우리를 분리하지 않는다. 오히려 그것은 자연세계와 상호작용 속에서 우리의 행동을 신성하게 만든다." 그는 또 말했다. "초심리학은 더욱 합리적이고 통합성 있는 세계관을 지지하는 증거들을 제공해준다." 에지 교수는 신비경험을 일으키기 위해 고안된 한 실험에서 어느 학생의 느낌을 인용한다. 그 학생이 말했다. "나는 모든 생물체와 무생물을 연결하는 에너지 형태로 드러난 자각의 근원, 깨달음과 존재의 근원이었다. (…) 나는 도덕적으로 고양된 순수하고 단순한 존재의 상태를 느꼈다. 그것은 폭포수처럼 끊임없이 흘러내렸고, 모든 존재 안에 더욱더 깊이 들어갔으며, 점점 더 평화롭고 만족스러운 느낌으로 경험되었다. (…) 나는 의미 없음과 죄책감, 시간의 절박함으로부터 자유로워지고 내 주변은 온통 의미 있음으로 가득 차 있었다."[8]

의식연구자이자 실험주의 심리학자인 윌리엄 브라우드는 한마음의 체험을 지옥에서 탈출할 수 있는 가능성으로 본다. "우리는 분명 서로를 친절함, 이해, 그리고 자비심으로 대할 수 있다. 비록 우리가 비범한 방식으로 친밀하게 연결되어 있지 않더라도 말이다. 그러나 우리의 상호연결성을 직접 경험하고 알게 되면, 서로에 대한 사랑이 많이 증가하며, 서로에 대한 윤리적인 행동이 증대될 수 있다."

한마음의 체험으로 개인이 영적인 성장에 도움을 얻는 길이 또 하나 있다. 그 사람에게 충격을 주어, 이런 현상을 막는 관습적인 과학의 세계관이 얼마나 부적합한가를 깨닫게 하는 것이다. 철학자 도널드 에번스는 이렇게 썼다. "때로 그런 세계관이 허물어지는 유일한 길은, 의심하는 자가 강력한 초자연적 경험을 직접 겪는 것이다. 직관의 다양한 초자연적 힘을 일으키기 위한 워크숍에서 나는 이런 일이 벌어지는 것을 보았다. 그때는 현실의 이슈 전체가 변해버린다. (…) 물론 때로 이런 일들은 저절로 일어나기도 한다."

에번스는 우리가 이런 경험들을 해석할 적절한 방법을 두 가지 알고 있었다. "한편으로 나는 모든 것 또는 모든 사람과 분리되어 있지 않다는 것을 안다. 내 영혼이 무소부재한 매개물인 우주령cosmic spirit을 통해서 모든 사람, 모든 것과 연결되어 있다는 신비로운 경험 때문이다. 다른 한편으로는 나의 깨어 있는 영혼이, 우리 안에서 존재하고 동시에 우리 자신으로서 존재하는, 모든 것의 근원과 하나라는 신비경험 때문이다."⁹

여기에 위험성이 있을까? 물론이다. 나르시시즘과 이기주의는 어떤 고양된 인간의 경험도 낚아챌 수 있다. 그리고 에고의 장난으로 변질될 수 있다. 이런 이유로, 어떤 영적 전통은 개인의 변형과정에서 흔히 일어나는 초능력 현상을 가치 절하하거나 심지어는 비웃기도 했다. 그러나 이런 경험을 절대적으로 금지하는 것은 틀림없이 부적절하다. 왜냐하면 그 경험들이, 우리가 일부로서 존재하는 세계의 근간을 이루는 '연결성'을 강력하게 보여주기 때문이다. 에번스가 말했듯이 이런 경험은 "근본적이면서도 필수적인 후속 경험을 제공해줄 수 있다. 그것은 신에 의해 사는 것, 신의 사랑과 공명하고, 그것의 통로가 되기를 막는 것이 무엇인지 점차 깨닫게 되면서 거기에 순응하는, 급격한 변화가 있는 힘든 과정이다."[10] 이런 한마음 체험을 통해서, 독일의 심리학자이자 선의 스승인 카를프리트 그라프 뒤르크하임의 표현처럼 우리는 '초월에 투명해지는' 법을 배울 수 있다.[11] 우리는 의식, 삶, 공감, 그리고 사랑의 회로의 전달자가 된다. 이런 자각과 함께 우리는 한마음 체험을 더 **갖지** 않고, 한마음에 **살게** 된다.

과학의 지도 위에 원격투시를 올려놓은 러셀 타그는 《ESP의 실재: 심령능력에 대한 과학자의 증거The Reality of ESP: A Physicist's Proof of Psychic Abilities》에서 이렇게 썼다. "서양과학은 우리에게 커다란 성취를 주었으며, 먼 우주에까지 이르는 지식을 보여주었다. 하지만 동시에 우리의 정신 우주를 코코넛 크기로 축소했다. 우리가 이 현실에 의문을 던지고, 방해받지 않는 어떤 현실이 우리에게 가능하다고 주장하는 것은, 내 생각에 그저 시간 때우기에 불과하다."[12]

우리의 미래는 위에서 말한 이 '방해받지 않는 실제reality'를 인식하는 데에 달린 것 같다. 그 현실은 우리와 다른 사람들, 그리고 우리와 세계 사이의 비국소적인 친밀한 연결성으로 정의된다.

타그는 영성과 한마음의 경험이 긴밀하게 연결되어 있다고 믿었다. 그러면서 그 증거로, 서기 100년까지 거슬러 올라가는 불교 화엄경에 나오는 텔레파시와 예지의 묘사를 인용했다.[13] "이 불교 교리는 예지나 죽은 사람과의 대화가 모순적이지 않다고 가르친다. 왜냐하면 과거, 현재, 미래는 모두 **서로 의존하여 함께 일어남** 속에서 무한하기 때문이다. 그래서 미래는 과거에 영향을 줄 수 있으며, 우리의 의식이 무시간적이고 비국소적이므로 우리가 죽은 사람이나 예지몽 속에서 미래에 일어날 일과 소통하는 것이 놀랍지 않은 것이다." 타그는 말했다. "이 모든 형태의 초월적 지식은 비국소적인 의식의 자연스러운 산물로, 우리 삶에 나타날 수 있다." 그리고 그것이 명상과 묵상 같은 영적 훈련을 통해 정련되고 분별심 있는 투명한 마음으로 경험된다면, 우리의 영적 여정을 도와줄 수 있다.

타그는 이런 '초월적 지식'의 예를 힌두교의 가르침, 특히 현자 파탄잘리(기원전 2세기)와 샹카라(8세기)의 저술들에서 발견할 수 있음을 보여주었다. 그는 이렇게 결론맺는다. "나는 불교도인 내 친구들이 불교가 심령능력에 관심 없다는 말을 다시는 하지 말았으면 한다."14

또 나는 기독교도인 친구들이 이런 비국소적인 앎의 방식이 신학적으로 의심스럽다고 말하는 것 역시 그만두기를 희망한다. 텔레파시, 투시, 예감과 같은 비국소적인 현상을 악마의 일로 여기고, 그것을 고백하는 사람들을 종종 신의 이름으로 처형하는 한, 기독교는 여전히 과거 수세기 동안 해결하지 못한 문제에 시달리고 있다고 보아야 할 것이다. 이런 의심은 이제 우리 종족의 것이 아니다. 이런 능력들은 정말고 개발되기를 권장해야 한다. 왜냐하면 살아남으려고 애쓰는 우리 종족은 이런 의식의 온전한 스펙트럼이 필요하기 때문이다.

바늘구멍

한마음을 체험하는 모든 순간에는 생생한 자각, 연결, 친밀함, 그리고 더 큰 전체와의 교감이 공통적으로 존재한다. 절대자, 신, 여신, 알라, 우주 등 그 무엇으로 인식되든, 이 모든 체험은 강렬한 사랑의 경험 속에 녹아들어 있다. 그런 체험 후에는 우리 인생의 존재론적인 근거에 심오한 변화가 뒤따른다. 우리는 "어떤 한 사물이나 과정으로 존재하는 것을 멈추고, 절대자가 (우리를 통해) 드러날 수 있는 열림과 투명함이 된다."[15]

이 한마음의 체험은 통과하고 나면 돌아올 수 없는 바늘구멍이다. 이 체험은 우리에게 최상의 희망이지만, 희망 이상의 그 무엇이다. 그것은 모두의 손에 닿을 수 있고, 이미 많은 사람이 경험해온 것이다.

이 위대한 지구가 우리에게 말을 걸어온다면, 그것은 13세기 페르시아의 빛나는 수피 시인인 루미의 말로 우리를 부를 것이다. "오라, 오라, 누구든지 오라. 방랑자든 불을 숭배하는 자든, 떠나는 것을 사랑하는 자든. 이것은 절망의 카라반이 아니다. 그대가 수천 번이나 서약을 어겼을지라도 괜찮다. 그래도 오라. 또다시 오라."[16]

만일 지구가 부른다면, 우리는 어떻게 응답해야 할까? 우리는 지구와 환경에 대한 책임을 팽개쳐왔고, 그러므로 결국 우리 자신과 타인들에 대한 책임 또한 수천 번이나 회피해왔다. 그러나 우리의 비국소적 본성인 한마음을 회복함으로써, 우리의 단점을 극복할 힘이 우리 안에 있다. 한마음은 우리를 지구를 포함한 다른 모든 것과 하나로 이어준다. 사랑, 돌봄, 애정이 바로 한마음을 부르는 카드이다. 우리가 이 위대한 연결 안에 있음을 느낄 때, 마치 연인처럼 연결된 그것을 존중함으로써 우리는 응답한다. 이 연결은 영원하다. 굳이 연결하려고 애쓸 필요가 없다. 루미의 말을 다시 인용한다. "연인들은 마침내 어딘가에서 따로 만나는 것이 아니다. 그들은 서로 안에 늘 함께 있다."[17]

감사의 말

1. Krishna, *The Biological Basis of Religion and Genius:* 35 – 36.
2. Baldwin, *Edison:* 376.

저자의 말

1. Yu, *The Great Circle:* 160.
2. Rao, *Cognitive Anomalies, Consciousness, and Yoga:* 352.
3. Ibid., 335; Emerson. *Self-Reliance and Other Essays:* 53. 라오 교수의 말을 에머슨의 언어와 비교해보라. "사람 안에 거하는 영혼은 (…) 어떤 능력이나 기능이 아니라 빛이다. (…) 내면에서 혹은 그 너머에서 빛은 우리를 통과해 사물을 비추고 있다. 그리고 우리는 아무것도 아니며 빛이 전부라는 것을 우리가 자각하도록 만든다." (Emerson. *Self-Reliance and Other Essays:* 53.)
4. Tzu, *Tao Te Ching.*
5. 동양에서와 같이 서양에서도, 에머슨의 경우처럼: "그것(영혼)은 너무도 미묘하다. 그것은 정의할 수 없고 측정할 수 없으나, 우리는 그것이 모든 곳에 편만해 있으면서 우리를 감싸 안고 있음을 안다." (Emerson, *Self-Reliance and Other Essays:* 53).
6. Heisenberg, *Physics and Beyond:* 137.
7. Planck, *Where is Science Going?:* 217.

소개의 글

1. Schiller, "물리학적 연구의 진보(The Progress of Psychical Research)"
2. 내가 거론하는 많은 현상들을 상세히 탐구한 부가자료를 참고하고 싶은 분에게 버지니아 대학의 심리학자인 에드워드 켈리와 동료들이 저술한 학술서적 〈Irreducible Mind〉를 권한다. 이 획기적인 책은 "명철하고, 위대하며 (…) 놀랍다. 그리고 과학적으로 엄밀하다. (…)"라는 좋은 평을 받아왔다. 뒷표지의 Richard Shweder의 서평: Kelly, et al. Irreducible Mind.
3. Dossey, *Recovering the Soul:* 1 – 11.
4. Thomas, *The Medusa and the Snail:* 174 – 75.

5. Raffensperger, "도덕적 상처들과 환경(Moral Injuries and the Environment)"

6. Karpf, "기후변화(Climate Change)"

7. Mead, Quotationspage.com.

8. Barasch, Green World Campaign.

9. Rifkin, *The Empathic Civilization:* 599 – 600.

10. Josephson, "병적인 불신(Pathological Disbelief)"

11. Sturrock, *A Tale of Two Sciences:* 95.

12. Milton, Alternative Science: 3; Lindsay. "Maskelyne and Meteors"; "History of Meteoritics"; Ensisheim meteorite, Encyclopedia of Science.

13. Einstein, The New York Times; Wikiquote.

14. Johnson, "The Culture of Einstein."

15. Emerson, *Essays: First Series:* 1.

16. Ibid., 96.

17. Lovejoy, *The Great Chain of Being.*

18. Akashic Records, Wikipedia; Laszlo, *Science and the Akashic Field.*

19. Luke 17:21, King James Version.

20. John 10:34, King James Version.

21. Trismegistus, *Hermetica:* 203.

22. Plato, *Collected Dialogues of Plato:* 520 – 525.

23. Pierce, *Irish Writing in the Twentieth Century:* 62.

24. Kerouac, *Scattered Poems:* 54.

25. 보편적인 세 가지 형태의 유물론(물질주의)이 있다. (1) 부수현상설(Epiphenomenalism)은 주전자에서 수증기가 나오는 것처럼 의식이 뇌에서 나온다고 본다. 주전자를 제거하면 수증기도 없어진다. (2) 동일성 이론(Identity theory)은 의식과 두뇌상태가 동일하다고 주장한다. (3) 의식을 부정하는 유물론(Eliminative materialism)은 의식이 존재하지 않는다는 견해이다.

26. Hoffman, "의식적인 현실주의와 몸-마음 문제(Conscious Realism and the Mind-Body Problem)"

27. Pinker, *How the Mind Works:* 146.

28. Huxley, *Tomorrow and Tomorrow and Tomorrow:* 32; 헉슬리의 관찰은 지적인 게으름이나 반-과학(antiscience)을 시인하는 것으로 해석되어서는 안 된다. 그는 과학의 언어와 공식과는 일치하지 않는 지혜를 존중하고 있다. 에머슨의 말처럼 그 지혜는 "영혼의 계시 (…) 영혼의 드러냄"에서 온다. 에머슨은 이런 앎이 속된 세상의 질문에 대답하기 위해 사용되면 질이 저하된다고 주장한다. 그는 이렇게 말했다. "우리는 이런 질 낮은 호기심을 저지해야 한다. 우리는 그 자물쇠를 열지 말아야 한다." (Emerson, *Self-Reliance and Other Essays:* 58.)

29. Thomas, *The Medusa and the Snail:* 73.

30. Ibid., 174 – 175.

31. Sheldrake, *Science Set Free.*

32. Nisker, *Inquiring Mind:* 1.

1. 다른 이들을 구조하다

1. Buckley, "Man is Rescued by Stranger on Subway Tracks."
2. Trump, "The Time 100."
3. Campbell and Toms, *An Open Life*: 53.
4. Ryder, *Animal Revolution*: 57.
5. Campbell, *The Inner Reaches of Outer Space*: 84.
6. Dossey, *Healing Beyond the Body*: 79 – 104.
7. Pearce, *Evolution's End*: 221.
8. Huxley, *The Perennial Philosophy*: 6.
9. Ibid., 9.

2. 한마음의 수호성자

1. Schrodinger, *What is Life? and Mind and Matter*: 145.
2. Moore, *Schrodinger: Life and Thought*: 107 – 110.
3. Ibid., 111.
4. Koestler, *The Roots of Coincidence*: 107 – 108.
5. Moore, *Schrodinger: Life and Thought*: 112.
6. Schopenhauer, Samtliche Werke: 224 – 225; Koestler, *The Roots of Coincidence*: 107 – 108.
7. Moore, *Schrodinger: Life and Thought*: 113.
8. Schrodinger, *What is Life? and Mind and Matter*: 139.
9. Ibid., 133.
10. Ibid., 145.
11. Ibid., 165.
12. Schrodinger, *My View of the World*: 21 – 22.
13. Ibid., 22.
14. Moore, Schrodinger: *Life and Thought*: 348 – 349.
15. Ibid., 173.
16. Huxley, *The Perennial Philosophy*.
17. Underhill, *Mysticism*: 80.
18. Moore, *Schrodinger: Life and Thought*: 114.
19. Gandhi, *The Evolution of Consciousness*: 215 – 251.
20. Dossey, *Space, Time & Medicine*.
21. Dossey, *Recovering the Soul*: 1 – 11.

3. 한마음의 경험들

1. Stein, *Everybody's Autobiography:* 289.
2. Van Oss, "Hunch Prompted Dutch Man to Cancel Flight on Air France 447."
3. Winkler, Personal communication to the author.
4. Beloff, *Parapsychology:* xiv.

4. 한마음은 무한한 크기의 거품덩어리가 아니다

1. Pearce, Evolution's End: 30.
2. Ibid., 95.
3. Grann, *The Lost City of Z:* 122 – 123.
4. Walach and Schneider, *Generalized Entanglement From a Multidisciplinary Perspective.*
5. Nadeau and Kafatos, *The Non-Local Universe:* 65 – 82.
6. Herbert, *Quantum Reality:* 214.
7. Einstein, Podolsky, and Rosen, "물리적 현실을 양자역학으로 설명하는 것이 완벽하다고 할 수 있는가? Can Quantum-Mechanical Description of Physical Reality Be Considered Complete?"
8. Kafatos and Nadeau, *The Conscious Universe:* 71.
9. "우주의 나이는? (How old is the universe?)" Universe 101.
10. Vedral, "양자 세계에 살기(Living in a Quantum World)"; Thaheld, "생물학적 비국소성과 마음-두뇌 상호작용의 문제(Biological Nonlocality and the Mind-Brain Interaction Problem)"; Thaheld, "공간적으로 분리된 두 동물의 두뇌 전기활동 사이의 비국소적 관련 가능성에 관한 실험방법(A Method to Explore the Possibility of Nonlocal Correlations Between Brain Electrical Activities of Two Spatially Separated Animal Subjects)"
11. Bohm, *Wholeness and the Implicate Order:* 145.
12. Cook, *Hua-Yen Buddhism:* 2.
13. Bohm, *Wholeness and the Implicate Order:* 149.
14. Bohm and Krishnamurti, *The Limits of Thought.*
15. Lachman, Lachman, and Butterfield, *Cognitive Psychology and Information Processing:* 137.
16. Sheldrake, McKenna, and Abraham, *The Evolutionary Mind:* 109 – 121.
17. Turner, *Natural Religion:* 213.
18. Best, *Five Days That Shocked the World:* 79.
19. Gonin, "Extract from the Diary of Lieutenant Colonel Mervin Willett Gonin."
20. Bohm, *Wholeness and the Implicate Order.*
21. Eckhart, "Spiritual Practices: Silence."
22. Keating, "Spiritual Practices: Silence."

23. Vivekananda, "Spiritual Practices: Silence."

24. Alexander, *Proof of Heaven*; Alexander, "신경과의사 에벤 알렉산더의 임사체험은 의식에 관한 의학의 모델에 도전한다."

25. Eckhart, *Meister Eckhart*: 243.

5. 응시받는 느낌

1. Longworth, *Churchill by Himself*: 322.

2. Sheldrake, *The Sense of Being Stared At*; Braud, Shafer, and Andrews, "원격주의의 피부 전기적 상관관계(Electrodermal Correlates of Remote Attention)"; Cottrell, Winer, and Smith, "보이지 않는 타인에게서 응시받고 있는 느낌에 대한 아동과 성인의 신념(Beliefs of Children and Adults About Feeling Stares of Unseen Others)"

3. Sheldrake, *The Sense of Being Stared At*: 5.

4. Ibid., xiii.

5. Matthew, "제6감이 등 뒤를 주시하는 데 도움이 된다(Sixth Sense Helps You Watch Your Back)."

6. Sheldrake, *The Sense of Being Stared At*. London. Arrow; 2003: 139.

7. Ibid., 139 – 140.

8. Ibid., 157.

9. Cottrell, Winer, and Smith, "보이지 않는 타인에게서 응시받고 있는 느낌에 대한 아동과 성인의 신념(Beliefs of Children and Adults About Feeling Stares of Unseen Others)"

6. 그들은 하나처럼 움직인다

1. Sandoz, *The Buffalo Hunters*: 3 – 5.

2. Ibid., 102.

3. Ibid., 103 – 104.

4. "Project Passenger Pigeon: Lessons from the Past for a Sustainable Future."

5. Winter, Starlings at Otmoor; For another breathtaking starling display, see: Clive, Murmuration.

6. Shadow, Dailygrail.com.

7. Ibid.

8. Miller, "The Genius of Swarms."

9. "Planes, Trains, and Ant Hills." ScienceDaily.com.

10. Miller, "The Genius of Swarms."

11. "Caribou." U. S. Fish and Wildlife Service.

12. Miller, "The Genius of Swarms."

13. Sheldrake, *The Sense of Being Stared At*: 113 – 121.

14. Potts, "The Chorus-Line Hypothesis of Manoeuvre in Avian Flocks."

15. Sheldrake, *The Sense of Being Stared At:* 115; Selous, *Thought Transference* (or *What?*) *in Birds:* 931; Long, How Animals Talk.

16. Sheldrake, *The Sense of Being Stared At:* 119.

17. Ibid., 83.

7. 동물과 인간의 한마음

1. Watson, "Natural Harmony."

2. Alexander, *Bobbie, A Great Collie:* 103 – 113.

3. Harness, "The Most Famous Mutts Ever" Rin Tin Tin's story is told in Orlean. Rin Tin Tin Stelljes, *Wonder Dog, the Story of Silverton Bobbie;* Schul, *The Psychic Power of Animals:* 52; Rhine and Feather, "The Study of Cases of 'Psi-Trailing' in Animals."

4. Scheib, "Timeline."

5. Trapman, *The Dog, Man's Best Friend.*

6. Rhine and Feather, "The Study of Cases of 'Psi-Trailing' in Animals."

7. "Of All the Pigeon Lofts in the World."

8. Rhine and Feather, "The Study of Cases of 'Psi-Trailing' in Animals."

9. Sheldrake, *Dogs That Know When Their Owners Are Coming Home;* Sheldrake, Commentary on a paper by Wiseman, Smith, and Milton on the "psychic pet" phenomenon.

10. Armstrong, "Souls in Process: A Theoretical Inquiry into Animal Psi." *Critical Reflections on the Paranormal:* 134.

11. Ibid., 135.

12. Ibid.

13. Sheldrake and Smart, "Psychic Pets."

14. Scheltema, *Something Unknown Is Doing We Don't Know What.*

15. Wiseman, Smith, and Milton, "Can Animals Detect When Their Owners Are Returning Home?"

16. Wilson, Quoted at GoodReads.com.

17. Schul, The Psychic Power of Animals: 142 – 143; Telepathy. *Gale Encyclopedia of Occultism and Parapsychology.*

18. Kane, "Do Dogs Mourn?"

19. Harrison, *Off to the Side:* 47 – 48.

20. Ibid., 48.

21. "NZ Dolphin Rescues Beached Whales." BBC News online.

22. Gessler, "Couple Alerted by Dolphins about Tired Dog Tells Story."

23. Cellzic, "Dolphins Save Surfer from Becoming Shark's Bait."
24. "Dolphins Save Lifeguards from Circling Great White Shark." www.joe-ks.com; Thomson, "Dolphins Saved Us From Shark, Lifeguards Say."
25. "Amazing Moment Mila the Beluga Whale Saved a Stricken Diver's Life by Pushing Her to the Surface."
26. "Heroic Horse Halted Cow's Attack." BBC News online.
27. "Gorilla Rescues Child." Year in Review: 1996; "Gorilla at an Illinois Zoo Rescues a 3-Year-Old Boy." *The New York Times* archives; "Gorilla's Maternal Instinct Saves Baby Boy Who Fell into Zoo Enclosure from Coming to Harm." The Independent online.
28. Buchmann, *Letters from the Hive:* 123.
29. Anonymous, "Telling the bees." Dailygrail.com.
30. Schul, *The Psychic Power of Animals:* 146; "Telling the Bees." SacredTexts.com.
31. Whittier, "Telling the Bees": 167.
32. Shadow, "Telling the Bees." Dailygrail.com.; 롤링(J. K. Rowling)은 "꿀벌에게 알리기"와 고대문화에서 꿀벌들을 존경했다는 사실을 아마도 몰랐을 것이다. 어느 자료에서는 롤링이 덤블도어(Dumbledore)가 꿀벌을 이르는 고대영어 단어라는 것을 알았었다고 말한다. 또 자신이 만든 캐릭터인 덤블도어가 음악을 아주 좋아했기 때문에 롤링은 그를 묘사할 때 늘상 콧노래를 흥얼거리는 사람으로 상상했다고 말한다. (참조: Rowling. "What Jo says about Albus Dumbledore.")
33. Rogers. Quoted at GoodReads.com.
34. Twain. Quoted at GoodReads.com. Dogs.
35. De Gaulle. Quoted at GoodReads.com.
36. Schulz. Quoted at GoodReads.com.
37. Kundera. Quoted at GoodReads.com.
38. "Cat Heroes." Squidoo.com.
39. Dosa, "A Day in the Life of Oscar the Cat."
40. Twain. Quoted at GoodReads.com. Cats.
41. Da Vinci. Quoted at GoodReads.com.

8. 원자 그리고 쥐들

1. Feynman, *Six Easy Pieces:* 20.
2. Radin, *Entangled Minds:* 19.
3. Vedral, "Living in a Quantum World."
4. Mermin, "Extreme Quantum Entanglement in a Superposition of Macroscopically Distinct States."
5. Kafatos and Nadeau, *The Conscious Universe:* 71.

6. Nadeau and Kafatos, *The Non-Local Universe:* 65–82; Kafatos and Nadeau. *The Conscious Universe.*

7. Kelly, et al., *Irreducible Mind;* Carter. *Parapsychology and the Skeptics;* Tart. *The End of Materialism.*

8. Vedral, "Living in a Quantum World."

9. Wilber, *Quantum Questions:* back cover quotation.

10. Socrates. QuotesEverlasting.com.

11. Dawkins, The *Selfish Gene.*

12. Ibid., 3.

13. Ibid.

14. Bartal, Decety, and Mason, "Empathy and Pro-Social Behavior in Rats."

15. Kane, "Study Shows Lab Rats Would Rather Free a Friend than Eat Chocolate."

16. Mitchum, "Rats Free Trapped Companions, Even When Given Choice of Chocolate Instead."

9. 뇌 너머의 마음

1. Brunton, *Network Newsletter:* 18.

2. Lashley, "In Search of the Engram": 478.

3. Lorber, "Is Your Brain Really Necessary?"

4. Brian, *Genius Talk:* 367.

5. Wigner, "Are We Machines?"

6. Maddox, "The Unexpected Science to Come."

7. Hippocrates, *Hippocrates:* 179.

8. Carter, *Science and the Near-Death Experience:* 14.

9. Bergson, *The Creative Mind.*

10. Carter, *Science and the Near-Death Experience:* 15.

11. Bergson, Presidential address.

12. James, *Human Immortality:* 15.

13. Ibid., 1113.

14. Huxley, The Doors of Perception: 22–24.

15. Fenwick and Fenwick, The Truth in the Light: 235–36.

16. Ibid., 260.

17. Ibid.

10. 불멸과 임사체험

1. Ramachandran, "The Limbic Fire."
2. Dickinson, *The Complete Poems of Emily Dickinson:* 708.
3. Benedict, "Mellen-Thomas Benedict's Near-Death Experience."
4. Ibid.
5. Benedict, *Wisdom.*
6. Benedict, "Mellen-Thomas Benedict's Near-Death Experience."
7. Plato, "The Myth of Er."
8. Jung, *The Collected Works of* C. G. Jung. Princeton University Press; 1969: 43.
9. Jung, *The Symbolic Life.*
10. Jung, *Memories, Dreams, Reflections:* 325.
11. Taylor, *Orwell:* 239.
12. Bohm, Omni.
13. De Beauregard. Address to the Third Annual Meeting of the Society for Scientific Exploration.
14. Stevenson, *Where Reincarnation and Biology Intersect;* Tucker. Life Before Life.
15. Darling, *Soul Search:* 179.
16. Gefter, "Near-Death Neurologist."
17. Russell, *The Basic Writings of Bertrand Russell:* 370.
18. Thomas, "The Long Habit."
19. Alexander, Proof of Heaven.
20. Alexander, "Life Beyond Death."
21. Alexander, Interview with Alex Tsakiris.
22. Moody, *Life After Life.*
23. Gallup Poll. "New Poll Gauges Americans' General Knowledge Levels."
24. Flat Earth Society.
25. Gallup and Proctor. Adventures in Immortality Perera, et al. "Prevalence of Near-Death Experiences in Australia": 109; Knoblauch, et al. "Different Kinds of Near-Death Experience": 15 - 29.
26. Van Lommel, et al., "Near-Death Experience in Survivors of Cardiac Arrest": 임상사(臨床死, clinical death)는 심장박동과 호흡이 멈추어 발생하는 무의식상태이다. 5~10분 안에 소생되지 않으면 환자는 죽을 것이다.; Van Lommel. Consciousness Beyond Life: 398.
27. Gallup and Proctor. *Adventures in Immortality:* 198 - 200.
28. "Key Facts about Near-Death Experiences." Prevalence of NDEs.
29. Clark, *Divine Moments:* 54.
30. Ibid., 51.
31. Moody, *Life After Life.*

32. Clark, *Divine Moments:* 34 – 40.

33. Emerson, *Essays: First Series:* 1.

34. Clark, *Divine Moments:* 45.

35. Ibid., 188.

36. Ibid., 212.

37. Ibid., 23 – 27.

38. Van Lommel, *Consciousness Beyond Life:* 8 – 9.

39. Van Lommel, *Consciousness Beyond Life:* 9; Van Lommel, et al., "Near-Death Experiences in Survivors of Cardiac Arrest"; Greyson, "Incidence and Correlates of Near-Death Experiences in a Cardiac Care Unit."

40. Hoffman, "Disclosure Needs and Motives after Near-Death Experiences."

41. Van Lommel, *Consciousness Beyond Life:* 10.

42. Clark, *Divine Moments:* 53.

43. Moody, *Paranormal:* 227 – 242.

44. Borysenko, "Shared Deathbed Visions."

45. Moody, *Paranormal:* 239 – 241.

46. Rominger, "An Empathic Near-Death Experience."

47. "Group Near-Death Experiences"; This account is also available in Gibson, *Fingerprints of God:* 128 – 130.

48. Moody, *Paranormal:* 227 – 242.

49. Clark, Divine Moments: 177.

50. Ibid., 103 – 104.

51. Ibid., 157 – 158.

52. Ibid., 137.

53. Ibid., 187.

54. Ibid., 193.

55. Ibid., 221.

56. Greyson, "Increase in Psychic Phenomena Following Near-Death Experiences"; Sutherland, "Psychic Phenomena Following Near-Death Experiences."

57. Clark, *Divine Moments:* 244 – 247.

11. 재탄생

1. Voltaire, "La Princesse de Babylone": 366.

2. Tucker, *Life Before Life:* 211.

3. Schopenhauer, *Parerga and Paralipomena:* 368.

4. Pew Forum, "Many Americans Mix Multiple Faiths."

5. Stevenson, *Where Reincarnation and Biology Intersect:* 9.

6. Ibid., 7.

7. Ibid., 12.

8. Stevenson, *Telepathic Impressions.*

9. Schmicker, *Best Evidence:* 223.

10. Stevenson, *Where Reincarnation and Biology Intersect:* 180‒181.

11. Ibid., 3.

12. Ibid., 180.

13. Ibid., 181.

14. Ibid.

15. Thomas, *The Lives of a Cell:* 52.

16. Stevenson, *Where Reincarnation and Biology Intersect:* 181.

17. Ibid.

18. Ibid., 181‒183.

19. Ibid., 182.

20. Kelly, et al., *Irreducible Mind.*

21. Nan Huaijin, *Basic Buddhism:* 46.

22. Bernstein, *Quantum Profiles:* 82.

12. 망자와의 대화

1. Mitchell, "The Case of Mary Reynolds"; Putnam, *A History of Multiple Personality Disorder:* 357.

2. Barrington, Mulacz, and Rivas, "The Case of Iris Farczáy."

3. Warcollier, "Un Cas de Changement de Personnalitéavec Xéoglossie": 121‒129

4. Kelly, et al., Irreducible Mind: 282.

5. Ibid., 283.

6. Beischel and Rock, "Addressing the Survival vs. Psi Debate Through Process‒Focused Mediumship Research." Rock, Beischel, and Cott, "Psi vs. Survival."

7. Beischel and Schwartz, "Anomalous Information Reception by Research Mediums Demonstrated Using a Novel Triple‒Blind Protocol."

8. Tart, "Who or What Might Survive Death?" in Body Mind Spirit: 182.

9. Barnum, "Expanded Consciousness."

10. Ibid., 264.

11. Rees, "The Bereaved and Their Hallucinations."

13. 삶의 초기에 나타나는 하나 됨

1. Ainsworth, "Deprivation of Maternal Care"; Geber, "The Psycho-motor Develo-pment of African Children in the First Year and the Influence of Maternal Behavior."
2. Inglis, *Natural and Supernatural:* 34.
3. Rose, *Primitive Psychic Power:* 49 – 50.
4. Inglis, *Natural and Supernatural:* 33; Sinel, *The Sixth Sense.*
5. Pearce, *Evolution's End:* 149.
6. Sheldrake and Wolpert, Telepathy Debate.
7. Gersi, *Faces in the Smoke:* 84 – 86.
8. Ibid., 86 – 91.

14. 서번트증후군

1. Dossey, *Healing Beyond the Body:* 265 – 268.
2. Pearce, *Evolution's End:* 3 – 5.
3. Treffert and Wallace, "Islands of Genius."
4. Ibid.
5. Pearce, *Evolution's End:* 4.
6. Feinstein, "At Play in the Fields of the Mind."
7. Treffert, *Extraordinary People.*
8. Ibid., 1 – 2.
9. Pearce, *Evolution's End:* 4.
10. Treffert, *Extraordinary People:* 59 – 58.
11. Rimland, "Savant Capabilities of Autistic Children, and Their Cognitive Implications."
12. Treffert, *Extraordinary People:* 396.
13. Ibid., 396 – 397.
14. Ibid., 196 – 397; Treffert and Wallace, "Islands of Genius."
15. Treffert and Christensen, "Inside the Mind of a Savant."
16. Treffert, *Extraordinary People:* 163.
17. Duckett, "Adaptive and Maladaptive Behavior of Idiot Savants" Duckett. "Idiot Savants."
18. Treffert and Wallace, "Islands of Genius."

15. 쌍둥이

1. Swinburne, "The Higher Pantheism in a Nutshell": 14.
2. Dossey, "Lessons from Twins."

3. Allen, "The Mysteries of Twins."

4. Jackson, "Reunion of Identical Twins, Raised Apart, Reveals Some Astonishing Similarities": 48 – 56.

5. Wright, "Double Mystery."

6. Holden, "Identical Twins Reared Apart": 1323 – 1328.

7. Jackson, "Reunion of Identical Twins, Raised Apart, Reveals Some Astonishing Similarities": 50.

8. Allen, "The Mysteries of Twins."

9. Jackson, "Reunion of Identical Twins, Raised Apart, Reveals Some Astonishing Similarities": 56.

10. Holden, "Identical Twins Reared Apart": 1324.

11. Jackson, "Reunion of Identical Twins, Raised Apart, Reveals Some Astonishing Similarities": 48 – 56.

12. Wright, "Double Mystery": 62.

13. LeShan, Landscapes of the Mind: 186 – 187.

14. Jackson, "Reunion of Identical Twins, Raised Apart, Reveals Some Astonishing Similarities": 55 – 56.

15. Playfair, *Twin Telepathy*: 69.

16. Ibid., 77.

17. Ibid.

18. Ibid., 81.

16. 텔레소매틱 사건

1. Schwarz, "Possible Telesomatic Reactions."

2. Gurney, Myers, and Podmore, *Phantasms of the Living:* 188 – 189.

3. Ibid., 132.

4. Stevenson, *Telepathic Impressions:* 5 – 6.

5. Rush, "New Directions in Parapsychological Research."

6. Rhine, "Psychological Processes in ESP Experiences."

7. Playfair, *Twin Telepathy:* 11 – 35.

8. Ibid., 52 – 55.

9. Ibid., 55 – 56.

10. Vanderbilt and Furness, Double Exposure: xi – ii.

11. Playfair, Twin Telepathy: 16.

12. Ibid., 51.

13. Kincheloe, "Intuitive Obstetrics."

14. Dean, Plyler, and Dean, "Should Psychic Studies Be Included in Psychiatric Education?"
15. *Survey of Physicians*' Views on Miracles; Schwartz, "An American Profile."
16. Schwartz, "An American Profile."
17. Evans, "Parapsychology—hat the Questionnaire Revealed."
18. Bem and Honorton, "Does Psi Exist?"
19. Hansen, *The Trickster and the Paranormal:* 148 – 161; Hansen, "CSICOP and the Skeptics"; Carter, *Parapsychology and the Skeptics.*

17. 절대적인 확신

1. Radin, *The Conscious Universe;* Radin, Entangled Minds.
2. 다음의 출판물들은 러셀 타르그의 연구와 관련 있음: Targ, *Do You See What I See?;* Targ, *Limitless Mind;* Targ and Puthoff, *Mind-Reach;* Targ and Puthoff, "Scanning the Issue"; Targ and Puthoff, "Information Transmission under Conditions of Sensory Shielding"; Targ, "Remote Viewing at Stanford Research Institute in the 1970s."
3. Targ, "Why I Am Absolutely Convinced of the Reality of Psychic Abilities and Why You Should Be Too."
4. Dossey, "Making Money": 49 – 59.
5. Puthoff, "CIA-Initiated Remote Viewing Program at Stanford Research Institute."
6. Targ, "Why I Am Absolutely Convinced of the Reality of Psychic Abilities and Why You Should Be Too."
7. Targ, *Limitless Mind:* 7 – 8.
8. Ibid., 83.
9. Vedral, "Living in a Quantum World"; Dossey, "All Tangled Up."
10. Targ, Limitless Mind: 8; Bohm and Hiley, The Undivided Universe: 382 – 386.
11. Targ, *Limitless Mind:* 8.

18. 추락한 비행기와 가라앉은 배

1. Targ and Puthoff, *Mind Reach.*
2. Schnabel, Remote Viewers: 215 ff; Swanson, *The Synchronized Universe:* 33.
3. Schwartz, "Nonlocal Awareness and Visions of the Future."
4. *Psychic Sea Hunt.*
5. Schwartz, *Opening to the Infinite:* 180 – 201.
6. Ibid., 199.
7. Ibid., 197 – 198.

8. Ibid., 198 – 199.

9. Schwartz, *The Secret Vaults of Time*.

19. 잃어버린 하프와 도서관의 천사

1. Gallagher, "Psychoanalyst and Clinical Professor Elizabeth 'Lisby' Mayer Dies Jan. 1 at Age 57."

2. McCoy, *Power of Focused Mind Healing*. 1 – 3.

3. Mayer, Extraordinary Knowing: 1 – 3.

4. Ozark Research Institute.

5. Miller, *Emerging Issues in the Electronic Environment*: 24.

6. Combs and Holland, *Synchronicity*: 21.

7. Jordan, "In the Footnotes of Library Angels."

8. Wilson, *The Occult*: xxxix.

9. Bryson, *Notes From a Small Island*: 181.

10. Olson, "Is the Universe Friendly?"

11. Bull, Thinkexist.com.

20. 치유와 한마음

1. Achterberg, et al., "Evidence for Correlations Between Distant Intentionality and Brain Function in Recipients."

2. Graham, Sit Down Young Stranger: 179 – 194.

3. Ibid., 186.

4. Ibid., 190.

5. Hawkes, Website.

21. 어두운 측면

1. Stevenson, *Telepathic Impressions*: 131 – 132.

2. Romania's murderous twins; Playfair, 79-80.

3. Dossey, "Lessons from Twins."

4. "Propaganda in Nazi Germany." History Learning Site.

5. Mackay, *Extraordinary Popular Delusions and the Madness of Crowds*: xix.

6. Janis, *Victims of Groupthink*.

7. Will Rogers. Quoted at Dartmouth.org.

22. 우주 수프

1. Frost, *The Poetry of Robert Frost:* 33.
2. Pearce, *Evolution's End:* 8 – 9.
3. Ibid., 10 – 11.
4. Keller, *A Feeling for the Organism:* 48.
5. Briggs, *Fire in the Crucible:* 68.
6. Laszlo, *The Interconnected Universe:* 129.
7. Ibid., 130; Dossey, *Healing Beyond the Body:* 268 – 269.
8. Conrad, *Typhoon and Other Tales:* 21.
9. Ross, *Art and Its Significance:* 555.
10. Herbert, *Modern Artists on Art:* 77.
11. Fromm, *Creativity and Its Cultivation:* 51.
12. Hollander, "Child's Play."
13. Hollander, Personal communication.
14. Valletin, *Leonardo da Vinci:* 151 – 152 and 111.
15. Dickinson, "There's a Certain Slant of Light": 248.
16. Hadamard, *The Psychology of Invention in the Mathematical Field:* 142 – 143; Koestler, *The Act of Creation:* 171.
17. Greene, "Toward a Unity of Knowledge."
18. Hadamard, *The Psychology of Invention in the Mathematical Field:* 85.
19. Koestler, *The Act of Creation:* 170.
20. Ibid., 208.
21. Laszlo, *The Interconnected Universe:* 131.
22. Ibid.
23. Boswell, *Life of Samuel Johnson.*
24. Koestler, *Janus:* 284 – 285.
25. Smith, *Forgotten Truth:* 113.
26. Ibid., 113 – 14.
27. Ibid., 114.
28. Erdoes, *Lame Deer—Seeker of Visions:* 217.

23. 자아

1. Diekman, "'I' = Awareness."
2. Einstein, *Ideas and Opinions:* 12.
3. Crick, *The Astonishing Hypothesis:* 271.
4. Ibid., 3.

5. Dennett, *Consciousness Explained:* 406.

6. Baggini, "The Self: Why Science Is Not Enough." 34 – 35.

7. Vernon, Philosophy and Life blog.

8. John 3:30, King James Version.

9. Jung, Psychology and Religion: 12.

10. Levin, *God, Faith, and Health;* Hummer, Rogers, Nam, and Ellison, "Religious Involvement and U. S. Adult Mortality."

11. Jauregui, *Epiphanies:* 70.

12. Merleau-Ponty, "Primordial Wholeness."

13. Keller, *A Feeling for the Organism:* 101.

14. Goethe, *Maximen und Reflexionen:* 435.

15. Kohut, *The Search for the Self:* 82.

16. Ibid., 174.

17. Ibid., 609.

18. Briggs, *Fire in the Crucible:* 68.

19. Segal, *Collision with the Infinite:* 49.

20. Simeon and Abugel, *Feeling Unreal:* 143 – 145.

21. Ibid., 63.

22. Segal, 122.

23. Ibid., 49.

24. Forman, *Enlightenment Ain't What It's Cracked Up to Be.*

25. Lanier, "From Having a Mystical Experience to Becoming a Mystic."

26. Ibid.

27. Syfransky, Sunbeams: 45.

28. Lara, *The Sun.*

29. Eckhart, *The Sun.*

30. Tillich, *The Courage to Be:* 179 – 180.

31. Cook, *The Life of Florence Nightingale:* 481.

32. Attributed to Jung.

33. Alan Watts. Quoted at Secondattention.com.

24. 한마음이 신일까?

1. Emerson, *Self-Reliance and Other Essays:* 108.

2. John 10:34, King James Version.

3. Luke 17:21, King James Version.

4. Eckhart, *Meister Eckhart: A Modern Translation:* 233 – 250.

5. Wilber, *Quantum Questions:* 92.

6. Smith, *Beyond the Post-Modern Mind:* 36.

7. Koestler, *Janus:* 289 – 291.

8. Smith, *Beyond the Post-Modern Mind:* 37.

9. Ibid., 38 – 39.

10. Ibid., 40.

11. Falk, *The Science of the Soul:* 2.

12. Lovejoy, *The Great Chain of Being:* 59.

13. Blackburn, *The Oxford Dictionary of Philosophy:* 55 – 56.

14. Wilber, *Eye to Eye:* 219.

15. Ibid., 243.

16. Wilber, *A Brief History of Everything:* 42 – 43.

17. Mason, *Al-Hallaj:* 30 – 96.

18. Meister Eckhart. Quoted at Goodreads.com.

19. Brown, "The Man from Whom God Hid Nothing."

25. 막힌 열쇠구멍 뚫기

1. John Milton, *The Oxford Book of English Verse:* No. 322, lines 51 – 55.

2. Koestler, *Janus:* 282.

3. Merrill. Interview by Helen Vendler.

4. Grosso, "The Advantages of Being Multiplex": 225 – 246.

5. Hall and Metcalf, *The Artist Outsider.*

6. Grosso, "The Advantages of Being Multiplex": 225 – 246.

7. Wöfli. Recited and set to music.

8. Breton. Quoted at the Adolf Wöfli Foundation website.

9. Grosso, "The Advantages of Being Multiplex": 241.

10. Posey and Losch, "Auditory Hallucinations of Hearing Voices in 375 Subjects."

11. *The Week Staff,* "Should Yoga Be an Olympic Sport?"

26. 꿈의 길

1. Lessing, *The Making of the Representative for Planet 8.*

2. Dossey, *The Power of Premonitions.*

3. Koestler, *The Act of Creation:* 181.

4. Chesterman, *An Index of Possibilities:* 187.

5. Van de Castle, *Our Dreaming Mind:* 34 – 39.

6. De Becker, *The Understanding of Dreams and Their Influence on the History of Man:* 85.

7. Kedrov, *Voprosy Psikologii.*

8. Van de Castle, *Our Dreaming Mind:* 35 – 36.

9. Ibid., 36.

10. Ibid., 34 – 39.

11. Grellet, Wikipedia; Seebohm, *Memoirs of the Life and Gospel Labors of Stephen Grellet:* 434; Maeterlink, *The Unknown Guest:* 98 – 99.

12. Krippner, Bogzaran, and Percia de Carvalho, *Extraordinary Dreams and How to Work with Them:* 6.

13. Krippner and Faith, "Exotic Dreams: A Cross-Cultural Survey."

14. Laughlin, "Transpersonal Anthropology"; Laughlin, "Transpersonal Anthropology, Then and Now."

15. George, "Dreams, Reality, and the Desire and Intent of Dreamers as Experienced by a Fieldworker."

16. Inglis, *Natural and Supernatural:* 333.

17. Wagner-Pacifici and Bershady, "Portents or Confessions."

18. Luke, "Experiential Reclamation and First Person Parapsychology."

19. Priestley, *Man & Time:* 190 – 191.

20. Ibid., 211 – 212.

27. 마지막 단어는 사랑

1. Bell, *D. H. Lawrence:* 51.

2. Jahn and Dunne, *Margins of Reality:* 343.

3. Marano, "The Dangers of Loneliness."

4. Bell, "Ways of Overcoming Loneliness."

5. Ibid.

6. Pocheptsova, Ferraro, and Abraham, "The Effect of Mobile Phone Use on Prosocial Behavior."

7. Hu, "Will Online Chat Help Alleviate Mood Loneliness?" 219 – 223.

8. Hu, "Social Use of the Internet and Loneliness."

9. "I Am Lonely Will Anyone Speak to Me."

10. Andrews, "Misery Loves (Cyber) Company"; Burkeman, "Anybody There?"; Ratliff. "Hello, Loneliness."

11. Needleman, "The Heart of Philosophy."

12. List of social networking websites. Wikipedia.

13. Carter, *Science and the Near-Death Experience*: xv – vi.

14. Huxley, *Tomorrow and Tomorrow and Tomorrow*: 57.

15. Ibid., 56.

16. Ibid., 56 – 57.

17. Dossey and Keegan, *Holistic Nursing*.

18. Golden, "William Osler at 150."

19. Achterberg, et al., "Evidence for Correlations Between Distant Intentionality and Brain Function in Recipients."

20. Jung, *Memories, Dreams, Reflections*: 354.

21. Jahn, "Report on the Academy of Consciousness Studies."

22. Whitman, *The Complete Poems*: 288 – 289.

28. 확장하는 과학

1. 의식의 본질에 관해 끊임없이 일어나는 불일치에 대한 심도 깊은 분석을 원하는 분에게 철학자 크리스 카터(Chris Carter)의 책 〈과학과 임사체험Science and the Near-Death Experience〉에 나오는 그의 논의를 읽어보기를 권한다.

2. Kuhn, *The Structure of Scientific Revolutions*.

3. Greenhalgh, *How to Read a Paper*: 6.

4. 나는 결코 과학의 위대한 성취들과 이 성취들에 역할을 해온 위대한 많은 저널들을 모욕하려는 것이 아니다. 나는 15년간 의학저널들의 편집주간으로 봉사해왔다.

5. Hellman, *Great Feuds in Science*; Hellman, Great Feuds in Medicine.

6. French, *William Harvey's Natural Philosophy*: 233 – 234.

7. Chauvois, *William Harvey*: 222 – 223.

8. Hellman, *Great Feuds in Medicine by Publishers Weekly*.

9. Nuland, *Doctors*: 168.

10. Garrison, *An Introduction to the History of Medicine*: 435 – 437.

11. Watson, *The Double Helix*: 14.

12. Koestler, *The Roots of Coincidence*: 15.

13. Kurtz, *A Skeptic's Handbook of Parapsychology*: 89.

14. 소위 초자연적인 과학을 참지 못하는 간헐적인 경련현상의 가장 최근의 예는 〈뉴욕 타임스〉에서 벌어졌다. (Dossey, "Why Are Scientists Afraid of Daryl Bem?")

15. Splane, *Quantum Consciousness*: 80.

29. 초월

1. Trismegistus, *Hermetica*: 344; 에머슨과 비교하라. "신의 본성에 대한 교리가 잊혀지니 조직에

질병이 퍼져 성장을 저해한다. 한때는 인간이 전부였으나, 이제는 부속물이며 골칫거리가 되었다. (…) 영감을 주던 교리는 상실되었다. (…) 영혼의 교리는 (…) 단지 고대의 역사로만 존재할 뿐이다. (…) (그리고) 그런 이야기를 하면 놀림거리가 된다. 삶은 우주적일 수도 있고 비참할 수도 있다. 존재의 최고수준이 사라지자마자 인간은 근시안이 되고 감각에 호소하는 것에만 주의를 기울이게 된다."

(Emerson, Self-Reliance and Other Essays:005 106 - 07.)

2. Walker, *Anything We Love Can Be Saved*: 5.

3. Hesse, *Demian*: prologue.

4. Havel, Speech to Congress.

5. Havel, "The Need for Transcendence in the Postmodern World."

6. Russell, The Global Brain: 18.

7. Ibid.

8. Edge, "Spirituality in the Natural and Social Worlds."

9. Evans, Spirituality and Human Nature: 166.

10. Ibid., 266.

11. Campbell, *The Hero's Journey*: 40.

12. Targ, *The Reality of ESP*: 248.

13. Cleary, *The Flower Ornament Scripture*.

14. Targ, *The Reality of ESP*: 248.

15. 이 구절은 하이데거(Martin Heidegger)의 말이다: "사람은 사물도 아니고 과정도 아니며, 다만 절대 궁극이 자신을 드러낼 수 있는 비어 있는 통로이다." University of Arizona Computer Science website. www.cs.arizona.edu/~kece/Personal/quotes.html. Accessed March 24, 2012.

16. Rumi, *Rumi: The Big Red Book*: 28.

17. Rumi, *Rumi: The Book of Love*: 169.

Aanstoos, Christopher. "Psi and the Phenomenology of the Long Body." *Theta*. 1986; 13 – 14: 49 – 51.

Achterberg, J., et al. "Evidence for Correlations Between Distant Intentionality and Brain Function in Recipients: A Functional Magnetic Resonance Imaging Analysis." *Journal of Alternative and Complementary Medicine*. 2005; 11(6): 965 – 71.

Ainsworth, Mary D. "Deprivation of Maternal Care: A Reassessment of its Effects." *Public Health Papers*. No. 14. Geneva; World Health Organization; 1962; 14: 97 – 165.

Akashic Records. Wikipedia. http://en.wikipedia.org/wiki/Akashic_records. Accessed December 3, 2011.

Albert, David Z. and Rivka Galchen. "Was Einstein Wrong? A Quantum Threat to Special Relativity." *Scientific American*. www.scientificamerican.com/article.cfm?id=was-einstein-wrong-about-relativity. February 18, 2009. Accessed January 21, 2012.

Alderton, David. *Animal Grief: How Animals Mourn*. Dorcester, U.K.: Hubble & Hattie; 2011.

Alexander, Charles D. *Bobbie, A Great Collie*. New York: Dodd, Mead and Company; 1926.

Alexander III, Eben. "Life Beyond Death: Consciousness is the Most Profound Mystery in the Universe." www.lifebeyonddeath.net. Accessed December 1, 2011.

———. "Neurosurgeon Eben Alexander's Near-Death Experience Defies Medical Model of Consciousness." Interview by Alex Tsakaris. Skeptiko.com. www.skeptiko.com/154-neurosurgeon-dr-eben-alexander-near-death-experience/. Accessed December 2, 2011.

———. *Proof of Heaven: A Neurosurgeon's Journey into the Afterlife*. New York: Simon & Schuster; 2012.

Al-Hallaj, Mansur. Wikipedia. http://en.wikipedia.org/wiki/Mansur_Al-Hallaj. Accessed December 5, 2011.

Allen, Arthur. "The Mysteries of Twins." *The Washington Post*. January 11, 1998. www.washingtonpost.com/wp-srv/national/longterm/twins/twins1.htm. Accessed

December 23, 2010.

Almeder, Robert. *Death and Personal Survival: The Evidence for Life after Death.* Lanham, MD: Rowman & Littlefield; 1992. "Amazing Moment Mila the Beluga Whale Saved a Stricken Diver's Life by Pushing Her to the Surface." Daily Mail online. www.dailymail.co.uk/news/worldnews/article-1202941/Pictured-The-moment-Mila-brave-Beluga-whale-saved-stricken-divers-life-pushing-surface.html. Accessed May 16, 2011.

Andrews, Robert. "Misery Loves (Cyber) Company." Wired.com, June 30, 2005. http://www.wired.com/culture/lifestyle/news/2005/06/68010. Accessed November 24, 2011.

Anonymous. "Telling the Bees."Dailygrail.com. www.dailygrail.com/blogs/shadow /2005/7/Telling-Bees. Accessed January 10, 2011. Apollo 14. Wikipedia. http://en.wikipedia.org/wiki/Apollo_14. Accessed December 26, 2011.

Armstrong, Susan J. "Souls in Process: A Theoretical Inquiry into Animal Psi."In Michael Stoeber and Hugo Meynell (eds.). *Critical Reflections on the Paranormal.* Albany, NY: SUNY Press; 1996.

Autrey, Wesley. Wikipedia. http://en.wikipedia.org/wiki/Wesley_Autrey. Accessed January 1, 2012.

Ayer, A. J. "Ayer's Intimations of Immortality: What Happens When the World's Most Eminent Atheist Dies." *National Review.* October 14, 1988.

———. "Postscript to a Postmortem." *London: The Spectator.* October 15, 1988.

———. "What I Saw When I Was Dead."London: Sunday *Telegraph.* August 28, 1988.

———. "What I Saw When I Was Dead."In Paul Edwards (ed.). *Immortality.* Amherst, NY: Prometheus; 1997.

Baggini, Julian. *The Ego Trick.* London: Granta; 2012.

———. "The Self: Why Science Is Not Enough." *New Scientist.* March 12, 2011; 209(2803): 34 – 35.

Baker, Carlos. *Emerson Among the Eccentrics.* New York: Penguin; 1996.

Baldwin, Neil. *Edison: Inventing the Century.* New York: Hyperion; 1995.

Banville, John. "The Most Entertaining Philosopher." *The New York Review of Books.* October 27, 2011: 40 – 42.

Barasch, Marc. Green World Campaign. http://greenworld.org. Accessed January 2, 2013.

Bardens, Dennis and David Bellamy. *Psychic Animals.* New York: Holt; 1989.

Barnum, Barbara S. "Expanded Consciousness: Nurses' Experiences." *Nursing Outlook.* 1989; 37(6): 260 – 266.

Barrington, Mary Rose, Peter Mulacz, and Titus Rivas. "The Case of Iris Farczáday—a Stolen Life." *Journal of the Society for Psychical Research.* 2005; 69(879): 49 – 77.

Bartal, Inbal Ben-Ami, Jean Decety, and Peggy Mason. "Empathy and Pro-Social Behavior in Rats." *Science.* December 9, 2011; 334 (6061): 1427 – 30.

Bateson, Gregory. *Steps to an Ecology of Mind.* San Francisco: Chandler Press; 1972.

Beauregard, Mario. *Brain Wars: The Scientific Battle Over the Existence of the Mind and the Proof That Will Change the Way We Live Our Lives.* New York: HarperOne; 2012.

Becker, Carl. *Paranormal Experience and the Survival of Death.* Albany, NY: State University of New York Press; 1993.

Bee. Wikipedia. http://en.wikipedia.org/wiki/Bee_(mythology). Accessed January 9, 2011.

Beischel, Julie and A. J. Rock. "Addressing the Survival vs. Psi Debate Through Process-Focused Mediumship Research." *Journal of Parapsychology.* 2009; 73: 71 – 90.

Beischel, Julie and Gary E. Schwartz. "Anomalous Information Reception by Research Mediums Demonstrated Using a Novel Triple-Blind Protocol." *Explore: The Journal of Science and Healing.* 2007; 3(1): 23 – 27.

Bell, Eva. "Ways of Overcoming Loneliness." Ezinearticles.com. http://ezinearticles.com/?Ways-of-Overcoming-Loneliness&id=4417336. Accessed November 24, 2011.

Bell, Michael. D. H. *Lawrence: Language and Being.* New York: Cambridge University Press; 1992.

Bell, Thia. Interview with David Bohm. *Ojai Valley News.* December 30, 1987.

Belluck, Pam. "Strangers May Cheer You Up, Study Shows." *The New York Times* online. www.nytimes.com/2008/12/05/health/05happy-web.html. December 4, 2008. Accessed January 17, 2012.

Beloff, John. *Parapsychology:* A Concise History. New York: St. Martin's Press; 1993.

Bem, Daryl J. and Charles Honorton. "Does Psi Exist? Replicable Evidence for an Anomalous Process of Information Transfer." *Psychological Bulletin.* 1994; 115: 4 – 8.

Benedict, Mellen-Thomas. Interview by E. W. Moser. *Wisdom.* http://wisdom-magazine.com/Article.aspx/1164. Accessed January 5, 2011.

———. "Insights from the Other Side: Mellen-Thomas Benedict's Near-Death Experience." http://www.near-death.com/experiences/reincarnation04.html. Accessed January 20, 2011.

Bengston, William F. *The Energy Cure.* Louisville, CO: Sounds True; 2010.

Bengston, William F. and David Krinsley. "The Effect of the 'Laying-on of Hands' on Transplanted Breast Cancer in Mice." *Journal of Scientific Exploration.* 2000; 14 (3): 353 – 364.

Benson, Herbert, et al. "Study of the Therapeutic Effects of Intercessory Prayer (STEP) in

Cardiac Bypass Patients: A Multicenter Randomized Trial of Uncertainty and Certainty of Receiving Intercessory Prayer." *American Heart Journal.* 2006; 151: 934 – 942.

Benson, Michael. Beyond: *Visions of the Interplanetary Probes.* New York: Abrams; 2008.

———. Far Out: *A Space-Time Chronicle.* New York: Abrams; 2009.

Berg, Elizabeth. *The Sun.* November 1995; 239: 40.

Berger, Hans. *Psyche.* Jena: Gustav Fischer; 1940.

———. Wikipedia. http://en.wikipedia.org/wiki/Hans_Berger. Accessed December 12, 2011.

Bergson, Henri-Louis. *The Creative Mind.* New York: Citadel Press; 1946.

———. Presidential address. *Proceedings of the Society for Psychical Research.* 1913; 26: 462 – 479.

Bernstein, Jeremy. *Quantum Profiles.* Princeton, NJ: Princeton University Press; 1990.

Best, Nicholas. *Five Days That Shocked the World.* New York: Thomas Dunne Books; 2011.

Bischof, M. "Introduction to Integrative Biophysics." In Fritz-Albert Popp and Lev Beloussov (eds.). *Integrative Biophysics: Biophotonics.* Dordrecht, The Netherlands: Kluwer Academic Publishers; 2003.

Black, Edwin. "Eugenics and the Nazis—the California Connection." *San Francisco Chronicle.* November 9, 2003. http://articles.sfgate.com/2003-11-09/opinion /17517477_1_eugenics-ethnic-cleansing-master-race. Accessed January 18, 2011.

Blackburn, Simon. *The Oxford Dictionary of Philosophy.* Oxford, U.K.: Oxford University Press; 1994.

Blum, Deborah. *Ghost Hunters: William James and the Search for Scientific Proof of Life after Death.* New York: Penguin; 2006.

Bobrow, Robert S. "Evidence for a Communal Consciousness." *Explore: The Journal of Science and Healing.* 2011; 7(4): 246 – 48.

———. *The Witch in the Waiting Room.* New York: Thunder's Mouth Press; 2006.

Bohm, David. *Wholeness and the Implicate Order.* London: Routledge and Kegan Paul; 1980.

———. Interview by John Briggs, F. David Peat. *Omni.* January 1987; 9(4): 68.

Bohm, David and Basil Hiley. *The Undivided Universe.* London: Routledge; 1993.

Bohm, David and Jiddu Krishnamurti. *The Limits of Thought: Discussions between J. Krishnamurti and David Bohm.* London: Routledge; 1999.

Bond, Michael. "Three Degrees of Contagion." *New Scientist.* 2009; 201(2689): 24 – 27.

Borysenko, Joan. "Shared Deathbed Visions." Near-death.com. www.near-death.com/ experiences/evidence09.html. Accessed March 6, 2012.

Boswell, James. *Life of Samuel Johnson.* London, 1777.

Boulding, Kenneth. "The Practice of the Love of God." William Penn Lecture. Delivered at Arch Street Meetinghouse, Philadelphia, 1942.

Boycott, B. B. "Learning in the Octopus." *Scientific American.* 1965; 212(3): 42 – 50.

Braud, William. "Wellness Implications of Retroactive Intentional Influence: Exploring an Outrageous Hypothesis." *Alternative Therapies in Health & Medicine.* 2000; 6(1): 37 – 48. http://inclusivepsychology.com/uploads/WellnessImplicationsOfRetroactive IntentionalInfluence.pdf. Accessed January 5, 2011.

Braud, William and Marilyn Schlitz. "A Methodology for the Objective Study of Transpersonal Imagery." *Journal of Scientific Exploration.* 1989; 3(1): 43 – 63.

Braud, William, D. Shafer, and S. Andrews. "Electrodermal Correlates of Remote Attention: Autonomic Reactions to an Unseen Gaze." *Proceedings of the Presented Papers, Parapsychology Association 33rd Annual Convention,* Chevy Chase, MD; 1990: 14 – 28.

———. "Possible Role of Intuitive Data Sorting in Electrodermal Biological Psychokinesis (bio-PK)." *In Research in Parapsychology 1987.* Metuchen, NJ: Scarecrow Press; 1988.

Braude, Stephen E. "The Creativity of Dissociation." *Journal of Trauma and Dissociation.* 2002; 3(5): 5 – 26.

———. *Immortal Remains: The Evidence for Life after Death.* Lanham, MD: Rowman & Littlefield; 2003.

Brazier, G. F. "Bobbie: The Wonder Dog of Oregon." In Curtis Wager-Smith (ed.). *Animal Pals.* Philadelphia: Macrae Smith Company; 1924. See http://silvertonor.com/ murals/bobbie/bobbie_wonder_dog2.htm. Accessed January 7, 2011.

Breton, André. Quoted in Adolf Wölfli. Adolf Wölfli Foundation. www.adolfwoelfli.ch /in dex.php?c=e&level=17&sublevel=0. Accessed March 24, 2011.

Brian, Dennis. *Genius Talk: Conversations with Nobel Scientists and Other Luminaries.* Dordrecht, Netherlands: Kluwer Academic Publishers; 1995.

Briggs, John. *Fire in the Crucible.* Los Angeles: Jeremy P. Tarcher; 1990.

Broad, C. D. *Lectures in Psychical Research.* Routledge revival edition. London: Routledge; 2010.

Brown, Arthur. "The Man from Whom God Hid Nothing." www.philosophos.com /philosophy_article_105.html. Accessed December 4, 2011.

Brown, Dan. *The Lost Symbol.* New York: Doubleday; 2009.

Brunton, Paul. Quoted in Network Newsletter (of the Scientific and Medical Network, U.K.). April 1987; 33: 18.

Bryson, Bill. Notes from a Small Island. New York: William Morrow; 1997.

Buchmann, Stephen. *Letters from the Hive: An Intimate History of Bees, Honey, and*

Humankind. New York: Bantam; 2006.

Bucke, R. M. *Cosmic Consciousness*. Philadelphia: Innes & Sons; 1901.

Buckley, Cara. "Man is Rescued by Stranger on Subway Tracks." *The New York Times* online. January 3, 2007. www.nytimes.com/2007/01/03/nyregion/ 03life.html. Accessed January 8, 2012.

Bull, Emma. *Bone Dance: A Fantasy for Technophiles*. Reprint edition. New York: Orb; 2009.

————. Thinkexist.com. http://69.59.157.161/quotes/emma_bull. Accessed December 14, 2011.

Burkeman, Oliver. "Anybody There?" *The Guardian* online. http://www.guardian.co .uk/technology/2005/aug/30/g2.onlinesupplement. August 29, 2005. Accessed November 25, 2011.

Burt, Cyril. *Psychology and Psychical Research*. The Seventeenth Frederick W. H. Myers Memorial Lecture. London; 1968; 50: 58 – 59.

Campbell, Joseph. Phil Cousineau (ed.). *The Hero's Journey: Joseph Campbell on His Life and Work*. Third edition. Novato, CA: New World Library; 2003.

————. *The Inner Reaches of Outer Space*. Novato, CA: New World Library. Third (revised) edition; 2002.

Campbell, Joseph and Michael Toms. *An Open Life: Joseph Campbell in Conversation with Michael Toms*. Burdett, NY: Larson Publications; 1988.

Cardeña, Etzel, S. J. Lynn, and S. Krippner (eds.). *Varieties of Anomalous Experience: Examining the Scientific Evidence*. Washington, DC: American Psychological Association; 2000.

Carey, Benedict. "Journal's Paper on ESP Expected to Prompt Outrage." *The New York Times* online. http://www.nytimes.com/2011/01/06/science/06esp. html?pagewanted=all&_r=0. Accessed January 22, 2012.

Caribou. U. S. Fish and Wildlife Service. Arctic National Wildlife Refuge. http://arctic .fws.gov/caribou.htm. Accessed December 5, 2010.

Carpenter, James C. *First Sight: ESP and Parapsychology in Everyday Life*. Latham, MD: Rowman & Littlefield; 2012.

————. "First Sight: Part One. A Model of Psi and the Mind." *Journal of Parapsychology*. 2004; 68(2): 217 – 254.

————. "First Sight: Part Two. Elaboration of Model of Psi and the Mind." *Journal of Parapsychology*. 2004; 69(1): 63 – 112.

Carter, Chris. *Parapsychology and the Skeptics*. Pittsburgh, PA: Sterlinghouse; 2007.

————. *Science and the Afterlife Experience*. Rochester, VT: Inner Traditions; 2012.

————. *Science and the Near-Death Experience: How Consciousness Survives Death*.

Rochester, VT: Inner Traditions; 2010.

"Cat heroes." Squidoo.com. www.squidoo.com/catheroes#module9861309. Accessed February 6, 2013.

Cellzic, M. "Dolphins Save Surfer from Becoming Shark's Bait."Today.com. http://today.msnbc.msn.com/id/21689083/. Accessed May 14, 2011.

Chang, Richard S. "Texting is More Dangerous Than Driving Drunk." *The New York Times online*. July 25, 2009. http://wheels.blogs.nytimes.com/2009/06/25/texting-is-more-dangerous-than-driving-drunk/. Accessed March 20, 2011.

Charman, R. A. "Minds, Brains and Communication." *Network Review* (UK). Spring 2007: 11 – 15.

Chauvois, Louis. *William Harvey: His Life and Times, His Discoveries, His Methods*. New York: Philosophical Library; 1957.

Chesterman, J. *An Index of Possibilities: Energy and Power*. New York: Pantheon; 1975.

Christakis, Nicholas A. and James H. Fowler. *Connected: The Surprising Power of Our Social Networks and How They Shape Our Lives*. Boston: Little, Brown; 2009.

———. "The Spread of Obesity in a Large Social Network over 32 Years." *New England Journal of Medicine*. 2007; 357: 370 – 379.

Churchill, Winston. Wikiquote. http://en.wikiquote.org/wiki/Winston_Churchill. Accessed February 2, 2012.

Clark, Glenn. *The Man Who Tapped the Secrets of the Universe*. Minneapolis: Filiquarian Publishing; 2007.

Clark, Nancy. *Divine Moments*. Fairfield, IA: 1st World Publishing; 2012.

Cleary, Thomas (ed.). *The Flower Ornament Scripture*. Boston: Shambhala; 1993.

Clive, Sophie Windsor. Murmuration. http://vimeo.com/31158841. Accessed December 29, 2011.

Cole, David (ed.). *The Torture Memos: Rationalizing the Unthinkable*. New York: The New Press; 2009.

Combs, Allan and Mark Holland. Synchronicity: *Through the Eyes of Science, Myth and the Trickster*. New York: Marlowe/Avalon; 1996.

Conrad, Joseph. *Typhoon and Other Tales*. New York: New American Library; 1925.

Cook, Edward. *The Life of Florence Nightingale*. Volume 1. London: Macmillan; 1913.

Cook, Francis H. Hua-Yen Buddhism: The Jewel Net of Indra. University Park, PA: Penn State University Press; 1977.

Cottrell, J. E., G. A. Winer, and M. C. Smith. "Beliefs of Children and Adults about Feeling Stares of Unseen Others." *Developmental Biology*. 1996; 32: 50 – 61.

Cox, Craig. "If You Market 'Nothing,'Everyone Will Want It." *Utne Reader*. July – August 1999. www.utne.com/1999-07-01/NothingQuiteLikeIt.aspx. Accessed November 12,

2011.

Crick, Francis. The Astonishing Hypothesis: *The Scientific Search for the Soul*. New York: Simon & Schuster; 1994.

Da Vinci, Leonardo. Quoted at Goodreads.com. www.goodreads.com/quotes/tag /cats. Accessed November 24, 2012.

Darling, David. *Soul Search*. New York: Villard; 1995.

————. "Supposing Something Different: Reconciling Science and the Afterlife." *OMNI*. 1995; 17(9): 4.

Davenport, Richard. *An Outline of Animal Development*. Reading, MA: Addison-Wesley; 1979.

Dawkins, Richard. *The God Delusion*. New York: Mariner; 2008.

————. *The Selfish Gene*. 30th anniversary edition. Oxford, U.K.: Oxford University Press; 2006.

De Beauregard, O. Costa. Address to the Third Annual Meeting of the Society for Scientific Exploration, October 11 – 13, 1996, Freiburg, Germany.

De Becker, Raymond. *The Understanding of Dreams and Their Influence on the History of Man*. New York: Hawthorn Books; 1968.

De Chardin, Pierre Teilhard. *The Future of Man*. New York: HarperCollins; 1964.

De Gaulle, Charles. Quoted at Goodreads.com. www.goodreads.com/quotes/tag /dogs. Accessed November 24, 2012.

Dean, Douglas and John Mihalasky. *Executive ESP*. Englewood Cliffs, NJ: Prentice-Hall; 1974.

Dean, Stanley R., C. O. Plyler, Jr., and M. L. Dean. "Should Psychic Studies Be Included in Psychiatric Education? An Opinion Survey." *American Journal of Psychiatry*. 1980; 137(10): 1247 – 1249.

Dennett, Daniel C. *Breaking the Spell: Religion As a Natural Phenomenon*. New York: Penguin; 2007.

————. *Consciousness Explained*. Boston: Back Bay Books; 1992.

Deonna, Waldemar. *De la Planete Mars en Terre Sainte: Art et Subconscient, Un Medium Peintre: Helene Smith*. Paris: De Boccard; 1932.

Devorkin, David and Robert Smith. *Hubble: Imaging Space and Time*. Washington, DC: National Geographic; 2008.

Diamond, Jared. *Collapse: How Societies Choose to Fail or Succeed*. New York: Penguin; 2005.

Dickinson, Emily. Thomas H. Johnson (ed.). *The Complete Poems of Emily Dickinson*. Boston: Little, Brown; 1960.

————. Thomas H. Johnson (ed.). "There's a Certain Slant of Light." In *Final Harvest:*

Emily Dickinson's Poems. Boston: Little, Brown; 1961.

Diekman, Arthur J. "'I' = Awareness." *Journal of Consciousness Studies*. 1996; 3(4): 350–356.

Dobzhansky, Theodosius. *Genetics and the Origin of Species*. 3rd ed. New York: Columbia University Press; 1951.

"Dolphins Save Lifeguards from Circling Great White Shark."www.joe-ks.com. http:// joe-ks.com/archives_nov2004/Dolphins_Save_Lifeguards.htm. Accessed May 15, 2011.

Donne, John. John Carey (ed.). *John Donne: The Major Works*. Oxford, U.K.: Oxford University Press; 1990.

Doore, Gary (ed.). *What Survives?* Los Angeles: Jeremy P. Tarcher; 1990.

Dosa, David. "A Day in the Life of Oscar the Cat." *New England Journal of Medicine*. 2007; 357(4): 328–329.

Dossey, Barbara and Lynn Keegan. Holistic Nursing: *A Handbook for Practice*. 6th edition. Burlington, MA: Jones & Bartlett Learning; 2013.

Dossey, Larry. "All Tangled Up: Life in a Quantum World." *Explore: The Journal of Science and Healing*. 2011; 7(6): 335–344.

——. "Distance Healing: Evidence."In R. M. Schoch, L.Yonavjak (eds.). *The Parapsychology Revolution: A Concise Anthology of Paranormal and Psychical Research*. New York: Tarcher/Penguin; 2008: 216–223.

——. *Healing Beyond the Body*. Boston: Shambhala; 2003.

——. "Healing Research: What We Know and Don't Know." *Explore: The Journal of Science and Healing*. 2008; 4(6): 341–352.

——. "Lessons from Twins: Of Nature, Nurture, and Consciousness." *Alternative Therapies in Health and Medicine*. 1997; 3(3): 8–15.

——. *The Power of Premonitions*. New York: Dutton; 2009.

——. *Recovering the Soul*. New York: Bantam; 1989.

——. *Space, Time & Medicine*. Boston: Shambhala; 1982.

——. "Strange Contagions: Of Laughter, Jumps, Jerks, and Mirror Neurons." *Explore: The Journal of Science and Healing*. May 2010; 6(3): 119–128.

——. "Why Are Scientists Afraid of Daryl Bem?" *Explore: The Journal of Science and Healing*. 2011; 7(3): 127–137.

Duane, T. D., and T. Behrendt. "Extrasensory Electroencephalographic Induction Between Identical Twins." *Science*. 1965; 150(3694): 367.

Duckett, Jane. "Adaptive and Maladaptive Behavior of Idiot Savants." *American Journal of Mental Deficiency*. 1977; 82: 308–311.

——. "Idiot Savants: Super-Specialization in Mutually Retarded Persons."Unpublished doctoral dissertation. University of Texas at Austin, Department of Special Education; 1976.

Dutton, Diane and Carl Williams. "Clever Beasts and Faithful Pets: A Critical Review of Animal Psi Research." *Journal of Parapsychology*. 2009; 73(1): 43. Available at: Thefreelibrary.com. www.thefreelibrary.com/Clever+beasts+and+faithful+pets%3A+a +critical+review+of+animal+psi-a0219588957. Accessed January 22, 2011.

Dyson, Freeman. *Infinite in All Directions*. New York: Harper and Row; 1988.

Eccles, Sir John and Daniel N. Robinson. *The Wonder of Being Human*. Boston: Shambhala; 1985.

Eckhart, Meister. Raymond B. Blakney (trans.). *Meister Eckhart: A Modern Translation*. New York: Harper & Row; 1941.

————. Quoted at Goodreads.com. www.goodreads.com/author/quotes/73092 .Meister_Eckhart. Accessed December 3, 2011.

————. Edmund Colledge and Bernard McGinn (trans.). *Meister Eckhart: The Essential Sermons*. Mahwah, NJ: Paulist Press; 1981: 204 – 205.

————. "Spiritual Practices: Silence."www.spiritualityandpractice.com/practices /practices.php?id=28&g=1. Accessed January 7, 2012.

Eddington, Sir Arthur. *The Nature of the Physical World*. New York: Macmillan; 1928.

Edge, Hoyt L. "Spirituality in the Natural and Social Worlds."In Charles T. Tart, (ed.). *Body, Mind, Spirit: Exploring the Parapsychology of Spirituality*. Charlottesville, VA: Hampton Roads; 1997.

Edwards, Paul (ed.). *Immortality*. Amherst, NY: Prometheus Books; 1997.

Einstein, Albert. *Ideas and Opinions*. New York: Crown; 1954: 12.

————. Quoted in *The New York Times*. March 29, 1972.

————. Wikiquote. http://en.wikiquote.org/wiki/Albert_Einstein. Accessed February 4, 2012.

Einstein, Albert, Boris Podolsky, and Nathan Rosen. "Can Quantum-Mechanical Description of Physical Reality Be Considered Complete?" *Physical Review*. 1935; 47 (10): 777 – 780.

Emerson, Ralph Waldo. *Essays: First Series*. Reprint edition. Seattle, WA: CreateSpace; 2011.

————. *Essays and Lectures*. Lawrence, KS: Digireads.com Publishing; 2009.

————. Stanley Applebaum (ed.). *Self-Reliance and Other Essays*. New York: Dover; 1993.

————. David M. Robinson (ed.). The Spiritual Emerson: *Essential Writings*. Boston: Beacon Press; 2004.

Ensisheim meteorite. Encyclopedia of Science. www.daviddarling.info/encyclopedia/E/

Ensisheim_meteorite.html. Accessed February 17, 2012.

Erdoes, Richard. *Lame Deer—Seeker of Visions*. New York: Simon & Schuster; 1972.

Evans, Christopher. "Parapsychology—What the Questionnaire Revealed." *New Scientist*. January 25, 1973; 57(830): 209.

Evans, Donald. *Spirituality and Human Nature*. Albany, NY: SUNY Press; 1993.

Falk, Geoffrey D. *The Science of the Soul*. Nevada City, CA: Blue Dolphin Publishing; 2004.

Feinstein, David. "At Play in the Fields of the Mind: Personal Myths as Fields of Information." *Journal of Humanistic Psychology*. Summer 1998; 38(3): 71–109.

Fenwick, Peter and Elizabeth Fenwick. *The Truth in the Light*. New York: Berkley; 1997.

Feynman, Richard P. *Six Easy Pieces*. Fourth edition. New York: Basic Books; 2011.

"Final Report of the Tuskegee Syphilis Study Legacy Committee—May 20, 1996." Claude Moore Health Sciences Library, University of Virginia Health System. www.hsl.virginia.edu/historical/medical_history/bad_blood/report.cfm. Accessed January 5, 2011.

Finocchiaro, Maurice A. (ed. and trans.). *The Galileo Affair: A Documentary History*. Available online at: http://web.archive.org/web/20070930013053/http:// astro.wcupa.edu/mgagne/ess362/resources/finocchiaro.html#sentence. Accessed January 1, 2011.

Fiol, C. Marlene and Edward J. O'Connor. "The Power of Mind: What If the Game Is Bigger than We Think?" *Journal of Management Inquiry*. 2004; 13(4): 342–52.

Flat Earth Society. www.theflatearthsociety.org/forum/index.php. Accessed December 10, 2011.

Flutterofwings. www.yourghoststories.com/real-ghost-story.php?story=2832. Accessed December 25, 2011.

Fodor, Jerry A. "The Big Idea: Can There Be a Science of Mind?" *Times Literary Supplement*. July 3, 1992.

Fodor, Nandor and Oliver Lodge. *Encyclopedia of Psychic Science*. Whitefish, MT: Kessinger Publishing; 2003.

Forman, Robert. Enlightenment *Ain't What It's Cracked Up To Be*. Alresford, Hants, U.K.: O-Books/John Hunt Publishing; 2011.

Foster, Charles. The Selfless Gene: *Living with God and Darwin*. Nashville, TN: Thomas Nelson, Inc.; 2010.

Fowler, James H. and Nicholas Christakis. "Dynamic Spread of Happiness in a Large Social Network: Longitudinal Analysis Over 20 Years in the Framingham Heart Study." *British Medical Journal*. 2008; 337: a2338.

French, Roger. *William Harvey's Natural Philosophy*. Cambridge, U.K.: Cambridge

University Press; 1994.

Fromm, Erich. *Creativity and Its Cultivation*. New York: Harper & Row; 1959.

Frost, Robert. From "Mending Wall." *The Poetry of Robert Frost*. New York: Henry Holt; 1979.

Gallagher, N. "Psychoanalyst and Clinical Professor Elizabeth 'Lisby' Mayer Dies Jan. 1 at Age 57." *UC Berkeley News*. January 6, 2005. www.berkeley.edu/news/media/releases/2005/01/06_lisby.shtml. Accessed February 21, 2007.

Gallup, Jr., George and W. Proctor. *Adventures in Immortality: A Look Beyond the Threshold of Death*. New York: McGraw-Hill; 1982.

Gallup Poll. "New Poll Gauges Americans' General Knowledge Levels." www.gallup.com/poll/3742/new-poll-gauges-americans-general-knowledge-levels.aspx. Accessed December 10, 2011.

Galton, Francis. *Memories of My Life*. London: Methuen; 1908.

———. Vox populi. *Nature*. 1907; 75: 450–451.

Gandhi, Kishore (ed.).*The Evolution of Consciousness*. New York: Paragon House; 1986.

Garrison, Fielding H. *An Introduction to the History of Medicine*. Fourth edition. Philadelphia: W. B. Saunders; 1929.

Geber, Marcelle. "The Psycho-motor Development of African Children in the First Year and the Influence of Maternal Behavior." *Journal of Social Psychology*. 1958; 47: 185–195.

Gefter, Amanda. "Near-Death Neurologist: Dreams on the Border of Life." *New Scientist*. December 22, 2010; 2792: 80–81.

George, Marianne. "Dreams, Reality, and the Desire and Intent of Dreamers as Experienced by a Fieldworker." *Anthropology of Consciousness*. 1995; 6(3): 17–33.

Gersi, Douchan. *Faces in the Smoke*. New York: Tarcher; 1991.

Gessler, Paul. "Couple Alerted by Dolphins about Tired Dog Tells Story."ABC7 News online. www.abc-7.com/Global/story.asp?S=14145484. Accessed May 16, 2011.

Giberson, Karl. "The Man Who Fell to Earth." Interview with Sir Roger Penrose. *Science & Spirit*. March/April; 2003: 34–41.

Gibson, Arvin. *Fingerprints of God*. Bountiful, UT: Horizon Publishers; 1999.

Gizzi, Martin S. and Bernard Gitler. "Coronary Risk Factors: The Contemplation of Bigamy. Letter." *Journal of the American Medical Association*. 1986; 256: 1138.

Goethe, J. W. V. *Maximen und Reflexionen*. Köln, Germany: Anaconda Verlag GmbH; 2008.

Golden, R. L. "William Osler at 150: An Overview of a Life." *Journal of the American Medical Association*. December 15, 1999; 282(23): 2252–58.

Goleman, Daniel. *Vital Lies, Simple Truths*. New York: Simon & Schuster; 1996.

Gonin, Mervin Willett. "Extract from the Diary of Lieutenant Colonel Mervin Willett Gonin." www.bergenbelsen.co.uk/pages/Database/ReliefStaffAccount.asp? Heroes ID=17&=17. Accessed July 1, 2012.

"Gorilla at an Illinois Zoo Rescues a 3-Year-Old Boy." *The New York Times* online. August 17, 1996. www.nytimes.com/1996/08/17/us/gorilla-at-an-illinois-zoo-rescues-a-3-year-old-boy.html. Accessed June 7, 2011.

"Gorilla Rescues Child: The World Goes Ape."Year in Review: 1996. www.cnn.com/EVENTS/1996/year.in.review/talk/gorilla/gorilla.index.html. Accessed June 7, 2011.

"Gorilla's Maternal Instinct Saves Baby Boy Who Fell into Zoo Enclosure from Coming to Harm." *The Independent* online. August 19, 1996. www.independent.co.uk/news/world/gorillas-maternal-instinct-saves-baby-boy-who-fell-into-zoo-enclosure-from-coming-to-harm-1310456.html. Accessed June 7, 2011.

Gottlieb, Anthony. "A Miracle, If True." *The New York Times* online. www.nytimes.com/roomfordebate/2011/01/06/the-esp-study-when-science-goes-psychic/esp-findings-a-miracle-if-true. January 7, 2011. Accessed February 6, 2012.

Govinda, Anagarika Brahmacari. *Creative Meditation and Multi-Dimensional Consciousness.* Wheaton, IL: Theosophical Publishing House; 1976.

Graham, John. *Sit Down Young Stranger: One Man's Search for Meaning.* Langley, WA: Packard Books; 2008.

Grann, David. *The Lost City of Z.* New York: Vintage; 2010.

Graves, Robert James. "Newly Observed Affection of the Thyroid Gland in Females." *London Medical & Surgical Journal.* 1835; 8(2): 516–517.

Greene, M. (ed.) "Toward a Unity of Knowledge." *Psychological Issues.* 1969; 22: 45.

Greenhalgh, Trisha. *How to Read a Paper: The Basics of Evidence-Based Medicine.* Fourth edition. London: BMJ Books; 2001.

Grellet, Stephen. Wikipedia. http://en.wikipedia.org/wiki/Stephen_Grellet. Accessed March 1, 2012.

Greyfriars Bobby. www.imdb.com/title/tt0435597/. Accessed January 9, 2011.

Greyson, Bruce. "Incidence and Correlates of Near-Death Experiences in a Cardia Care Unit." *General Hospital Psychiatry.* 2003; 25: 269–276.

———. "Increase in Psychic Phenomena Following Near-Death Experiences." *Theta.* 1983; 11: 26–29.

Grinberg-Zylberbaum, J., M. Delaflor, L. Attie, and A. Goswami. "The Einstein-Podolsky-Rosen Paradox in the Brain: The Transferred Potential." *Physics Essays.* 1994; 7(4): 422–428.

Grinberg-Zylberbaum, J., M. Delaflor, M.E. Sanchez, and M. A. Guevara. "Human Communication and the Electrophysiological Activity of the Brain." *Subtle Energies and Energy Medicine.* 1993; 3: 25 – 43.

Grinberg-Zylberbaum, J. and J. Ramos. "Patterns of Interhemispheric Correlation During Human Communication." *International Journal of Neuroscience.* 1987; 36(101502): 41 – 53.

Grof, Stanislav. *The Holotropic Mind: The Three Levels of Human Consciousness and How They Shape Our Lives.* San Francisco: HarperCollins; 1992.

Grosso, Michael. "The Advantages of Being Multiplex." *Journal of Scientific Exploration.* 2010; 24(2): 225 – 246.

————. "Miracles: Illusions, Natural Events, or Divine Intervention?" *Journal of Religion and Psychical Research.* October 1997; 20(4): 182.

"Group Near-Death Experiences: People Sharing the Same NDE."Near-death.com. www.near-death.com/group.html. Accessed February 20, 2012.

Groupthink. Wikipedia. http://en.wikipedia.org/wiki/Groupthink. Accessed July 27, 2011.

Guiley, Rosemary Ellen. *Harper's Encyclopedia of Mystical and Paranormal Experience.* Edison, NJ: Castle; 1991.

Gurney, Edmund, F. W. H. Myers, and F. Podmore. *Phantasms of the Living.* Volume 1. London: Trübner; 1886.

Haanel, Charles. Anthony R. Michalski, ed. *The Master Key System.* Volume I. Wilkes-Barre, PA: Kallisti Publishing; 2000. Hadamard, Jacques. *The Psychology of Invention in the Mathematical Field.* Princeton, NJ: Princeton University Press; 1949.

Hafiz. Daniel Ladinsky (trans). *I Heard God Laughing: Renderings of Hafiz.* Oakland, CA: Mobius Press; 1996.

Haisch, Bernard. *The Purpose-Guided Universe: Believing in Einstein, Darwin, and God.* Franklin Lakes, NJ: New Page Books; 2010.

Haldane, J. B. S. Wikiquote. http://en.wikiquote.org/wiki/J._B._S._Haldane. Accessed January 17, 2012.

Hall, Michael D. and Eugene Metcalf (eds.). *The Artist Outsider: Creativity and the Boundaries of Culture.* Washington, DC: Smithsonian Institute Press; 1992.

Hameroff, Stuart. "Quantum Coherence in Microtubules: A Neural Basis for Emergent Consciousness?" *Journal of Consciousness Studies.* 1994; 1(1): 91 – 118.

Hamilton, Craig. "Come Together." EnlightenNext.org. www.enlightennext.org/magazine/j25/collective.asp. Accessed March 27, 2011.

Hanh, Thich Nhat. "Interrelationship." Poetry-chaikhana.com. www.poetry-chaikhana.com/H/HanhThichNha/Interrelatio.htm. Accessed December 1, 2011.

Hansen, George P. "CSICOP and the Skeptics: An Overview." *Journal of the Society for Psychical Research.* 1992; 86:19 – 63.

————. *The Trickster and the Paranormal.* Philadelphia: Xlibris; 2001.

Haraldsson, Erlundur. *The Departed Among the Living.* Guilford, Surrey, U.K.: White Crow Press; 2012.

Harness, Jill. "The Most Famous Mutts Ever." Neatorama.com. http://www.neatorama.com /2012/07/31/the-most-famous-mutts-ever/. July 31, 2012. Accessed March 29, 2013.

Harris, Sam. *The End of Faith.* New York: Norton; 2005.

Harrison, Jim. *Off to the Side: A Memoir.* New York: Grove Press; 2002.

Hartong, Leo. *Awakening to the Dream.* Salisbury, Wiltshire, U.K.: Non-Duality Press; 2003. E-book available at www.awakeningtothedream.com.

Hastings, Arthur. *With the Tongues of Men and Angels: A Study of Channeling.* San Francisco: Holt, Rinehart and Winston; 1991.

Havel, Vaclav. "The Need for Transcendence in the Postmodern World." *The Futurist.* 1995; 29(4): 46. Available at: www.worldtrans.org/whole/havelspeech.html. Accessed March 24, 2012.

———. Speech to Congress, February 21, 1990. In Jackson J. Spielvogel. *Western Civilization. Volume C: Since 1789.* Eighth Edition. Boston: Wadsworth; 2012: 953. Speech available at Everything2.com. http://everything2.com/title/Vaclav+Havel%25 27s+address+to+the+US+Congress%252C+21+February+1990. Accessed March 24, 2012.

Hawkes, Joyce W. *Cell-Level Healing: The Bridge from Soul to Cell.* New York: Atria Books: 2006.

———. Website. www.celllevelhealing.com/Author.html. Accessed March 30, 2011.

Hearne, Keith. "Visually Evoked Responses and ESP." *Journal of the Society for Psychical Research.* 1977; 49, 648–657.

Heidt, John. "The King of Terrors: The Theology of Henry Scott Holland." *Contemporary Review.* March 2000. http://www.questia.com/library/1G1-61947811/the-king-of-terrors-the-theology-of-henry-scott-holland. Accessed March 27, 2011.

Heisenberg, Werner. Physics and Beyond. New York: Harper & Row; 1971.

Helfand, David. "An Assault on Rationality." *The New York Times* online. www.nytimes.com/roomfordebate/2011/01/06/the-esp-study-when-science-goes-psychic/esp-and-the-assault-on-rationality. January 7, 2011. Accessed February 2, 2012.

Hellman, Hal. *Great Feuds in Medicine.* New York: Wiley; 2002.

———. *Great Feuds in Science.* New York: Wiley; 1999. NJ: Scarecrow Press; 1989.

Herbert, Nick. *Elemental Mind.* New York: Dutton; 1993.

———. *Quantum Reality.* Garden City, NY: Anchor/Doubleday; 1987.

Herbert, Robert L. (ed.). *Modern Artists on Art.* Englewood, NJ: Prentice-Hall; 1964.

"Heroic Horse Halted Cow's Attack." BBC News online. http://news.bbc.co.uk/2/hi/uk_news/scotland/south_of_scotland/6945914.stm. Accessed May 16, 2011.

Hesse, Hermann. *Demian*. Berlin: S. Fischer Verlag; 1919.

Highwater, Jamake. *The Primal Mind*. Seattle: Replica Books; 2001.

Hillenbrand, Laura. *Unbroken*. New York: Random House; 2010.

Hippocrates. W. H. S. Jones (trans.). *Hippocrates*. Volume 2. The Loeb Classical Library.Cambridge, MA: Harvard University Press; 1952.

Hirshberg, Caryle and Marc I. Barasch. *Remarkable Recovery: What Extraordinary Healings Tell Us About Getting Well and Staying Well*. New York: Riverhead; 1995.

Hirshberg, Caryle and Brendan O'Regan. *Spontaneous Remission: An Annotated Bibliography*. Petaluma, CA: Institute of Noetic Sciences; 1993.

"History of Meteoritics." Meteorite.fr. www.meteorite.fr/en/basics/meteoritics.htm. Accessed March 3, 2010

"History of the Grandfather Clock." The Clock Depot. www.theclockdepot.com/history_of_the_grandfather_clock.html. Accessed March 27, 2008.

Hitchens, Christopher. *God Is Not Great: How Religion Poisons Everything*. New York: Twelve; 2009.

————. *The Portable Atheist*. New York: Da Capo; 2007.

Hobling, Hugo. "Refusing to Look Through Galileo's Telescope." The Galilean Library. http://academy.galilean-library.org/archive/index.php/t-6131.html. Accessed January 2, 2011.

Hoffman, Donald "Conscious Realism and the Mind-Body Problem." *Mind & Matter*. 2008; 6(1): 87–121.

Hoffman, R. M. "Disclosure Needs and Motives after Near-Death Experiences: Influences, Obstacles, and Listener Selection." *Journal of Near-Death Studies*. 1995; 14: 29–48.

Hofstadter, Douglas. "A Cutoff for Craziness." *The New York Times* online. www.nytimes.com/roomfordebate/2011/01/06/the-esp-study-when-science-goes-psychic/a-cutoff-for-craziness. January 7, 2011. Accessed February 2, 2012.

Holden, Constance. "Identical Twins Reared Apart." *Science*. 1980; 207:1323–1328.

Holden, Janice Miner, Bruce Greyson, and Debbie James (eds.). *Handbook of Near-Death Experiences: Thirty Years of Investigation*. New York: Praeger; 2009.

Hollander, Lorin. In "Child's Play: Prodigies and Possibilities." *Nova*. Boston: WGBH television; 1985.

————. Personal communication from Lorin Hollander to Larry Dossey, June 1983.

Hornaday, William Temple. *Our Vanishing Wild Life. Its Extermination and Preservation*. Original edition 1913. Reprint edition: Whitefish, MT: Kessinger Publishing; 2009.

"How Old Is the Universe?" Universe 101. http://map.gsfc.nasa.gov/universe/

uni_age.html. Accessed July 13, 2011.

Howes, David. *The Sixth Sense Reader.* London: Berg; 2009.

Hu, Mu. "Social Use of the Internet and Loneliness." Doctoral dissertation 2007, Ohio State University. Ohiolink.edu. http://etd.ohiolink.edu/view.cgi/Hu%20 Mu.pdf?osu1186168233. Accessed November 25, 2011.

———. "Will Online Chat Help Alleviate Mood Loneliness?" *Cyberpsychology and Behavior.* 2009; 12(2): 219–223.

Hummer, R., R. Rogers, C. Nam, and C. G. Ellison. "Religious Involvement and U. S. Adult Mortality." *Demography.* 1999; 36(2): 273–285.

Huxley, Aldous. *The Doors of Perception.* New York: Harper Perennial Modern Classics; 2004. Original publication: New York: Harper & Row; 1954.

———. *The Doors of Perception.* London: Chatto and Windus; 1954. Reprint: London: Granada Publishing; 1984.

———. *The Perennial Philosophy.* New York: Harper & Row; 1945.

———. *Tomorrow and Tomorrow and Tomorrow.* New York: Signet; 1964.

———. Wikiquote.com. Accessed January 18, 2011. http://en.wikiquote.org/wiki/ Aldous_Huxley. Accessed January 28, 2011.

"I Am Lonely Will Anyone Speak to Me." The thread is now available at "A Lonely Life" at: http://lounge.moviecodec.com/on-topic/i-am-lonely-will-anyone-speak-to-me-2420/. Accessed November 24, 2011.

Inglis, Brian. *Natural and Supernatural: A History of the Paranormal.* Bridport, Dorset, U.K.: Prism Press; 1992.

Jack, Fiona. "Nothing." http://fionajack.net/projects/nothing/. Accessed November 12, 2011.

———. "Nothing billboard." www.adbusters.org/content/nothing-you-want. Accessed November 12, 2011.

Jackson, Donald Dale. "Reunion of Identical Twins, Raised Apart, Reveals Some Astonishing Similarities." *Smithsonian.* October 1980; 48–56.

Jahn, Robert G. "Report on the Academy of Consciousness Studies." *Journal of Scientific Exploration.* 1995; 9(3): 393–403.

Jahn, Robert G., and Brenda J. Dunne. *Consciousness and the Source of Reality.* Princeton, NJ: ICRL Press; 2011.

———. *Margins of Reality: The Role of Consciousness in the Physical World.* New York: Harcourt Brace Jovanovich; 1987.

James, William. "The Confidences of a Psychical Researcher." In F. H. Burkhardt (ed.). *Essays in Psychical Research.* Cambridge, MA: Harvard University Press; 1986. Original publication 1909.

————. *Human Immortality*. New York: Dover; 1956. Original publication 1897.

————. *Principles of Psychology*. New York: Holt; 1890.

————. *The Varieties of Religious Experience*. New York: Library of America; 1987.

————. *The Will to Believe and Other Essays in Popular Philosophy*. London: Longmans, Green; 1910 (composed of segments originally published in 1890, 1892, and 1896).

Jameson, Robert. "Scientific Intelligence: Passenger Pigeon." *Edinburgh New Philosophical Journal*. October 1835; XX: 209.

Janis, Irving L. *Victims of Groupthink: A Psychological Study of Foreign-Policy Decisions and Fiascoes*. Boston: Houghton Mifflin; 1972.

Jauregui, Ann. *Epiphanies: Where Science and Miracles Meet*. New York: Atria; 2007.

Jayakar, Pupul. *Krishnamurti: A Biography*. San Francisco: Harper & Row; 1986.

Jeans, Sir James. *Physics and Philosophy*. New York: Dover; 1981.

Johnson, M. Alex. "The Culture of Einstein." MSNBC.com. www.msnbc.msn.com/id/7406337/#.Ty2tbRxZ2jQ. April 18, 2005. Accessed February 4, 2012.

Jordan. "In the Footnotes of Library Angels; A Bi(bli)ography of Insurrectionary Imagination." www.thisisliveart.co.uk/pdf_docs/SRG_Jordan.pdf. Accessed December 14, 2011.

Josephson, Brian. "Pathological Disbelief." Lecture given at the Nobel Laureates'meeting, Lindau, Germany, June 30, 2004. www.lenr-canr.org/acrobat/Josephson Bpathologic.pdf. Accessed December 26, 2011. See also: www.lenr-canr.org/acrobat/JosephsonBabstractfo.pdf. Accessed December 26, 2011.

Julian of Norwich. Father John-Julian. (trans.). *Revelations of Divine Love*. Brewster, MA: Paraclete Press; 2011.

Jung, C. G.; G. Adler and R. F. C. Hull (trans.).*The Archetypes and the Collective Unconscious*. Volume 9, Part 1, of *The Collected Works of C. G. Jung* Princeton, NJ: Princeton University Press; 1981.

————. R. F. C. Hull (trans.). *The Archetypes and the Collective Unconscious*. Bollingen Series XX. *The Collected Works of C. G. Jung*. Volume 9, Part I. Princeton, NJ: Princeton University Press; 1969.

————. *Jung on Death and Immortality*. Jenny Yates, introduction. Princeton, NJ: Princeton University Press; 1999.

————. Aniela Jaffé (ed.). Richard and Clara Winston (trans.). *Memories, Dreams, Reflections*. New York: Random House; 1961.

————. Joseph Campbell (ed.). *The Mysteries: Papers from the Eranos Yearbooks*. Volume 2. Princeton, NJ: Princeton University Press; 1978.

————. Sir Herbert Read and Gerhard Adler (eds.), R.F.C. Hull (trans.). *Psychology and*

Religion: West and East. Volume 11. *The Collected Works of C. G. Jung*. Princeton, NJ: Princeton University Press; 1975.

———. Joseph Campbell (ed.), R.F.C. Hull (trans.). "The Stages of Life." In *The Portable Jung*. New York: Penguin; 1976.

———. R. F. C. Hull (trans.). *The Symbolic Life. Collected Works*. Princeton, NJ: Princeton University Press; 1977.

———. R. F. C. Hull (trans.). *Synchronicity: An Acausal Connecting Principle*. 2nd edition. Bollingen Series XX. Princeton, NJ: Princeton University Press; 1973.

Kafatos, Menas and Robert Nadeau. *The Conscious Universe: Parts and Wholes in Physical Reality*. New York: Springer; 1991.

Kane, Muriel. "Study Shows Lab Rats Would Rather Free a Friend than Eat Chocolate." Rawstory.com. www.rawstory.com/rs/2011/12/09/study-shows-lab-rats-would-rather-free-a-friend-than-eat-chocolate/. December 9, 2011. Accessed February 5, 2012./mourning.htm. Accessed January 9, 2011.

Kaplan, Karen. "Happiness Is Contagious, Research Finds." *Los Angeles Times* online. http://articles.latimes.com/2008/dec/05/science/sci-happy5. December 5, 2008. Accessed January 19, 2021.

Kaptchuk, Ted J. "The Double-Blind, Randomized, Placebo-Controlled Trial: Gold Standard or Golden Calf?" *Journal of Clinical Epidemiology*. 2001; 54(6): 541 – 49.

Karpf, Anne. "Climate Change: You Can't Ignore It." *The Guardian*. November 20, 2012. www.guardian.co.uk/environment/2012/nov/30/climate-change-you-cant-ignore-it. Accessed December 14, 2012.

———. *The Human Voice*. New York: Bloomsbury USA; 2006.

Kauffman, Stuart. "God Enough." Interview of Stuart Kauffman by Steve Paulson. Salon.com. www.salon.com/env/atoms_eden/2008/11/19/stuart_kauffman/index1.html. Accessed January 30, 2010.

Keating, Thomas. "Spiritual Practices: Silence." www.spiritualityandpractice.com/practices/practices.php?id=28&g=1. Accessed January 7, 2012.

Kedrov, K. "On the Question of Scientific Creativity." *Voprosy Psikologii*. 1957; 3: 91 – 113

Keller, Evelyn Fox. *A Feeling for the Organism*. New York: Times Books; 1984.

Kelly, Edward F., et al. *Irreducible Mind: Toward a Psychology for the 21st Century*. Lanham, MD: Rowman and Littlefield; 2009.

Kelly, E. F. and J. Lenz. "EEG Changes Correlated with a Remote Stroboscopic Stimulus: A Preliminary Study." In J. Morris, W. Roll, R. Morris (eds.). *Research in Parapsychology 1975*. Metuchen, NJ: Scarecrow Press; 1975 (abstracted in *Journal of Parapsychology*. 1975; 39: 25).

Kerouac, Jack. *Scattered Poems*. San Francisco: City Lights Books; 1971.

"Key Facts about Near-Death Experiences." Prevalence of NDEs. IANDS.org. http://iands.org/about-ndes/key-nde-facts.html?showall=1. Accessed March 3, 2012.

Kiecolt-Glaser, Janice, et al. "Hostile Marital Interactions, Proinflammatory Cytokine Production, and Wound Healing."*Archives of General Psychiatry*. 2005; 62(12): 1377-1384.

Kincheloe, Lawrence. "Intuitive Obstetrics." *Alternative Therapies in Health & Medicine*. 2003; 9(6): 16-17.

King, Jr., Martin Luther. Commencement address for Oberlin College. www. oberlin.edu/external/EOG/BlackHistoryMonth/MLK/CommAddress.html. Accessed November 28, 2011.

Kittenis, M., P. Caryl, and P. Stevens. "Distant Psychophysiological Interaction Effects Between Related and Unrelated Participants." *Proceedings of the Parapsychological Association Convention 2004:* 67-76. Meeting held in Vienna, Austria, August 5-8, 2004.

Knoblauch, H., et al. "Different Kinds of Near-Death Experience: A Report on a Survey of Near-Death Experiences in Germany." *Journal of Near-Death Studies;* 2001; 20: 15-29.

Knox, Sarah S. *Science, God and the Nature of Reality*. Boca Raton, FL: Brown Walker Press; 2010.

Koestler, Arthur. *The Act of Creation*. New York: Macmillan; 1964.

―. *Janus: A Summing Up*. New York: Vintage 1979.

―. *The Roots of Coincidence*. New York: Random House; 1972.

Kohut, Heinz. Paul Ornstein (ed.). *The Search for the Self: Selected Writings of Heinz Kohut: 1950-1978*. Volume 1. New York: International Universities Press; 1978.

Krauss, Lawrence M. "No Sacred Mantle." *The New York Times* online. www. nytimes.com/roomfordebate/2011/01/06/the-esp-study-when-science-goes-psychic/publication-is-not-a-sacred-mantle. January 7, 2011. Accessed February 6, 2012.

―. *Quantum Man: Richard Feynman's Life in Science*. New York: Norton; 2011.

Krippner, Stanley. "A Psychic Dream? Be Careful Whom You Tell!" *Dream Network*. 1995; 14(3): 35-36.

Krippner, Stanley, Fariba Bogzaran, and AndréPercia de Carvalho. *Extraordinary Dreams and How to Work with Them*. Albany, NY: SUNY Press; 2002.

Krippner, Stanley and L. Faith. "Exotic Dreams: A Cross-Cultural Survey." *Dreaming*. 2000; 11: 72-83.

Krishna, Gopi. *The Biological Basis of Religion and Genius*. New York: Harper and Row;

1972.

Kuhn, Thomas. *The Structure of Scientific Revolutions.* Third edition. Chicago: University of Chicago Press; 1996.

Kundera, Milan. Quoted at Goodreads.com. www.goodreads.com/quotes/tag/dogs. Accessed November 24, 2012.

Kurtz, Paul (ed.). *A Skeptic's Handbook of Parapsychology.* Buffalo, NY: Prometheus Books, 1985.

Lachman, Roy, Janet L. Lachman, and Earl C. Butterfield. *Cognitive Psychology and Information Processing: An Introduction.* Hillsdale, NJ: Lawrence Erlbaum Associates; 1979.

Langworth, Richard (ed.). *Churchill by Himself: The Definitive Collection of Quotations.* Reprint edition. New York: PublicAffairs; 2011.

Lanier, Jean. "From Having a Mystical Experience to Becoming a Mystic." *ReVision.* 1989; 12(1): 41 – 44.

Lanza, Robert with Bob Berman. *Biocentrism: How Life and Consciousness are the Keys to Understanding the True Nature of the Universe.* Dallas, TX: BenBella Books, Inc.; 2009.

Laozi. Wikiquote. http://en.wikiquote.org/wiki/Laozi. Accessed March 18, 2012.

Lara, Adair. *The Sun.* June 1994; Issue 222: 40.

Larson, E. "Did Psychic Powers Give Firm a Killing in the Silver Market?" *Wall Street Journal.* October 22, 1984.

Lashley, Karl S. "In Search of the Engram." *Symposia of the Society for Experimental Biology.* 1950; 4: 454 – 482.

Laszlo, Ervin. *The Akashic Experience: Science and the Cosmic Memory Field.* Rochester, VT: Inner Traditions; 2009.

————. *The Interconnected Universe.* River Edge, NJ: World Scientific; 1995.

————. *Science and the Akashic Field: An Integral Theory of Everything.* Rochester, VT: Inner Traditions; 2007.

Laughlin, Charles D. *Communing with the Gods.* Brisbane, Australia: Daily Grail Publishing; 2011.

————. "Transpersonal Anthropology: Some Methodological Issues." *Western Canadian Anthropologist.* 1989; 5: 29 – 60.

————. "Transpersonal Anthropology, Then and Now." *Transpersonal Review.* 1994; 1(1): 7 – 10.

Lawrence, Tony. "Bringing Home the Sheep: A Meta-Analysis of Sheep/Goat Experiments." In *Proceedings of Presented Papers,* 36th Annual Parapsychological Association Convention. M. J. Schlitz (ed.). Fairhaven, MA: Parapsychological

Association; 1993.

Lemke, Leslie. Wikipedia. http://en.wikipedia.org/wiki/Leslie_Lemke. Accessed January 4, 2011.

LeShan, Lawrence. *Landscapes of the Mind*. Guilford, CT: Eirini Press; 2012

————. *A New Science of the Paranormal: The Promise of Psychical Research*. Wheaton, IL: Quest; 2009.

Lessing, Doris. *The Making of the Representative for Planet 8*. London: Flamingo/HarperCollins; 1994.

Levin, Jeffrey S. *God, Faith, and Health*. New York. Wiley; 2001.

Lewis, C. S. Quoted at Thinkexist.com. http://thinkexist.com/quotation/you_don-t_have_a_soul-you_are_a_soul-you_have_a/202051.html. Accessed November 22, 2011.

Libet, Benjamin. "A Testable Field Theory of Mind-Brain Interaction." *Journal of Consciousness Studies*. 1994; 1(1): 119–126.

"Life of the Party: Study Shows that Socializing Can Extend Your Life." MedicineNet.com. www.medicinenet.com/script/main/art.asp?articlekey= 50788. Accessed January 12, 2011.

Lindsay, E. M. "Maskelyne and Meteors." *The Irish Astronomical Journal*. 1967; 8(3): 69.

List of social networking websites. Wikipedia. http://en.wikipedia.org/wiki/List_of_social_networking_websites. Accessed December 1, 2011.

Lloyd, D. H. "Objective Events in the Brain Correlating with Psychic Phenomena." *New Horizons*. 1973; 1: 69–75.

Lombardo, Paul. "Eugenic Sterilization Laws." Dolan DNA Learning Center, Cold Spring Harbor Laboratory. www.eugenicsarchive.org. Accessed January 3, 2011.

Loneliness. Wikipedia. http://en.wikipedia.org/wiki/Loneliness#cite_note-19. Accessed November 28, 2011.

Long, William J. *How Animals Talk: And Other Pleasant Studies in Birds and Beasts*. Rochester, VT: Bear & Company; 2005.

Lorber, John. "Is Your Brain Really Necessary?" *Science*. 1980; 210:1232–1234.

Lorimer, David. *Whole in One*. London: Arkana/Penguin; 1990.

Lovejoy, Arthur. *The Great Chain of Being*. Cambridge, MA: Harvard University Press; 1936.

Luke, David. "Experiential Reclamation and First Person Parapsychology." *Journal of Parapsychology*. 2011; 75(2): 185–199.

Mackay, Charles. *Extraordinary Popular Delusions and the Madness of Crowds*. New York: Crown; 1980.

Maddox, Sir John. "The Unexpected Science to Come." *Scientific American*. December

1999; 281(6): 62–67.

Maeterlink, Maurice. *The Unknown Guest.* New York: Cosimo, Inc.; 2005.

Maharshi, Ramana. "The End of Seeking: Quotations from the Teachings of Ramana Maharshi." Theendofseeking.net. www.theendofseeking.net/E%20-%20Is%20there%20 Enlightenment.html. Accessed January 3, 2011.

Major, Ralph H. (ed.). *Classic Descriptions of Disease.* Third edition. Springfield, IL: Charles C. Thomas; 1945.

Mann, Charles C. *1491: New Revelations of the Americas Before Columbus.* Second edition.
New York: Vintage; 2011.

Marano, Hara Estroff. "The Dangers of Loneliness." Psychologytoday.com. www.psychologytoday.com/articles/200308/the-dangers-loneliness. July 1, 2003. Accessed November 24, 2011.

Margenau, Henry. *The Miracle of Existence.* Woodbridge, CT: Ox Bow Press;1984.

Martin, Barclay, letter to the editor. Reply by John Searle. *The New York Review of Books.* September 29, 2011: 101.

Martin, Joel and William J. Birnes. *The Haunting of the Presidents.* New York: New American Library; 2003.

Mason, Herbert W. *Al-Hallaj.* London: Routledge; 1995.

Matthew, R. "Sixth Sense Helps You Watch Your Back." *Sunday Telegraph.* April 14, 1996.

May, E. C., R. Targ, and H. E. Puthoff. "EEG Correlates to Remote Light Flashes under Conditions of Sensory Shielding." In Charles Tart, Hal E. Puthoff, Russell Targ (eds.). *Mind at large: IEEE Symposia on the Nature of Extrasensory Perception.* Charlottesville, VA: Hampton Roads; 1979 and 2002.

Mayer, Elizabeth Lloyd. *Extraordinary Knowing: Science, Skepticism, and the Inexplicable Powers of the Human Mind.* New York: Bantam/Random House; 2007.

McCoy, Harold. *Power of Focused Mind Healing.* Fayetteville, AR: JTG Publishing; 2011.

McDermott, John J. (ed.). *The Writings of William James: A Comprehensive Edition.* Chicago: University of Chicago Press; 1977.

McDermott, Robert A. (ed.). *The Essential Steiner.* San Francisco: Harper & Row; 1984.

McEneaney, Bonnie. *Messages: Signs, Visits, and Premonitions from Loved Ones Lost on 9/11.* New York: Morrow; 2010.

McTaggart, Lynne. *The Field.* New edition. New York: HarperCollins; 2008.

Mead, Margaret. Quotationspage.com. www.quotationspage.com/quote/33522.html. Accessed December 12, 2012.

Merleau-Ponty, Maurice. Quoted in Emilios Bouratinos. "Primordial Wholeness:

Hints of Its Non-Local and Non-Temporal Role in the Co-Evolution of Matter, Consciousness, and Civilization." In Zachary Jones, Brenda Dunne, Elissa Hoeger, and Robert Jahn(eds.). *Filters and Reflections: Perspectives on Reality.* Princeton, NJ: ICRL Press; 2009.

Mermin, N. David. "Extreme Quantum Entanglement in a Superposition of Macroscopically Distinct States." *Physical Review Letters.* 1990; 65(15): 1838 – 1840.

Merrill, James and Helen Vendler. "James Merrill's Myth: An Interview." *The New York Review of Books.* May 3, 1979. www.nybooks.com/articles/archives/1979/may/03/james-merrills-myth-an-interview. Accessed March 23, 2011.

Midgley, Mary. *Science As Salvation: A Modern Myth and Its Meaning.* London: Routledge; 1992.

————. "Thinking Matter." *New Scientist.* 2009; 201 (2689): 16.

Millay, Jean. *Multidimensional Mind: Remote Viewing in Hyperspace.* Berkeley, CA: North Atlantic Books; 2000.

Miller, Jeannie P. (ed.). *Emerging Issues in the Electronic Environment.* Binghamton, NY: Haworth Information Press; 2004.

Miller, Peter. "The Genius of Swarms." *National Geographic.* NGM.com. July 2007. http://ngm.nationalgeographic.com/2007/07/swarms/miller-text. Accessed December 5, 2010.

Millet, David. "The Origins of the EEG." www.bri.ucla.edu/nha/ishn/ab24-2002.htm. Accessed December 12, 2010.

Milton, John. Arthur Thomas Quiller-Couch (ed.). *The Oxford Book of English Verse: 1250 – 1900.* Oxford, U.K.: Clarendon; 1919.

Milton, Richard. *Alternative Science: Challenging the Myths of the Scientific Establishment.* Rochester, VT: Park Street Press; 1996.

Mirandola, Pico della. *Opera Omnia.* Basel; 1557: 40.

Mitchell, Edgar. *The Way of the Explorer: An Apollo Astronaut's Journey Through the Material and Mystical Worlds.* Revised edition. Franklin Lakes, NJ: New Page Books; 2008.

Mitchell, Weir. "The Case of Mary Reynolds." *Transactions of the College of Physicians of Philadelphia.* Volume 1; April 1888. Cited in William James. *Principles of Psychology.* New York: Holt; 1890.

Mitchum, Robert. "Rats Free Trapped Companions, Even When Given Choice of Chocolate Instead." UChicagoNews. http://news.uchicago.edu/article/2011/12/08/helping-your-fellow-rat-rodents-show-empathy-driven-behavior. December 8, 2011. Accessed February 5, 2012.

Moody, Raymond. *Life After Life. Reprint.* New York: HarperOne; 2001.

————. *Paranormal: My Life in Pursuit of the Afterlife*. New York: HarperOne; 2012.

Moore, Walter. *Schrodinger: Life and Thought*. Cambridge, U.K.: Cambridge University Press; 1989.

Morris, J. D., W. G. Roll, and R. L. Morris (eds.). *Research in Parapsychology 1975*. Metuchen, NJ: Scarecrow Press; 1975.

Moss, Lyndsay. "Simple MRI Brain Scan Offers Autism Diagnosis in 15 Minutes." News.csotsman.com. August 11, 2010. http://news.scotsman.com/health/Simple-MRI-brain-scan-offers.6467791.jp. Accessed January 3, 2011.

Muir, John. Wikiquote. http://en.wikiquote.org/wiki/John_Muir. Accessed December 1, 2011.

My Grandfather's Clock. Wikipedia. http://en.wikipedia.org/wiki/My_Grandfather's_Clock. Accessed March 27, 2008.

Myers, Frederic W. H. *Human Personality and Its Survival of Bodily Death*. London: Longman, Green, and Co.; 1906.

Myth of Er. Wikipedia. http://en.wikipedia.org/wiki/Myth_of_Er. Accessed January 27, 2011.

Nadeau, R., and M. Kafatos. *The Non-Local Universe: The New Physics and Matters of the Mind*. New York: Oxford University Press; 1999.

Nan Huaijin. *Basic Buddhism: Exploring Buddhism and Zen*. York Beach, ME: Weiser Books; 1997.

Needleman, Jacob. "The Heart of Philosophy." Interview by Stephan Bodian. *Yoga Journal*. March 1989; 58-61.

Nelson, Roger D., Dean I. Radin, Richard Shoup, and Peter A. Bancel. "Correlations of Continuous Random Data with Major World Events." *Foundations of Physics Letters*. 2002; 15(6). See: http://www.boundary.org/randomness.htm. Accessed June 12, 2007.

Nielsen, K. M., et al. "Danish Singles Have a Twofold Risk of Acute Coronary Syndrome: Data from a Cohort of 138,290 Persons." *Journal of Epidemiology and Community Health*. 2006; 60(8): 721-728.

Nikhilananda, Swami. Description of the Hindu sage Sankaracharya. In Swami Nikhilananda. *Self-Knowledge*. New York: Ramakrishna-Vivekananda Center; 1980. Quoted in Karen Hall Siegel. "Is Fear Inevitable?" *Yoga Journal*. March/April 1988; 16.

Nisargadatta Maharaj. Wikiquote. http://en.wikiquote.org/wiki/Nisargadatta_Maharaj. Accessed November 29, 2011.

Nisbet, Lee. Quoted at Skepticalinvestigations.org. www.skepticalinvestigations.org/Organskeptics/index.html. Accessed January 1, 2011.

Nisker, Wes. Quoted in *Inquiring Mind;* Spring 2005.

Nuland, Sherwin B. *Doctors: The Biography of Medicine.* New York: Vintage; 1995.

Nuremberg Rally. Wikipedia. http://en.wikipedia.org/wiki/Nuremberg_Rally. Accessed July 28, 2010.

"NZ Dolphin Rescues Beached Whales." BBC News online. http://news.bbc.co.uk/2/hi/7291501.stm. Accessed May 12, 2011.

"Of All the Pigeon Lofts in the World." *Fortean Times,* July 1996; 88: 10. Also reported in the *London Daily Telegraph,* March 23, 1996.

Olson, Geoff. "Is the Universe Friendly?" http://geoffolson.com/page5/page11/page34/page34.html. Accessed December 1, 2011.

Origen. *Liviticum Homilae.* Quoted in Laurens van der Post. *Jung and the Story of Our Time.* New York: Vintage; 1975.

Orlean, Susan. *Rin Tin Tin: The Life and Legend.* New York: Simon & Schuster; 2011.

Orme-Johnson, D. W., M. C. Dillbeck, R. K. Wallace, and G. S. Landrith. "Intersubject EEG Coherence: Is Consciousness a Field?" *International Journal of Neuroscience.* 1982; (16): 203 – 209.

Oz2. Dailygrail.com. www.dailygrail.com/blogs/shadow/2005/7/Telling-Bees. Accessed January 12, 2011.

Ozark Research Institute. www.ozarkresearch.org/Site/welcome.html. Accessed December 12, 2011.

Panksepp, Jules B. "Feeling the Pain of Social Loss." *Science.* 2003; 302(5643): 237 – 239.

Passenger Pigeon. Wikipedia. http://en.wikipedia.org/wiki/Passenger_Pigeon. Accessed November 6, 2011.

Pearce, Joseph Chilton. *Evolution's End.* San Francisco: HarperSanFrancisco; 1993: 3 – 11, 30, 95, 149, 221.

Peek, Kim. Wikipedia. http://en.wikipedia.org/wiki/Kim_Peek. Accessed January 20, 2011.

Penfield, Wilder. *The Mystery of the Mind: A Critical Study of Consciousness and the Human Brain.* Princeton, NJ: Princeton University Press; 1975.

Perera, M., et al. "Prevalence of Near-Death Experiences in Australia." *Journal of Near-Death Studies.* 2005; 24: 109.

Pew Forum/Pew Research Center. "Many Americans Mix Multiple Faiths." http://pewforum.org/Other-Beliefs-and-Practices/Many-Americans-Mix-Multiple-Faiths.aspx. Accessed December 10, 2011.

Pierce, David (ed.). *Irish Writing in the Twentieth Century.* Cork, Ireland: Cork University Press; 2000.

Pinker, Steven. *How the Mind Works.* New York: Norton; 1997.

Pizzi R., A. et al. "Non-Local Correlation Between Separated Human Neural Networks."

In E. Donkor, A. R. Pirick, and H. E. Brandt (eds.) *Quantum Information and Computation II.* Proceedings of SPIE5436. 2004:107–17. Abstract available at: The Smithsonian/NASA Astrophysics Data System. http://adsabs.harvard.edu/abs/2004SPIE.5436.107P. Accessed January 17, 2011.

Planck, Max. *Where is Science Going?* Reprint edition. Woodbridge, CT: Ox Bow Press; 1981. (First published by Allen & Unwin; 1933.)

"Planes, Trains, and Ant Hills: Computer Scientists Simulate Activity of Ants to Reduce Airline Delays." ScienceDaily.com. www.sciencedaily.com/videos/2008/0406-planes_trains_and_ant_hills.htm. Accessed December 5, 2010.

Plato. Benjamin Jowett (trans.). *Collected Dialogues of Plato.* 4th edition. Oxford, U.K.: Oxford University Press; 1953.

———."The Myth of Er." *The Republic.* Davidson.edu. http://www.davidson.edu/academic/classics/neumann/CLA350/ErMyth.html. Accessed March 29, 2013.

Platt, Anthony. "The Frightening Agenda of the American Eugenics Movement." Remarks made before California State Judiciary Committee, June 24, 2003.

Playfair, Guy Lyon. *Twin Telepathy: The Psychic Connection.* London: Vega; 2002.

Pocheptsova A., R. Ferraro, and A. T. Abraham. "The Effect of Mobile Phone Use on Prosocial Behavior." ScienceDaily.com. www.sciencedaily.com/releases/2012/02/12 0214122038.htm. February 14, 2012. Accessed May 15, 1012.

Posey, T. B. and M. E. Losch. "Auditory Hallucinations of Hearing Voices in 375 Normal Subjects." *Imagination, Cognition and Personality.* 1983–1984; 3(2): 99–113.

Potts, Wayne. "The Chorus-Line Hypothesis of Manoeuvre in Avian Flocks." *Nature.* 1984; 309: 344–345.

Priestley, J. B. *Man & Time.* London: W. H. Allen; 1978.

Project MKULTRA. Wikipedia. http://en.wikipedia.org/wiki/Project_MKULTRA. Accessed December 1, 2011.

"Project MKULTRA, the CIA's Program of Research into Behavioral Modification." Joint Hearing before the Select Committee on Intelligence and the Subcommittee on Health and Scientific Research of the Committee on Human Resources, United State Senate, Ninety-Fifth Congress, First Session. Available at: www.nytimes.com/packages/pdf/national/13inmate_ProjectMKULTRA.pdf. U. S. Government Printing Office. August 8, 1977. Accessed January 2, 2011.

"Project Passenger Pigeon: Lessons from the Past for a Sustainable Future." http://www.passengerpigeon.org/. Accessed November 6, 2011.

"Propaganda in Nazi Germany." History Learning Site. http://www.historylearningsite.co.uk/propaganda_in_nazi_germany.htm. Accessed March 29, 2013.

Psychic Sea Hunt. Pyramid Direct Films. www.pyramiddirect.com/cart/productpage.h

tml?title_id=1951&list=1948,1217,2132,1949,1221,1408,1950,1951,1952&alpha=P. Accessed January 1, 2012.

Puthoff, Hal E. "CIA-Initiated Remote Viewing Program at Stanford Research Institute." *Journal of Scientific Exploration*. 1996; 10(1): 75.

Putnam, Frank W. *A History of Multiple Personality Disorder*. New York: Guilford; 1989: 357.

Quartz clock. Wikipedia. http://en.wikipedia.org/wiki/Quartz_clock. Accessed December 25, 2011. Radin, Dean. *The Conscious Universe*. San Francisco: HarperSanFrancisco; 1997.

———. *Entangled Minds: Extrasensory Perception in a Quantum Reality*. New York: Simon & Schuster; 2006.

———. "Event-Related Electroencephalographic Correlations Between Isolated Human Subjects." *Journal of Alternative and Complementary Medicine*. 2004; (10): 315–23.

———. "Predicting the Unpredictable: 75 Years of Experimental Evidence." *American Institute of Physics Conference Proceedings*. 2011; Volume 1408: 204–17. Conference title: Quantum Retrocausation: Theory and Experiment. San Diego, CA; June 13–14, 2011. Abstract at: http://proceedings.aip.org/resource/2/apcpcs/1408/1/204_1?isAuthorized=no. Accessed January 22, 2012.

Rae, Colleen. *Tales of a Reluctant Psychic*. www.jouflow.com/reluctant-psychic. html. Accessed November 26, 2011.

Raffensperger, Carolyn. "Moral Injuries and the Environment: Healing the Soul Wounds of the Body Politic." SEHN.org. www.sehn.org/blog/?p=749. Accessed December 14, 2012.

Ramachandran, V. S. Interview by Chris Floyd. "The Limbic Fire: Neuroscience and the Soul." *Science & Spirit*. 1999; 10(3): 24–26.

Rao, K. Ramakrishna. *Cognitive Anomalies, Consciousness and Yoga*. Volume XVI, Part 1. *History of Science, Philosophy and Culture in Indian Civilization*. (D. P. Chattopadhyaya, general editor.) New Delhi, India: Centre for Studies in Civilizations and Matrix Publishers (joint publishers); 2011.

Ratliff, Evan. "Hello, Loneliness." NewYorker.com. www.newyorker.com/archive/2005/08/22/050822ta_talk_ratliff. August 22, 2005. Accessed November 24, 2011.

Rawlence, Christopher (ed.). *About Time*. London: Jonathan Cape; 1985.

Rebert, C. S. and A. Turner. "EEG Spectrum Analysis Techniques Applied to the Problem of Psi Phenomena." *Behavioral Neuropsychiatry*. 1974; (6): 18–24.

Rees, W. D. "The Bereaved and Their Hallucinations." In B. Schoenberg, A. H. Kutscher, and A. C. Carr (eds.). *Bereavement: Its Psychosocial Aspects*. New York: Columbia University Press; 1975.

Rhine, J. B. and S. R. Feather. "The Study of Cases of 'Psi-Trailing'in Animals." *Journal of Parapsychology*. 1962; 26(1): 1 – 21.

Rhine, Louisa E. "Psychological Processes in ESP Experiences. Part I. Waking Experiences." *Journal of Parapsychology*. 1962; 29: 88 – 111.

Rifkin, Jeremy. *The Empathic Civilization*. New York: Tarcher/Penguin; 2009.

Rimland, B. "Savant Capabilities of Autistic Children and Their Cognitive Implications." In G. Serban (ed.), *Cognitive Defects in the Development of Mental Illness*. New York: Brunner/Mazel; 1978.

Rin Tin Tin. Wikipedia. http://en.wikipedia.org/wiki/Rin_Tin_Tin. Accessed November 21, 2011.

Ring, Kenneth and Sharon Cooper. *Mindsight: Near-Death and Out-of-Body Experiences in the Blind*. Second edition. New York: iUniverse; 2008.

Rock, A. J., Julie Beischel, and C. C. Cott. "Psi vs. Survival: A Qualitative Investigation of Mediums' Phenomenology Comparing Psychic Readings and Ostensible Communication with the Deceased." *Transpersonal Psychology Review*. 2009; 13: 76 – 89.

Roe, C. A., C. Sonnex, and E. Roxburgh. "Two Meta-Analyses of Distant Healing Studies." Paper presented at The 55th Annual Convention of The Parapsychological Association, August 9 – 12, 2012, Durham, North Carolina.

Rogers, Will. Quoted in Dartmouth.org. www.dartmouth.org/classes/53/lighter_fare/FamousPeopleStatements.php. Accessed August 2, 2010.

———. Quoted at Goodreads.com. www.goodreads.com/quotes/tag/dogs. Accessed November 24, 2012.

Roll, William G., et al. "Case Report: A Prototypical Experience of 'Poltergeist' Activity, Conspicuous Quantitative Electroencephalographic Patterns, and sLORETA Profiles—Suggestions for Intervention," *Neurocase*. 2012; DOI:10.1080/13554794.2011.63353 2. Available at: http://dx.doi.org/ 10.1080/13554794.2011.633532. Accessed January 25, 2012.

"Romania's Murderous Twins." *Fortean Times*. January 2000; 130: 10.

Rominger, Ryan. "An Empathic Near-Death Experience." *The Journal of Spirituality and Paranormal Studies*. 2012; 35(2): 73.

Rose, Ronald. *Primitive Psychic Power*. New York: Signet; 1968.

Rosenberg, Daniel. "Speaking Martian." *Cabinet*. 2000; Issue 1. http://cabinetmagazine.org/issues/1/i_martian.php. Accessed March 24, 2011.

Ross, Stephen David. *Art and Its Significance: An Anthology of Aesthetic Theory*. Albany, NY: State University of New York Press; 1984.

Rowling, J. K. "What Jo says about Albus Dumbledore." www.accio-quote.org/themes/

dumbledore.htm. Accessed December 29, 2011.

Rucker, Rudy. *Infinity and the Mind.* New York: Bantam; 1983.

Rumi, Jalal al-Din. Coleman Barks (trans.). *Rumi: The Big Red Book.* New York: Harper-Collins; 2010.

———. Coleman Barks (trans.). *Rumi: The Book of Love.* New York: HarperCollins; 2003.

———. John Moyne and Coleman Barks (trans.). *Open Secret.* Putney, VT: Threshold; 1984.

———. Quoted at Goodreads.com. www.goodreads.com/author/quotes/875661.Rumi. Accessed December 24, 2013.

Rush, J. H. "New Directions in Parapsychological Research." *Parapsychological Monographs No. 4.* New York: Parapsychological Foundation; 1964.

Russell, Bertrand. *The Basic Writings of Bertrand Russell.* London: Routledge; 1961.

———. The Collected Papers of Bertrand Russell. Volume 28. London: Routledge; 2005.

Russell, Peter. *The Global Brain.* 3rd edition. Edinburgh, U.K.: Floris Books; 2008.

Ryder, Richard. *Animal Revolution: Changing Attitudes Towards Speciesism.* Oxford, U.K.: Berg Publishers; 2000.

Sabell, A., C. Clarke, and P. Fenwick. "Inter-Subject EEG Correlations at a Distance—the Transferred Potential." In C. S. Alvarado (ed.). *Proceedings of the 44th Annual Convention of the Parapsychological Association.* New York: Parapsychological Association; 2001.

Sandoz, Mari. *The Buffalo Hunters.* Lincoln, NE: University of Nebraska Press; 1954.

Sato, Rebecca. "Space Euphoria: Do Our Brains Change When We Travel in Outer Space?" Dailygalaxy.com. www.dailygalaxy.com/my_weblog/2008/05/space-euphoria.html. May 20, 2008. Accessed December 18, 2011.

Scheib, R. "Timeline." *Utne Reader.* January–February 1996: 52–61.

Scheltema, Renée. *Something Unknown Is Doing We Don't Know What.* www.somethingunknown.com/about.php. Accessed January 2, 2012.

Schiller, Ferdinand C. S. "The Progress of Psychical Research." *Fortnightly Review.* 1905; 77.1: 70

———. Riddles of the Sphinx. London: Swan Sonnenschein; 1891.

Schlitz, Marilyn and William Braud. "Distant Intentionality and Healing: Assessing the Evidence. *Alternative Therapies in Health and Medicine.* 1997; 3(6): 62–73.

Schmeidler, Gertrude. "Predicting Good and Bad Scores in a Clairvoyance Experiment: A Preliminary Report." *Journal of the American Society for Psychical Research.* 1943; 37: 103–110.

Schmicker, Michael. *Best Evidence.* Lincoln, NE: Writers Club Press; 2002.

Schmidt, Stefan. "The Attention-Focusing Facilitation Paradigm: Remote Helping for

Meditation? A Meta-Analysis." Paper presented at the Parapsychology Association's 53rd Annual Convention, Paris, France, July 22 – 25, 2010. Published in *The Journal of Parapsychology*. 2010; 74(2): 259 – 60. Abstract available at: http://archived.parapsych.org/convention/2010_PA_Convention_Abstracts_and_Program.pdf. Accessed December 26, 2011.

Schnabel, Jim. "Don't Mess with My Reality." hereticalnotions.com. http://hereticalnotions.com/2011/01/16/dont-mess-with-my-reality. Accessed January 22, 2012.

————. *Remote Viewers: The Secret History of America's Psychic Spies*. New York: Dell; 1997.

Schopenhauer, Arthur. E. F. J. Payne (trans.). *Parerga and Paralipomena*, Volume II. New York: Oxford University Press; 1974.

————. *Samtliche Werke*, Volume VIII. Stuttgart, Germany; 1850.

————. Quoted at About.com. Hinduism. http://hinduism.about.com/od/reincarnation/a/quotes.htm. Accessed May 25, 2012.

Schrödinger, Erwin. *My View of the World*. Woodbridge, CT: Ox Bow Press; 1983.

————. *What Is Life?* and *Mind and Matter*. London: Cambridge University Press; 1969.

Schul, Bill. *The Psychic Power of Animals*. New York: Fawcett; 1979.

Schulz, Charles M. Quoted at Goodreads.com. www.goodreads.com/quotes/tag/dogs. Accessed November 24, 2012.

Schuman, E. and D. Madison. "Locally Distributed Synaptic Potentiation in the Hypocampus." *Science*. 1994; 263: 532 – 536.

Schwartz, Gary. *The Afterlife Experiments: Breakthrough Scientific Evidence of Life After Death*. New York: Atria; 2003.

Schwartz, Stephan A. *The Alexandria Project*. Lincoln, NE: iUniverse.com; 2001. Original edition: New York: Delacorte Press; 1983.

————. "An American Profile." *Explore: The Journal of Science and Healing*. 2005; 1(5): 338 – 39. Available at: http://download.journals.elsevierhealth.com/pdfs/journals/1550-8307/PIIS1550830705002958.pdf. Accessed January 11, 2012.

————. "Nonlocal Awareness and Visions of the Future." Interview of Stephan A. Schwartz by Daniel Redwood. Healthy.net. www.healthy.net/scr/interview.asp?id=305. Accessed November 31, 2011.

————. *Opening to the Infinite: The Art and Science of Nonlocal Awareness*. Buda, Texas: Nemoseen Media; 2007.

————. *The Secret Vaults of Time*. Charlottesville, VA: Hampton Roads. New edition. 2005. Original edition: New York: Grosset & Dunlap; 1978.

Schwartz, Stephan A. and Larry Dossey. "Nonlocality, Intention, and Observer Effects in Healing Studies: Laying a Foundation for the Future." *Explore: The Journal of Science and Healing.* 2010; 6(5): 295–307.

Schwarz, Berthold E. "Possible Telesomatic Reactions." *The Journal of the Medical Society of New Jersey.* 1967; 64(11): 600–603.

Scott, Sam. *Encounters with Beauty.* Albuquerque, NM: Fresco Fine Art Publications; 2007.

Searle, John. Cover quotation. *Journal of Consciousness Studies.* 2(1): 1995.

Seebohm, Benjamin. *Memoirs of the Life and Gospel Labors of Stephen Grellet.* Volume I. Philadelphia: Longstreth; 1867.

Segal, Suzanne. *Collision with the Infinite: A Life Beyond the Personal Self.* 2nd edition. San Diego, CA: Blue Dove Press; 1996.

———. Wikipedia. www.amazon.com/wiki/Suzanne_Segal/ref=ntt_at_bio_wiki#cite_ note-7. Accessed December 5, 2011.

Selous, Edmund. *Thought Transference* (or What?) *in Birds.* London: Constable; 1931.

Setion. Grandfather's clock. www.yourghoststories.com/real-ghost-story. php?story=2832. Accessed December 25, 2011.

Shadow. Dailygrail.com. www.dailygrail.com/blogs/shadow/2005/7/Telling-Bees. Accessed January 12, 2011.

Sheldrake, Rupert. "Commentary on a Paper by Wiseman, Smith and Milton on the 'psychic pet' phenomenon." *Journal of the Society for Psychical Research.* 1999; 63: 306–11. Abstract available at www.sheldrake.org/D&C/controversies/wiseman.html. Accessed December 1, 2011.

———. *Dogs That Know When Their Owners Are Coming Home.* Reprint edition. New York: Three Rivers Press; 1999.

———. *Morphic Resonance: The Nature of Formative Causation* (Revised and Expanded Edition of *A New Science of Life*). Rochester, VT: Park Street Press; 2009.

———. *A New Science of Life: The Nature of Formative Causation.* Fourth edition. Rochester, VT: Park Street Press; 2009.

———. *The Presence of the Past: Morphic Resonance and the Habits of Nature.* New York: Time/Life; 1988.

———. *The Science Delusion.* London: Coronet; 2012.

———. *Science Set Free.* New York: Crown; 2012.

———. *The Sense of Being Stared At: And Other Aspects of the Extended Mind.* New York: Random House; 2003.

Sheldrake, Rupert, Terence McKenna, and Ralph Abraham. *The Evolutionary Mind: Trialogues at the Edge of the Unthinkable.* Santa Cruz, CA: Trialogue Press; 1998.

Sheldrake, Rupert and A. Morgana. "Testing a Language—Using a Parrot for Telepathy."

Journal of Scientific Exploration. 2003; 17: 601–15. Abstract available at: www.sheldrake.org/Articles&Papers/papers/animals/parrot_telepathy_abs.html. Accessed March 13, 2011.

Sheldrake, Rupert and Pam Smart. "Psychic Pets: A Survey in Northwest England." *Journal of the Society for Psychic Research.* 1997; 61: 353–364.

Sheldrake, Rupert and Lewis Wolpert. "Telepathy Debate." Royal Society of the Arts. London, January 15, 2005. Available online at SkepticalInvestigations.org. http://www.skepticalinvestigations.org/New/Mediaskeptics/telepathy_RSA.html. Accessed October 2, 2007.

Sherrington, Sir Charles. *The Integrative Action of the Nervous System.* New Haven, CT: Yale University Press. First published in 1906.

———. Quoted in Erwin Schrödinger. *What Is Life?* and *Mind and Matter.* London: Cambridge University Press; 1969.

Shoup, Richard. "Physics Without Causality—Theory and Evidence." Paper presented to the Society for Scientific Exploration, 26th Annual Meeting, East Lansing, Michigan, May 30–June 2, 2007:13.

Silverton, Bobbie. Wikipedia. http://en.wikipedia.org/wiki/Silverton_Bobbie. Accessed January 7, 2011.

Simeon, Daphne and Jeffrey Abugel. *Feeling Unreal: Depersonalization Disorder and the Loss of the Self.* New York: Oxford University Press; 2008.

Simons, Daniel. *The Invisible Gorilla: And Other Ways Our Intuitions Deceive Us.* New York: Crown; 2010.

———. Interview. http://neuronarrative.wordpress.com/2010/07/27/did-you-see-the-gorilla-an-interview-with-psychologist-daniel-simons/. Accessed March 20, 2011.

Simpson, George Gaylord. *Life of the Past.* New Haven, CT: Yale University Press; 1953.

Sinel, Joseph. *The Sixth Sense.* London; T. W. Laurie; 1927.

Smith, Huston. *Beyond the Post-Modern Mind.* Wheaton, IL: Theosophical Publishing House; 1982.

———. Forgotten *Truth: The Primordial Tradition.* New York: Harper Colophon; 1976.

Socrates. Quoted in Wisdom. Wikiquote. http://en.wikiquote.org/wiki/Wisdom. Accessed November 28, 2011.

Socrates. QuotesEverlasting.com. http://quoteseverlasting.com/author.php?a=Socrates. Accessed March 29, 2013.

Splane, Lily. *Quantum Consciousness.* San Diego, CA: Anaphase II Publishing; 2004.

Standish, L., L. Kozak, L. C. Johnson, and T. Richards. "Electroencephalographic Evidence of Correlated Event-Related Signals Between the Brains of Spatially and Sensory Isolated Human Subjects." *Journal of Alternative and Complementary Medicine.*

2004: 10(2): 307 – 314.

Standish, L., L. C. Johnson, T. Richards, and L. Kozak. "Evidence of Correlated Functional MRI Signals Between Distant Human Brains. *Alternative Therapies in Health and Medicine.* 2003; 9: 122 – 125.

Stein, Gertrude. *Everybody's Autobiography.* New York: Random House; 1937.

Stein, Rob. "Happiness Can Spread among People Like a Contagion, Study Indicates." *Washington Post* online. www.washingtonpost.com/wp-dyn/content/story/2008/12/04/ST2008120403608.html. December 5, 2009. Accessed January 18, 2012.

Steinbeck, John. *The Grapes of Wrath.* New edition. New York: Penguin; 2002.

Stelljes, Susan. *Wonder Dog, the Story of Silverton Bobbie.* Portland, OR: For the Love of Dogs Books; 2005.

Stevens, E. W. *The Watseka Wonder.* Chicago: Religio-Philosophical Publishing House; 1878.

Stevenson II, Adlai E. Speech at the University of Wisconsin; Madison, Wisconsin; October 8, 1952.

———. *Children Who Remember Previous Lives: A Question of Reincarnation.* Revised edition. Jefferson, NC: McFarland; 2001.

———. *Telepathic Impressions: A Review and Report of Thirty-five New Cases.* Charlottesville, VA: University of Virginia Press; 1970.

———. *Where Reincarnation and Biology Intersect.* Westport, CT: Praeger, 1997.

Stoeber, Michael and Hugo Meynell (eds.) *Critical Reflections on the Paranormal.* Albany, NY: SUNY Press; 1996.

Sturrock, Peter A. *A Tale of Two Sciences: Memoirs of a Dissident Scientist.* Palo Alto, CA: Exoscience; 2009.

Surowiecki, James. *The Wisdom of Crowds.* New York: Anchor; 2005.

Survey of Physicians' Views on Miracles. The Louis Finkelstein Institute for Religious and Social Studies of the Jewish Theological Seminary, New York. December 2004.

Sutherland, Cherie. "Psychic Phenomena Following Near-Death Experiences: An Australian Study." *Journal of Near-Death Experiences.* 1989; 8: 99.

Swanson, Claude. *The Synchronized Universe: The Science of the Paranormal.* Tucson, AZ: Poseidia Press; 2003.

Swarm Intelligence. Wikipedia. http://en.wikipedia.org/wiki/Swarm_intelligence. Accessed December 3, 2010.

Swinburne, Algernon Charles. "The Higher Pantheism in a Nutshell." *Heptalogia.* Reprint edition. Whitefish, MT: Kessinger Publishing; 2005.

Syfransky, Sy (ed.). *Sunbeams: A Book of Quotations.* Berkeley, CA: North Atlantic; 1990.

Targ, Russell. *Do You See What I See?* Charlottesville, VA: Hampton Roads; 2008.

———. *Limitless Mind: A Guide to Remote Viewing and Transformation of Consciousness.* Novato, CA: New World Library; 2004.

———. *The Reality of ESP.* Wheaton, IL: Theosophical Publishing House; 2012.

———. "Remote Viewing at Stanford Research Institute in the 1970s: A Memoir." *Journal of Scientific Exploration.* 1996; 10(1): 77 – 88.

———. "Why I Am Absolutely Convinced of the Reality of Psychic Abilities and Why You Should Be Too." Invited address. Annual convention of the Parapsychological Association. Paris, France, July 22 – 25, 2010. http://thescienceofreincarnation.com/pages/Russell-Targ-Parapsychological-PA-Talk-Intro.pdf. Accessed December 28, 2011.

Targ, Russell and Jane Katra. *Miracles of Mind.* Novato, CA: New World Library; 1998.

Targ, Russell and Hal Puthoff. "Information Transmission under Conditions of Sensory Shielding." *Nature.* 1974; 252: 602 – 607.

———. *Mind-Reach. Scientists Look at Psychic Ability.* New York: Delacorte; 1977. Also: Editorial, "Scanning the issue." *Proceedings of the IEEE.* March 1976; LXIV(3): 291.

Tart, Charles T. *The End of Materialism: How Evidence of the Paranormal is Bringing Science and Spirit Together.* Oakland, CA: New Harbinger, 2009.

———. *Body Mind Spirit: Exploring the Parapsychology of Spirituality.* Charlottesville, VA: Hampton Roads; 1997.

Taylor, D. J. *Orwell: The Life.* New York: Henry Holt; 2003.

Teixeira, P. C. N., H. Rocha, and J. A. C. Neto. "Johrei, a Japanese Healing Technique, Enhances the Growth of Sucrose Crystals." *Explore: The Journal of Science and Healing.* 2010; 6(5): 313 – 323.

"Telepathy." *Gale Encyclopedia of Occultism and Parapsychology.* Cited material available at: Answers.com. http://www.answers.com/topic/telepathy. Accessed January 9, 2011.

"Telling the Bees." Sacred Texts.com. www.sacred-texts.com/neu/eng/osc/osc69.htm. Accessed January 9, 2011.

Thaheld, Fred H. "Biological Nonlocality and the Mind-Brain Interaction Problem: Comments on a New Empirical Approach." *BioSystems.* 2003; 70: 35 – 41.

———. "A Method to Explore the Possibility of Nonlocal Correlations Between Brain Electrical Activities of Two Spatially Separated Animal Subjects." *BioSystems.* 2004; 73: 205 – 216.

Thomas, Lewis. *The Lives of a Cell.* New York: Penguin; 1978.

———. "The Long Habit." *New England Journal of Medicine.* 1972; 286: 825 – 826.

————. *The Medusa and the Snail*. New York: Penguin; 1995.

Thompson, Andrea. "Mystery Flash Traced to Russian Space Junk." MSNBC.com. www.msnbc.msn.com/id/29958635/#.TukqtBxZ2jQ. Accessed December 14, 2011.

Thomson, Ainsley. "Dolphins Saved Us from Shark, Lifeguards Say." European Cetacean Bywatch Campaign. November 23, 2004. www.eurocbc.org/dolphins_protect_lifegua rds_from_shark_nz_23nov2004page1802.html. Accessed May 15, 2011.

Thoreau, Henry David. *The Journal of Henry David Thoreau*. Volume V. New York: Dover; 1962.

————. *Walden*. New York: Cosimo, Inc.; 2009.

Tiller, William. "What Are Subtle Energies?" *Journal of Scientific Exploration*. 1993; 7: 293–304.

Tillich, Paul. *The Courage to Be*. New Haven, CT: Yale University Press; 1952.

Trapman, A. H. *The Dog, Man's Best Friend*. London: Hutchinson & Co.; 1929.

Treffert, Darold A. *Extraordinary People: Understanding Savant Syndrome*. Lincoln, NE: iUniverse, Inc.; 2006.

Treffert, Darold A. and Daniel D. Christensen. "Inside the Mind of a Savant." Scientificamerican. com. www.scientificamerican.com/article.cfm?id=inside-the-mind-of-a-sava. May 31, 2006. Accessed January 4, 2011.

Treffert, Darold A. and Gregory L. Wallace. "Islands of Genius." *Scientific American*. Sciam.com. http://lcn.salk.edu/press/uncommon_genius.pdf. June 2002: 76–85. Accessed January 4, 2011.

Trismegistus, Hermes. Walter Scott, ed. and trans. *Hermetica*. Boulder, CO: Hermes House; 1982.

Trotter, Wilfred. *Instincts of the Herd in Peace and War*. 4th edition. New York: Macmillan; 1919.

Trousseau, Armand. Wikipedia. http://en.wikipedia.org/wiki/Armand_Trousseau. Accessed January 20, 2012.

Troward, Thomas. *The Wisdom of Thomas Troward*. Volume I. Radford, VA: Wilder Publications; 2008.

Trump, Donald. "The Time 100. Heroes and Pioneers: Wesley Autrey." May 3, 2007. www.time.com/time/specials/2007/time100/article/0,28804,1595326_1615754_1615 746,00.html. Accessed December 8, 2011.

Tucker, Jim B. *Life Before Life: Children's Memories of Previous Lives*. New York: St. Martin's; 2005.

Turner, Frederick. *Natural Religion*. New Brunswick, NJ: Transaction Publishers; 2006.

Twain, Mark. Quoted at Goodreads.com. www.goodreads.com/quotes/tag/cats. Accessed November 24, 2012.

——. Quoted at Goodreads.com. www.goodreads.com/quotes/tag/dogs. Accessed November 24, 2012.

Tzu, Lao. Derek Lin (trans.) *Tao Te Ching.* Taosim.net. http://www.taoism.net/ttc/chapters/chap01.htm. Accessed March 29, 2013.

Underhill, Evelyn. *Mysticism.* New York: Dutton; 1961.

Utley, Robert M. and Wilcomb E. Washburn. *Indian Wars.* New York: Mariner Books/American Heritage Press; 2002.

Valletin, Antonina. E. W. Dickes (trans.). *Leonardo da Vinci: The Tragic Pursuit of Perfection.* New York: Viking; 1938.

Van de Castle, Robert L. *Our Dreaming Mind.* New York: Ballantine; 1994.

Van der Post, Sir Laurens. *Jung and the Story of Our Time.* New York: Vintage; 1977.

Van Lommel, Pim. *Consciousness Beyond Life: The Science of the Near-Death Experience.* Reprint edition. New York: HarperOne; 2011.

——— et al. "Near-Death Experience in Survivors of Cardiac Arrest: A Prospective Study in the Netherlands." *The Lancet.* 2001; 358: 2039–2045.

Van Oss, Stefan. "Hunch Prompted Dutch Man to Cancel Flight on Air France 447." Seattlepi.com. June 1, 2009. Available at: http://blog.seattlepi.com/aerospace/archives/170003.asp. Accessed December 6, 2011.

Vanderbilt, Gloria and Thelma Furness. *Double Exposure: A Twin Autobiography.* London: Frederick Muller; 1959.

Vedral, Vlatko. "Living in a Quantum World." *Scientific American.* 2011; 304(6): 38–43.

Vernon, Mark. Philosophy and Life blog. http://www.markvernon.com/friendshiponline/dotclear. Accessed December 14, 2011.

Vivekananda. "Spiritual Practices: Silence." www.spiritualityandpractice.com/practices/practices.php?id=28&g=1. Accessed January 7, 2012.

Volk, Steve. *Fringe-ology: How I Tried to Explain Away the Unexplainable.* New York: HarperOne; 2011.

Voltaire. "La Princesse de Babylone." In *Romans et Contes.* Paris; Editions Garnier Frères; 1960.

Von Franz, Marie-Louise. *Psyche and Matter.* Boston: Shambhala; 1992.

Wackerman J., C. Seiter, H. Keibel, and H. Walach. "Correlations Between Brain Electrical Activities of Two Spatially Separated Human Subjects." *Neuroscience Letters.* 2003; 336: 60–64.

Wagner-Pacifici, R. and H. J. Bershady. "Portents or Confessions: Authoritative Readings of a Dream Text." *Symbolic Interaction.* 1990; 16: 129–143.

Walach, Harald, and Rainer Schneider. Rainer Schneider and Ronald A. Chez (eds.). *Generalized Entanglement From a Multidisciplinary Perspective.* Proceedings of a conference in Freiberg, Germany, October 2003. Washington, DC: Samueli Institute; 2003.

Wales, Jimmy. Wikipedia. http://en.wikipedia.org/wiki/Jimmy_Wales#cite_note-roblimo-47. Accessed November 21, 2011.

Walker, Alice. *Anything We Love Can Be Saved.* New York: Ballantine; 1998.

Warcollier, R. "Un Cas de Changement de Personnalitéavec Xénoglossie." *La Metapsychique 1940–1946;* Paris; 1946.

Watson, James D. *The Double Helix.* New York: Touchstone; 2001.

Watson, John B. Quoted in David G. Myers. *Psychology.* New York: Macmillan; 2004.

Watson, Lyall. *The Nature of Things: The Secret LIfe of Inanimate Objects.* Rochester, VT: Destiny Books; 1990.

————. "Natural Harmony: The Biology of Being Appropriate." Lecture delivered to The Isthmus Institute, Dallas, Texas, April 1989.

————. *Twins: An Investigation into the Strange Coincidences in the Lives of Separated Twins.* London: Sphere Books; 1984.

Watts, Alan. Quoted at Secondattention.com. www.secondattention.org/videos/alanwatts.aspx. Accessed July 17, 2010.

Weber, Renée. *Dialogues with Scientists and Sages.* New York: Routledge and Kegan Paul; 1986. The Week Staff. "Should Yoga Be an Olympic Sport?" http://theweek.com/article/index/225075/should-yoga-be-an-olympic-sport. Accessed March 3, 2012.

Weil, Andrew. *Spontaneous Healing.* New York: Knopf; 1995.

Weller, Edward. *Hubble: A Journey Through Space and Time.* New York: Abrams; 2010.

West, Rebecca. *A Train of Powder.* Chicago: Ivan R. Dee; 2000.

White, Frank. *The Overview Effect.* Reston, VA: American Institute of Aeronautics and Astronautics; 1998.

Whitehead, Alfred North. *Essays in Science and Philosophy.* New York: Philosophical Library; 1948.

Whitman, Walt. *The Complete Poems.* New York: Penguin Classics; 2004.

————. *Leaves of Grass.* Bartleby.com. Great Books Online. www.bartleby.com/142/86.html. Accessed November 22, 2011.

Whittier, John Greenleaf. "Telling the Bees." *The Complete Poetical Works of John Greenleaf Whittier.* Whitefish, MT: Kessinger Publishing; 2003.

Wigner, Eugene P. "Are We Machines?" *Proceedings of the American Philosophical Society.* 1969; 113(2): 95–101. Available at: Jstor.org. www.jstor.org/stable/985959. Accessed February 2, 2011.

Wilber, Ken. *A Brief History of Everything.* Boston: Shambhala; 1996.

————. *Eye to Eye: The Quest for the New Paradigm*. Revised edition. Boston: Shambhala; 2001.

————. *Integral Spirituality: A Startling New Role for Religion in the Modern and Postmodern World*. Boston: Shambhala; 2007.

———— (ed.). *Quantum Questions: The Mystical Writings of the World's Great Physicists*. Boston: Shambhala; 1984.

————. *Sex, Ecology, Spirituality: The Spirit of Evolution*. Second Edition. Boston: Shambhala; 2001.

————. *The Spectrum of Consciousness*. Wheaton, IL: Theosophical Publishing House; 1977.

Wilson, Colin. *The Occult*. London: Watkins Publishing; 2004.

Wilson, Woodrow. Quoted at GoodReads.com. www.goodreads.com/quotes/tag/dogs. Accessed November 23, 2012.

Winkler, Marilyn. Personal communication to the author. May 14, 2009. Used with permission.

Winter, Dylan. Starlings at Otmoor. www.youtube.com/watch?v=XH-groCeKbE. Accessed December 4, 2011.

Wiseman, Richard and Marilyn Schlitz. "Experimenter Effects and the Remote Detection of Staring." *Journal of Parapsychology*. 1997; 61: 197–208.

Wiseman, Richard, M. Smith, and J. Milton. "Can Animals Detect When Their Owners are Returning Home? An Experimental Test of the 'Psychic Pet' Phenomenon." *British Journal of Psychology*. 1998; 89(3): 453–462.

Wittgenstein, Ludwig. Propositions 6.4311 and 6.4312. *Tractatus Logico-Philosophicus*. Seattle, WA: CreateSpace; 2011: 93.

————. *Tractatus Logico-Philosophicus*. London: Routledge and Kegan Paul; 1961.

Wölfli, Adolf. Recited and set to music. Adolf Wölfli Foundation. www.adolfwoelfli.ch/index.php?c=e&level=5&sublevel=1. Accessed March 24, 2011.

Woodley, Sherrida. *Quick Fall of Light*. Spokane, WA: Gray Dog Press; 2010.

Wright, Lawrence. "Double Mystery." The New Yorker. August 7, 1996: 45–62.

————. *Twins*. New York: Wiley; 1997. Yu, Beongcheon. *The Great Circle: American Writers and the Orient*. Detroit, MI: Wayne State University Press; 1983.

찾아보기

당신의 미래에 희망이 있는가? 래리 도시 박사는 우리를 사랑과 가능성이 가득한 곳으로 안내한다. 《원 마인드》는 우리 중 그 누구도 혼자가 아니라는 사실을 재확인하고 입증하는 매우 귀중한 도구이다.
캐넌 테드 칲프 • 보스턴신학대학 강사

이 책에서 래리 도시는 개인 마음들의 분리는 환상임을 보여주며, 오직 '한마음'만이 존재한다고 말한다. 또한 도시는 이 근본적인 깨달음이 얼마나 우리의 삶을 긍정적으로 변화시키는지, 그리고 지금 세계가 당면한 전 지구적인 위기를 어떻게 풀 수 있게 도움을 주는지 설명한다.
마리오 보르가르 • 몬트리올대학교 신경과학자

우리가 근본적으로는 모두 연결되어 있다는 래리 도시의 깨달음은, 심각한 파괴력을 지닌 지금 세상에 가장 중요한 사랑과 책임감을 선사할 것이다.
크리스 카터 • 《과학과 임사체험Science and the Near-Death Experience》의 저자

흠잡을 데 없이 훌륭한 이 책에서 래리 도시는 정확한 사실과 활기를 불어넣는 이야기로 다소 어려운 주제를 탐구한다. 그는 자신의 개인적인 경험과 신념을 공유하면서, 모든 것을 가능하게 하는 '한마음'의 심오한 비전에 대한 경의를 밝힌다. **로버트 G. 잔, 브렌다 J. 듄 프린스턴 • 이상현상공학연구소**

현대과학은 인간의 몸을 구성하는 원자가 은하를 구성하는 원자와 동일하다는 것을 오랜 시간 인정해왔다. 하지만 이 통찰이 래리 도시가 《원 마인드》에서 서술한 것과 같은 우아함과 명확성을 가지고 자세히 설명된 적은 없었다. 도시는 그의 독자들에게 미래에 대한 희망뿐만 아니라, 그들의 삶에서 낡을 대로 낡은 구조들을 고치는 역할을 할 수 있도록 도와준다.
스탠리 크리프너 • 세이브룩대학교 심리학교수

삼십 년이 넘는 기간 동안 래리 도시는 인간의 본성과 우리가 누구인지, 그리고 우리가 어떻게 우주와 조화를 이루는지에 대해 통찰력 있는 칼럼을 선사해왔다. 우아한 산문 같았던 지난 칼럼들처럼, 《원 마인드》 또한 예외가 아니다. 의식의 본성에 대해 알고 싶은 사람이라면, 이 책은 당신의 필독 리스트에 있어야 한다. **스테판 A. 슈왈츠 • 사무엘리연구소 선임연구원**